Un temps d'immobilité

Prospective
collection fondée et dirigée par Philippe Durance (CNAM, Lipsor)

La prospective n'est ni une science, ni une discipline à proprement parlé. Un art, plus sûrement. Certains parlent d'une « indiscipline » intellectuelle. En définitive, et fondamentalement, la prospective est une attitude, un état d'esprit, une manière d'être, voire une philosophie, peut-être même une certaine forme de morale, c'est-à-dire un guide de l'action humaine, soumise au devoir et ayant pour but la recherche du « sens » commun, avec comme moyen la connaissance. Il s'agit d'une posture différente vis-à-vis de l'avenir, basée sur le refus de la fatalité, sur la reconnaissance de l'homme à la fois comme finalité et comme acteur du futur.

Dans ce contexte, la collection *Prospective* a pour ambition de nourrir cette posture en suscitant, en rassemblant et en valorisant les travaux théoriques et appliqués de prospective, issus des milieux académiques, des collectivités locales, des entreprises ou des services de l'État, en France ou à l'étranger, dans ses différents champs (technologique, stratégique, territorial, etc.). Elle se compose de quatre séries : Mémoire, Essais & Recherches, Problèmes & Méthodes, Prospective appliquée.

Série « Mémoire »

Berger (Gaston), Bourbon-Busset (Jacques, de), Massé (Pierre), *De la prospective. Textes fondamentaux de la prospective française (1955-1966)*, textes réunis et présentés par Philippe Durance ; 2ème édition

Série « Essais & Recherches »

Bernard (Philippe J.), *Le pouvoir des idées. Comment vivent et se transforment les sociétés contemporaines*

Cazes (Bernard), *Histoire des futurs. Les figures de l'avenir de saint Augustin au XXIe siècle* ; préface d'Emmanuel Le Roy Ladurie

Colloque de Cerisy, *L'économie des services pour un développement durable, Nouvelles richesses, nouvelles solidarités* (Prospective VIII), coordonné par Édith Heurgon et Josée Landrieu

Durance (Philippe), Cordobes (Stéphane), *Attitudes prospectives. Éléments d'une histoire de la prospective en France après 1945*

Guigou (Jean-Louis), *Réhabiliter l'avenir. La France malade de son manque de prospective*

Lesourne (Jacques), *Mémoires d'après mémoires*

Série « Problèmes & Méthodes »

Gabilliet (Philippe), *Les conduites d'anticipation. Des modèles aux applications*, préface de Michel Godet

Série « Prospective appliquée »

Dumont (Gérard-François) (dir.), *Populations et territoires de France en 2030. Le scénario d'un futur choisi*

Margat (Jean), *L'eau des Méditerranéens. Situation et perspectives* ; préface de Mohamed Ennabli, président de l'Institut méditerranéen de l'eau

Jacques Lesourne

Un temps d'immobilité

Journal 2000-2005

L'Harmattan

Du même auteur (extrait)

Technique économique et gestion industrielle, Dunod, 1968

Le calcul économique, théorie et applications, Dunod, 1972

Les systèmes du destin, Dalloz, 1976

Les mille sentiers de l'avenir, Seghers, 1981

Soirs et lendemains de fête, journal d'un homme tranquille, 1981-1984, Laffont, 1984

Éducation et Société, Le Monde-La Découverte, 1988

Vérités et mensonges sur le chômage, Odile Jacob, 1995

Le modèle français, grandeur et décadence, Odile Jacob, 1995

Un homme de notre siècle, Odile Jacob, 2000

Démocratie, marché et gouvernance, quels avenirs ?, Odile Jacob, 2004

© L'HARMATTAN, 2009
5-7, rue de l'École-Polytechnique ; 75005 Paris

http://www.librairieharmattan.com
diffusion.harmattan@wanadoo.fr
harmattan1@wanadoo.fr

ISBN : 978-2-296-07762-1
EAN : 9782296077621

Sommaire

Avant-propos 7

Année 2000 9
    Dans les bras d'Hippocrate 9
    Barbonneries d'économiste 21
    Des Balkans au Moyen-Orient 28
    A propos de démocratie, de Weimar, de Kerensky et de Goethe 32

Année 2001 49
    Un temps de basse pression 49
    Périple en Turquie orientale 59
    Vacances et lectures 65
    Récession et terrorisme 70

Année 2002 89
    A l'approche des présidentielles 89
    Des votes incompris 100
    Premiers nuages sur le quinquennat 109
    Cruralgie 121
    Irak à l'extérieur, réforme à l'intérieur 126

Année 2003 143
    De Ludendorff à Thomas Mann et à Lloyd George 143
    La guerre d'Irak 152
    La réforme et la rue 166
    Le recherche et l'innovation 178

Année 2004 187
    Entre Futuris et l'Europe nationale-socialiste 187
    Une majorité défaite et tétanisée 204
    Enfin la Chine 215
    Inquiétudes européennes 222
    Vacances et Jeux Olympiques 230
    De Simon Leys à Bill Clinton, de Laurent Fabius à George Bush ... 237
    La thèse de mon fils 254

Année 2005 267
    Tristesse sur trois fronts : Bush, la France et le Moyen-Orient 267
    La tragédie européenne et la comédie des JO 281
    La redécouverte des États-Unis 306
    Retour dans la vieille Europe 309

Avant-propos

En 2000, j'ai publié *Un homme de notre siècle*, des mémoires qui agglomèrent souvenirs professionnels, esquisses de la vie familiale et regards sur le monde. Au moment de la parution, atteint d'une maladie qui avait tout pour être grave, je ne m'imaginais reprendre la plume que pour de courts articles inspirés par l'actualité. Pourtant, progressivement, j'ai éprouvé le besoin d'écrire un journal pour écouler le trop-plein de pensées et d'affects qui ne pouvait trouver son exutoire que sur du papier.

Aujourd'hui, après le choc du « non » au référendum et devant la décomposition de la France, je me sens étranger à mon propre pays et me demande si les cinq premières années du siècle n'apparaîtront pas demain comme une époque cruciale tant en France que dans le monde. Cette interrogation m'incite à publier aujourd'hui ce journal, non sous sa forme brute, mais dans une expression condensée, élaguant les anecdotes éphémères ou les détails trop intimes. Beaucoup de mes réflexions sont partagées, me semble-t-il, par ceux de ma génération qui exercent ou ont exercé quelques responsabilités publiques ou privées au cours de leur existence. Cette conviction me fait espérer que ce livre pourra constituer un témoignage.

Souvent, les *seniors plus* (car c'est ainsi que, par bienveillance, la société appellera prochainement les vieillards) descendent la pente tranquille ou accidentée de leur déclin en se contentant de dormir, de se nourrir, d'aimer leurs proches et de s'enfermer dans leur microcosme. De leur volcan refroidi, seules émergent quelques fumeroles.

Pourquoi, au fur et à mesure qu'avançait ce journal, ai-je eu envie de me révolter encore une fois ? Parce que, né en 1928, j'ai été marqué par les années 30, par la défaite de 1940 et l'Occupation. Parce que, sans en être vraiment conscient, j'ai été hanté des années durant par le thème de la décadence, et en premier lieu celle de l'Empire romain, parce que j'appartiens à cette génération qui a voulu, à partir de la Libération, arrêter le déclin de la France et qui a cru y parvenir. Parce qu'aujourd'hui, j'ai l'impression que les forces de passivité et de sclérose qui ont failli nous engloutir sont à nouveau à l'œuvre dans une société qui se délite. Et je sens le besoin d'exhaler ma colère à l'égard de mon pays, une colère décuplée par le sentiment d'impuissance dans le tintamarre de la modernité.

Mais écrire dans cette humeur n'est pas chose simple pour quelqu'un qui, pendant sa vie, a cherché à démêler avec mesure l'imbroglio des enchaînements. Aussi, est-ce lentement que ce journal a tourné au pamphlet avec ce que cela implique d'outrances, d'injustices, de mépris, de cynisme, d'ironie, de méchanceté et paradoxalement d'empathie.

De temps en temps, j'ai introduit dans ce livre des textes rédigés pendant ces cinq années et publiés ou non. Ils figurent en italiques.

Un dernier mot : je cite parfois dans ce journal les prénoms des membres de ma famille, Odile mon épouse, Catherine, Justine et Renaud mes enfants, Ramon le mari de Justine, Basile, Mirabelle et Clémentine, les enfants de Justine et Ramon.

Écrit en 2006.

Année 2000

Dans les bras d'Hippocrate

Juillet 2000

Somnolence désœuvrée des semaines post-opératoires. Alternance entre les courts moments où je savoure l'espoir d'agir et les longs intervalles où je laisse passer le vide du temps. Ce qui domine ? La sensation d'après. La parution d'*Un homme de notre siècle*, l'extraction de la tumeur nichée sous la paroi abdominale ont mis un terme à ma vie telle que je l'ai décrite. Figée dans l'imperfection d'un livre dont je suis pourtant fier et que je contemple comme un monument funéraire. Dix ans d'efforts, de doutes, d'incertitude, de persévérance, de surprises qui pouvaient se dissoudre dans le néant si le manuscrit n'avait pas été imprimé sous le sceau d'un éditeur. Désormais, la borne existe et nul ne peut l'enlever. Physiquement, intellectuellement, me voilà en sursis. Je vis ce qui est après. Un supplément gratuit comme de temps en temps pour les paquets de produits alimentaires. De but, je n'en ai aucun. Absente la ténacité qui permettait de développer les germes de mes recherches en économie. Éteint le désir de promouvoir mon œuvre. Disparue la volonté d'écrire pour infléchir les événements. Me laisser vivre ? Impossible. Il faudrait pouvoir éteindre le cerveau comme un transistor.

Restent les mots. J'ignore où ils mèneront. L'espoir est qu'ils m'étonnent. Éclairs de création fugaces, sortis de nulle part, étrangers et sans lendemain. Ils ne demandent nul effort, épargnent le travail de sape de l'analyse, n'imposent la cohérence d'aucune synthèse. Petites floraisons indépendantes et successives, bougies éphémères d'inventions qui, dans la famille de l'innovation, occupent la niche la plus éloignée de celle de la construction théorique. Qu'en sortira-t-il ? Un livre inachevé, un journal, un essai, des feuilles éparses comme on en trouve dans les papiers des écrivains morts et que l'on s'interroge sur ce qu'auraient pu devenir ces débris si leur auteur avait du génie.

Lentement, je m'imprègne de vieillesse, je m'habitue à chercher mes lunettes sans impatience, à contempler un paysage aux contours flous, à reconnaître avec retard un individu qui me sourit, à abandonner provisoirement la recherche d'un nom qui fuit, à tolérer que mon pas refuse la cadence que je voudrais lui imprimer, à écourter mes séances de travail, à m'assoupir au début des après-midi, à aller d'un médecin à l'autre, d'un examen au suivant à la recherche d'une réponse définitive qui ne peut plus venir. Pour les relations extérieures, je ne m'intéresse qu'aux clignotants qui ont l'apparence de germes d'avenir. En politique française et européenne, je m'irrite de la médiocrité des détails et me désespère de voir en jachère les grands problèmes. En reconnaissant dans les deux cas mon impuissance.

Dans deux mois, un référendum réduira à cinq ans le mandat du chef de l'État. Une réforme simple mais dangereuse que la classe politique justifie par les méfaits de la cohabitation, que les socialistes soutiennent pour renforcer à terme le Parlement et Jacques Chirac pour faciliter sa réélection. Rouerie d'un côté, myopie égoïste de l'autre. La cohabitation n'a empêché aucune des réformes — bonnes ou mauvaises — des dernières années : la suppression du service militaire, le PACS, les 35 heures, l'ouverture de négociations de l'Union Européenne avec la Turquie... Quant aux tentatives qui ont échoué, du temps d'Alain Juppé ou de Lionel Jospin, leur enterrement -aux finances, à l'éducation nationale, dans le domaine des retraites- provient du corporatisme des fonctionnaires et du conservatisme des syndicats, la CFDT exceptée. La réforme de la Constitution est l'écran de fumée tendu par les hommes politiques pour cacher leur impuissance à réformer l'État.

Un simple mot à changer a dit Jacques Chirac. Comment ne pas voir pourtant que cette substitution de chiffre modifie l'équilibre du système, affaiblit le Président, transforme sa fonction de gardien des intérêts nationaux ? Je voterai non avec une délectation morose. Quel déclin en quelques années du rôle du chef de l'État. Le balancier revient lentement vers un régime parlementaire. Une satire serait à écrire sur les relations des Français avec leur Constitution. Ils la souhaitent parfaite comme une reine de beauté et rêvent de chirurgie esthétique. L'un envisage de lui raboter le nez. Un autre de lui amincir le cou, un troisième de lui tendre la peau des joues, mais chaque opération fait surgir de nouveaux défauts. Eternels agités, les politiciens français ne comprennent pas qu'une constitution doit ressembler à une grand-mère, entourée d'amour et de respect et qui, malgré ses travers, incarne par sa longévité le pacte collectif.

Le problème de la France n'est pas la Constitution mais l'État. Un État où, à l'exception des militaires, les fonctionnaires refusent d'obéir et qui est doublement incapable de répondre aux demandes d'une société en mutation. Impuissant dans chaque secteur à réduire les coûts des services donnés, en utilisant les technologies de l'information pour changer les structures et réduire les effectifs. Impuissant, d'un secteur à l'autre, à transférer les dépenses pour augmenter sans accroître les prélèvements, la satisfaction des besoins futurs aux dépens du maintien de pratiques obsolètes. Qui décrira jamais l'imagination exubérante des directions pour inventer des activités secondes susceptibles de justifier l'accroissement de leur budget. Un jeu dont l'Assemblée est complice puisqu'elle comprend, grâce au privilège du détachement, quarante pour cent de fonctionnaires. La solution — mais l'énoncer relève de l'incantation — ? Que chaque ministère construise un budget base zéro ne concernant que l'indispensable et élaguant fioritures et appoggiatures, un budget qui serait mis en place progressivement. Conjecture : une adaptation lente mais retardée avec un État envahissant sur les problèmes du passé et insuffisant sur les questions d'avenir, un État obèse et aboulique ou, variante plus dramatique, une crise majeure dans dix ou quinze ans quand une partie de la France se révoltera contre l'autre...

Guère plus réjouissant, l'avenir de l'Union Européenne. Depuis le péché majeur de Valery Giscard d'Estaing, l'accession de la Grèce, l'Europe se révèle incapable de dire non à n'importe quel candidat. Si l'Espagne et le Portugal, coincés dans leur péninsule s'intègrent loyalement, le bloc nordique fait de plus en plus jeu à part, l'Irlande et l'Autriche restent neutres, le Royaume-Uni ambigu. Et une quinzaine de candidats sont accueillis à bras ouverts avec promesse d'acceptation : les États-poussières comme Malte et Chypre et l'énorme Turquie à la civilisation si peu européenne et qui s'étend jusqu'à l'Iran et au Caucase. Les hommes politiques européens sont-ils frappés de cécité et d'impuissance, à l'exception de ceux qui attendent de l'élargissement la dilution du projet en une simple zone de libre-échange. Cette Europe de l'impuissance dominée par les petits pays flottera dans les remous du globe, parcourue d'un frisson à l'annonce de massacres sur tel ou tel continent tandis que la Commission, lourde, tatillonne et bureaucratique achèvera de déconsidérer l'aventure aux yeux des citoyens. Le temps d'une crise est venu. Mais cet indispensable sursaut, qui en prendra l'initiative et sur quel projet ? Ni Chirac ni Schröder n'en ont l'envergure. Aux époques charnières, les individus comptent. Figures de proue ou pâles ectoplasmes.

En cette fin juillet, la Corse revient à l'ordre du jour, secouée par son nationalisme de quelques arpents. Moins de 200 000 personnes, une goutte d'eau dans la démographie française. Mon néo-cortex accepte les propositions de Lionel Jospin qui paraissent raisonnables et acceptables. Mon paléoencéphale lui, fulmine. Il ne suffit pas de satisfaire les Corses. Les métropolitains ont aussi leur mot à dire. Veulent-ils garder dans la République ces empoisonneurs marginaux, économiquement coûteux, psychologiquement traumatisants et aux mœurs politiques douteuses. Nous pourrions céder l'île à l'Italie ou la laisser constituer avec Malte et Chypre et peut-être Sicile et Sardaigne, une ligue des îles méditerranéennes à qui nous refuserions d'entrer dans l'Union Européenne. La ligue serait vite aux mains d'une CME (Confédération des mafias européennes) et nous n'aurions qu'à troquer nos anciennes subventions contre le coût moindre de quelques patrouilleurs des douanes chargés d'empêcher la contrebande. Hélas, comme les familles qu'accable l'existence de membres déviants, nous ne nous débarrasserons pas aisément du problème corse. D'autant plus que nous ne pouvons ignorer la majorité silencieuse. Mais on ne se gouverne pas avec son paléoencéphale. Constatons toutefois que le gouvernement français n'a jamais été capable de suivre longtemps la même politique. Au maintien de l'ordre républicain qui commençait à porter ses fruits, Lionel Jospin a choisi l'autonomie. La bifurcation est peut-être derrière nous.

Début août 2000

Le 5 juillet, j'ai retrouvé à Saint-Michel l'atmosphère de l'hôpital. Serein, j'entrai dans une atmosphère de souffrance, mais aussi de paix. Rien à assumer. Rien à penser. Éteindre les lumières. S'allonger dans la passivité. Sauf accident, la mort ne serait pas au rendez-vous. Comment ne pas accepter un épisode de silence entre deux périodes de bruit et de fureur ?

Trois semaines plus tard, me voilà rétabli, les marqueurs dans les normes. Reste la fatigue, la faiblesse de la volonté, la hantise des conflits, l'allergie aux tracasseries administratives du quotidien, l'inconstance de l'attention, l'appréhension devant les six mois de chimiothérapie qui m'attendent.

Mr Biswas vient de mourir. J'ai lu à Odile avec intérêt, mais sans enthousiasme, le livre de Naipaul[1] sur cet hindou de Trinidad et pourtant cet homme en quête d'indépendance et aux choix malheureux fait désormais partie de mon passé comme Arséniev, le héros de Bounine, Abd el Gamal, celui de Mahfouz, survivants de mes voyages romanesques qui côtoient dans la mémoire les hauts-lieux de mes pérégrinations terrestres, le Taj Mahal, Palenque ou Abou-Simbel[2].

Avec le développement de l'individualisme, notre société poursuit sa déconstruction. Les hiérarchies s'effondrent, les tabous s'effritent, les institutions se lézardent, les héros se dissolvent, les statues sont déboulonnées. Dieu est mort, les curés disparus, les maîtres d'écoles bafoués, les hommes publics méprisés, les scientifiques soupçonnés, les partis et les syndicats dévalorisés, les dirigeants d'entreprises mis à l'index. Les fonctionnaires — militaires exceptés — n'obéissent plus au gouvernement. Libérées les femmes, reconnus les homosexuels, réhabilités les mutins, entourés de considération les prisonniers, glorifiés les adolescents, acceptés tous les porteurs de particularismes, excusés les terroristes. A quand une manifestation des enfants des maternelles se plaignant des horaires et du manque de jouets ? Sur ces ruines, ne subsistent que l'individu et les droits de l'homme. Réactionnaires mes propos ? Les interpréter ainsi serait le comble de la méprise. Comment ne pas percevoir tout ce qu'apporte cette démolition et la générosité du rêve qui l'anime? Mais comment ne pas

---

[1] V.S. Naipaul. *Une maison pour Mr Biswas*, Gallimard, 1964.
[2] Je dois ici insérer une information pour les lecteurs. Depuis longtemps, ma femme et moi avons l'habitude de lire toujours un livre ensemble. C'est une occasion d'échanges et d'enrichissements que nous apprécions beaucoup l'un et l'autre.

s'interroger sur la viabilité de cette société mosaïque, cette société qui juxtapose les moi-nous d'individus à la recherche du bonheur et pourtant sensibles dans des émois fugaces et violents à la souffrance des autres. « Tout le monde, il est beau, tout le monde, il est gentil,... Ne touche pas à mon pote. » L'histoire abonde en disparitions de sociétés permissives incapables de relever des défis intérieurs et extérieurs. Or notre société est sans doute la plus permissive de toutes celles qui se sont succédées à la surface de la terre. Jamais, autant d'hommes n'ont connu sort plus enviable que les habitants actuels de l'Amérique du Nord et de l'Europe occidentale.

Quel est à l'avenir le scénario le plus vraisemblable ? La poursuite d'un émiettement offrant une liberté infinie, mais ne la garantissant plus, promettant un haut niveau de vie mais ruinant l'efficacité qui le permet, chantant des hymnes aux droits de l'homme mais ne tolérant pas un mort pour les défendre ? A cette trajectoire du suicide -qui prolonge les tendances du dernier demi-siècle, s'en opposent trois autres, celle de l'auto-régulation, de la régression et du retournement.

Dans la première hypothèse, la société engendre progressivement ses propres limites, (par exemple, les droits des enfants et la liberté des parents trouvent un équilibre, le pouvoir central et les régions s'accordent sur un compromis, les individus apprennent à interpréter les discours des médias et tempèrent l'ampleur des vagues émotionnelles, la société encadre la déontologie des médias, etc.).

La seconde éventualité — la régression — semble moins probable. Elle suppose un retour à un ordre moral (comme ce fut le cas sous la Restauration après la Révolution et l'Empire : le divorce devient plus difficile, l'obéissance des élèves et des étudiants renforcée, la délinquance sévèrement réprimée...).

Beaucoup plus intéressante, mais plus difficile à préciser est la dernière trajectoire. Un retournement met fin aux tendances actuelles, mais il ne constitue pas une régression vers le passé car il est imprégné de valeurs individuelles et de rapports sociaux nouveaux. Au nom sans doute d'un humanisme mondial et de la conscience de la protection nécessaire du globe, l'individualisme intègre une dimension collective et accepte une autorité qui émane moins de la compétence que de la légitimité perçue des organismes qui les exercent. Contrairement à l'hypothèse de l'autorégulation qui limite seulement la poursuite de la désintégration sociale, cette trajectoire se traduit par la construction d'un modèle social original qui n'a pas d'équivalent historique évident (mais qui ne doit pas, pour cela, être perçu comme optimal).

Une analyse trop simple et trop floue comme souvent en prospective quand l'esprit perçoit une possibilité, sans arriver à la saisir.

15 août 2000

15 août. Depuis des jours, le vide. Le blanc. L'ennui. La machine intellectuelle non seulement arrêtée, mais débranchée, démontée. Elle capte ce que je lis, entends ou vois, l'enferme dans une boîte. Sans un bruit, sans une étincelle, sans la moindre de réponse.

C'est presque guilleret que je suis entré à l'hôpital le 5 juillet. Heureux de connaître la réponse après six mois d'analyses négatives tandis que les marqueurs progressaient à petits pas, sans hâte, régulièrement. Des cellules cancéreuses se cachaient-elles dans la boule sous-cutanée qui, du côté droit, gonfle mon abdomen ou se nichaient-elles plus insidieusement dans le péritoine ? Et puis, passées les premières douleurs, l'hôpital a son charme. Il n'attend rien de vous. Il ne condamne pas la passivité. Il jette un regard bienveillant sur votre irresponsabilité, puis, comme une mère pour son enfant, vous autorise des douceurs progressives. La seule torture ? L'obligatoire lever le lendemain de l'intervention, la douleur du dépliement, la menace de l'évanouissement, l'impression de n'être qu'un château de cartes.

Bonne nouvelle. L'hypothèque est levée. La boule était cancéreuse. Autour, rien de suspect. Une semaine et je retrouve la rue de Vaugirard, persuadé d'être au bord d'un long été tranquille à la campagne. Une chimiothérapie ? Peut-être au mois de septembre. Quelques jours encore et les nouvelles tombent. Un œil qui pleure, un œil qui rit. Les marqueurs sont brutalement retombés à la normale, le traitement devra commencer dès le mois d'août. Une séance de deux à trois heures par quinzaine avec, les jours précédents, analyse de sang et visite médicale puis pendant quarante-huit heures le port d'une pompe extérieure. Durée : six mois. Le ciel me tombe sur la tête. Devant moi, se dressent des montagnes abruptes, dont le franchissement s'annonce comme un calvaire. Comment concilier mes engagements professionnels et les contraintes d'un calendrier médical qui a l'aspect d'une cage de fer ?

Le 6 août, retour du Bizot à Paris avec Odile. Le lendemain matin on me pose un « porte à cat », une boîte sous la peau munie d'un tuyau qui déversera dans la veine les poisons que l'on va m'injecter. Que l'on m'ouvre le corps pour en extraire des parties, j'y suis habitué, mais je ressens difficilement l'insertion d'un objet étranger à l'intérieur de mon enveloppe protectrice. Intervention bénigne en anesthésie locale, mais intervention tout de même, le squelette attaché à la plaque étroite et dure de la table d'opération, la tête immobile impérativement tournée vers le côté gauche, les piqûres cuisantes qui se succèdent à la base du cou, les manipulations qui taillent dans ma chair morte.

Le lendemain, j'affronte la première injection, avant de retourner seul à la campagne par le train. On m'annonce nausées, vomissements, froid au bout des doigts et des orteils, nécessité de porter des gants. Puis se succèdent les flacons, un pour amoindrir les effets secondaires, deux en parallèle qui mettent deux heures à s'écouler, un dernier dont l'effet sera prolongé par le liquide de la pompe. Une pompe qui se cache dans une énorme banane grise d'où émerge un fil souple qui rejoint le « porte à cat ». Étrange : mon corps ne tient plus dans mon corps. Je ne suis plus à l'abri derrière la forteresse de ma peau. Une heure plus tard dans le train, sans déclaration de guerre, l'ouragan se déchaîne. J'inonde mes mains, mon costume, le plancher du wagon. Le soir, la nuit, incontrôlables, des crises violentes se succéderont et chaque fois, me semble-t-il, une main fouilleuse passera par ma gorge pour aller chercher au fin fond de mon sac intérieur... Le lendemain matin, dix ans ont passé. Et pendant quelques jours, je me retrouve flottant entre le sommeil et l'éveil, le pas lourd et chiche, le geste lent, le squelette affaissé, semi-allongé dans des fauteuils, dégoûté de la télévision, sans appétit, vite lassé de la lecture, aboulique. Une Odile tendre et attentive m'entoure. Les petits enfants n'exigent rien de moi, mais spontanément viennent m'embrasser. Je suis obsédé par mon carnet de rendez-vous de septembre. Pourtant, je ne peux pas l'ouvrir. Le vide, l'ennui. Passent les heures ...

Et pourtant, je lis. Passivement. Comme une éponge. Un essai charmant et insignifiant d'Orsenna sur Le Nôtre, une somme épaisse sur l'histoire de l'Inde depuis l'indépendance. Des matériaux que je stocke. S'y ajoutent, en lecture commune, des récits de Tchékhov imbibés d'humanité, d'alcool et de tristesse. Comme je me sens proche de la littérature russe depuis Pouchkine. Ce cher Anton, pourtant ajoute à ma dépression et après quelques passages, articulés à haute voix, j'abandonne. Impossible de trouver une position satisfaisante. Debout, mes pieds collent au sol. Allongé, les nausées menacent. Coincé dans un fauteuil, je tente, sans y parvenir, d'élargir ou de refermer l'angle du dossier. Je n'ai nulle envie d'être actif et pourtant, l'ennui me pèse.

Au bout de quelques jours, un neurone s'allume, puis un second, un troisième. La lumière est revenue. J'ose ouvrir mon carnet de rendez-vous, corriger quelques pages d'un document pour EDF, esquisser des projets. Réunir des articles épars en un volume comme aiment à le faire les psychanalystes. Mes articles d'économie de l'entreprise s'y prêteraient assez. A cette idée, Odile fait la moue. Puis j'imagine une nouvelle satirique : « Une journée de Monsieur Frédéric ». Un Français mi-cadre moyen, mi-cadre supérieur, fonctionnaire et conservateur, ouvert aux idées modernes, imprégné des lieux communs de cette fin de siècle, nourri des banalités télévisuelles. Je rêve d'un texte méchant, cynique, désabusé, non exempt de tendresse. Serais-je capable de l'écrire ? J'en doute. Il faudrait trouver le bon rail et le suivre sans retomber dans mes chemins habituels. Peut-être essaierai-je de griffonner une page ou deux.

Ma vie est rythmée par les séances de chimiothérapie et leurs séquelles. Tantôt, je reprends espoir, constate que deux séances sur douze ou treize sont derrière moi, me convainc que j'apprends à gérer les nausées. Tantôt, je mesure la longueur du chemin jusqu'à fin janvier, j'appréhende la coexistence du traitement et de la vie professionnelle. Odile m'entoure, me soutient, réduit les tensions autour de moi, accepte mes petits caprices...

Le projet d'une journée de M. Frédéric résiste mal à l'investigation. Une autre option se dessine. Des histoires satiriques d'un paragraphe ou deux... : 20 heures le soir sur TF1. TF1 présente avec M. Bricolage l'allocution du Président de la République. Dix minutes de causerie au coin du feu (on est en juillet, mais le Président se veut proche, familier, accessible...). Puis de nouveau sur l'écran : TF1 vous a présenté, avec le concours de M. Bricolage, l'allocution du Président de la République. Dans *Le Monde*, l'éditorial a un sponsor, l'Oréal « parce que je le vaux bien ». A la porte des églises, un grand panneau annonce que la messe de 11 heures est organisée avec l'aide de Darty. Pour les lettres personnelles, la télécopie a remplacé la Poste, mais pour protéger l'emploi de ses préposés, cette dernière a obtenu le monopole de la distribution du courrier publicitaire. La publicité finance aussi la diffusion des informations sur Internet. C'est grâce au rouge à lèvre Gemey que l'on peut consulter les dernières statistiques de la propagation du SIDA et à Philip Morris les renseignements sur le cancer du poumon.

Je repense à Dresde, cette ville à jamais mutilée au bord d'une Elbe tranquille, à la découverte des Canaletto sublimes, à la déconvenue du Zwinger triste et noirci et l'idée me prend d'un livre de voyages qui reprendrait les pages enlevées à *Un homme de notre siècle*. Les lieux ne seraient que le support de réflexions sur l'aventure humaine.

Dans mon livre de voyages, j'exalterais les monuments commémoratifs de la Russie soviétique. Dans leur volonté altière de porter témoignage de l'espérance communiste, certains sont beaux, comme le couple noir à la faucille et au marteau de l'Exposition Universelle de 1937, relégué maintenant dans les faubourgs de Moscou. Quand on rejette un système politique -et je n'ai jamais été sensible aux mythes staliniens- il ne faut pas mettre à la poubelle tout ce qui a été charrié par la société d'alors. Une communauté humaine est si complexe qu'elle fait jaillir quelques rayons de lumière du noir absolu et nuance de taches gris foncé l'atmosphère la plus pure.

Vichy ! En laissant flotter ma pensée, je découvre une évidence : pendant deux ans et demi, le gouvernement, mis à part ses choix politiques douteux, a su, grâce à l'administration, gérer la France au quotidien. Les cartes de pain étaient distribuées et honorées, les trains arrivaient à l'heure, hôpitaux et écoles fonctionnaient, les agents de l'État étaient payés. La catastrophe n'empêchait pas les systèmes administratifs de s'adapter et de répondre tant bien que mal aux demandes sociales. Les historiens ne se sont pas assez penchés sur ce côté des choses qui a coexisté avec l'autre, le côté noir de la répression politique, des négociations troubles avec les Allemands, du marché noir, de la pression croissante des « collabos ».

Odile s'est mise à écrire son livre sur les addictions. Elle avance courageusement, surmontant ses inhibitions et traçant la route sans se préoccuper des déchets du style. Semi allongé sur une bergère, je la regarde amoureusement de profil. Le buste droit, assise à son bureau face à la fenêtre, le regard tantôt sur la campagne, tantôt sur la feuille, le stylo sur le papier ou entre les dents. Elle a tout dans la tête et a choisi son plan, mais je sais qu'avant d'achever le texte, elle connaîtra bien des souffrances. Des heures de dialogues en perspective. Délicieuses et traumatisantes.

Resurgit mon fantasme de pieuvre publicitaire. Une nouvelle histoire me vient à l'esprit : hier soir, avant les informations, TF1 annonce : « N'ayant pas trouvé de 'sponsor' nous sommes au regret de ne pouvoir vous donner ce soir les dernières nouvelles de la météo ». Pourquoi haïssez-vous la publicité ? Erreur. Elle écrit l'un des chapitres les plus étonnants de la créativité contemporaine. Mais je n'aime pas son irréversible et douteux mariage avec l'information. L'information, je la voudrais pure, offerte gratuitement par la collectivité ou payée par ceux qui la recherchent.

Vain espoir. De la presse à Internet, le publicitaire qui achète sans vergogne de l'espace et du temps fait vivre le journaliste que ses seuls articles contraindraient à la misère.

Un jeu de cache-cache dans le monde d'aujourd'hui : les politiques qui poussent devant eux les experts ; ces derniers qui, à leur tour, se protègent derrière les phrases ampoulées de leurs rapports. Une voiture fauche une classe d'enfants à un passage clouté. Vite, le premier ministre nomme une docte commission. « Est-t-il dangereux de traverser aux passages cloutés ? » Le Président, Inspecteur général des Ponts et Chaussées, résume, quelques mois après, les conclusions de la Commission dans une lettre au premier ministre : « La Commission a procédé à un examen détaillé et soigné des études et statistiques disponibles sur les accidents. Elle a reconnu à l'unanimité qu'il est, en général, moins dangereux d'emprunter les passages cloutés que de traverser en dehors. Encore faut-il, pour minimiser les risques, que chaque piéton observe soigneusement les feux de signalisation s'il y en a, n'oublie pas de regarder à droite et à gauche avant de s'engager sur la chaussée et marche d'un pas ferme et régulier. Même dans ces conditions, le risque d'un accident n'est pas nul. Il importe par conséquent de mettre en œuvre une campagne d'information auprès du public et si possible de placer un fonctionnaire de police auprès de chaque passage clouté. La meilleure solution serait évidemment, comme la SNCF l'a découvert depuis longtemps, de remplacer les passages cloutés par des passerelles. Mais certains membres de la commission ont fait remarquer les chutes qui en résulteraient et qui seraient parfois mortelles. Dans ces conditions, c'est aux autorités politiques, expression de la volonté populaire, d'estimer si le coût budgétaire du lancement d'un programme national de passerelles peut être raisonnablement justifié. » Le haut fonctionnaire a eu une promotion dans l'ordre national de la Légion d'Honneur. Il a gardé pour lui ses calculs de coin de table. A budget de l'État constant — nul ne veut d'augmentation d'impôts — le déplacement des fonctionnaires de police des routes vers les passages cloutés ou le transfert du budget de la suppression des points noirs vers la construction de passerelles engendrerait par an cinq cents morts de plus. Qu'importe ! La vie humaine n'a pas de prix et le rapport était politiquement correct.

Une question surgit : quelle est la différence me demande-t-on entre un directeur des routes et un président de la SNCF ? Vous ne voyez pas ? Le premier garde son poste jusqu'à dix mille morts par an, le second le perd si, en une seule fois, un accident de train fait vingt victimes.

Septembre 2000

J'ai horreur du terrorisme des minorités dans les sociétés démocratiques. Pour moi, l'IRA, l'ETA, le FNLC, sont des bactéries du même genre, à l'égard desquelles les opinions publiques occidentales font preuve d'une incompréhensible mansuétude. Il faut donner un nom à ces mouvements. Le *banditisme ethnique* ? Infimes groupuscules qui vivent au sein de populations apeurées qui n'osent pas dénoncer des parents, assassins qui se prennent pour des chevaliers et que les médias du globe traitent comme des preux qui font l'événement et engendrent l'Histoire. J'imagine un double dessin de Plantu. A gauche, un quidam demande à un habitant du lieu, en montrant du doigt un individu hirsute, déguenillé, au regard trouble : « Quel est cet hurluberlu là-bas ? » « Un membre de l'armée de libération du Zadig. » Sur la droite, le quidam ragaillardi, le regard excité, un sourire avenant de diplomate aux lèvres : « Oh ! Pourrais-je avoir l'honneur de lui être présenté ? »

Vous êtes tête en l'air, violent, ambitieux, issu d'une petite communauté ayant son sabir. Proclamez-vous le libérateur d'une oppression séculaire, tuez, volez, hurlez au scandale si la police vous arrête et vous aurez les médias à vos pieds, de l'argent extorqué plein les poches, peut-être condamné pour la forme à une peine de prison que vous ne terminerez pas et vous aurez l'espoir de terminer votre carrière comme ministre d'une région autonome de la taille d'une sous-préfecture, décoré de l'ordre que vous aurez créé. Avouez que c'est tout de même mieux que d'être simple braqueur de banques !

La télévision ne cesse de nous inonder d'images sur la libération des otages de Jolo. On filme dans le camp au milieu des rebelles réjouis, grassement payés par l'argent libyen, les embrassades émues des partants et des restants. Immonde, écœurant. Comment des journalistes intoxiqués par l'impératif faussement catégorique de la liberté d'information n'ont-ils pas conscience du côté sordide de leur comportement ?

Les vacances s'achèvent. En dépit des vomissements, des nausées, des injections, de la chimiothérapie, ce furent de belles vacances. Des vacances de crépuscule. La tranquillité de savoir Catherine[3] au Coisel, entourée mais hors de notre responsabilité, Renaud à Paris écrivant son premier article pour une feuille médicale, Justine proche de nous, téléphonant presque chaque jour. Une grande semaine avec trois petits enfants affectueux et heureux : Clémentine découvrant le langage par l'expression du refus « Non, veux pas », goûtant le plaisir du repas en commun, jouissant du calme des promenades en poussette le long de l'allée centrale, allant spontanément se coucher quand l'heure est venue ; Mirabelle, enfin apprivoisée, jouant avec Odile à dessiner, colorier, enfiler des colliers ; Basile, plein d'énergie, sillonnant à bicyclette la propriété, passant du château de sable à la lecture, de la peinture à des constructions en papier, montant m'embrasser, les deux bras autour de mon cou les jours où je suis malade... Mais l'âme de ces vacances, ce fut Odile, une Odile tenace, attentive, active, détendue. Son amour flottait, léger, dans le silence et la tranquillité du lieu. Nos longues séances de lecture en commun nous firent achever *Une maison pour Mr Biswa* de Naipaul, vibrer à la brise légère de Katherine Mansfield[4], suivre la fugue de l'adolescent paumé d'*Attrape-cœur*[5], cheminer, avec des sentiments variés, tout au long des pages de *La mer, la mer* d'Iris Murdoch[6]. Souvent, pendant qu'Odile œuvrait à ses multiples occupations, je lisais, étendu sur la bergère de notre chambre, un épais bouquin sur l'Inde contemporaine, cherchant à me construire une image du pays, dans sa complexité, son unité, sa diversité, son orgueil, sa violence et sa sagesse démocratique, ses errances entre le modernisme et la tradition, sa compassion pour les plus pauvres et

---

[3] Nom des enfants : Catherine, Justine, Renaud. Nom des enfants de Justine : Basile, Mirabelle, Clémentine.

[4] K. Mansfield, *La Garden-Party*, Stock, 1929

[5] J.D. Salinger, *L'attrape-cœur*, Robert Laffont, 1986

[6] I. Murdoch, *La mer, la mer*, Folio, Gallimard, 1982

son incapacité à se libérer des castes, la qualité de ses élites et la lourdeur de sa bureaucratie ... Deux dates significatives : l'indépendance et les horreurs de la partition, les réformes économiques de 1990. L'avenir se présente aujourd'hui comme un éclair et une ombre. L'éclair d'une croissance économique soutenue, l'ombre d'un nationalisme religieux avivant le problème des minorités et aggravant le conflit avec le Pakistan. Une particularité du pays m'étonne : l'étincelle qui, dès le début du siècle, s'est produite à la rencontre de l'Inde et du cinéma et le rôle emblématique des acteurs de films, quasi-incarnation des dieux et devenant premiers ministres de certains États.

Odile aime classer. Une bénédiction lorsque gagne la nostalgie des vieux souvenirs. Ainsi, hier soir, dans le désœuvrement de la fin d'après-midi, j'ai découvert derrière un rideau un grand carton de documents provenant de ma mère : des carnets de notes de l'école Valin, un diplôme de brevet, un certificat de capacité à l'enseignement primaire, une photo en adolescente de quatorze ans, cheveux noirs, blouse noire cintrée à la taille, bas noirs, chaussures noires à broches. Certaines tenues de femmes et d'enfants permettent de ressentir le charme et le parfum des êtres qui les portent. D'autres semblent des déguisements qui éloignent et déshumanisent. Cette photo relevait de cette catégorie. Deux télégrammes, l'un de 1945 où mon père annonçait son retour imminent de captivité, l'autre de 1948 « Reçu cinquième à l'ENS. Jacques. » Plus tristes étaient les cahiers où ma mère qui perdait la voix, mais avait gardé son écriture ferme et claire, consignait ses instructions quotidiennes et ses réflexions. Une dernière lettre m'était adressée le 3 janvier 1982. Y était jointe ma réponse du 5. Elle devait mourir trois semaines plus tard. Venaient ensuite les innombrables photos de vacances, petits formats, minces franges blanches, droites ou ciselées, vastes paysages grisâtres, personnages raides posant côte à côte. Je redécouvre des connaissances oubliées. Je brasse des morts. Sur les photos de guerre, coiffures et chapeaux donnent à ma mère une énorme tête. L'après-guerre léguait des clichés de photographes des rues, grandeur cartes postales : un père svelte et séduisant, une mère détendue et à peine alourdie, un Jacques élégant et souriant dont le tonus et la minceur m'ont étonné. Pour finir, un ou deux rouleaux de vues du dernier appartement de mes parents à Bordeaux. Ces documents que je connaissais pour la plupart provoquent un vague malaise, le plaisir mélancolique que suscitent ces traces conservées d'êtres disparus : la tante Maria, Germaine Perdriat, Abel Lachaize, Pierre Marotel, quelques figures de personnages qui, pendant des années ou pendant des décennies, ont gravité autour de ma famille.

Après le carton de ma mère, j'ai ouvert celui de mon père. Beaucoup d'inconnus. Des groupes d'officiers ou de soldats. Des défilés militaires. La remise de la Légion d'Honneur à mon père. Des caricatures des enseignants de Saint-Maixent, un album de gravures sur ses deux *Oflag*, près de

Nuremberg et de Dresde. Avec étonnement, je constate que sur les photos, mon père revêt une double apparence : parfois jovial, le regard vif, des pattes d'oie autour des paupières, plein de tonus et de dynamisme ; parfois éteint, les yeux vides, les paupières tombantes, les joues molles, exprimant absence et lassitude. Jamais de son vivant, je n'avais rencontré ces deux personnages aussi typés, presque étrangers l'un à l'autre puisque la règle était plutôt l'égalité d'humeur. Parmi les feuillets pliés, la citation lui conférant la croix de guerre et précisant le lieu de la blessure : Port en Binson, sur la Marne entre Dormans et Épernay. En vérifiant sur la carte, à la même longitude, je redécouvre un nom : Romilly-sur-Seine, son premier camp de prisonniers pour quelques semaines en juillet-août 40. Dernier souvenir : au fond d'une enveloppe qui lui était adressée avec la mention manuscrite très personnelle une feuille de papier pliée en quatre : les soldats de son école de formation le félicitaient avec émotion pour mon succès à la sortie de l'X qu'ils avaient appris par la presse. Suivaient cinquante signatures. Un instant, j'ai vécu ce qu'il avait pu ressentir en recevant cette lettre.

Barbonneries d'économiste

Octobre 2000

Tel un vieux barbon, je suis sujet à des colères périodiques. Mes cibles ? Le gouvernement et la presse (écrite ou audiovisuelle). Ma dernière rage a été suscitée par le conflit des routiers. Personne n'a reconnu cette évidence : face à une hausse générale du brut qui atteint toute l'Europe, il est normal que l'augmentation des coûts de transport soit répercutée dans les prix. Ce qu'il fallait donc, c'était casser les clauses des contrats qui empêchaient les transporteurs d'adapter leurs prix dans les prochains mois. Cette solution, évidente, saine, conforme à la logique n'a été mentionnée par personne, homme politique, haut fonctionnaire ou journaliste. Dès qu'il s'agit de reconnaître le rôle des prix dans l'affectation des ressources, nos élites ont le cerveau aussi indigent que les bolcheviks du début du siècle. Comme Hamlet qui disait, « il y a quelque chose de pourri dans le royaume du Danemark », j'ai envie d'écrire : « il y a un relent de pourri dans la culture française ». Et pourtant, par son humanisme, son sens de la mesure, c'est une des plus belles cultures du monde, mais elle conduit presque toujours à des erreurs quant au choix des instruments pour arriver à ses fins. Mon unique consolation est que Wim Duisenberg, le gouverneur de la Banque Centrale Européenne a admonesté le gouvernement français. Des coups de bâton bien mérités.

Un autre débat a montré cette semaine l'incapacité de nos élites à séparer le bon grain de l'ivraie. Une déclaration vient d'être publiée par cent cinquante enseignants du supérieur en économie. De nombreux signataires sont mes amis. Ils s'insurgent contre le poids des mathématiques, la prépondérance des modèles néo-classiques et réclament des programmes tenant davantage compte de l'analyse des faits. Bravo, messeigneurs ! Je suis le premier à travailler à une reconstruction de la microéconomie. Je le puis parce que j'ai une connaissance réelle de la science économique actuelle et de ce que lui apportent les mathématiques. Mais le texte ajoute à des critiques recevables des phrases qui sentent le souffre d'un crypto-humanisme vaguement social-chrétien et d'un marxisme masqué. On lit par exemple que les professeurs veulent pouvoir enseigner selon leurs convictions. Quelles convictions ? Scientifiques ou politiques ? Certes, l'économie est une science sociale mais ce n'est pas une raison pour enseigner n'importe quoi. Pendant longtemps, la plupart des manuels d'économie pour l'enseignement secondaire ont été de la bouillie pour les chats assaisonnée de vulgate marxiste. N'oublions pas d'où nous venons : la science économique française était inexistante à la fin de la seconde guerre. Il a fallu la reconstruire, largement contre certains des courants qui se cachent derrière le manifeste d'aujourd'hui. Einstein aurait-il pu inventer la relativité s'il avait ignoré la physique classique ? J'ai la vision d'une synthèse de la théorie économique plus générale, englobant la théorie néo-classique, mais cela n'a rien à voir avec un bavardage qui ne fait pas l'effort de construction rigoureuse des concepts.

Ces colères m'aident à comprendre ce qu'est une culture avec son mélange de lumières et de taches aveugles. A la fois dur et élastique, son noyau annihile l'essentiel des efforts d'une génération pour la faire évoluer.

Saurons-nous, par exemple, réformer l'État, l'obliger — à services donnés — à réduire ses coûts au minimum, le contraindre à supprimer des services inutiles qui n'ont plus comme justification que l'emploi des fonctionnaires qui s'y consacrent, le pousser à déléguer à d'autres ce que des structures plus légères font mieux, l'inciter ainsi à se donner des marges de manœuvres pour développer les actions dont a besoin la société nouvelle ? Une formulation qui n'a rien à voir avec le débat « plus d'État ou moins d'État ».

Quelques gouttes de venin secrétées par mon imagination :
— après la grève générale du 28 septembre pour les salaires et les effectifs à la SNCF, l'entreprise communique : « Afin de mieux satisfaire les besoins de notre aimable clientèle, nous n'annoncerons plus désormais les jours de grève, mais ceux où les trains roulent normalement ».
— à propos du principe de précaution : les Athéniens possédaient les mines d'argent du Laurion. Devant la menace perse, ils décidèrent de les exploiter abusivement et de financer la construction d'une flotte de trirèmes qui permit de gagner la bataille de Salamine et préserva la civilisation grecque de son absorption dans l'empire perse, ce qui a peut-être changé le cours de l'histoire. Que répond l'écologiste né 500 ans avant Jésus-Christ ?

— une variante avec une mine d'or amérindienne qui a servi à la création de chefs d'œuvre de bijouterie témoins aujourd'hui d'une civilisation disparue.

L'attitude face au long avenir soulève des questions autrement difficiles que le simple « Dans le doute, abstiens-toi » de la Vulgate verte, tant sont inextricablement mêlés le réversible et l'irréversible qui passent de l'un à l'autre au cours du temps.

Octobre 2000

LA FRANCE DE LA CONCURRENCE ET LA FRANCE DU STATUT

Aux beaux temps des trente glorieuses, la France était multiple. Elle se déchirait sur la répartition des revenus, l'attitude à l'égard du communisme soviétique, la décolonisation, l'enseignement privé et mille autres sujets, mais deux thèmes la réunissait : la croissance et l'État protecteur. Il fallait accroître les ressources distribuables et assurer la protection de ceux menacés de misère ou de maladie. D'où, dans cette Union soviétique qui a réussi, un rapprochement insuffisamment souligné entre les décideurs du public et du privé.

Un rapprochement sur deux points : l'efficacité et les garanties.

Les ressources étaient rares. Il ne fallait pas les gaspiller et pour chaque décision mettre en parallèle les dépenses et les recettes à en attendre et, si le solde était positif, choisir la variante qui le rendait maximum. Calcul naturel à l'entreprise privée qui maximise ses profits, mais calcul aussi pour le service public même s'il tient compte du temps gagné par les usagers, des vies humaines économisées et parfois des nuisances évitées. Ce fut l'âge d'or du calcul économique public.

En matière de garanties, les grandes entreprises privées -dont la taille apparaît aujourd'hui bien modeste- se rallièrent bon an mal an à un droit du travail allant de l'article de loi à la convention collective et au règlement intérieur. Lorsqu'une mesure naissait dans une entreprise publique, comme une semaine de congé supplémentaire accordée par Renault, elle se propageait assez vite dans l'ensemble de l'économie.

Le paysage est aujourd'hui méconnaissable.

Dans le secteur privé, la concurrence devenue frénétique oblige à calculer la rentabilité de la moindre décision. Les guerres de prix entre sociétés de télécommunications accouchent de formules tarifaires incompréhensibles au commun des mortels. Les analystes guettent la moindre nouvelle pour décerner des notes, bonnes ou mauvaises. Les PDG ont les yeux fixés sur les cours de bourse. On attend d'eux qu'ils fassent toujours mieux que l'année précédente. Le moindre faux-pas et la valeur d'un groupe de 100 000 personnes, c'est-à-dire les bénéfices futurs actualisés sur tout l'avenir, chute d'un vingtième. L'appareil de mesure réagit à la seconde, mais tremble au moindre souffle.

Franchissons la porte d'une administration. L'efficacité est devenue un concept du passé. La tombe du calcul économique est recouverte de mousse. Plus personne ne sait d'ailleurs où elle se trouve. Un investissement est fait si la conjonction de groupes de pression est suffisante pour que le pouvoir politique dégage les moyens financiers. Peu importe si les bénéfices économiques et sociaux futurs ne sont pas à l'échelle de la ponction sur les revenus. D'ici là, comme dit La Fontaine, « l'âne, le roi ou moi seront morts. » Tout est devenu politique, même le gaspillage.

Le Minotaure public ne mange pas seulement une large fraction du produit des activités économiques. Il mange salement, bêtement, en fonction de la foire d'empoigne à laquelle se livrent ses petits protégés. Certes les comptables publics, les leucocytes du système, se battent pour éviter la curée. Ils ne peuvent le faire qu'en multipliant les contrôles a priori et en vérifiant que toute somme est dépensée selon les règles, que son utilisation soit raisonnable ou non.

Pour l'efficacité, deux France se font désormais face, étrangères l'une à l'autre.

Même divergence pour les garanties, mais en sens inverse. Dans le contexte européen et mondial, les entreprises sont contraintes à l'adaptation. Révolu est le temps des carrières pratiquement à vie. Elles hésitent à recruter, surtout du personnel de faible compétence dont elles jugent le coût complet (y compris l'éventuelle dépense de licenciement) trop élevé. Elles s'efforcent de ne signer aucun accord de branche, réservant à des négociations internes les questions salariales. Collectivement, elles luttent contre toute augmentation des cotisations sociales, même à la charge des salariés. Dans ce secteur, les syndicats sont inexistants. Occasionnellement, un conflit met en vedette un leader éphémère, comme ces paysans qui menaient autrefois des jacqueries. Rien de tel dans la sphère publique, cette sphère qui, au sens large, comprend l'État, les collectivités locales et tous les organismes, des retraites à l'assurance maladie et aux allocations de chômage, qui participent aux actions de l'État protecteur. Le vocabulaire n'a plus rien de commun, il est question de protection des droits acquis, de défense du service public, d'intégration des contractuels, d'élargissement des garanties. Le quart des salariés de ce secteur cotise à des syndicats puissants toujours prêts à un bras de fer avec le gouvernement.

Ce clivage n'est pas apparu en un jour. Le septennat de VGE tenta de l'éviter sans être pleinement conscient de ce qui était en cause. L'arrivée de François Mitterrand au pouvoir, perçue comme une poussée de la gauche, fut en réalité une réaction conservatrice, la tentation de rétablir « l'URSS qui avait réussi ». L'essai fit long feu et, par étapes successives, l'État se désengagea de l'appareil productif laissant face à face deux pays, avec deux systèmes d'organisation, deux modes de fonctionnement et, au milieu, les Français.

Les Français se séparent, volontairement ou non, entre ceux régis par le statut et ceux sous le sceptre de la concurrence.

Les premiers peuvent à leur choix travailler comme des fous, respecter les horaires et un rythme tranquille ou s'embusquer dans le farniente. Ils se moquent de la hiérarchie mais respectent les circulaires. Ils ne sont pas hostiles à l'innovation à condition qu'elle ne change rien au contenu des postes, aux effectifs, à la rémunération, aux perspectives d'avancement et aux procédures de contrôle. Ils n'ont guère d'influence sur leur budget, ne peuvent que dépenser chichement sans sortir des cases imposées et doivent seulement vérifier qu'en fin d'année il ne reste plus un centime dans aucune caisse. Ils ont toutefois une vague inquiétude sur l'avenir du service public et s'opposent - prudences et principes obligent – à la moindre modification.

Les Français de la concurrence savent que leur futur ne dépend que de leurs seules forces et de la reconnaissance de ces forces par les autres. Ils travaillent dans l'enthousiasme ou la contrainte, prêts à utiliser toutes leurs compétences, leurs capacités d'imagination et d'initiative grâce à la décentralisation des responsabilités. Ils disposent d'un budget et œuvrent pour améliorer les résultats prévus. Cette liberté pèse sur leurs épaules et peut engendrer des stress plus ou moins angoissants. La hiérarchie existe et l'entente avec le chef est plus importante que le respect des textes écrits. La réussite se transforme rapidement en hausse de rémunération. L'avenir dépend de la santé de l'entreprise et, si elle se détériore, il faut savoir quitter l'échelle à temps. Malheur aux passifs qui, par attachements familiaux ou locaux ou par placidité, attendent que l'orage éclate, espérant en la protection de la collectivité.

Sous le rouleau de la concurrence, qu'elle provienne du progrès technique, des firmes étrangères, de l'évolution des demandes sociales, les entreprises s'adaptent, se réorganisent, s'internationalisent, des joint-ventures européennes apparaissent. Les Européens des firmes apprennent, parfois durement, à travailler ensemble dans la quotidienneté. Successive et progressive, la privatisation des grandes entreprises nationale démantèle le système productif d'hier.

De l'autre côté, celui du statut, les ministres tentent de contrôler les dépenses, mais il leur faut satisfaire des demandes sociales électoralement sensibles et, lorsqu'ils tentent des réformes, ils s'enferrent dans les barbelés des règles d'ensemble, pendant que sous la houlette des syndicats, les corporations qui se croient visées défilent dans la rue...

Avec le fil à la patte d'un État poussif, les entreprises courent en sautillant d'autant plus que la démographie exigerait de repousser les départs à la retraite et de promouvoir une reprise modérée de la natalité.

Octobre 2000

Venons-en à des pensées plus riantes. Jamais dans le passé, les hommes, même les rois, n'ont été à ce point entourés de jolies femmes, figées sur les affiches et dans les magazines, animées à la télévision et au cinéma. Une incontestable rupture rarement mentionnée parce que ses conséquences sont difficiles à évaluer. Par une association d'idées évidente, je me demande ce que nous apprendraient deux siècles de statistiques sur le nombre d'accouplements annuels d'individus par âge, sexe, statut familial, catégorie sociale. Une information à jamais perdue et qui ne permettrait d'ailleurs pas de conclure sur l'influence du triomphe de l'image de la beauté féminine sur nos comportements.

Jacques Chirac et le RPR vont payer cher l'erreur qu'ils ont faite lors de la découverte du petit carnet de Gérard Monate révélant les modes de financement occultes du Parti socialiste. Certes, ils n'ont pas jeté de l'huile sur le feu, mais ils ont raté l'occasion en ne dévoilant pas leurs pratiques et en n'amenant pas toute la classe politique à faire un *mea culpa* général permettant de faire passer une loi d'amnistie qui eut sans doute été acceptée par l'opinion si elle s'était rendue compte de la généralité de comportements induits pour une part par l'augmentation du coût des campagnes électorales et de la vie politique. Maintenant, c'est trop tard. La vague est passée sur le PS, elle va légèrement mouiller le PC et s'abattre sur un RPR et le Président de la République.

Je vois à grands pas le retour d'un régime parlementaire et l'effritement du crédit d'un Président dont personne à l'étranger ne prend au sérieux les déclarations. J'étais réservé sur l'homme. La réalité confirme mes craintes. Il faudrait maintenant qu'il démissionne quitte à se représenter en essayant d'obtenir un quinquennat de consolation. Le voyage à Canossa pour se jeter aux pieds du peuple français sera rude, mais maintenant la justice, comme la tortue de la fable, le rattrapera un jour. Triste fin pour un *play boy* sympathique.

Les jours raccourcissent en enjambées de plus en plus grandes. Je consomme comme une sucrerie la troisième semaine que le cancérologue m'a accordée à cause du faible niveau de mes plaquettes sanguines. Soldat en permission qui revient au front le 11 octobre, je me livre à mes activités de conseil et à mes distractions. Lundi 4, j'ai discuté sur « les facteurs de la puissance au XXIe siècle » avec un groupe d'ingénieurs de la Délégation générale à l'armement. Au cours du dîner qui a suivi, j'ai pensé à cet apologue : « dorénavant, à chaque franc dépensé pour un équipement militaire, on ajoutera une provision égale à la valeur probable du dommage qu'il peut causer. » Ne riez pas : dans les derniers conflits, ce sont les vainqueurs occidentaux qui ont relevé les ruines résultant de leurs bombardements. Je pense à la tête des généraux de la Grande Guerre si on leur avait fait cette suggestion !

La Grande Guerre, j'y suis plongé par la lecture des *Souvenirs de guerre du Général Pershing*[7] qui a commandé en 1917 et 1918 l'armée américaine en France. Rien de plus instructif que ce regard d'un tiers sur l'alliance franco-anglaise ; la rouerie des Anglais pour tenter d'attirer les Américains dans leur camp, au nom de l'unité des peuples anglo-saxons ; la volonté des deux alliés d'incorporer les troupes américaines dans leurs divisions affaiblies et épuisées ; la ténacité avec laquelle Pershing s'attache à la création d'une armée américaine indépendante avec sa logistique propre ; l'ampleur du découragement des Alliés qui, dans les premiers mois de 1918, craignent qu'un renforcement massif des forces allemandes venues de Russie, ne submerge le front occidental avant l'arrivée significative de troupes américaines opérationnelles ; la réticence avec laquelle Pétain et Haig acceptèrent le commandement unique. Pershing n'était peut-être pas un génie militaire, mais il était entêté et bon organisateur et, pour ces raisons, il a atteint son but : constituer en France en quinze mois une armée américaine responsable d'une partie du front. Un exploit sous-estimé.

Odile m'a demandé pourquoi cette passion pour l'histoire des deux guerres mondiales :

— le souvenir de la première a, de 1930 à 1939, imprégné l'atmosphère de mon enfance. Il s'enrichissait pour moi d'une triple identification, à mon grand-père qui l'avait faite, à mon père qui était officier de carrière, à la France meurtrie mais victorieuse ;

— le drame de la seconde a accompagné le début de mon adolescence, du déclenchement du conflit à l'effondrement, l'Occupation puis la libération…

Mais avec le temps, mon intérêt s'est déplacé, du simple récit des opérations militaires vers les histoires puis vers les mémoires des acteurs. Pour qui connaît une période, ces textes éclairent les séquences restées dans l'ombre, révèlent les contextes sociologiques et psychologiques des décisions, éclairent les personnalités des premiers rôles par le regard qu'elles portent les unes sur les autres. Dès lors, je me sens, invisible et habillé de noir, errer au milieu des acteurs sur la suite des événements.

---

[7] Général Pershing, *Mes souvenirs de guerre,* Plon, 1931

Des Balkans au Moyen-Orient

Octobre 2000

La semaine a été riche en événements du côté d'Israël et de la Yougoslavie.

En Israël, tout a commencé par la provocation d'Ariel Sharon, allant se promener sur l'esplanade des mosquées. Des incidents ont ensuite éclaté en Cisjordanie et dans la bande de Gaza, sans doute provoqués par l'exaspération des Palestiniens devant le blocage des négociations de paix et probablement encouragés ou tolérés en sous-main par un Arafat désireux de forcer la main à Ehud Barak. En face, un premier ministre israélien affaibli, en semi-campagne électorale et obligé de montrer sa force pour rester crédible face au Likoud. Hier, l'enlèvement de trois soldats israéliens à la frontière du Liban, de la Syrie et d'Israël a fait monter la tension d'un cran. Je pense à l'article que j'avais écrit dans *Le Monde* à l'issue des accords d'Oslo. Il y a deux mois à peine, les rencontres de Camp David entre Clinton, Barak et Arafat ont donné l'impression qu'un accord était tout proche. Les missiles se sont frôlés puis se sont éloignés à une vitesse croissante. Prisonnier de son passé, Arafat n'a pas eu le courage de saisir l'occasion qui lui était offerte. Une occasion exceptionnelle.

Plus joyeuse, mais à suivre avec prudence, la révolution serbe. La Cour constitutionnelle avait annulé le premier tour des élections et confirmé la tenue d'un second tour. Quel que fut le nombre des participants, les manifestations de Belgrade n'avaient jamais ébranlé le régime dans le passé. Pourquoi en serait-il autrement cette fois et que se passerait-il si, au second tour, l'opposition donnait une consigne d'abstention ? Avec sa mauvaise foi habituelle, Milosevic se proclamerait élu et la dictature continuerait. Pourquoi ce scénario ne s'est-il pas réalisé ? Pourquoi la police ne s'est-elle pas opposée aux émeutiers ? Pourquoi Milosevic a-t-il renoncé à utiliser l'armée ? Fatigue, découragement, abandon par les proches ? Toujours est-il qu'une fois le nouveau président reconnu par les puissances occidentales avant même son intronisation par le Parlement et le changement de régime accepté par Vladimir Poutine, est apparu sur les écrans de télévision un Milosevic fatigué, acceptant sa défaite, mais annonçant son retour à la vie politique une fois sa santé rétablie. Un avenir ambigu : Kostunica ne souhaite pas livrer Milosevic au Tribunal Pénal International, il est hostile à l'indépendance du Kosovo et n'éprouve pas de sentiments très chauds à l'égard de l'Occident.

Daniel Vernet a publié dans *Le Monde* un intéressant article sur Milosevic, sur le couple hanté par la mort et le pouvoir qu'il forme avec sa femme, avec en ombres chinoises les suicides du père, de la mère et de l'oncle du côté du dictateur, de la mère du côté de son épouse. Sans comprendre vraiment, on pressent mieux pourquoi ce petit bureaucrate est devenu l'incarnation autoritaire et barbare d'un nationalisme exacerbé.

Novembre 2000

Odile est, pour deux jours, en conclave avec ses frères et sœurs pour la répartition des meubles, des objets et des livres de ses parents. Il y a déjà eu une brocante des objets mineurs où chacun venait se servir en napperons, draps, ustensiles de cuisine, terrines de porcelaine. Chacun a constitué une liste de ses dix premiers choix répartis par tirage au sort en cas de demandes multiples. Après l'attribution de ces quatre-vingt pièces, on procédera aujourd'hui au partage du reste. Nous voilà héritiers d'un somptueux piano de 1830 en bois clair ; un élégant et massif parallélépipède monté à chaque extrémité sur un grand X aux courbes gracieuses. Il s'intègre parfaitement dans le salon.

Journées traumatisantes pour Odile. Elle assiste à la destruction de l'appartement de son enfance ; en dépit de l'absence de tension dans la fratrie, elle se heurte à la volonté de ses jeunes frères ; la satisfaction qu'elle éprouve à se voir attribuer certains objets s'englue dans le sentiment de la vanité des choses, même si elle ressent moins que moi la probabilité de la disparition prochaine de notre propre foyer et la dispersion à leur tour des objets qui sont les nôtres. Quant à mes désirs de possession, ils sont éteints. Quelques livres me tenteraient, mais où les mettre ? Je suis attentif à voir satisfaits quelques souhaits de Ramon.

Cela m'incite à revoir l'histoire humaine, dans l'ombre de celle des objets si ceux-ci avaient des préférences et une mémoire. L'objet, chez l'artisan qui le fabrique, entouré d'amour par son créateur. L'objet qui ressent sa première déchirure et se retrouve, telle une prostituée (ou un auteur à une séance collective de signature), présenté à l'étalage du vendeur. Touché, palpé, regardé sous des angles divers, le voilà enfin attribué, esclave que l'on transfère dans l'appartement de son propriétaire. L'aléa. Épousseté, manié avec soin, bien éclairé, il peut trôner entouré d'admiration et d'amour, formant avec ses collègues une société harmonieuse et satisfaite d'elle-même ou, mal entretenu, couvert de poussière, relégué dans l'ombre, il peut se sentir méprisé, délaissé, abandonné dans un recoin de pièce. Puis viennent les révolutions. La réfection d'un salon ou le renvoi dans un camp de prisonniers où s'alignent côte à côte, dans un grenier ou une armoire, des objets semblables auxquels l'absence d'entretien a enlevé toute personnalité. Parfois la délivrance quand le fils ou la fille du propriétaire, ébloui de sa beauté le délivre et l'emporte chez lui où il triomphe quelques jours ou quelques années. Enfin, de temps en temps, la grande catastrophe : le propriétaire meurt et la société des objets qui l'entourait est désintégrée par des héritiers éplorés et rapaces. C'en est fini des liens subtils que les objets avaient tissés entre eux, des rapports réciproques qui fondaient leur personnalité. Ils se retrouvent seuls, dans une autre lumière, rétrogradés ou promus. Ils deviennent des immigrés qui s'assimilent ou se perçoivent à jamais comme des déracinés. Mort, décrépitude ou renaissance. Mort de l'objet brisé jeté à la fosse commune, décrépitude de l'objet usé ou remis en état par des mains maladroites, renaissance de l'objet qui, métamorphosé par exemple par l'ébéniste, réapparaît, à coup de prothèses, avec une vitalité nouvelle. Une transmission d'âme comme dans le *karma* indien. On ne parle pas assez de ces tête-à-tête entre un homme et un objet : d'un objet triomphant comme une belle esclave que le maître vénère prêt à se renier pour le conserver, à l'objet soumis, torturé par un possesseur indifférent et autoritaire.

Deux mondes en interaction, deux histoires qui s'interpénètrent, celle des hommes et celle des objets. Le thème d'une nouvelle ou d'un roman.

Novembre 2000

L'incendie continue au Proche-Orient. Entrevue ratée à Paris entre les protagonistes. La presse israélienne se déchaîne contre Jacques Chirac censé avoir pris parti pour les Palestiniens. Du coup, les représentants de la Communauté juive s'émeuvent et provoquent une manifestation. « On s'en souviendra », clame un manifestant à l'adresse du Président de la République. Indécent. Les dirigeants de notre pays doivent défendre non pas les intérêts d'Israël mais ceux de la France n'en déplaise aux intégristes de tous bords, juifs, islamistes ou catholiques.

Mais je suis aussi scandalisé par les agressions contre les synagogues. Intolérables. Les protéger n'est pas suffisant. Il faut poursuivre et condamner les auteurs. Les racistes français et les jeunes musulmans exaltés n'ont pas le droit de transposer, au sein de la communauté française dont ils font partie, les oppositions entre Israéliens et Palestiniens. Un germe inquiétant pour l'avenir. A écraser dans l'œuf.

Depuis longtemps, je m'intéresse à la Turquie, à son rôle sans la grande guerre, à sa reconstruction après la chute de l'empire ottoman, à ses relations futures avec l'Union Européenne. Pour comprendre les structures d'une langue qui ne soit pas indo-européenne, je me suis lancé dans l'apprentissage du turc. J'y ai fait quelques progrès réussissant à lire un Astérix, un roman d'Agatha Christie, et plus sérieusement un manuel d'histoire contemporaine. Aussi, lorsque j'ai découvert *Du sultan rouge à Mustapha Kemal*[8], un excellent livre d'un diplomate français Jean-Paul Garnier sur l'histoire turque de 1876 à 1923, je me suis plongé dans sa

---

[8] Jean-Paul Garnier, *La fin de l'empire ottoman, du sultan rouge à Mustapha Kemal*, Plon, 1973

lecture. Jamais, il ne m'était apparu aussi clairement qu'un parallèle s'imposait entre de Gaulle et Kemal Atatürk, le premier, un théoricien de l'emploi futur de l'arme blindée, n'ayant guère à combattre avant le désastre de 1940, le second un héros de la première guerre, vainqueur aux Dardanelles. Jusqu'alors rien de commun, mais vient le temps des armistices. De Gaulle refuse celui de Rethondes, Atatürk, celui de Moudros. Le premier part à Londres et rompt avec le gouvernement de Vichy, le second s'installe en Anatolie muni d'un vague titre d'Inspecteur Général de Turquie Centrale. L'un et l'autre n'ont qu'une obsession : assurer le rétablissement de leur patrie et son indépendance. Ce qu'est l'Allemand à Paris est représenté par l'Anglais, le Français, l'Italien, le Grec à Istanbul. Le Maréchal Pétain collabore avec Hitler, le sultan Méhémet VI avec les Britanniques. Mais Atatürk a devant lui une tâche plus gigantesque : dégager la Turquie de l'Empire Ottoman, substituer une république nationale à un sultanat multinational (comme l'on dirait aujourd'hui) et se débarrasser du Califat, cette Papauté musulmane. Proscrit, il lui faudra de Sivas à Ankara faire appel à l'opinion publique et réunir des troupes pour dissoudre les forces du sultan. De Gaulle et lui reconquerront leur pays, mais de Gaulle le fera avec l'aide prépondérante des Alliés, Atatürk en s'opposant aux Grecs partis à la conquête de l'Asie Mineure et en les mettant en déroute. Ils connaîtront l'un et l'autre la résistance des conservatismes, conservatisme « républicain » en France, musulman en Turquie. Devant cette opposition, le premier s'inclinera en 1946 et ne reviendra qu'en 1958 à l'occasion d'une crise nationale, le second broiera les obstacles et installera une république autoritaire qu'il dirigera jusqu'à sa mort. Là s'arrêtent les parallélismes : de Gaulle a une vie de famille. Atatürk une histoire sentimentale heurtée, le premier est inflexible mais reste impassible, ignorant les réactions violentes, le second est brutal, coléreux, dépressif, hyperactif. Tous deux aiment la franchise, enveloppée de considérations générales chez de Gaulle, sèche et coupante chez Kemal qui a, sur la réalité, une lucidité au vitriol. L'opinion publique française n'aurait d'ailleurs pas été prête à écouter ce que Kemal pouvait dire au marchand d'Istanbul ou au paysan d'Anatolie. Charles de Gaulle était en Occident. Mustapha Kemal au cœur de l'Orient.

Est-ce cette lecture qui m'a fait imaginer dans mon demi-sommeil une confrontation avec les représentants de toutes les grandes religions. Sur un ton péremptoire -à la Atatürk- je leur tenais ce discours : « En matière de vérité, vous vous valez. Vos dogmes sont faux ou indémontrables. Certes, vous avez été, dans l'Histoire de l'humanité, une étape indispensable, après l'animisme, dans l'accession à la spiritualité et dans l'approfondissement de la morale. Mais votre temps est révolu. D'ailleurs, dans la vie des hommes, vous avez apporté autant de mal que de bien. A la charité de certains de vos disciples, a répondu le fanatisme cruel de vos intégristes. Je ne veux plus de vous, Savonarole de tous bords, thuriféraires de Pie IX, bourreaux de l'Inquisition, égorgeurs d'Algérie, puritains de Calvin, terroristes du Hezbollah, ultra-orthodoxes juifs, hindouistes anti-musulmans, je ne voudrais plus entendre parler de vous. Que l'on brûle ensemble Charia et Droit canon ou qu'on les mette dans une bibliothèque historique avec interdiction de photocopier ... » Le rêve ne m'a pas dit comment réagissaient, en face de moi, mes dignes interlocuteurs.

Inutile de dire qu'éveillé, je n'ai pas de ces violences. Mon jugement est plus nuancé et je mesure combien le religieux est indispensable à l'homme et a enrichi l'humanité.

Je n'ai pas encore évoqué Jean-Paul II, ce pape au double message. Comment interpréter autrement la béatification simultanée de Jean XXIII et de Pie IX. Pie IX, le pape de la réaction, de la fermeture de l'Église, de l'infaillibilité du Pontife, de Vatican I et Jean XXIII le pape de l'aggiornamento, du catholicisme social, de l'ouverture au siècle de Vatican II. Jean-Paul II, un génial communicateur, rigoureux sur la morale, le dogme, la hiérarchie, mais derrière ses propos œcuméniques tenant une barre ferme et traditionnelle. Signe des temps : le catholicisme libéral est en perte de vitesse en France, rongé par l'indifférence religieuse tandis que se lève une génération réduite de prêtres plus intégristes.

Enfin, est paru hier dans *Le Monde* un article signé par des Français juifs qui expriment des vues analogues aux miennes : ne pas transposer en France les conflits du Proche-Orient, protéger les lieux de culte et ne pas tolérer leurs dégradations sur notre sol.

A propos de démocratie, de Weimar, de Kerensky et de Goethe

Novembre 2000

11 Novembre 2000. Je vis au sein de la république de Weimar, lisant à la fois les *Mémoires* du chancelier Brüning[9] et la culture de Weimar de William Laqueur[10]. Avec ce dernier livre, me voilà plein d'admiration pour la science allemande, le théâtre de Brecht, l'expressionnisme de Kokoshka, le cinéma de l'*Ange Bleu* et de *La rue sans joie,* une explosion volcanique qui mélange les micas et les gneiss d'une avant-garde et les feldspaths et les granits d'une hiérarchie autoritaire. Et tout d'un coup, j'ai eu la révélation que cette société dont la majorité haïssait la république, qui était assoiffée d'ordre, torturée par un complexe d'humiliation et une certitude de sa supériorité, pangermaniste et secouée de racisme, devait être détruite — et pas seulement vaincue — pour que la culture européenne trouve une unité

---

[9] H. Brüning, *Mémoires (1918-1934)*, Gallimard, 1974
[10] W. Laqueur, *Weimar, une histoire culturelle de l'Allemagne des années 20*, Laffont, 1978

n'excluant pas les spécificités nationales. Banal, dira-t-on ? Non, car je ne succombe pas aux mirages anti-allemands de 1945 et je sais que la culture allemande de 1750 à 1930 a été l'une des plus riches cultures européennes. Simplement, comme une diligence sur des routes avec des fondrières et des bifurcations multiples, une culture peut s'engager sur des chemins dangereux et s'y enliser. Mais quand la bifurcation allemande s'est-elle produite ? Entre 1850 et 1860 ? L'Allemagne du Parlement de Francfort en 1848 est ouverte et démocratique, celle de 1870 autoritaire et dominatrice, même si Bismarck reste une grand homme d'État. Mais pourquoi ce changement ? Réaction à la vague révolutionnaire de la fin des années 40, besoin d'ordre de régions traversées sans fin jusqu'en 1815 par des armées ennemies ou amies, désir de structures politiques moins émiettées et capables d'assurer la stabilité et de donner un cadre au développement économique, influence de spécificités prussiennes sur le reste de l'Allemagne ? La réponse n'est ni simple ni évidente.

Mais 1945 a anéanti la culture wilhelmienne. Elle lui a brisé la colonne vertébrale. L'horreur du nazisme a déraciné ses valeurs profondes. La RFA a renoué avec un passé plus lointain et sur les ruines de la guerre, une nouvelle Allemagne a vu le jour qui s'insère sans difficulté dans la culture polymorphe de l'Europe d'aujourd'hui.

Hitler ou pas, Briand ne pouvait qu'échouer. Certes, la mort de la démocratie allemande et la seconde guerre n'étaient pas écrites mais l'hétérogénéité de la culture allemande par rapport à la culture de l'Europe occidentale constituait un obstacle permettant peut-être la coexistence, mais interdisant une profonde coopération. D'où le drame de Weimar, de cette double Allemagne, créative et ouverte dans l'anarchie d'un côté, besogneuse et inventive dans l'ordre de l'autre. Un projet pour historiens : comparer les deux villes germanophones qui ont tant apporté à la culture du XXe siècle : la Vienne de 1900, le Berlin de 1920.

Quant à Brüning, bien oublié maintenant, il fut, si l'on omet deux chanceliers éphémères, le dernier dirigeant de la République de Weimar avant Hitler. Il chercha désespérément, en financier rigoureux, à adapter par la déflation, l'Allemagne à la crise de 1929. Un remède de cheval dont nous savons maintenant qu'il est inefficace. Ce texte m'a révélé le rôle d'Hindenbourg dans la montée d'Hitler. Grand propriétaire terrien d'Allemagne de l'Est, d'un conservatisme dont la France a eu peu d'exemples, sénile et irrésolu, manipulé par son fils et par Von Schleicher. Il méprisait le SPD, ce parti social-démocrate pourtant bien sage et ne rêvait que d'un gouvernement des nationaux allemands. Inutile de dire qu'il n'a rien vu de la différence entre Hitler et le leader de ces derniers, Hugenberg. C'est ce fantôme que le malheureux Brüning a fait réélire en 1932 dans l'espoir d'un retour ultérieur à la monarchie des Hohenzollern, quelle myopie ! Dans mon panthéon d'incapables, Hindenbourg rejoint Louis XVI, Nicolas II, Kerensky et le Pétain de 1943-1944. Un parallèle entre les deux maréchaux ne serait pas ridicule...

11 Novembre. Un anniversaire qui, pour beaucoup, n'a plus de signification. J'ai subi hier la septième perfusion. Je traîne dans l'appartement mon corps ralenti et la « banane » qui lui est attachée. Chaban est mort hier. Un homme brillant, généreux, léger qui restera l'apôtre de la « nouvelle société ». Il fut Premier ministre à l'âge d'or de la cinquième république. Était-il friable ? Je le crains : sa campagne contre VGE fut une improvisation et une déroute en quelques jours.

Chirac continue à ternir l'image d'un Président de la République. Le voilà qui prend parti sur la vache folle et se fait remettre à sa place par Lionel Jospin. Imagine-t-on de Gaulle s'abaisser à de telles déclarations ? Pure tactique électorale. Je pense à la phrase de Kissinger dans *Les années du renouveau*[11] : « Le personnage politique se définit par un curieux mélange de fragilité et de séduction tapageuse : une fragilité proche de l'obséquiosité dans sa quête d'approbation massive, séduction tapageuse propre à s'affoler au moindre revirement de l'opinion. Infiniment plus soucieux de dire que de penser, trop souvent, le leader politique moderne ne parvient pas à remplir le rôle nécessaire entre tous : canaliser l'émotion lorsque l'accélération constante du changement défie l'expérience. L'incapacité du système à contrôler des besoins émotionnels explique l'étrange paradoxe de la démocratie contemporaine : jamais les chefs politiques ne se sont montrés si pitoyables dans leur soif de connaître les préférences de l'opinion ; or, jamais le respect pour la classe politique n'a été aussi bas dans la plupart des démocraties. »

Le mythe démocratique n'est-il pas en train de détruire la démocratie ? Tous veulent participer, tous se sentent exclus de la décision. On dit que l'Union Européenne n'est pas démocratique. Et pourtant, le Parlement est élu, rien ne se fait sans l'accord de gouvernements démocratiquement élus. La Commission émane des gouvernements mais chacun de ses membres est approuvé par le Parlement ! Le mal est ailleurs : dans les grands systèmes, le lien n'est pas direct entre le bulletin de vote et la décision. Si je vote socialiste pour l'élection de mon député, je peux raisonnablement espérer que, si son parti a la majorité, le gouvernement sera favorable à la hausse du SMIC (quelles que soient les conséquences pour le chômage). Si je vote socialiste à l'échelon du Parlement Européen, j'en ignore les conséquences : un subtil changement du dosage dans les compromis européens entre partis, États, régions, lobbies, ...

---

[11] H. Kissinger, *Les années de renouveau*, Fayard, 2000

Mêmes difficultés à l'échelle mondiale. J'ai parlé cette semaine au Forum du Futur sur « Mondialisation et identités ». Hélas ! Une partie de la salle n'avait aucune idée de la manière dont fonctionne le système mondial, les vieilles lunes du crypto-marxisme français réapparaissaient de loin en loin, disjointes de la réalité. Rien de plus frappant que ce noyau de granit de la société française qui persiste dans la durée, quelle que soit la problématique du moment, même s'il est occulté parfois par des modes ou par cette fameuse « pensée unique » que le noyau invente et exècre.

Il y a un livre à écrire sur la démocratie de demain, de l'échelle du globe à celle de la commune : « Démocratie post-moderne » ou « Au-delà de la démocratie » ou « Après la démocratie » ? Le premier titre exprime le mieux ma pensée, mais je le trouve trop fade pour exprimer le bouleversement qui s'annonce.

Je suis l'objet d'une curieuse césure. D'un côté, mon corps usé, fatigué, se traîne et ne sort pas d'un demi-sommeil. De l'autre, l'ordinateur de mon néo-cortex est protégé par un caisson blindé qui fonctionne parfaitement sauf lorsqu'il doit, à l'extérieur, faire appel à la mémoire longue dont les ratés se multiplient.

Novembre 2000

Je suis exaspéré par les bêtises que l'on écrit sur « la nouvelle économie ». Aussi n'ai-je pas résisté à la demande de *Communications and Strategies* et lui ai envoyé une mise au point parue en anglais dans le dernier numéro de l'année.

LA NOUVELLE ÉCONOMIE : UN CLICHÉ OU UN CONCEPT

Lorsqu'une société est confrontée à des phénomènes nouveaux, il lui faut forger un vocabulaire pour les appréhender. Parfois un mot surgit et s'impose rapidement (ce qui fut le cas d'»informatique » en France). Souvent, plusieurs mots se font concurrence, l'un d'entre eux gagnant lentement ou plusieurs subsistant avec des sens légèrement différents. Mais ces mots peuvent relever de deux natures, certains étant ce que j'appellerai des clichés, d'autres des concepts. Les premiers cherchent à susciter des émotions, à faire prendre conscience d'un phénomène par une sorte d'éblouissement. Les seconds s'adressent au néo-cortex et lui proposent un élément susceptible de s'intégrer dans les modèles servant à penser le monde.

Venant des États-Unis, cet énorme chaudron d'élaboration de mots nouveaux, le terme de « nouvelle économie » a rapidement conquis sa place dans le vocabulaire européen (et mondial), mais est-ce un cliché ou un concept ou relève-t-il un peu des deux ?

Quel est le sens que ses adeptes semblent lui donner ? Le plus souvent, ils opposent la nouvelle économie à l'ancienne en effectuant une dichotomie dans les activités productives, d'un côté celles liées aux technologies de l'information, de l'autre celles (industrielles et de service) traditionnellement présentes dans les économies développées. La séparation du Nasdaq et du Dow-Jones traduit en bourse l'opposition des deux types d'économie. Mais les adeptes vont plus loin en soulignant qu'à leur avis les règles de la nouvelle économie n'ont rien de commun avec celle de l'ancienne.

Dans quelle mesure peut-on accepter ces points de vue ? Pour y répondre, il est indispensable d'élargir le cadre de l'analyse :

1. Depuis une centaine d'années, un nouveau paradigme technique est en train de se construire autour des technologies de l'information. A la substitution de la machine au muscle de l'homme, il ajoute l'élaboration de multiples prothèses qui déconcentrent et multiplient les possibilités de son intelligence. Les techniques correspondantes sont à la fois sève et pollen puisqu'elles fécondent tous les secteurs et suscitent par ailleurs par appropriation de nouvelles technologies spécifiques.

2. Ce changement de paradigme bouleverse la hiérarchie des coûts (une coupe de cheveux économisée permettrait de téléphoner dix fois à New-York). D'où d'énormes conséquences sur les volumes d'offre et de demande des différents biens. Ce phénomène est généralement occulté parce qu'il est progressif et que l'on n'a jamais bien compris en France que les coûts et donc les prix ont un impact sur les structures d'achat des entreprises et des négoces.

3. Aux investissements d'hier qui concernaient les machines, les bâtiments, les infrastructures s'ajoutent désormais les investissements d'élaboration « des prothèses » ou de formation des hommes pour leur utilisation. D'où la notion d'investissements immatériels, figurant selon les entreprises tantôt au bilan, tantôt en dépenses d'exploitation, qui comportent la recherche-développement, l'écriture de logiciels, les systèmes d'organisation, la formation et en aval la publicité. Résultat, jamais on n'a autant investi (au sens des économistes : dépenses présentes pour recettes futures) et jamais cela a si peu figuré dans la comptabilité nationale.

4. Les nouvelles technologies ont bouleversé le marché du travail. Certaines compétences (mélanges de savoir, de savoir-faire et de comportement) sont plus demandées, d'autres moins. Il en résulte une dispersion croissante des coûts auxquels les entreprises sont prêtes à recruter les diverses catégories de personnel. En dehors des fluctuations de la conjoncture et de certains effets pervers de l'aide à l'emploi, le conflit entre les tendances de l'économie, la réglementation du marché du travail et la répartition des charges sociales est l'une des causes du chômage contemporain.

5. Les conditions de travail vont se trouver modifiées. Les individus auront plus de liberté, pourront davantage mettre en œuvre leurs qualités d'initiatives et de relations, mais en contrepartie, ils devront assumer leurs responsabilité et subir le stress qui en résulte.

6. Enfin, la structure des groupes sociaux se modifie progressivement. L'ancienne séparation des cadres, des employés, des ouvriers disparaît au sein des actifs. Le groupe des agriculteurs devient marginal. Certes, ces anciennes divisions subsistent dans la mentalité des retraités, mais, pour les jeunes se constitue une grande nébuleuse centrale de « techniciens » qui représente l'essentiel de la société et qui est flanquée d'un côté par le groupe des « dirigeants », de l'autre par celui des marginaux ayant des difficultés à s'intégrer dans cette société.

Cette brève synthèse montre qu'il faut un concept pour désigner la société en train de naître et j'ai proposé comme d'autres de parler de « société d'information » au sens où on a utilisé les termes de société industrielle et de société paysanne. Ce concept a le mérite d'évoquer la société et pas seulement l'économie et de n'impliquer aucun déclin des activités industrielles.

Il devient évident à ce stade que le terme de nouvelle économie peut recevoir deux acceptions : celle de l'économie de la société d'information ou celle d'économie des nouveaux secteurs liés à la genèse, à la transformation et à l'utilisation des informations.

Si nous adoptons la première voie, nous trouverons naturellement ce qui est inclus dans le concept de la société d'information : bouleversement des prix et des coûts, introduction de la valeur du temps passé à utiliser l'information, transformation des notions utilisées par la comptabilité privée et par la comptabilité nationale, changement des données sur le marché du travail. Le cadre de la réflexion économique ne change pas, mais dans ce cadre, multiples sont les bouleversements.

Un exemple : au fur et à mesure que s'installe la société industrielle, les crises liées aux fluctuations de la production agricole se mêlent à des crises conjoncturelles du textile et débouchent sur les « cycles » économiques du XIXe siècle. Dans ces cycles interviennent en dehors d'éléments monétaires, les variations d'investissements qui résultent de l'utilisation présente ou prévue des capacités de production. D'où cette question : la nouvelle économie ne va-t-elle pas bouleverser la notion de capacité de production et, de ce fait, compte-tenu par ailleurs de la maîtrise des politiques monétaires atténuer les fluctuations de la conjoncture ? Les économistes sont donc confrontés à la tache d'analyser à nouveau certains *phénomènes, mais ils peuvent le faire avec les outils dont ils disposent, comme le montre bien l'avalanche d'articles sur Internet faisant appel à des modèles micro-économiques classiques.*

Prenons maintenant la deuxième voie. Des taux de croissance extrêmement élevés (de 50 à 100 % par an), des valorisations inhabituelles des « start-up », des évaluations de l'utilisateur gagné — lors d'opérations de fusion ou d'achats — très supérieures à l'espérance de revenus futurs engendrés par cet utilisateur, la conviction que l'on en induit que la part de marché acquise à ce prix garantit le maintien de cette part de marché à l'avenir, la certitude que la taille est nécessaire pour maintenir la compétitivité et assurer la rentabilité.

Il faut reconnaître que rarement les agents économiques ont été confrontés à des situations où l'avenir était aussi immense et aussi incertain. Le risque, dans ce cas, est qu'en l'absence d'informations fiables, on déduise son comportement du comportement d'autres acteurs. Pour nous, Français, un magnifique exemple est donné par l'évolution du marché immobilier parisien il y a une dizaine d'années. Impressionnés par l'évolution du prix du m^2 à Londres et à Tokyo, les grandes banques françaises, se copiant les unes, les autres, ont acheté des espaces et construit des immeubles de bureaux à des coûts qui se sont révélés exorbitants lorsque la conjoncture s'est retournée. Elles ont enregistré dans le bilan des pertes colossales qu'elles n'ont osé révéler que progressivement à leurs actionnaires et qui ont handicapé leurs possibilités d'action pendant des années. Parmi les enthousiastes de « la nouvelle économie », certains espèrent s'enrichir en revendant en bourse dans quelques années ce qu'ils créent ou achètent maintenant. Ils oublient que tôt ou tard, l'incertitude de l'avenir se rétrécira et que la valeur en bourse d'une action dépendra des bénéfices passés en tant qu'indicateurs des bénéfices futurs vraisemblables.

Trois conséquences en découlent :
1. il ne fait guère de doute qu'à long terme, les secteurs de la « nouvelle économie » rapporteront à leurs actionnaires plus que la valeur actuelle de leurs mises ;
2. mais la dispersion des situations risque d'être énorme et beaucoup d'entreprises feront faillite ou verront s'effondrer leurs cours de bourse, et aussi bien parmi les grandes que parmi les petites ;
3. même si la notion de revenu actualisé semble occultée — provisoirement, la « nouvelle économie » avec ses phénomènes de bulles et d'imitation illustre, mais d'une manière extrême, des enchaînements bien connus de la science économique et qui ont fait l'objet de nombreux travaux dans la dernière décennie.

Dans ces conditions, la « nouvelle économie » relève-t-elle du cliché ou du concept ou des deux ?

Qu'elle soit un cliché est une évidence. Le terme s'efforce de secouer, de marteler l'idée que cette économie n'a rien à voir avec l'économie du passé, que l'on peut faire table rase des concepts anciens. Autant de messages qui ont l'odeur d'un slogan publicitaire. Un constat que confirme l'ambiguïté du terme qui, nous l'avons vu, peut correspondre à deux actions différentes.

Mais une fois débarrassé de l'emphase et du flou dont l'entourent ses protagonistes, le terme pourrait devenir un concept, mais avec deux significations incompatibles.

La « nouvelle économie » pourrait désigner l'économie de la société d'information. Elle s'attacherait alors à des phénomènes économiques de moyen terme qui sont la conséquence du changement de paradigme technique.

La « nouvelle économie » pourrait à l'opposé, mettre l'accent sur les phénomènes transitoires — et plus nouveaux par leurs ordres de grandeur que par leur nature — qui marquent le développement des secteurs directement liés aux technologies de l'information.

Malheureusement, le flou attaché à l'origine au terme de nouvelle économie va probablement l'empêcher d'évoluer vers l'un ou l'autre de ces concepts et le cantonnera dans son rôle flamboyant de cliché qui s'insère si aisément dans nos sociétés médiatiques.

Décembre 2000

Une nuit récente, j'ai imaginé un texte qui énumèrerait les truismes moraux de la société actuelle. La liste n'était ni complète ni cohérente :

1. tout individu est à lui seul une minorité et a droit à un statut pour protéger sa langue et sa culture ;

2. les terroristes ne sont pas des assassins puisqu'ils tuent au nom de minorités ;

3. la guerre, si l'on y est impliqué, doit se faire avec zéro morts, y compris, si possible, chez l'adversaire ;

4. les cultures en péril doivent être fermées sur elles-mêmes pour ne pas être corrompues par la modernisation et ouvertes pour que le revenu des populations s'élève ;

5. le gouvernement doit heure par heure obéir à l'opinion publique ;

6. le gouvernement doit éviter toute réforme qui déplaît à ses fonctionnaires ;

7. ce que disent les médias est vrai...

Je me suis arrêté là et me suis endormi...

Le dimanche soir 26 novembre, un vomissement de sang noir, un évanouissement et quelques autres ennuis m'ont fait renoncer au voyage à Lisbonne au cours duquel je devais conclure un grand congrès de prospective technique. Le mercredi, après une fibroscopie gastrique, on me consigne à la clinique — comme le témoin qui entre libre au commissariat et se fait mettre en garde à vue. Je retrouve jusqu'au samedi matin, date du retour rue de Vaugirard, ces longues nuits au cours desquelles s'imbriquent rêves et vagabondages de la pensée. Me voilà successivement footballeur, tennisman, militaire concevant des ordres de bataille, écrivain imaginant des livres lumineux ou des articles originaux. Aucune joie. Ce cercle d'obsessions m'épuise.

L'écoute des grandes chaînes télévisuelles suscite quotidiennement chez moi des colères froides. Comment les journalistes compétents qui présentent ces émissions n'ont-ils pas conscience du caractère humiliant de leur travail. La terre flambe en Palestine, une modification des institutions européennes va prochainement être débattue au sommet de Nice, le duel Gore-Bush est l'occasion d'expliquer le fonctionnement de la démocratie américaine et de son système judiciaire. Or, qu'entend-on ou que voit-on ? L'avancée de 20 centimètres d'une montagne qui pourrait menacer un village, une manifestation à Angers de cinq cents agriculteurs inquiets de l'effondrement du prix de la viande de bœuf, le procès d'un jeune adolescent qui a tué jadis un de ses camarades, les débats du Conseil municipal de Paris, les propos anniversaires du naufrage de l'Erika et le retard dans le paiement des indemnités. Sur les six milliards d'êtres humains qui vivent sur la planète, pas un mot, ou quelques phrases. Nous voilà au niveau du bulletin paroissial, ou de la presse départementale d'hier. Et, en prime, le journaliste donne toujours raison aux protestataires, parce qu'ainsi, nul ne le critiquera. Mais les bulletins paroissiaux de jadis étaient indépendants. Rien de tel aujourd'hui. La concurrence exige que l'on déniche un scoop, mais qu'en tout état de cause, on se copie les uns les autres à la vitesse de l'éclair. D'où ces bulles informationnelles qui, après quelques jours, éclatent dans l'oubli, comme les ballons des enfants de cinq ans. La reprise de l'Intifada ? Un grand émoi des rédactions — pour cinq jours. Au-delà qu'importe que les Israéliens et les Palestiniens se trucident. Un fait divers.

En cours d'année, j'ai été élu au Cadas, le comité des applications de l'Académie des sciences. J'avais été contacté il y a dix ans environ mais j'avais décliné l'offre qui me semblait incompatible avec la direction du *Monde*. Depuis mon arrivée, un seul sujet, non de substance mais d'institution : la transformation du Cadas en Académie des Technologies, une académie qui ne fera naturellement pas partie de l'Institut, ce vénérable organisme qui a arrêté sa pendule il y a un peu plus d'un siècle. Mon scepticisme habituel me fait douter du succès de l'opération. Miracle ! Le limogeage de Claude Allègre propulse au ministère de la Recherche Roger-Gérard Schwarzenberg. Une bonne occasion pour le nouveau ministre de cultiver sa notoriété en portant cette nouvelle académie, au domaine si médiatique, sur les fonts baptismaux. Une simple association de la loi de 1901 d'abord, un établissement public dans quelques mois peut-être.

Le Sommet européen vient de se tenir à Nice. Deux jours et demi d'empoignades, d'invectives, de compromis rejetés et, à la fin de la nuit du dimanche au lundi, un accord minimal qui a permis aux chefs d'État et de gouvernement de sortir, les traits tirés, le teint blême, la mine défaite, le pas hésitant. La presse européenne se déchaîne contre l'arrogance de Jacques Chirac. Personne n'est vraiment content. Bourlanges écrit, sous le coup de l'émotion, qu'il ne faut pas ratifier Nice... Contrairement à beaucoup, je ne suis ni surpris ni mécontent. Dans le climat tiède des opinions et compte-tenu des travaux de la conférence intergouvernementale, on savait que le débat se concentrerait sur la répartition des pouvoirs entre États dans la perspective de l'élargissement. Dès lors, les chefs d'État et de gouvernement n'étaient plus que les défenseurs de ce qu'ils croyaient être leurs intérêts nationaux et voulaient rapporter un texte qui flatte leur opinion publique. Dans une Europe à Vingt-Cinq, les grands pays ne voulaient pas être dissous au profit de pays abouliques qui ne se sentent pas impliqués dans les affaires mondiales et les petits pays tenaient néanmoins à maintenir la position favorable qu'ils occupaient depuis l'Europe des Six. Ils oubliaient que l'élargissement ferait entrer, aux dépens de leur influence, nombre de pays petits et moyens. Ils eussent dû y penser plus tôt.

Je suis pourtant satisfait. Pour deux raisons : on voit émerger le législatif futur d'une Europe semi-fédérale : un Parlement où la démographie des pays définit le nombre de sièges, un Conseil des ministres où, comme dans un Sénat, des voix pondérées sont accordées aux États-membres. Quant à la composition nationale de la Commission, c'est un sujet second. Elle peut bien comprendre vingt-cinq membres puisque c'est l'ordre de grandeur de la taille des gouvernements... Ma seconde raison de satisfaction est autre : la haie de l'arithmétique représentative est franchie, l'élargissement devenu possible (même si je ne le souhaitais pas). Voilà le terrain dégagé pour aborder des problèmes plus globaux, celui d'une Constitution, celui des rapports entre l'Union et les États, celui de la politique étrangère et de défense... Mais le débat ne doit pas se limiter à une Conférence Intergouvernementale nécessairement avaricieuse, bornée, sans inspiration, confinée, bureaucratique. Il faut que la société civile fasse passer des courants d'air... Difficile, car les médias ne s'intéressent qu'aux catastrophes. Quelle catastrophe européenne faudrait-il inventer pour que, pendant une semaine, on parle de l'Europe à la une des journaux ou dans les titres du 20 heures ? Un Président de la Commission qui se suicide ? Un Parlement

Européen qui se met en grève ? Un contingent qui se révolte lors d'une opération multinationale de l'Union, la Russie qui réoccupe les États baltes ? Aucun de ces événements et de ceux que l'on peut imaginer n'est très probable.

Le traité de Nice est comme ces rois secondaires dont le principal mérite est de transmettre le sceptre de leur père à leur fils. Espérons qu'il ne vivra pas très longtemps et que son successeur sera vigoureux.

George W. Bush s'est enfin vu octroyer les grands électeurs de Floride par une décision de la Cour Suprême Fédérale. L'affaire a été l'occasion pour les commentateurs français d'enrichir leur bêtisier : la démocratie américaine était en crise,...il n'était pas normal que la majorité des grands électeurs ne soit pas conforme à la majorité des voix des citoyens,...Fallait-il leur faire remarquer que les États-Unis sont un État fédéral — comme leur nom l'indique — et que dans un État fédéral de telles situations se produisent ? N'observaient-ils pas en même temps que l'Union Européenne était confrontée au même problème avec la fixation des poids des États lors des votes au Conseil des Ministres et du nombre de députés par pays au Parlement ? Plus difficile à comprendre a été le tennis entre la Cour suprême de Floride et celle de Washington. J'ai eu de la peine à suivre la balle, mais je savais depuis longtemps que le système judiciaire américain n'est pas le plus performant parmi ceux des régimes démocratiques. Curieusement, personne n'a souligné que cette crise électorale était avant tout une crise technologique : machines à voter désuètes, bulletins de vote trop complexes. Au pays de la « nouvelle économie », quelle dérision !

La scène française m'ennuie. Le maintien ou l'inversion de la séquence des élections présidentielle et législative met en émoi la classe politique, le thème fait éclater les liens tenus qui rassemblent les membres de l'UDF. Les « affaires » de la ville de Paris font la Une des journaux et il en sera ainsi pendant des années. *Le Monde* devient le sosie du *Canard enchaîné*. La semaine dernière, Jacques Chirac a fait une bonne prestation à la télévision, reconnaissant les fraudes passées dues à l'explosion des besoins de financement des partis politiques, mais niant avoir eu connaissance des prélèvements sur les contrats de travaux dans les lycées parisiens... Qui croire ? Cela m'importe peu. C'est du passé et, de droite à gauche, toute la classe politique française y a participé. Culpabilité de la nation aussi, une nation qui pour cacher son malaise à l'égard de l'argent, a pratiqué pendant des années le non-dit. Quant à Lionel Jospin, il pratique sans vergogne la distribution de la manne électorale. Le bon gestionnaire franc, honnête et mesuré apparaît désormais sous le jour d'un politicien roué, défendant sans états d'âme les archaïsmes d'une partie de son électorat. Ce gouvernement, né dans la dignité, émet désormais, sous le parfum dont s'aspergent les ministres, un relent de mauvaises odeurs.

Dans l'héritage de mes beaux-parents, m'a été attribuée une collection des œuvres de Goethe de 1872 : douze volumes à la reliure tabac de 400 pages chacun. Parmi eux, deux livres de *Mémoires* dont nous avons entrepris la lecture, Odile et moi. J'ai été frappé aujourd'hui par le passage suivant : « En temps de guerre, on se soumet à la force brutale sans se plaindre, car les craintes qui ne portent que sur les choses matérielles et financières n'ont rien de moral, et la soumission aux exigences d'une époque turbulente n'a rien d'humiliant... En temps de paix au contraire, le besoin de liberté va toujours croissant ; plus on voudrait l'être, plus on voudrait qu'autour de nous, tout le monde le fût. Cette maladie des belles âmes se manifestait alors sous les formes de la justice universelle, ce qui la rendait plus dangereuse encore, car elle faisait naître une guerre morale qui, en attaquant avec les intentions les plus louables, tous les actes des gouvernements, conduisait aux résultats les plus malheureux...Naguère, on travaillait pour obtenir des fonctions publiques ; tout à coup on se fit les surveillants des fonctionnaires, et les temps approchaient où les poètes dramatiques et les romanciers donneraient toujours les rôles de scélérats aux ministres, aux grands chanceliers et autres personnages de ce genre... » Y aurait-il quelque analogie entre l'Allemagne de 1780 et la France de l'an 2000 ? Sans doute les valeurs des sociétés occidentales actuelles n'auraient jamais germé sans cinquante ans de paix sur leur territoire.

Dans six jours, nous partons pour Tozeur, puis je replongerai dans le cauchemar de la chimiothérapie.

Je lis plusieurs livres en parallèle : les mémoires de Kerensky[12] qui incarna le temps d'un printemps et d'un été la démocratie russe qu'assassina Lénine, un livre de Bor-Komorowsky[13] sur la résistance polonaise et le soulèvement de Varsovie ; une étude lourde et détaillée mais intéressante par ses cartes et ses analyses sur la guerre turque de 1914 à 1918[14] ; le dernier Kissinger[15] enfin, prolixe et lourd à tenir en main. Dans Kissinger, un chapitre pourtant, celui sur Chypre, a attiré mon attention. Ne montre-t-il pas implicitement que la diplomatie occidentale est toujours à la recherche du maintien du statu quo. Chypre pouvait être partagée entre une partie turque annexée par Ankara et une partie grecque rattachée à Athènes. On n'aurait plus entendu parler de cette île qui est maintenant candidate à l'Union Européenne sans que le problème des deux communautés ait fait le moindre progrès depuis vingt ans. Autre exemple : le maintien de la fiction d'une république fédérale de Bosnie-Herzégovine alors que les trois composantes

---

[12] A. Kerensky, *La Russie au tournant de l'Histoire*, Plon, 1967
[13] Bor-Komorowsky, *Histoire d'une armée secrète*, les Îles d'Or, 1952
[14] M. Larcher, *La guerre turque dans la guerre mondiale*, Berger-Levrault, 1926
[15] Cf. *supra*.

se replient sur leur ultra-nationalisme. Même formalisme au Kossovo qui fait partie de la Serbie tout en étant de fait une province indépendante...

On refuse aujourd'hui les transferts de population et on assiste presque impuissant aux horreurs des conflits ethniques. Une nouvelle répartition des populations et des frontières entre Croates et Serbes aurait peut-être évité en Yougoslavie les crimes abominables dont se sont rendus coupables les deux camps, les sbires de Milosevic en particulier.

Décembre 2000

Le Bizot. Une île dans un océan de brouillard. Nous sommes venus deux jours pour régler les détails de passage d'un couple de gardiens à un autre. Le temps se divise : d'une part des lectures, d'autre part le tri des papiers de mon bureau. Un océan à vider avec un seau. Une vie qui remonte des profondeurs du temps : trois tas, ce que j'entasse dans des sacs poubelles destinés à la destruction, ce que je voudrais donner ou vendre (stock de mes livres, collections de revues, livres d'économie sans intérêt pour moi), ce que je garde enfin (les grands livres et un exemplaire de chaque article des revues et des ouvrages où j'ai écrit). En enfer, les manuscrits, le dossier de mes conférences en France et à l'étranger, les collections de périodiques sans valeur, les rapports de la Sema et de l'OTAM. Passé mort. Ce tri m'apporte une confirmation : autant j'accorde quelque valeur à mes livres, autant je sens la médiocrité des articles de circonstance écrits pour des quotidiens ou des hebdomadaires. Des titres d'une incroyable fadeur, des moutures de mes livres débitées comme des petits paquets dénués d'odeur ou de saveur. Que de déchets. Un an risque de m'être nécessaire pour achever de mettre en ordre les documents qui s'empilent le long des 35 mètres de périmètre de mon bureau. Quel travail titanesque attend mes malheureux descendants lorsqu'ils seront confrontés à l'immense brocante de livres et d'objets accumulés par Odile et moi au cours de notre vie. Après la mort de ma belle-mère, j'ai assisté à une première répétition de ce passage de relais, mais il y avait huit enfants pour se partager l'essentiel. Aujourd'hui, j'écris sur l'ample bureau de mon beau-père. Il paraissait immense à Paris. Son transfert dans la vaste pièce du Bizot l'a rapetissé. Je le palpe encore comme un objet étranger que j'ai acquis en l'usurpant. La mort n'est pas qu'une intériorisation des défunts, elle est aussi la transmission de leur souvenir par les objets qui leur ont été proches.

Kerensky ! Quel homme passionné, actif, inconscient ! Premier ministre, ne-court-il pas aux armées haranguer les soldats pour les convaincre d'une ultime offensive dont il pense, peut-être avec raison, qu'elle a retardé le reflux des troupes allemandes de la Russie vers la France.

Il consacre des pages et des pages à l'affaire Kornilov, ce général dont il pense qu'il prépare un coup d'État. La preuve qu'il ne se sent pas la conscience tranquille. J'ai consulté Pipes[16] qui démontre comment Kerensky s'est formé une idée fixe sur le danger bonapartiste et a transformé un simple malentendu en catastrophe pour la démocratie russe. Cet homme a fait le vide autour de lui jusqu'au point où une pichenette a suffi à le faire tomber. Pour qu'une révolution réussisse, il faut de grands meneurs, il faut aussi que, dans le camp de l'ordre, trônent des individus palots ou inconscients : Charles Ier, Louis XVI, Nicolas II, Kerensky... Je note au passage cet étonnant phénomène d'imprégnation culturelle : les démocrates russes — et même les bolcheviks — sont obsédés par la révolution française. Ils en connaissent le déroulement mieux que nos lycéens d'aujourd'hui.

Contrairement à Kerensky, je suis frappé de l'obéissance des chefs militaires et plus généralement des hauts dignitaires russes à l'égard du gouvernement provisoire. Ils l'ont fait par raison, comprenant que dans leur patrie en guerre toute dislocation pouvait conduire au chaos. A terme, ils se retrouvèrent pour la plupart dans les armées blanches. Face à Lénine, il ne pouvait en être autrement.

Kerensky raconte par le menu l'accueil mitigé qu'il reçut, après sa chute, à Londres et à Paris lorsqu'il vint défendre le gouvernement socialiste établi à Samara. Il oublie qu'à cause de lui en partie, les Alliés avaient perdu confiance dans les démocrates russes et se méfiaient avant tout de Lénine, ce Lénine qu'il avait sous-estimé. Kerensky se plaint amèrement de l'absence de la Russie à Versailles. En géopolitique, il a raison, mais quelle Russie ? Celle de Lénine qui prône la révolution mondiale ? Celle de Koltchak engluée dans la guerre civile ? Et lorsque notre auteur parle des terres arrachées à la Russie par les Alliés, il oublie que c'est après une guerre perdue contre la Pologne que la Russie a, bien après Versailles, fixé sa frontière occidentale.

Combien je fus étonné de découvrir que Bor-Komorowsky avait laissé un livre de mémoires et combien ému en le lisant. Ce général qui se lança dans la résistance dès l'automne de 1939, commanda la région de Cracovie, puis fut appelé par le gouvernement de Londres à prendre la tête de l'armée de l'ombre, dirigea le soulèvement de Varsovie (que les troupes soviétiques, stationnées de l'autre côté de la Vistule, laissèrent écraser — car Staline en joueur rationnel — voulait éliminer les élites polonaises hostiles au communisme), fut fait prisonnier par les Allemands et put en 1945 retrouver sa femme, grande résistante elle aussi, et leur enfant en Belgique. Une fin heureuse si ce n'est que la Pologne pour laquelle ils avaient combattu ne retrouvera sa liberté qu'à la fin du siècle. Les historiens savaient depuis longtemps qu'une Pologne paisible supposait la fin du *Drang nach Osten* allemand et de la poussée russe vers l'Occident.

---

[16] R. Pipes, *La révolution russe*, PUF, 1993

Odile et moi venons d'achever le tome des *Mémoires* de Goethe qui se termine sur son départ à Weimar. Homme-Protée à un tournant de l'Histoire que, tour à tour, il perçoit et ignore, auquel il participe ou reste étranger. Pour un rien, lorsque monte l'inspiration, il sème une poésie qu'il oublie aussi vite qu'une bouffée de création. Mais il met vingt ans à achever un texte qu'il écrit par morceaux, reprend et retouche à l'infini. Les sciences naturelles le passionnent, la botanique, la minéralogie, la géologie, quelques mois la chimie et pourtant à l'époque de Lavoisier et de Laplace, il semble méconnaître la science de son temps avec ses relations intimes entre expérience et théorie. La sociologie n'est pas son fort. Il ne cite pas Condorcet. En revanche, quelle insatiable curiosité, quelle avidité d'apprendre, quel appétit pour les voyages, quelle infatigable activité. Il s'enflamme pour les jolies femmes, mais ne se résout que tardivement au mariage. Trop égocentrique sans doute pour accepter des liens qui limiteraient son désir multiforme de liberté.

Fin décembre 2000

Odile et moi sommes à Tozeur. Quelle équipée. Au lieu du vol sans escale de trois heures, une tempête de sable sur Tozeur — l'avion planait dans une poussière jaune — nous contraint à revenir sur Tunis. Six heures d'attente dans les salles d'embarquement de l'aéroport. Changement d'avion. Arrivée à Tozeur à près de minuit.

Hier, le guide qui devait nous faire visiter Nefta n'est pas apparu et nous nous sommes trouvés confinés à l'intérieur de l'hôtel, car un vent violent et froid se mêlait aux rayons du soleil. Je n'ai pas encore assimilé l'espace autour de moi, aux portes de ce désert immense, dans ces murs, dans ma peau.

Ma tête est vide. Elle ne frémit qu'à la lecture du *Voyage en Italie* de Goethe — assombrie par la reliure marron du livre et les pages jaunies du texte.

Une promenade en calèche à travers la palmeraie. Une végétation percée d'étroites allées de terre. Hauts et droits, les palmiers dattiers dominent comme des seigneurs. Plus près du sol, les bananiers aux larges feuilles, les figuiers aux bras nus et lisses, les orangers, les citronniers, les grenadiers, les pêchers, le mimosa, le jasmin se mélangent sans ordre apparent. Silence, fraîcheur. Ce serait la paix si j'avais celle de l'âme.

Quelle distance entre l'appétit vorace de Goethe à l'égard de l'Italie et mon indifférence blasée dans ces lieux.

Excursion à Chebika, Tamerza et Mides à une soixantaine de kilomètres de Tozeur. Une longue étendue plate de sable gris parsemée çà et là de touffes vert foncé, puis la route grimpe en lacets à travers la montagne ocre aux strates en diagonale. Ici, il pleut tous les quatre ou cinq ans, des pluies dévastatrices qui détruisent les villages d'argile séchée et en chassent les habitants. Un guide local nous fait admirer un canyon étroit au fond duquel serpente un ruisseau maigre. Sur les hauteurs sont postés les soldats algériens qui gardent la frontière. Moutons, chèvres, dattes, fruits, légumes sont les seules ressources qu'offre cette oasis pauvre en eau, mais les routes qui y conduisent sont goudronnées et égrènent des bornes kilométriques rouges et blanches à la française. Je ne me sens confronté ni à une civilisation, ni même à une culture. La nature, si chère à Goethe, m'émeut moins qu'une construction ancienne, œuvre d'une société humaine spécifique.

Après avoir écrit ces lignes, je pars dans la chambre et, pour ouvrir la porte, cherche la clef dans le grand sac d'Odile. Je me penche, perds l'équilibre, glisse et ma tête vient brutalement cogner le mur du couloir. Affalé, hébété, je me relève difficilement. Une énorme bosse pointue a surgi à droite de mon front. Odile que je monte retrouver m'étend sur un canapé du salon, demande de la glace, fait appeler un docteur. La boule se résorbe lentement. Le docteur ne constate rien de sérieux. Je suis devenu sujet aux pertes d'équilibre. Acte manqué ? Peut-être. La seule consolation ? Deux heures plus tard, je me sens apaisé, rasséréné, presqu'en harmonie avec mon corps.

L'âge me fait découvrir les ressorts d'un vieux couple : la tendresse familière, la proximité des corps, la cristallisation des habitudes, les accès d'agressivité nourris par la remontée des différences originelles, l'apparition d'une solitude face aux infirmités et face à la mort, une solitude alimentée par l'évocation de plus en plus pâle des rêves inaccomplis.

Année 2001

Un temps de basse pression

Janvier 2001

Au fur et à mesure qu'approchait le 9 janvier, date de reprise de la chimiothérapie, le ciel me semblait plus noir. J'attendais l'ouragan avec inquiétude. Soudain, le 8, l'horizon s'éclaircit, le docteur m'a concédé que deux séances supplémentaires pouvaient à la rigueur suffire, ce qui me paraissait raisonnable puisque l'effet d'une perfusion suit à l'évidence une exponentielle décroissante du nombre de séances.

Comble de soulagement, l'opération a eu lieu dans une nouvelle salle où, dans une petite chambre, j'ai pu m'allonger et dormir. Une salle sans odeur, alors que dans la salle précédente, constamment surchargée, un relent tenace vous saisissait en entrant et, à la moindre évocation, ressuscitait à tout moment.

Plus qu'un obstacle et le parcours est terminé.

L'intellect ne fonctionne pas mieux pour autant. Dissous l'appétit de faire ou de penser. Je dors, je somnole, me protège des nausées par l'ingestion constante de médicaments. Je n'ai pas le goût de lire aucun des livres qui me tiennent à cœur. Finalement, j'ai ouvert une biographie de Charles-Quint. Des faits que je connaissais dans les grandes lignes et suffisamment lointains pour être détachés de mes affects. Un Empire qui réunissait toute l'Europe, à l'exception des deux nations déjà formées, la France et l'Angleterre, mais où chaque territoire faisait jurer au souverain qu'il respecterait les libertés fondamentales de la principauté ou du royaume. Sur le long terme, l'histoire humaine a connu une expansion de la superficie des entités politiques, mais les élites locales ont constamment résisté à ce mouvement. Le phénomène se reproduit de nos jours au sein de l'Union Européenne. Et, toujours en Europe, une démocratie restreinte a, des siècles durant, subsisté sous la voûte de la monarchie absolue.

L'activité mondiale semble tombée dans un creux. Que deviendra Georges W. Bush comme Président ? Il serait indécent de le juger sur sa tête et son front bas. Jospin prépare sa campagne électorale et recrute des fonctionnaires. Chirac fait ce qu'il peut, mais est bien incapable de recoller les morceaux brisés du vase de la droite. Les critiques sur l'immobilisme de l'État se multiplient, mais ne m'intéressent guère. Les affaires, me direz-vous ? Ce sont des faits divers sauf pour *Le Monde* et Edwy Plenel. Les conflits géographiques ? Eux sont importants, mais aucun ne semble en voie de règlement : de la Palestine à la Tchétchénie et au Zaïre, les plaies suppurent sans espoir de cicatrisation. Les téléspectateurs s'ennuient même si les feux brûlent sous la cendre.

Pour la première fois, Odile et moi avons vu l'ensemble des trois opéras de Monteverdi : *Orphée, le retour d'Ulysse dans sa patrie, le couronnement de Poppée*. Le premier ? Une vieille connaissance qui m'avait toujours parue sublime et primitive, une œuvre d'avant l'opéra. Surprise : les deux autres pièces m'ont paru étonnamment modernes. On se croyait dans l'antichambre de l'opéra-bouffe et proche de Mozart. Le début du XVIIe siècle rejoignait la fin du XVIIIe. Des solos et des duos admirables. Qu'importait la médiocrité de la mise en scène et la faiblesse de certains chanteurs. Au passage, une curieuse mort de Sénèque, grave et joyeuse à la fois, à la limite du burlesque. Monteverdi a-t-il voulu saluer l'acceptation par le philosophe et de la vie et du néant ?

Un fantasme qui d'habitude revenait souvent : je me retrouvais, à la fin de ma vie, impotent dans une chambre aux quatre murs blancs, assis à une table devant une page blanche, le stylo à la main, et je déversais sur le papier le flux ininterrompu d'images et d'idées qu'engendrait mon cerveau. Maintenant, je me demande : et si, demain, le cerveau devait se réduire lui-même à une page blanche ?

Aujourd'hui doit avoir lieu, en principe, la dernière séance de chimiothérapie. Vais-je en un mois, en trois mois, retrouver ma vitalité, le temps qu'à nouveau peut-être les marqueurs se remettent lentement à monter annonçant dès lors un avenir sombre ?

Février 2001

Un député socialiste veut faire adopter une loi permettant aux couples de choisir le nom d'un enfant, celui du père, de la mère ou de l'ensemble des deux. Autant le texte sur la parité hommes-femmes en politique me paraît utile et souhaitable, autant cette initiative — comme bien d'autres — relève du dérisoire. Les couples vont-ils décider de donner le nom du père aux garçons et le nom de la mère aux filles ou se les attribuer alternativement dans l'ordre : le premier au père (solution machiste, il vaudrait mieux tirer au sort), le second à la mère et ainsi de suite.

J'imagine le texte suivant : « Compte-tenu de la prépondérance en français des noms masculins, l'Assemblée nationale a voté que seraient désormais féminins l'ensemble des noms dont la liste suit : député (la député Laurent Fabius), sénateur (la sénateur Christian Poncelet), général (la général de Gaulle), maréchal (la maréchal Foch), bureau (la bureau de la direction), village, port, chapeau, pantalon etc. » La seule concession qu'ont obtenue les machistes est que sentinelle sera désormais du masculin.

Le Président a promulgué la loi reconnaissant le génocide arménien. J'avoue ne pas comprendre. Je ne renie pas les abominations des Turcs en 1915, mais depuis quand une assemblée législative décide-t-elle de la vérité historique ? Sur quelle légitimité fonde-t-elle sa décision ? Voilà une proposition qui ressemble fort au dogme de l'infaillibilité adopté par le concile Vatican I. Quand le Palais Bourbon va-t-il décider que Dieu existe (ou n'existe pas) ? A la majorité absolue, relative, des deux tiers ?

A propos de Dieu, de curieux chiffres figurent dans une enquête commentée dans un numéro récent de *Futuribles* : le pourcentage de croyants en Dieu des jeunes Européens est inférieur à celui des convaincus de l'existence d'une vie après la mort ! Que signifie ce résultat ? Il ne s'explique pourtant pas par le nombre d'adeptes du bouddhisme ! Même si cette religion progresse en Europe, son influence reste encore limitée.

Ce n'est pas le seul apport de ce numéro : en appliquant au religieux les concepts du marketing, Gérard Donnadieu souligne que « la croyance est devenue flottante et se dissocie de plus en plus d'une quelconque appartenance institutionnelle » et que la fragmentation de la demande conduit les Églises à des stratégies de niches ou de différenciation et il propose trois scénarios pour le prochain siècle : l'obsolescence, la reconversion illuministe et le mélange de segmentation et de diversification. Autres découvertes : Pierre Bréchon révèle le faible degré de confiance dans les Églises (8% des Français de 18 à 29 ans ont en elles une confiance forte) ; Guy Michelat mentionne que les parasciences ont pour public préférentiel les jeunes diplômés !

Février 2001

La chimiothérapie — la chimio dit-on maintenant, selon l'usage du français contemporain d'abréger les mots longs — s'est achevée il y a une semaine. Un poids en moins. L'espoir, incertain, d'une fatigue dissipée, de réflexes redevenus normaux, d'un appétit de vivre renouvelé... Pour le moment, doigts et orteils sont encore des palettes soumises au picotement et incapables de mouvements précis. Boutonner une chemise ? Un interminable désagrément. M'équiper pour sortir ? Un processus qui impose la manipulation d'une chapka, de gants et de bottines. La durée de ce handicap ? Un mois, deux mois, quatre mois... m'a-t-on dit. Des sommeils longs, des assoupissements fréquents complètent le tableau. Et pourtant, des rêves de jeunesse qui, d'un coup, effacent les décennies. Curieux vieillards dont nul ne sait rendre la complexité usée.

En rendant visite à Odile Jacob, je découvre, étonné, un exemplaire de mon dernier livre *Ces avenirs qui n'ont pas eu lieu*. Je l'avais presque oublié et le prend dans les mains comme un enfant qui ne serait pas de moi et mènerait sa vie. J'ai déjà éprouvé cette rupture lorsqu'un manuscrit entouré du halo des idées et des affects qui l'ont accompagné se métamorphose soudain en un objet fini, exposé au regard de tous et détaché de son auteur.

Puis est venue la première séance de dédicaces, aux journalistes de presse, de radio, de télévision. Cent soixante noms dont la moitié ne m'évoque rien. J'ai envie d'écrire : « au Français (ou à la Française) inconnu(e), ce dixième ouvrage qui arrive aujourd'hui sur sa table, en cordial hommage ». Que dire à ces obèses de nourritures livresques ? Pourtant, je joue le jeu, pour rire, parce que c'est un usage comme de dire « bonjour à la dame ». Et que penserait mon éditeur qui vit — modestement — de la vente de mes écrits. Rédiger une dédicace a ses règles, bien difficiles à observer. Une hantise : gâcher un exemplaire en estropiant le nom du destinataire, en se trompant sur la date le l'envoi, en introduisant une faute d'orthographe aussi inattendue qu'impardonnable ! Un effort : écrire d'une seule coulée pour que le texte ne sente ni la contrainte d'un esprit guindé, ni le relâchement d'une phrase bâclée. La recherche de la variété en affublant l'hommage d'un adjectif ni obséquieux, ni supérieur et en modulant le contenu en fonction de la personne. Le respect de la mesure : un texte ni trop court — ce serait sec — ni trop long — ce serait verbeux... Et le tout dans une chaîne organisée digne des *Temps modernes*. Devant soi, les piles d'exemplaires vierges, à droite la pile d'enveloppes avec l'adresse et le nom. Prendre une enveloppe, lire le nom, saisir un exemplaire, écrire la dédicace, insérer l'enveloppe dans le livre, poser l'exemplaire à gauche sur la pile des ouvrages dédicacés. Recommencer... La semaine prochaine, dans une deuxième séance, je dédicacerai le livre aux amis. Une opération plus réjouissante. La difficulté est ailleurs : comment limiter la liste sans froisser personne ?

En feuilletant *Le Nouvel Observateur*, j'ai eu une révélation : cet hebdomadaire est l'équivalent pour notre époque des *Bonnes lectures* catholiques de 1860. Même conformisme, même plaidoyer pour les valeurs dominantes du moment. Jean Daniel en jésuite du second empire serait fort vraisemblable. Si j'avais le courage, je pourrais poursuivre la comparaison article par article. La preuve que les analogies profondes étonnent plus que les comparaisons superficielles.

Robert Dautray et moi continuons périodiquement notre dialogue. Dans mon bureau en général. Il parle la majorité du temps, commence par me demander des nouvelles de ma santé, puis évoque les articles scientifiques qui l'ont marqué — des articles de biologie le plus souvent — et enchaîne sur sa vie personnelle, sur la guerre ou l'amour passionné qui l'a lié à sa seconde femme et sur le deuil qui l'écrase... Il me fait confiance et s'exprime simplement. Comment ne pas partager sa souffrance et son désarroi ? Ses confidences sont souvent sous le sceau du secret, ce secret qui l'a hanté toute sa vie. Peur d'être arrêté pendant la guerre. Peur d'être porteur de toutes les connaissances nucléaires françaises. Peur plus profonde de se livrer, de révéler ses mépris et ses antipathies. Un génie dans le réel et hors du réel. Un adulte capable de maîtriser tous les aspects technologiques de l'atome et un enfant submergé par son affectivité et contraint à la contrôler à tout instant.

A travers lui, je prends conscience de drames personnels. Il me raconte la vie d'Horowitz qui fut l'un des grands directeurs du CEA. Juif de Galicie, son père avait eu une position reconnue du temps de l'Autriche-Hongrie avant 1914. Devenu polonais à l'issue de la guerre, il subit de plein fouet l'antisémitisme polonais, émigra en Allemagne où son fils fit des études secondaires brillantes. La montée du nazisme obligea la famille à émigrer en France : Metz, Dijon, puis Lyon après la débâcle. Reçu dans les premiers à l'École Polytechnique en 1941, il est écarté comme juif et polonais. L'école des Mines de Saint-Etienne serait prête à le prendre sur le petit contingent auquel elle a droit, mais il lui faudrait légèrement dépasser la barre. Le directeur de l'école essuie un refus des autorités. Faute de mieux, il s'inscrit au lycée du Parc, emprunte des livres à la bibliothèque et — quel crime ! — oublie de les rendre lorsqu'il doit s'enfuir en Ardèche à la suite des rafles de Lyon. Le lycée le poursuit devant les tribunaux et le voilà, par contumace, condamné comme un voleur. A la Libération, il rend les livres et tente de faire annuler sa condamnation. Impossible dit le ministre : délit de droit commun. La menace d'un article dans *L'Humanité* fera plier l'administration devant la peur du scandale. Il sera réintégré à la promotion 41 de l'École Polytechnique et pourra au CEA apporter la preuve de ses exceptionnelles qualités.

Je l'ai rencontré deux fois : la première, au cours d'un dîner à six chez des amis ; ni l'un ni l'autre, nous ne nous découvrîmes guère ; la seconde fois au CEA lorsqu'il dirigeait l'Institut de recherche fondamentale et que j'avais été chargé d'une réflexion prospective sur l'avenir du CEA. Il resta sur la réserve, laissant à peine transparaître un mélange de mépris et de doute amusé à l'égard de cet exercice, sans doute blasé par les vicissitudes de sa carrière. Ce jour-là, je n'avais pas su briser la carapace.

Cette conversation entre Robert Dautray et moi aborde ensuite le livre récent *Le choix des X*[17], que nous connaissons tous deux et qui reproduit les articles d'un colloque sur l'École et les polytechniciens pendant la guerre. Que de servilité chez le « général » qui commandait l'école ! Que d'antisémitisme latent dans l'administration française et dans les élites bourgeoises plus que dans le peuple ! Que de points d'interrogation sur ces X qui, obéissants, sont partis en Allemagne pour le STO ! Et pourtant Vichy, à quelques exceptions près, souhaitait au fond de son cœur, la défaite de

---

[17] Sous la direction de M.O. Baruch et V. Guigueno, *Le choix des X*, Fayard, 2000

l'Allemagne. Qu'aurais-je fait, venu de ma province, si j'avais appartenu à l'une de ces promotions ? Jamais, je n'ai pu répondre à cette question.

Mars 2001

Je viens d'achever *La montagne de l'âme*[18] de Gao Xingjian, le récent prix Nobel chinois.

Ce livre plonge dans un autre monde. J'aime le parfum de Chine qui s'en dégage, les toits recourbés, les ruelles étroites, les cours, le mélange de rudesse et de familiarité, les temples en ruine, les vieux monastères bouddhistes ou taoïstes, le souvenir des brigands et des héros mythiques, le poids des millénaires et de la poussière, la présence épisodique de souffrances plus proches, des bombardements japonais aux camps de rééducation, de la révolution culturelle à la présence actuelle d'une censure larvée, ces multiples visages de femmes qui apparaissent dans les courts chapitres. J'aime le maniement par l'auteur des pronoms personnels, « je », « tu » qu'il s'applique à lui-même en se dédoublant, « il » ou « elle », jamais « nous ». Je suis plus désemparé par le cheminement : une recherche ordonnée de la montagne de l'âme au début du livre, puis tout se désagrège, des scènes se succèdent ensuite, brèves et poétiques, mais sans lien les unes avec les autres et le livre s'achève sur un « je n'ai rien compris » ou « je ne comprends rien », martelé, répété et qui laisse le lecteur dérouté, ne gardant le souvenir que de détails qui émergent de l'immensité de la Chine du Sud.

Je vis entouré de fantômes. Fantômes des parents et amis morts. Fantômes des personnages historiques qui ont marqué le siècle et avec lesquels j'ai vécu en pensée. En face de moi, une multitude de vivants, de mon âge ou plus jeunes, de plus en plus inconnus au fur et à mesure de l'éloignement des générations et qui réalisent des œuvres admirables dans les domaines les plus variés. Au milieu de cette foule de vivants et de morts, je me sens rapetisser lentement. Ce que j'ai fait me paraît dérisoire. Restent deux douzaines de livres, dont un seul a connu quelque succès. Une moisson misérable. Pourquoi dès lors, vouloir continuer à créer ? Mon discours n'est que pour moi seul.

Mars 2001

Finie la chimiothérapie ! La surveillance succède à l'intervention. Le corps est libre, les nausées disparues. Seul subsiste l'insensibilité des doigts des mains et des pieds. Chaque matin, le toucher du métal ou de la porcelaine me fait l'effet d'un contact avec un bloc de glace. Il me faut garder des chaussettes la nuit, substituer des bottines aux mocassins. J'ai de la peine

---

[18] Goa Xingjiang, *La montagne de l'âme,* Éditions de l'Aube, 2000

à écrire. La main contrôle difficilement le stylo. Le gel envahit les phalanges crispées sur la plume.

Certes, de jour en jour, mon pas s'allonge, mais, du matin au soir, le sommeil me saisit. Je lis pour passer le temps. J'aspire à ne rien décider, à ne rien entreprendre.

En dépit de ses longueurs, le dernier livre de Kissinger, *Le temps du renouveau*[19] contient des passages instructifs. La crise de la nation américaine autour du *Watergate* et de la guerre du Vietnam n'est pas étudiée en tant que telle mais par les conséquences qui ont pesé sur la politique étrangère des États-Unis (les actions du sénateur Jackson, la mise en cause de la CIA, la suppression de l'aide au Sud Vietnam et au Cambodge). Cette crise, pourtant, avec les contradictions de valeurs qui la sous-tendent, traduit le passage à des formes nouvelles de démocratie. Le besoin de pureté qui s'empare d'un peuple et lui fait oublier la réalité des conflits géopolitiques. Quel mélange d'indispensable morale et d'incroyable naïveté. Germe annonciateur comme le fut mai 1968 ?

J'ai apprécié en revanche le récit de l'exaspération croissante qui s'empare de l'auteur -pourtant très favorable à Israël — au cours des navettes entre Jérusalem et le Caire. Les membres du cabinet israélien, individualistes et ergoteurs, passant des heures à des exégèses de texte, ne faisant de propositions que vagues ou mesquines, se méfiant de Sadate sans chercher à comprendre ses motivations. Cette attitude se retrouve aujourd'hui dans les négociations avec l'OLP. Clinton se faisait des illusions. Il n'était pas près d'aboutir.

Autre passage intéressant : le panégyrique de la politique étrangère de Giscard, sans aucune mention de cette légèreté que j'ai perçue. Certes, le contraste est flagrant avec un Pompidou dégradé par la maladie et mal servi par un Jobert excentrique. Peut-être les erreurs de l'entrée de la Grèce dans la Communauté ou de l'entrevue de Varsovie sur l'Afghanistan n'ont-elles pas l'importance que je leur ai attachée...

Le résultat des élections municipales est en cohérence avec l'évolution de la société française : les électeurs veulent que les communes soient gérées par des maires à plein temps. Va-t-on vers la fin de l'ancrage local des grandes carrières politiques ? A court terme, il est cocasse de voir les ministres qui se sont faits élire priés d'abandonner leur ministère ou leur mairie tandis que restent tranquillement à leurs postes ceux qui ont été battus. Mais à long terme, il y une logique. Autre leçon des urnes qui s'explique : l'amorce d'un rejet des partis trop bureaucratiques, le PS ou le PC et la montée des « ailleurs », les Verts ou la nouvelle extrême gauche.

---

[19] Cf. *supra*.

Chirac a perdu Paris, la citadelle qui faisait sa puissance. Les militants de son parti n'ont plus confiance en lui. Il sera peut-être réélu pour cinq ans, mais il est déjà politiquement mort.

L'artillerie des talibans a détruit les grands bouddhas de Bamyan. Nostalgie, colère, espoir. Nostalgie du voyage en Afghanistan que nous devions faire dans les années 60 et auquel nous renonçâmes (j'imaginais des lacs bleus tranquilles comme des lames minces au milieu d'une plaine ocre bordée de falaises où les artistes du Gandhara avaient creusé des niches). Colère contre la stupidité des intégristes, ces paranoïaques sans psychiatres, déshonorant l'espèce humaine, mettant les femmes en esclavage, détruisant l'œuvre des générations passées. Espoir qu'un jour, l'Unesco, grâce à la technologie, reconstituera les bouddhas et les érigera in situ, témoins désabusés de la bêtise religieuse.

N'étant plus acteur, je prends plaisir à regarder les êtres jeunes. Si proches, si loin. Moins les jeunes hommes aux cheveux hirsutes et aux visages rendus gris par la barbe peu rasée que les jeunes femmes aux cheveux soignés, grandes et sveltes dans leurs vestes longues et leurs pantalons noirs et qui se meuvent avec légèreté. Elles témoignent de la beauté de l'espèce humaine et semblent plus jolies que leurs devancières. Tandis que de leurs collègues mâles émane une impression de négligé et de désinvolture qui rend difficile de voir en eux mes héritiers. Un auteur devrait être tenté d'écrire le monologue d'un vieillard qui, à un arrêt d'autobus, sur le banc d'un square ou assis dans le métro, regarde autour de lui, scrutant les êtres qui passagèrement l'entourent.

Avril 2001

La basse pression se maintient. Pas le moindre appétit pour écrire. A l'extérieur, je sombre dans un anonymat troué de temps en temps par des propos louangeurs sur mes derniers livres, éclairs brefs qui ne modifient guère la tonalité grise du paysage. La tendresse d'Odile facilite la vie quotidienne, mais c'est la tendresse superficielle d'un animal déchiré par des blessures internes qui le font souffrir.

Restent les lectures qui me dispersent. Tom Jones (avec Odile), une histoire de Rome des origines à Auguste, les Cent-jours...

Le 31 mars, conférence à Porto sur l'éducation en Europe au XXIe siècle. Une occasion de voir la ville que je n'avais que traversée pour une conférence dans le Haut Douro. Large et modérément encaissé, le fleuve est maintenant enjambé par cinq ponts de la même famille que le viaduc de Garabit : une immense arche circulaire surmontée d'un tablier horizontal. Quatre en métal, un en béton. Construite sur la rive nord, la ville dégage de prime abord une impression de fouillis et de délabrement. Ce n'est que progressivement, une fois enlevée par la pensée la poussière qui recouvre les murs, que l'on perçoit des maisons portugaises dont les deux ou trois étages ne manquent pas de charme. Comble de malheur pour le visiteur que je suis : il n'est pas de place qui ne soit trouée par des travaux publics, de rue qui ne soit limitée à une voie par la réfection de la chaussée. Est-ce parce que la ville est pour 2001 capitale européenne de la culture et que l'on a choisi cette année pour ouvrir des chantiers au lieu de les terminer ? La vie culturelle se porte mieux : je suis étonné de la profusion de concerts, de représentations théâtrales, d'expositions. Plus de cent auditeurs à ma conférence — sans traduction simultanée — le score est honorable. Trois monuments néanmoins que je garderai en mémoire — en dehors de la forme des ponts : la cathédrale, austère forteresse grise à l'extérieur, abside baroque aux éclatantes couleurs à l'intérieur ; adossé à elle un charmant cloître aux colonnes fines et aux murs garnis d'azulejos bleus ; l'église San Francisco revêtue à l'intérieur de sculptures en bois dorés (elle m'évoque l'église des Jésuites à Bahia) ; sur le côté gauche de la nef, un arbre de Jessé foisonnant de personnages colorés ; enfin, une gare du XIXe siècle au hall recouvert d'azulejos représentant des scènes de la vie paysanne ou des épisodes de l'histoire du Portugal (des portes, on aperçoit les quais dont la verrière est supportée par des colonnes de fonte). Dissonance de Porto, la fonte et le fer agressivement plaqués sur un paysage d'économie rurale parsemé de quelques exemplaires des bateaux qui conduisaient à l'Atlantique les barriques de vin et des chais allongés et bas qui les stockaient avant leur départ pour l'Angleterre.

Mai 2001

Pourquoi ce journal est-il resté muet pendant des semaines ? Je n'ai aucune explication. Je gérais les affaires courantes — professionnelles ou domestiques. Mon temps s'émiettait. La sieste envahissait les débuts d'après-midi. Le temps froid et pluvieux donnait le *blues* aux Parisiens et me contraignait à protéger par des gants et des bottines mes doigts des mains et des pieds.

Seule la lecture suivait son cours, une lecture de désœuvré. Dans la journée, celle d'une épaisse *Histoire romaine*[20] des origines à la fin de la République. Une république qui, des Gracques à Octave, a mis des décennies à mourir dans d'atroces convulsions. Un thème aussi passionnant que celui du déclin de l'Empire. Dans l'*Après-démocratie*, il faudra que j'explique que mon propos ne porte pas sur l'analyse des destructions locales de la démocratie mais consiste en une interrogation sur les mouvements à long terme des formes politiques. J'hésite beaucoup à écrire ce livre. Lorsque j'y

---

[20] Sous la direction de F. Hinard, *Histoire romaine*, Fayard, 2000

pense, un sentiment de paresse s'empare de moi. Nous avons commencé avec Odile *La démocratie inachevée*[21] de Pierre Rosanvallon. Cette lecture sera-t-elle, pour ce projet, un stimulant ou un éteignoir ?

Dans l'intervalle, nos soirées ont été égayées par le *Tom Jones* de Fielding[22] : dix-huit livres dont chacun débute par un chapitre de réflexions littéraires savoureux, un récit picaresque plus cohérent que *Gil Blas de Santillane*. Même époque, mais une atmosphère différente de celle du continent. Nous avons quitté Tom et Sophie avec une pointe de nostalgie.

Il y a quelques jours, les États-Unis n'ont pas été réélus dans deux commissions des Nations-Unies, celle sur les droits de l'homme et celle sur les stupéfiants. Le Congrès a crié à l'outrage. Un journal a écrit : « Sommes-nous plus puants que les Français ? ». Incident de parcours ou germe d'avenir ? Plusieurs premiers ministres français m'ont dit qu'en arrivant à ce poste, ils avaient découvert une présence des États-Unis dans la vie internationale plus pesante qu'ils ne l'avaient imaginé. L'arrivée de Bush a creusé le fossé entre les deux rives de l'Atlantique, refroidi les relations américano-chinoises, troublé les pays arabes, attisé l'hostilité traditionnelle du tiers-monde à l'égard du pays dominant. Il n'en fallait pas plus pour qu'émerge la mauvaise humeur d'une coalition de faibles.

La Turquie fait reparler d'elle. Membre de l'OTAN, elle veut être considérée en matière de défense comme appartenant au pôle de l'UE. Les Européens veulent bien la consulter, mais n'acceptent pas une sorte de veto turc. Un désaccord que Bush va peut-être attiser... et qui s'ajoutera au contentieux sur Kyoto, le bouclier anti-missiles, les paradis fiscaux. Une liste qui n'est pas close.

Hier, déjeuner de promotion au CNAM. Dans ce salon d'honneur froid de l'annexe Montgolfier, une quarantaine de camarades que parfois je n'avais pas vu depuis cinquante ans. Quelle diversité ! Il y a ceux qui n'ont pas changé et que je reconnais au premier coup d'œil, ceux que j'identifie avec retard à cause de leur corpulence et de leurs joues gonflées, ceux sur lesquels le badge me permet de mettre un nom, ceux dont j'ai oublié le nom et le visage. Une distance sépare les vivants des morts-vivants. Les premiers ont le regard alerte, ils parlent, ils bougent, ils utilisent le même style que dans leur jeunesse — un style qui sonne parfois comme une fausse note ; les seconds se confondent avec les murs. Peu loquaces, absents, ils semblent figés et momifiés. Une dizaine avaient lu mon livre et m'ont adressé des compliments qui, pour la plupart, n'étaient pas de pure politesse.

---

[21] P. Rosanvallon, *La démocratie inachevée*, Gallimard, 2000
[22] H. Fielding, *Histoire de Tom Jones, enfant trouvé*, Gallimard, 1964

Vendredi 18 mai, voyage-éclair à Bordeaux pour une conférence à la librairie Mollat. L'avion étant arrivé à l'heure, je me suis promené dans Bordeaux. J'ai suivi le triangle magique cours Georges Clémenceau, allées de Tourny, Intendance, constaté une fois de plus que ce sont les boutiques avec leurs façades tapageuses et leurs enseignes provocantes qui changent l'atmosphère d'une ville, cachent ici le XVIIIe siècle encore intact dans l'architecture. Je suis ensuite descendu vers la Bourse du Commerce, ai rejoint la place du Parlement, centre, il y a cinquante ans d'un quartier malfamé, puis ai remonté vers la rue Sainte-Catherine ; les Galeries Lafayette y occupent l'immeuble des Dames de France, changement dans la continuité ; les Trois Quartiers existent encore, Dewachter a disparu. A la librairie Mollat, dont l'espace semble avoir été multiplié par dix depuis mon adolescence, on me donne une brochure éditée pour le centenaire ; j'y retrouve la photo du grand-père du propriétaire actuel : visage grave et mince, rendu encore plus sérieux par une petite moustache, il se déplaçait en blouse blanche sans faire de bruit entre les rayons d'alors. Bordeaux a raté sa réhabilitation, la ZEP de Mériadeck est un infâme blockhaus. Dans le centre, les maisons non ravalées rompent constamment la ligne des immeubles à la pierre blanche, les bâtiments du quai tombent en ruine. La vue célèbre du port de la Lune ne peut plus être regardée que de nuit...

J'ai commencé le livre du général Denikine, l'ancien chef des forces blanches, assassiné à Paris par un agent soviétique en 1938 : *La décomposition de l'armée et du pouvoir (février-septembre 1917)*[23]. Dès les premières pages, je me suis senti plongé dans la Russie de fin 1916 avec un tsar qui a perdu la confiance de l'armée, une tsarine exécrée et perçue comme une espionne, un gouvernement abhorré et incapable. Toutes les élites s'attendent à une insurrection ou à un coup d'État. L'insurrection sera la première et les complices préparant la seconde monteront en retard dans le train en marche des événements de février.

Périple en Turquie orientale

Juillet 2001

Si proche et si lointaine, la Turquie me fascine. Aucune des deux images courantes en Occident ne me satisfait : pour les uns elle est devenue un pays européen comme les autres, pour d'autres elle reste l'héritière d'un empire oriental cruel et faible. Je connais Istanbul, Izmir certaines stations de la côte méditerranéenne. J'apprends le turc. D'où mon désir d'aller jusqu'aux frontières de l'Arménie, de l'Iran et de l'Irak et de parcourir la Turquie orientale.

---

[23] Général Denikine, *La décomposition de l'armée et du pouvoir*, J. Povolozky, Paris, 1921

Mardi 5 juin, nous quittons Adana vers l'est à travers la plaine de Cilicie. Un autocar confortable et climatisé. Un groupe discret d'une quinzaine de personnes. Deux heures après le départ, première halte. Au sommet d'une colline rocheuse, les ruines de Yilanli Kale, une forteresse arménienne juchée sur une colline rocheuse nous attendent. Aucun sentier. A chacun de grimper parmi les pierres. Seule la vue vaut le voyage. A mi-parcours, je désire par prudence redescendre, les yeux rivés sur mes chaussures. Soudain, la tête l'emporte, les pieds dérapent, un roulé-boulé me fait dévaler la pente. Impossible de m'arrêter. Un coup brutal du côté gauche, du crâne au bassin. Un rocher vient de m'arrêter. Je suis assis, le teint blanc comme un linge. On accourt autour de moi. Je plaisante. « Peki » dis-je au guide turc interloqué. A la main droite, je bouge les doigts, mais le poignet gonfle. Descente avec précaution appuyé sur le guide. A Osmaniye, un centre médical m'accueille. Je me trouve entouré d'un essaim de petites infirmières turques en blouse bleue. Elles me semblent avoir quatorze ans et me regardent avec curiosité. Radio : fracture du radius. Un orthopédiste vient me plâtrer. Coude et doigt restent libres. Une bande autour du cou soutient l'avant-bras. Pendant tout le voyage, je serai handicapé d'autant plus que le genou gauche me fait souffrir et qu'il me faut monter et descendre les marches une à une. Abrégeons la suite : le plâtre gardé quatre semaines, remplacé pour quinze jours de plus par une coquille rigide avec en prime un poignet gonflé : j'écris aujourd'hui pour la première fois. Les effets de la fracture et de la chimiothérapie se conjuguent pour épaissir mes doigts, les rendre gourds et collants. Une nouvelle marche descendue.

Que me reste-t-il de ces quatre mille kilomètres en Turquie orientale ? D'Adana à Antioche, puis Urfa, le Nemrud Dag, Erzurum, Dogubayazit, Kars, Artvin, Trébizonde, Tokat, Sivas, Bogazköy, Ankara ? Aucune émotion forte, de ces émotions qui éblouissent et laissent une trace indélébile, comme au Taj Mahal ou à Samarkande, mais une multitude d'impressions sur des monuments, des paysages, des images de la vie quotidienne, avec leur cortège d'interrogations.

Antioche n'a rien gardé de sa splendeur passée : une ville grise, mal construite, un fleuve étroit et sale entre des rives cimentées. Pas la moindre prise pour l'imagination, au point que semblent provenir d'ailleurs les mosaïques romaines exposées au musée, semblables à celles de Piazza Armerina, Naples, Bizerte... Témoignage de l'unité du monde en ce lieu disparu.

Viendra ensuite Urfa, l'Édesse des Croisés. Enfin une émotion : la medersa et le bassin des carpes d'Abraham : des arcades de plein cintre d'un blanc immaculé bordent un rectangle d'eau entouré de dalles plates ; autour, un jardin ombragé et la paix. Je pense à l'Aigoual de Marrakech et aux mosquées de Chiraz ; un peu plus loin, sur une colline abrupte, les restes d'une citadelle antique agrémentée de quelques colonnes et assise sur une plate forme à laquelle un escalier en lacets permet d'accéder. Blancheur, soleil, verdure et eau.

Le 8 juin fut la journée du Nimroud Dag, cette bizarrerie sublime et pitoyable qui a valu à un roitelet mi-grec mi-persan de passer à la postérité sous le nom d'Antiocus de Commagène. Sur trois sommets alignés et distants au total d'une vingtaine de kilomètres, des plateformes funéraires. Les deux premières contiennent des vestiges de colonnes et de sculptures. Seule la troisième mérite le voyage. On y accède par une interminable et étroite route en lacets qui débouche enfin au pied d'un vaste cône au sommet duquel mène un sentier rocailleux. Vu mon état, on m'a juché sur un âne conduit par un adolescent. Ma main gauche s'est agrippée sur la poignée fixée à la selle et au prix de gros efforts, j'ai réussi, en dépit des mouvements de l'âne et des ballottements à droite et à gauche, à parvenir indemne au sommet. La descente fut pire encore. La pointe de la montagne a été arasée, la plateforme surmontée en son centre d'un cône de galets flanqué sur deux versants opposés d'une série de personnages monumentaux représentant le roi entouré de dieux grecs ou persans. Curieuses sculptures : des corps massifs de cylindres assemblés (étaient-ils destinés à être constamment recouverts de vêtements ?) et des têtes gigantesques et fines souvent tombées à leurs pieds. Admirables d'expression, elles sont émouvantes dans leur humanité, mais ne sont le vestige d'aucune culture spécifique et ne traduisent que l'inquiétude d'un individu qui se protège de la mort par la proximité des dieux de sa double ascendance.

Une longue étape nous attend le lendemain, mais la destination me fascine : Erzurum que j'imagine peuplée de mosquées et hérissée de minarets seldjoukides. Erzurum dont le nom rappelle qu'elle fut prise par les Russes en 1916 à la suite de furieux combats. A l'arrivée, le mythe s'effondre, une ville dont l'âme semble absente, deux modestes médersas qui, pour utiles qu'elles soient pour l'histoire de l'art, ne suscitent aucun choc esthétique. Il faut me résigner : la Turquie orientale abrite de ci-de là des monuments dignes d'intérêts, elle n'est pas le tabernacle de grandes choses. Mon intérêt se tourne vers les paysages, des landes vallonnées, vertes et fleuries, des troupeaux de bovins, d'ovins et de chevaux, le cours supérieur de l'Euphrate, des villages pauvres d'un blanc sale. Fréquemment, le car doit s'arrêter à un poste de gendarmerie qui contrôle les véhicules. Invisible au regard, le problème kurde.

J'apprends à cette occasion qu'il existe des chiites en Turquie, tant chez les Turcs que chez les Kurdes, mais ils différent beaucoup de leurs coreligionnaires persans ; les alevî, près de 20% de la population, constituent une communauté ouverte aux idées novatrices. Entre sunnites et alevî, point de mariages mixtes semble-t-il.

L'image de Kars est pour moi moins précise que celle d'Erzurum. Elle évoque plutôt une frontière disputée entre Ottomans et Russes ou de vagues confins arméno-géorgiens. Dans la ville, un ou deux bâtiments modestes évoquent le temps des tsars tandis que l'on peut faire le tour d'une église arménienne transformée en mosquée. A une trentaine de kilomètres, les ruines d'Ani, la capitale du royaume d'Arménie au Xème siècle. Un officier turc qui a vécu vingt ans à Mulhouse, retire nos passeports, car, dans le conflit du Caucase, la Turquie a pris le parti de l'Azerbaïdjan et la frontière est fermée. Émotions fortes. Passée la porte restaurée de l'enceinte, un immense plateau cahoteux de plantes vertes et courtes truffées de pierre d'où émergent les squelettes séparés de quatre ou cinq églises. Mais ces vestiges ont une présence. Avec la couleur chocolat au lait de leur pierre, le cône ou la pyramide qui les surplombent en leur centre, les fines arcatures de leur sobre décoration, elles témoignent d'une civilisation raffinée et de la personnalité d'un peuple. Et l'émotion se change en nostalgie, regret d'une culture assassinée, tristesse des dévastations de l'histoire, malaise devant le manque d'entretien par un gouvernement turc indifférent ou hostile. La cathédrale qui, de l'extérieur, semble trapue et collée au sol, paraît à l'intérieur aspirée vers le ciel par de hautes colonnes qui se terminent en arcs de plein cintre.

Après Kars, le paysage se fait montagneux. Je pense à Termier, géologue des Alpes car l'on découvre sur le flanc des vallées les couches stratifiées qui montent et descendent, pliées et plissées sous la pression des forces tectoniques.

Karadeniz. La mer noire. Une côte rocheuse. Des localités en plein développement. Une autoroute en construction. Enfin Trébizonde, l'ultime capitale d'un empire romain moribond. Il y reste une Sainte Sophie, minuscule par rapport à son immense sœur de Constantinople, mais bien conservée au milieu de son jardin dominant la mer. A l'intérieur de la coupole, sur les murs, dans le narthex, des fresques fidèles à l'iconographie orthodoxe. Un lieu de paix qui évoque, sans doute à tort, une mort tranquille.

Quelques kilomètres séparent Trébizonde de Sumela à l'intérieur des terres. Accroché à la montagne, ce monastère grec du IVème siècle offre, vu d'en bas, une façade impressionnante. Comment a-t-on pu construire ainsi à flanc de rocher ? Le lieu, hélas, est en cours de restauration et nous ne verrons qu'une chapelle troglodyte et quelques cours étriquées. Une affiche a fait sourire le statisticien qui dort en moi « A cause des risques de chute de pierres, il est recommandé de limiter la visite à cinq minutes ».

Entre Trébizonde et Samsun, l'itinéraire tourne à angle droit, pique vers le sud, franchit la chaîne pontique et débouche sur le haut plateau anatolien. Tokat, puis Sivas nous feront découvrir la Turquie centrale et les villes animées dont les rues canalisent des foules bigarrées, jeunes filles en tee-shirts et en jeans, matrones à la tête cachée sous un tchador, hommes en costume européen ou pantalon traditionnel. La dernière mode cohabite avec celle du début du siècle : révélation de la Turquie moderne avec sa laïcité fragile, ses mœurs hétérogènes, ses usines récentes, sa paysannerie pauvre et, sur les côtes, l'imprégnation du tourisme européen. Sur les places, sous la verdure, les tables de café où les habitants du lieu sirotent interminablement un thé en discutant. Enfin, quelques monuments seldjoukides qui font oublier les modestes constructions d'Erzurum. A Sivas, une mosquée aux multiples colonnes fait penser à Cordoue. On est bien loin ici de la mosquée ottomane, inspirée par les Byzantins. Je sais que c'est à Sivas et contre Istanbul qu'Atatürk a posé les bases de la Turquie moderne.

Avant dernière étape, le site de Bogaz Köy. Un site immense et vallonné avec des restes de murailles, des quadrillages de pierres signant la présence d'un temple ou d'un palais, quelques écritures sur des ébauches de murs. Difficile d'imaginer qu'est partie de là l'armée hittite qui, à Kadesh, a tenu en échec les Égyptiens, peut-être trop civilisés, de Ramsès II. A quelques kilomètres de là, un site religieux modeste où l'on distingue à hauteur d'homme sur la paroi rocheuse des bas-reliefs de déesse, de roi et de reine, témoignage maladroit et émouvant d'une religiosité ancienne.

C'est à Ankara, au musée des civilisations anatoliennes, que nous découvrirons vraiment la statuaire hittite avec ses figures humaines aux nez pointus et aux corps épais. Seule fulgurance : les bouquetins aux cornes compliquées et aux formes élégantes qui font penser à l'art des steppes.

Quatre millions d'habitants ! Ankara en avait quelques dizaines de mille lorsqu'Atatürk en fit la capitale. Un choix judicieux puisque, pour fonder une nation, il fallait échapper au cosmopolitisme d'Istanbul. Moderne, la ville n'a guère de caractère. Deux hauts lieux pourtant : la citadelle aux pierres récupérées de monuments antiques ou byzantins et à ses pieds, un extraordinaire musée, sans déchets et juste de la taille qui me rassasie avec des céramiques si belles que je voudrais le revisiter sans cesse... L'autre haut lieu est le mausolée d'Atatürk, cet homme auquel chaque ville turque a consacré au minimum une avenue et une statue. Il y a un livre à faire sur les statues consacrées aux fondateurs d'États-éphémères ou pérennes du XXe siècle, de Lénine à Atatürk. L'honorable y côtoie le pire — Odile n'a guère aimé ce mausolée d'Atatürk, tout à la gloire d'un homme et d'un pouvoir. Mes antécédents m'y ont rendu plus sensible : une vaste esplanade carrée au bout d'une longue avenue de lions hittites ; à gauche, le parallélépipède brut aux arêtes vives, tout autour, des bâtiments plus bas aux formes rectangulaires. Un ensemble digne, à la limite de la grandiloquence et pour moi émouvant, car il témoigne d'une aventure immense mais sans démesure.

Juillet 2001

Être le citoyen d'un pays implique-t-il d'avoir au plus profond de soi deux sensations, celle d'un sol sous les pieds et d'un appui derrière son dos. Le sol de la patrie et l'appui des générations passées. Pour nous Français, notre roman national raconte que les Gaulois ont, de toute éternité, vécus dans l'Hexagone, puis se sont mêlés aux Romains qui les avaient conquis et aux Germains qui les avaient envahis. Aussi, n'y-a-t-il eu en France aucun monument qui ne soit nôtre et qui n'ait contribué à enrichir notre culture. Archéologues et historiens savent ce que ce récit contient d'affabulation. Il en est de même pour le roman familial des psychanalystes. Pourtant c'est le roman qui fonde notre attitude collective. Le Mexicain, lui se construit sur le viol de la mère indienne par le père espagnol. Le crime est présent dans son ascendance. Qu'en est-il pour le Turc ? Il occupe une terre qui connut avant lui de nombreux habitants. Il n'a pas fondé sa métropole. Son sol est parsemé de vestiges hittites, phrygiens, grecs, arméniens, byzantins. Il fut membre d'un État qui, jusqu'en 1920, fut un empire cosmopolite. Ses ancêtres eurent pour territoire l'Asie centrale d'où ils partirent dominer l'Inde, la Perse et la Syrie et où subsistent des États turcs. La Turquie actuelle est née d'un accouchement violent dans le premier quart du XXe siècle. Les Arméniens exterminés, les Grecs expulsés, l'alphabet arabe abandonné, le Califat supprimé, les Kurdes niés, les Turcs de Grèce rapatriés. Résultat du processus : seldjoukides et ottomans renvoyés dans l'histoire ancienne, une nouvelle capitale Ankara au centre du plateau anatolien. Si le Turc fait corps avec sa terre, les monuments qui la décorent sont des vestiges laissés par d'autres et il sent qu'il n'est actuellement ni Européen, ni asiatique, tout en voulant appartenir à ces deux mondes.

C'est avec peine que je progresse dans la connaissance du turc car ma mémoire est devenue une outre qui laisse passer les mots. Dès lors, il n'est guère utile de connaître la grammaire et de maîtriser les formes verbales. Mais plus que le constat de mon déclin annoncé, une question me préoccupe. L'ordre des mots est l'inverse de celui des langues indo-européennes : des postpositions, des relatives qui précèdent le nom, des complétives antérieures au verbe ... Un chamboulement d'une toute autre ampleur que le modeste report du verbe dans les subordonnées allemandes. Quelle influence cette structure peut-elle avoir sur la conception et l'expression de la pensée ? Je suis incapable de répondre.

Grecs et Turcs ? Sont-ils proches, sont-ils lointains ? A voir les uns et les autres s'attabler à une terrasse sous une treille en laissant couler les heures, ils paraissent étonnamment semblables. Pourtant, nul doute que l'histoire en ait fait des ennemis et que le lyrisme des Grecs s'oppose à l'austérité des Turcs, mais les deux sont des peuples durs et fiers. Il est difficile pour nous Occidentaux de les percevoir dans leur réalité tant nos perceptions obscurcissent nos jugements. Imprégnés d'antiquité grecque, persuadés que nous en descendons, nous imaginons les Grecs modernes semblables à nous-mêmes tandis que nous ne voyons dans les Turcs que les oppresseurs cruels de l'Europe orientale, que les soldats qui ont menacé Vienne, que les porteurs de l'étendard du Prophète, que les ennemis des Dardanelles. Images d'Épinal que partagent trop d'ambassadeurs et d'hommes politiques, tandis que d'autres sombrent dans la naïveté en niant les différences héritées du passé. A l'égard de la Turquie, j'en suis encore, pour ma part, à l'interrogation, mais le dernier voyage m'a apporté beaucoup. Je commence à connaître le pays dans son étendue, dans son épaisseur, dans sa diversité. D'Istanbul à Ankara, d'Izmir à Erzurum, de Trébizonde à Antalya, je sens cette Turquie multiple, à moitié laïque, à moitié démocratique, à moitié développée, tiraillée entre l'Europe et l'Asie centrale, mais craignant d'être laissée sur le bord du chemin et avide de s'arrimer à la première en minimisant les fossés qui l'en sépare.

Je rêve d'un dernier voyage, à Konyah et en Cappadoce.

Vacances et lectures

Juillet 2001

D'année en année, à la lumière des performances individuelles dans les générations qui m'entourent, je réévalue, à la baisse, ma propre vie. Nombreuses sont mes initiatives passées qui n'ont plus de significations aujourd'hui. J'avais la tête hors de l'eau. Je ne l'ai plus qu'au ras des flots.

Les porteurs de nouvelles valeurs, si nombreux dans les médias et les ONG, n'aiment pas la France que nous leur avons léguée. Ils nous accusent de lâcheté et d'antisémitisme dans les années trente et au temps de Vichy, de consumérisme et de productivisme pendant les trente glorieuses, d'impérialisme et de colonialisme dans le tiers-monde, méprisant la liberté que leur donne un niveau de vie qui n'a pas été obtenu sans effort. Seule consolation amère : ils seront à leur tour les boucs émissaires de leurs descendants qui se gausseront de leur naïveté.

Insidieusement, comme la marée qui sape les dunes, les soucis quotidiens de la vie matérielle s'infiltrent dans mon existence. Retraits de cartes de parking, de tickets d'autobus, de places de concerts, de billets de voyage, analyses médicales, rendez-vous chez des médecins, coups de téléphone, une myriade de ces activités menues découpent mon temps en lamelles, annihilent les plages intercalaires, d'autant plus que mon tempérament obsessionnel fait que je leur accorde la priorité et ne me mets au travail que lorsque l'horizon est dégagé. Odile m'entraîne sur cette pente glissante. Depuis des années, son perfectionnisme matériel lui fait inventer une multitude d'occupations, utiles ou superflues, qui l'empêchent d'écrire les livres dont sa mémoire est remplie. En face de cette agression sournoise de la quotidienneté, je sens que le noyau central faiblit, devient même parfois complice. Pourquoi défendre mon aire de créativité puisque tout ce qu'elle a produit dans le passé se délite lentement en sable du désert ?

Juillet 2001

Les vacances des enfants sont plus longues que celles de leurs parents. Comment combler la différence ? Une solution fréquente, les grands-parents, souvent tout disposés à retrouver leur jeunesse pour un temps restreint et une responsabilité limitée. Aussi, est-il prévu que nous irons une semaine à Pornichet dans un hôtel de bord de plage avec Basile, Mirabelle et Clémentine. Nous attendons ce séjour avec des sentiments contradictoires ; au passif, la peur de ne pas avoir la force physique de cette activité à temps plein, la crainte de trouver insupportable l'abandon de toute activité intellectuelle, l'appréhension, pour moi, de la plage dont le sable s'insère partout ; à l'actif, l'espoir de l'immense tendresse que suscite une proximité de tous les instants avec ses petits-enfants. Catherine s'esclaffe : des vacances de petits bourgeois dans un hôtel modeste et en un lieu surpeuplé. « Humiliant » commente-t-elle avec son snobisme très particulier. Et pourtant ce séjour me laisse un goût de réussite : deux chambres communicantes, insonorisées, avec des salles de bain confortables (je reviens de Turquie orientale), d'un côté trois lits parallèles pour les enfants, ravis d'être ensemble, surtout Clémentine qui, à deux ans, est rassurée par la présence de son frère et de sa sœur, de l'autre un grand lit pour les « retraités ». Des enfants affectueux, obéissants et pleins de vie qui dorment de neuf heures du soir à huit heures du matin, qui se dépensent sans compter pendant la journée, se tiennent convenablement à table moyennant des charades pour Basile, des calculs pour Mirabelle et une assistance technique pour Clémentine. Je me sens plongé dans le milieu de mes parents, même si je sais que cette impression est une reconstitution très artificielle.

La plage est longue, large, bordée au sud par une petite jetée que termine la tour d'un phare et se perd de vue au nord dans l'immense courbe qui mène à la Baule. Aucune des proportions de la plage étriquée de la Rochelle et pourtant quand je m'assois pour la première fois, péniblement sur le sable, je retrouve les sensations de mon enfance : le bruit périodique de la mer qui monte doucement puis explose en un claquement sec, la réverbération du soleil à la surface de l'eau, les ombres noires des baigneurs qui s'agitent à contre-jour, l'odeur et le goût de sel apporté par le vent, un vent qui rafraîchit et fait provisoirement oublier l'ardeur du soleil, le contact avec un sable redevenu bienfaisant, qu'il soit sec et coule entre les doigts ou devienne modelable sous l'effet de l'humidité. Même l'ampleur du paysage ne me déconcerte pas car je grandis l'environnement qui fut le mien de six à treize ans. Je me promène, joue avec les enfants, surveille leurs ébats.

Aucune envie de lire, de me baigner. Je reste un étranger dans cet espace pourtant hospitalier. Des genoux raides, un bras droit handicapé, un corps maladroit. Je regarde les adultes autour de moi : ils sont minces et élancés, la hausse du niveau de vie a amélioré la silhouette des Français ; ils évitent de se gêner et la politesse leur semble naturelle ; les différences entre générations se sont estompées, plus de vieilles dames en noir. Basile joue au ballon ou à une sorte de tennis de plage, Mirabelle fait des boules avec du sable mouillé, Clémentine remplit inlassablement des moules et des seaux. On est loin de l'agitation de 1936 quand on s'excitait pour ne pas entendre l'orage qui montait.

Août 2001

Renaud m'a fait cadeau du livre du petit-fils de Foch : *Tovarich Kapitaine Foch*[24]. Un récit émouvant de la période janvier-juillet 1945. Capitaine d'active français, prisonnier depuis 1940 en Allemagne orientale, il s'évade avec quatre camarades et rejoint les Russes, les aide à prendre Pyritz, un bourg fortifié défendu par quatre 88, est décoré par l'armée rouge, y devient major puis lieutenant-colonel. Joukov qui découvre ses relations de parenté avec le maréchal s'intéresse à lui et lui demande de ramasser « tout ce qui traîne » derrière son front. Il constitue en quelques semaines une sorte de camp de 11 000 personnes : prisonniers français, italiens, juives hongroises arrachées à la mort dans une annexe de Ravensbrück, « Malgré-nous » Alsaciens-Lorrains, Français de la division Charlemagne ayant combattu sous l'uniforme allemand contre « le bolchevisme »... Des pratiques et du fonctionnement de l'armée rouge au comportement des civils allemands, de l'attitude des Italiens à la médiocrité des missions françaises, je retrouve ce que j'avais imaginé par bribes et sans certitudes. Je pense à mon père qui était dans un camp plus à l'ouest à Hoyerswerda, près de Dresde. Je voudrais savoir pourquoi le petit fils de Foch qui a fait preuve au cours de ce semestre de qualités si étonnantes n'a terminé sa carrière que comme colonel après avoir combattu en Indochine et en Algérie. Il ne parle que de « déception ». A quels médiocres s'est-il heurté dans l'armée française ?

Tout en m'efforçant de construire, pour *L'après-démocratie* une introuvable typologie des systèmes politico-économiques, j'ai continué à trier, au milieu des toiles de poussière, les documents de mon bureau. Hésitations sur les livres à garder, donner, jeter. Atermoiement devant les livres de classe de jadis, témoignages d'une société disparue. Seuls les livres d'arithmétique, pourtant révélateurs n'ont pas trouvé grâce à mes yeux. Avec quelque regret, j'ai jeté un cahier où j'avais collé des images racontant

---

[24] H. Fournier-Foch, *Tovarich Kapitaine Foch : souvenirs de guerre*, Éditions de La Table Ronde, 2001

l'Évangile, un album des chocolats Tobler représentant des soldats de plomb et un fascicule où un aïeul inconnu (mon grand-père sans doute) avait agrafé des photos de femmes à demi-déshabillées distribuées par les cigarettes Bastos. Érotisme du pauvre, bien désuet, car la nudité a ses modes, plus dérangeantes que celles des habits. Après chaque séance de classement, il me fallait descendre me savonner et laver des mains grises de poussière.

Août 2001

Un pèlerinage à Salzbourg. Enserrée entre la Salzach et les collines des alentours, la ville est encore plus propre que jadis. Elle grouille de touristes élégants qui déambulent dans les rues, s'attablent dans les innombrables cafés et restaurants, courent les concerts qui scandent la journée. Européenne, elle reste provinciale, comme l'Autriche conservatrice d'aujourd'hui, plus attardée dans notre continent qu'elle le fut au XVIIIème siècle. Occasionnellement, je me demande pourquoi la vague baroque qui a submergé le continent jusqu'en Russie n'a pas recouvert la France enfermée dans son île classique : la question, je le sais, a été longuement débattue par les historiens de l'art.

Si tendres sont les tons pastel de la Salzbourg rénovée que la ville, observée des collines qui l'entourent, resplendit d'une blancheur matte. J'avais gardé le souvenir d'un lieu plus coloré, en rose, vert pistache, jaune pâle, rouge délavé, brun crème. Une transfiguration sans doute d'images visuelles acidifiées par la mémoire.

Hier soir, au moment de m'endormir, j'ai dit à Odile : « Demain, nous nous réveillerons un peu plus petits », mais je n'ai ajouté aucun commentaire. J'imaginais un monde où les individus, à partir du moment où la retraite les retire lentement du monde, rapetisseraient peu à peu. Il y aurait ainsi les double-nains, les nains, les demi-nains, les quarts de nains. A quelle étape en suis-je ?

Nous nous racontons nos rêves. Odile souvent se perd dans une ville et, avec une angoisse croissante, cherche indéfiniment son chemin. Moi, j'erre souvent, tel un fantôme, du côté de la Sema qui occupe un bâtiment immense, à l'entrée délabrée. Selon le cas, je suis encore en fonction, participant à une négociation avec l'un ou l'autre de mes collaborateurs, ou je hante les lieux comme conseiller scientifique, incertain de mon rôle et tenu à la discrétion. Une atmosphère qui n'est ni noire, ni ensoleillée, mais plonge dans les nuances de gris, gris de tristesse, de regrets, de renoncement. Mon passé est une semi-réussite que je réévalue constamment à la baisse à un moment où je n'attends plus rien de mon existence intellectuelle et sociale.

Août 2001

Je regarde souvent, malgré moi, les commentaires météorologiques à la télévision, mais j'ai constaté ce matin qu'ils n'ont pour moi aucun lien avec le climat tel que je le vis et qui distille tout au long de l'année du crachin ou des orages, une terre sonnante ou grasse, une chaleur lourde ou aérienne, un froid vivifiant ou humide. A la place de ces sensations vécues sur des années, la télévision me montre jour après jour des tourbillons blanchâtres qui se répandent ou s'effilochent sur la carte de l'Europe, des zébrures aux limites imprécises comme sur Arte, des soleils à demi-cachés dans des nuages gris comme sur A2. Chaque chaîne a ses codes simples, imprécis, soi-disant conçus pour faciliter la compréhension des analphabètes — ne nous y trompons pas, les hommes de télévision ont du mépris pour les téléspectateurs — et offrant, en fin de compte, des images confuses, que brouillent encore plus les inévitables erreurs de prévision.

Je lis à Odile *Une ferme africaine*[25] de Karen Blixen, évocation émouvante du Kenya de 1910 à 1932, avec ses Kikuyus, ses Masaïs, ses Somalis, ses prêtres des missions rivales, écossaise et française, ses Européens chasseurs ou fermiers. Dans des paysages sublimes, tout un monde s'agite autour de cette aristocrate danoise, débordante de vitalité et de courage : lions, léopards, girafes, bœufs, lévriers, guerriers masaïs, femmes somalies, forgerons, cuisiniers, squatters, « totos » (les jeunes kikuyus), vieillards chenus et vieilles édentées, intendant somali fidèle et fier. Philosophies de la vie, attitudes à l'égard de la mort, conceptions de la justice, prises en compte du temps coexistent tant bien que mal sans s'opposer avec violence. Je pense à *Out of Africa* où Meryl Streep incarnait Karen Blixen. Je voudrais en savoir plus sur cet auteur. En classant des papiers, j'ai découvert sa photo dans un numéro de *L'Express*. Âgée, elle était horrible avec sa présence impérieuse et son visage crevassé de rides. Aucune trace de féminité. Ce n'était plus l'auteur de la *Ferme africaine*.

Marécage dans mon travail sur la démocratie. Je suis à bout de souffle dans l'analyse, même si la moisson n'est pas négligeable, mais le plan m'échappe. La pelote est embrouillée. Je ne trouve pas de fil conducteur.

Août 2001

Ultimes quarante-huit heures de vacances. Nous voilà pour deux jours au Coisel. Brouillard et pluie fine comme autrefois. La maison ressemble à celle sur laquelle régnaient mes beaux-parents. A part dans l'allée d'accès qui se réduit à quelques arbres isolés, les effets de la tempête d'il y a deux ans ne sont plus guère visibles. A l'intérieur, un seul changement qui date de la fin

---

[25] K. Blixen, *La ferme africaine,* Gallimard, 1942

de la vie de ma belle-mère : une chambre au rez-de-chaussée qui occupe la moitié de l'ancienne salle de jeux. C'est là que nous sommes installés. La mère d'Odile y est à la fois absente et présente. Absente comme dans toute chambre d'hôtel la trace de ses multiples occupants. Présente car je la revois dans ses vieux jours, courtoise et lointaine. Et je mesure, en écrivant ces lignes, l'immensité qu'involontairement j'instaure entre les autres et moi.

Jacques Attali et son *Pascal*[26] succèdent à Karen Blixen. Le grand écart dans nos lectures. Une vie racontée en détail, bien insérée dans son contexte politique, social, scientifique, religieux, une vie qui reste pourtant une énigme, celle d'un enfant prodige, fortement névrosé et qui ne dégage aucune chaleur. Je ressens une légère irritation lorsque l'auteur veut le placer à la source de toutes les grandes percées modernes. L'hyperbole est inutile face à un être d'exception comme Blaise Pascal.

Les vacances se terminent avec une biographie de Nash[27], prix Nobel tardif, dont j'ai jadis suivi un cours à Harvard. Pendant trente ans, il a erré d'hôpital en clinique en passant à Princeton ou ailleurs ses périodes de rémission et qui, depuis dix ans, semble avoir retrouvé une vie paisible. Je pense à la longue torture que vécut Alicia sa femme avant cette consécration qui n'a d'ailleurs pas bouleversé son existence. Son œuvre se résume à deux articles de théorie des jeux.

Récession et terrorisme

Août 2001

L'économie mondiale est entrée en récession (relative puisque les taux de croissance ne tombent pas au-dessous de zéro). Aucune surprise pour moi. Tôt ou tard, je l'attendais. Je n'ai jamais cru que la « nouvelle économie » n'obéissait pas aux règles de l'ancienne. Nombreux sont ceux qui devraient se sentir ridicules en relisant leurs copies des dernières années, mais je ne m'inquiète pas pour eux : les annonceurs de rupture ont souvent la mémoire courte. Le ralentissement couvrira sans doute toute l'année 2002, car les économies ont leur inertie. Aucune raison pourtant de ne pas croire à l'essor des technologies de l'information et à l'émergence progressive d'une société différente de la société industrielle. Pourquoi cette incapacité des hommes à distinguer les temps de la dynamique sociale ?

Lionel Jospin a fait son discours de rentrée. De tels discours me laissent froid. Qui détient le pouvoir doit faire croire à l'efficacité de son action. Dans le monde moderne, un Premier ministre doit se glorifier de nouvelles favorables auxquelles il n'a point part et rejeter sur ses

---

[26] J. Attali, *Blaise Pascal ou le génie français,* Fayard, 2000
[27] S. Nasar, *Un cerveau d'exception,* Calmann-Lévy, 2001

prédécesseurs les mauvais indicateurs qu'il enregistre. Ce n'est souvent que dans des années que l'on saura si les décisions de son gouvernement ont été bénéfiques, malsaines ou sans effets. Si cette vérité, encore cachée au plus grand nombre était découverte, quel en serait l'effet sur la démocratie ? L'augmentation sans doute de l'abstention électorale, et le repliement des citoyens sur des actions ponctuelles lorsqu'ils croient qu'un texte peut leur porter atteinte à court terme. La démocratie des chasseurs-pêcheurs.

Des harkis veulent faire condamner la France et l'Algérie pour génocide. Ils n'ont pas tort. J'ai toujours perçu, comme une brûlure, l'ordre qui a été donné à l'armée française d'abandonner sur place ses supplétifs algériens.

Septembre 2001

A Durban, se tient une conférence des Nations-Unies contre le racisme. Si l'on en croit les échos qui parviennent jusqu'en Europe, elle tourne à la farce bouffonne. Au lieu de rechercher les moyens de limiter le racisme dans le futur, certains ne demandent-ils pas, au nom du passé, des excuses et des compensations sur les entreprises racistes d'hier. Bientôt, le gouvernement italien sera prié de verser des dommages pour l'esclavage imposé aux peuples vaincus par la république romaine deux siècles avant Jésus-Christ, le gouvernement ouzbèke pour les exterminations de Tamerlan. Tout cela est grotesque. Que l'Église à la rigueur se repente de son comportement de jadis peut avoir un sens parce qu'elle prétend défendre depuis son origine des valeurs immuables et que certains de ses actes ont été en contradiction avec ses valeurs, mais que signifie des regrets de l'Allemagne pour son colonialisme et, au nom de quelle autorité morale, des États comme l'Arabie Saoudite peuvent-ils demander la condamnation d'Israël comme État raciste ? Sous cet écran de recherche frénétique de la pureté, chacun s'efforce de porter des coups à ses ennemis, tout en s'efforçant au passage de grappiller quelques sous... Toynbee a écrit que l'on assisterait à une révolte idéologique du prolétariat extérieur contre la civilisation européenne et c'est bien de cela qu'il s'agit.

Septembre 2001

A la fin de la séance de rentrée de l'Académie des Technologies au Conseil économique et social, le Président Pierre Castillon annonce que des événements graves se sont produits à New-York. De retour rue de Vaugirard, la télévision révèle l'Apocalypse du 11 septembre. Quatre avions de compagnies américaines conduits par des kamikazes musulmans s'écrasent, les deux premiers sur les tours jumelles du World Trade Center, le troisième sur une aile du Pentagone, le quatrième sur une forêt près de Pittsburgh. Les deux tours s'effondrent du haut de leurs quatre cents mètres, le Pentagone est en feu. Les éditions spéciales se succèdent, les films sont indéfiniment rediffusés, les commentaires abondent, souvent grandiloquents chez les journalistes, plus mesurés et parfois intéressants chez les invités... Beaucoup proclament qu'il y aura désormais un avant et un après le 11 septembre. J'ai, pour ma part, une profusion de réactions.

(1) Un tel événement devait se produire tôt ou tard. Dans un monde à six milliards d'humains, quelques centaines de personnes suffisent à déclencher une catastrophe. Elles n'ont pas besoin de fabriquer elles-mêmes des objets techniques élaborés. Il suffit qu'elles apprennent à les dérober, à les utiliser et à s'organiser. Or, à l'échelle de ces petits groupes, les capacités d'organisation ne sont pas si affectées par le niveau de développement. Le problème du bouclier antimissiles va se poser avec une intensité accrue, comme je le pensais, compte-tenu de la diffusion à certains pays de technologies balistiques et nucléaires sommaires. Va-t-on voir émerger un système de défense Amérique du Nord-Europe occidentale-Russie ou un seul système européen ? Plutôt que de s'entre-déchirer mesquinement, Chirac et Jospin feraient mieux de mettre ce sujet à l'étude.

(2) Dans un article de *Géopolitique*, j'avais écrit que les démocraties ne savaient pas se défendre sauf si la masse de la population se sentait attaquée. Le Congrès du temps de Gerald Ford avait émasculé la CIA en l'obligeant à révéler beaucoup de ses secrets. Résultat : l'Agence a privilégié la technique satellitaire et sous-traité le terrain à d'autres, par exemple dit-on aux services secrets pakistanais. Aujourd'hui, l'Amérique est unie, donc capable de payer le prix financier et humain d'une réaction et elle place, ce qui est dangereux, son action sous l'égide d'une croisade des partisans de Dieu contre le Mal. Cette référence au Divin me paraît malheureuse et de mauvais goût lorsque les adversaires sont des fous d'Allah.

(3) Dans la plupart des religions, il y a des fanatiques. L'Islam en a connu. Ils ne constituent souvent, sauf dans de courtes périodes, que d'infimes minorités. Ben Laden fait penser au maître de la secte des Hashashins qui, à partir de 1090, envoyait de son château d'Alamout des émissaires drogués supprimer ses ennemis. Dans les pays musulmans, le fondamentalisme est en recul, mais le sentiment d'humiliation que procure l'état de la planète peut faire basculer une partie d'une jeunesse fière de son alphabétisation récente et à la recherche de héros. Lors de la guerre du Golfe, Saddam Hussein a tenté d'exploiter ce sentiment et, quant aux gouvernements modérés, en apparence « amis » de l'Occident, ils pratiquent des politiques troubles. L'Arabie Saoudite est un État totalitaire qui forme à profusion des imams extrémistes et finance de douteuses opérations. Dans la poudrière du Pakistan, nombreux sont les adeptes des Talibans emprisonneurs de femmes et destructeurs de statues de Bouddhas. L'arc

arabo-turco-persan, allant de Marrakech à Kaboul que j'avais introduit dans *Les mille sentiers de l'avenir* reprend réalité.

(4) La politique de l'unique super-puissance que sont devenus les États-Unis contribue à accroître les tensions. Hostile au multilatéralisme, leur gouvernement attache peu d'importance à ses alliés et attend d'eux un alignement passif. Une seule exception : Israël dont les faucons commandent à des Présidents par la menace du vote juif. Sharon est un danger pour la paix du monde. Il détruit un Arafat qui n'a pas su saisir sa chance avec Ehud Barak et Bill Clinton à Camp David. Les États-Unis enfin véhiculent une idéologie et considèrent comme des attardés ceux qui ne la partagent pas. Ils engendrent en retour des haines nourries d'ignorances et de fantasmes.

(5) Le séisme du 11 septembre se produit à un moment où l'économie mondiale entre en récession. Rien d'anormal à cela. La croissance américaine a été très longue, le sur-stockage abusif, les investissements hasardeux, la surévaluation des actifs en bourse phénoménale. Le plus probable avant le 11 septembre : une récession en 2002 et une reprise en 2003. Mais le choc de cette semaine peut engendrer une inquiétude qui, en accroissant la propension des ménages à épargner, accentuera la récession et accusera l'hostilité à l'égard d'un système fondé sur des marchés mondiaux. Au dilemme d'une reconfiguration des alliances politiques, peut se superposer celui des formes de gouvernance de l'économie. Avec deux issues extrêmes improbables : le repliement des grandes zones sur elles-mêmes ou une régulation stricte de l'économie mondiale (en termes macro-économiques) par la collaboration entre les gouvernements.

Septembre 2001

Impossible de rester muet après le 11 septembre. Faute de mieux, j'ai demandé à *Futuribles* d'organiser un petit déjeuner où je présenterai mes réflexions prospectives sur l'après 11 septembre et je rédige cette semaine un article qui devrait paraître dans le prochain numéro de la revue. Tant a déjà été écrit que je doute parfois que l'on trouve un quelconque intérêt à ma production.

ESSAI DE PROSPECTIVE MONDIALE APRÈS LE 11 SEPTEMBRE[28]

Nul ne semble douter que les attentats du 11 septembre 2001 aux États-Unis n'aient une forte probabilité de constituer un événement, c'est à dire de modifier les avenirs que l'on considérait avant leur occurrence. Mais la prospective ne peut se contenter de cette opinion commune. Il lui faut poser trois questions :

---

[28] *Futuribles*, novembre 2001, n° 269 (extraits)

— *dans quelle mesure tout d'abord les attentats de septembre et leurs conséquences confirment-ils les analyses prospectives qui pouvaient être faites dans les années récentes ?*

— *quelles sont les tendances qui devraient se développer à l'avenir à la suite des attentats de septembre ?*

— *peut-on esquisser, de manière provisoire, des scénarios mondiaux qui nous aideraient à penser un avenir qui reste multiple ?*

Des analyses confirmées

Le 11 septembre n'a pas été l'impensable. Depuis des siècles, et tout particulièrement depuis les nihilistes russes du XIXe, des bouffées de terrorisme ont traversé l'histoire humaine... Chaque fois, il s'agit de groupes restreints possédés par une idéologie fanatique, laïque ou religieuse.

Les deux grandes tendances que sont la mondialisation et l'évolution technologique ne peuvent modifier que les formes de ce terrorisme.

Il n'a plus de raison de se cantonner à l'intérieur d'une société et traverse tout naturellement les frontières culturelles puisque, par essence, il est une négation de l'Autre.

Il dispose d'une gamme immense de possibilités technologiques. Il n'est pas exact en effet de dire que le progrès dans ce domaine creuse en lui-même l'écart entre les possibilités des groupes humains. En effet, utiliser une technologie est infiniment plus facile que de la créer. Nulle commune mesure entre construire un avion gros porteur et le piloter. Et la technologie dont ont le plus grand besoin les terroristes est celle de l'organisation des relations entre des individus.

A l'avenir, on peut s'attendre à ce que les terroristes aient recours à toute la panoplie des « petits » systèmes d'armes nucléaires, chimiques, bactériologiques ou humains (les kamikazes).

De la bande à Baader aux séides d'Oussama ben Laden, le terrorisme est le fait de jeunes révoltés, souvent plus éduqués que la moyenne et qui ne tolèrent pas l'état d'une société qui viole leurs valeurs. Une humanité qui croît de six à neuf milliards, où les médias font connaître les inégalités de conditions de vie, où les cultures historiques véhiculent une grande diversité d'attitudes à l'égard de la transcendance, où de multiples ethnies veulent faire reconnaître leur spécificité, constitue un terreau pour de multiples formes de terrorisme. C'est dire l'absurdité des propos de ceux qui réduisent le terrorisme à des actions des intégristes islamistes et parfois confondent ces derniers avec l'ensemble des Arabes et des musulmans.

Aussi, l'expression « éradiquer le terrorisme » paraît-elle vide de sens pour de longues décennies. On ne peut qu'espérer contenir cette maladie sociale et limiter la manifestation des symptômes extrêmes.

La disparition de l'Union soviétique comme superpuissance a marqué le début du siècle de l'Amérique, les États-Unis devenant la seule puissance mondiale en dépit de la prospérité européenne et du développement de la Chine et de l'Inde. D'où un double mouvement : les acteurs américains, d'une part, (gouvernement et organisations économiques et sociales) ont tendance à ne pas écouter les messages qu'il reçoivent du reste du monde et à nier ou transformer en instrument les agents extérieurs ; les populations en difficulté tout autour de la planète, d'autre part, s'imaginent, à tort et parfois avec raison, que les États-Unis sont à l'origine de leurs maux et les perçoivent comme un bouc émissaire. Cette simplification de l'image américaine est renforcée par des expressions malheureuses comme la « sagesse des marchés » ou la « croisade du bien contre le mal ».

Conclusion : le terrorisme international de demain devrait continuer à avoir pour cible dans le monde les intérêts américains et dans une moindre mesure européens.

Dans les exercices de prospective mondiale, il est nécessaire de découper le globe en une douzaine de régions pour pouvoir raisonner. A ce titre, j'ai souvent présenté une région arabo-turco-persane allant de Marrakech au Pakistan, à Kaboul et aux ex-républiques soviétiques d'Asie centrale car, en dépit de leur diversité, les pays de cette zone partagent de nombreux problèmes : croissance démographique élevée, conflits autour de l'aggiornamento de l'islam, effets de la présence des ressources pétrolières, difficulté du décollage industriel, répercussion affective du conflit israélo-palestinien. Certains ont contesté ce regroupement, mais les événements récents le justifient. Les individus identifiés comme relevant des réseaux Ben Laden appartiennent à presque tous les pays de la région. Dans cette partie du monde, les États-Unis ont certes beaucoup de gouvernements amis, mais cette amitié ne traduit qu'une conjonction d'intérêts de surface sans aucun soutien des opinions publiques locales. Que l'on pense à l'Égypte, à la Syrie, au Pakistan. Avec l'Irak, l'Iran, la Lybie, les relations sont détestables. Et quant à l'Arabie Saoudite, elle est un monde de duplicité. Rappelons enfin le conflit israélo-palestinien.

D'où la question centrale que soulève l'analyse prospective des événements de septembre : déclencheront-ils ou non, à la suite d'une intervention américaine en Afghanistan, une cascade d'explosions en chaîne dans cette zone critique de la situation géopolitique mondiale ?

Une dernière constatation confirme une vieille conjecture : les démocraties sont généralement myopes à l'égard des dangers qui les menacent. Elles privilégient la liberté et la qualité de vie des citoyens. Mais si l'ensemble de la population prend conscience d'une menace, un basculement peut se produire et une sorte d'union nationale se réaliser. Elles deviennent alors des adversaires difficiles et tenaces qui perçoivent d'ailleurs leur action comme une croisade du bien contre le mal. On comprend mieux, de ce fait, les propos de George W. Bush qui choquent les Européens.

A contrario, si les répercussions de septembre devaient se prolonger et les États-Unis se retrouver embourbés dans un conflit, sans nouveaux attentats sur leur territoire, l'opinion publique américaine pourrait se cliver et pousser le gouvernement à solder l'opération.

Il est donc probable que le système constitué par les médias et les citoyens engagés de la démocratie américaine pèsera lourd sur la manière dont, après la phase initiale, sera conduite la guerre contre le terrorisme.

Des tendances infléchies

Commençons par une évidence : dans les dernières décennies, des deux côtés de l'Atlantique, le compromis liberté-sécurité s'est déplacé du côté de la liberté. N'oublions pas que si la CIA (Central Intelligence Agency) a privilégié les observations par satellite et négligé les renseignements sur le terrain, c'est que des commissions du Congrès, du temps du président Ford, l'avaient obligé à rendre publics une multitude de documents dans des conditions pouvant mettre en danger la vie des agents américains de part le monde. On peut donc raisonnablement supposer qu'à l'avenir, les États-Unis prendront des mesures pour mieux contrôler l'entrée et l'activité sur leur territoire des citoyens étrangers. De même, le Royaume-Uni pourrait infléchir sa politique laxiste à cet égard. L'Europe de Schengen suivra, avec l'adoption probable d'un mandat d'arrêt européen pour les cas de terrorisme.

Une réévaluation des systèmes de défense devrait se produire dans la prochaine décennie. Avec la fin de la guerre froide, les opinions publiques des pays démocratiques ont considéré que les menaces avaient disparu et les gouvernements ont réduit les budgets de défense. D'où une situation incohérente : un dispositif nucléaire toujours dirigé contre l'Union soviétique, des armées qui se réorientent vers des opérations de maintien de l'ordre, des États-Unis qui cherchent à constituer un bouclier antimissile contre les États extrémistes disposant de systèmes nucléaire rudimentaires... Il est évident que les États-Unis d'une part, les Européens de l'autre, et les deux rives de l'Atlantique entre elles, vont devoir repenser leurs systèmes de défense en fonction de l'existence de réseaux terroristes, des possibilités d'apparition d'États kamikazes, de la diffusion des techniques nucléaires, balistiques, chimiques et bactériologiques et, enfin, de la permanence de crises locales dégénérant en drames humains. Ainsi, à la logique de défense du territoire, va se superposer une logique de lutte contre des réseaux internationaux, impliquant une coopération entre armée, police et justice, et exigeant une modification des attitudes individuelles.

Sur le plan international, des réalignements d'alliances pourraient s'amorcer. La Russie de Vladimir Poutine, qui semble remettre de l'ordre dans son État, pourrait devenir progressivement un partenaire fiable des États-Unis et de l'Union Européenne ; la Chine qui s'apprête à entrer dans l'Organisation mondiale du commerce, s'intégrer davantage dans le système mondial. Autrement dit, le monde pourrait se décrire à partir de la collaboration et des antagonismes entre les six grandes entités ; les États-Unis, l'Union européenne, la Russie, le Japon, la Chine et l'Inde. Dans cette constellation dominée par les États-Unis, Japon et Russie constitueraient des appoints, le rôle de la Chine et de l'Inde grandissant. Mais des incertitudes subsistent sur la capacité américaine à accepter un véritable dialogue avec les autres partenaires, sur l'aptitude européenne à renforcer la coopération diplomatique et militaire entre les États la constituant.

En matière économique, force est de considérer plusieurs horizons. A court terme, les événements de septembre devraient avoir une influence négative sur la conjoncture mondiale. Certains secteurs comme l'aéronautique et le tourisme seront directement touchés. Les entreprises réduiront leur budget d'investissement et les ménages vont gérer avec prudence leurs dépenses de consommation. Un ralentissement de la croissance ou une récession est donc probable en 2002 aux États-Unis, en Europe, au Japon, en Amérique latine et dans le Sud-Est asiatique. Le cours des actions en Bourse devrait continuer à s'effriter.

Des scénarios possibles

Esquisser des scénarios à chaud est toujours une tâche périlleuse pour un prospectiviste. L'exercice pourtant mérite d'être tenté, car il éclaire les avenirs possibles tels qu'on peut les imaginer aujourd'hui.

Des nombreux scénarios théoriques envisageables, je me bornerai à en extraire trois :

1) L'événement mineur. L'opération américaine réussit rapidement sans répercussion géographique. La récession économique est bien maîtrisée. Les attitudes américaines en politique étrangère se modifient peu à peu et le resserrement des liens entre Européens est limité. Les tendances qui ont été mentionnées s'infléchissent néanmoins. Demain ressemble à hier, mais avec des nuances significatives de coloration. Le terrorisme naturellement continue à couver sous la cendre.

2) L'amélioration de la gouvernance mondiale. L'opération américaine réussit comme précédemment. La récession économique, plus profonde, ébranle un temps l'économie mondiale. Une peur durable s'instaure dans les milieux dirigeants américains et européens. Ils prennent conscience d'une responsabilité dans la paix et la prospérité économique du globe. Une coopération s'instaure entre les six grands de la planète (États-Unis, Union européenne, Russie, Japon, Chine, Inde). L'Union européenne, sous la pression des menaces perçues, approfondit son intégration.

3) Le désordre mondial. Les Américains s'embourbent en Afghanistan. Un gouvernement islamiste prend le pouvoir au Pakistan et ce pays sombre dans la guerre civile. Le choc se répercute dans le Golfe, en Égypte, au Soudan, en Libye. L'Inde intervient au Cachemire, les relations sino-indiennes se détériorent, certains pays producteurs limitent leur offre de pétrole et engendrent une hausse du prix du brut. Une récession inflationniste frappe l'économie planétaire. Les opinions publiques européennes prennent peur, l'Union européenne s'éloigne des États-Unis. La Russie fait de même. Le peuple américain ne soutient plus la guerre. Les démocraties reculent et se bornent à lutter contre le terrorisme sur leur sol. Un nouvel équilibre précaire s'établit. Il est plus défavorable aux démocraties avancées. La mondialisation est freinée et les grandes zones mondiales ont tendance à se fermer sur elles-mêmes, sans que le phénomène ait naturellement l'ampleur des années 1930.

Autour de chaque scénario, diverses possibilités sont concevables. L'incertitude provient de la coexistence de détonateurs et de barils de poudre dont la dynamique est aussi complexe en sociologie qu'en chimie. Il n'est pas exclu que les événements du 11 septembre aient des conséquences sur la gouvernance mondiale, mais ne tombons pas dans l'illusion. Les réseaux terroristes et mafieux, la misère, l'oppression, l'appât du gain, la soif de pouvoir, le besoin de transcendance continueront à engendrer des formes extrêmes de révoltes qui s'insinueront dans toutes les sociétés du monde et utiliseront les immenses possibilités de la technique. Demain comme hier, vivre imposera l'acceptation de risques. Il faut lutter pour les réduire sans tomber dans la naïveté béate ou le catastrophisme morose.

Septembre 2001

Réunion à l'IFRI avec l'ancien premier ministre Kirienko, celui qu'Eltsine avait, à trente-cinq ans, extrait de l'anonymat pour conjurer la crise du rouble et qui n'avait régné qu'un trimestre. Il dirige maintenant la région de la Volga qui regrouperait un quart de la population du pays. Il parle un russe clair, décidé, incisif. Selon lui, la priorité a été donnée à la restauration de l'État. Elle est en bonne voie. L'espace juridique a été homogénéisé (il n'y avait pas moins de 5 000 textes locaux qui contredisaient des lois centrales ; à titre d'exemple, la Yakoutie n'avait-elle pas choisi comme langues officielles le yakoute et l'anglais !). Il n'y a plus de risque de décomposition du pays. Les oligarques ont été abattus et les mafias ne règnent plus. La Douma collabore avec le Président. Aussi, la situation s'améliore-t-elle de trimestre en trimestre.

J'ai acquis d'occasion les *Souvenirs* de Khrouchtchev[29]. Un livre étonnant. Décousu, incomplet, plein d'ombres et de demi-vérités, mais imprégné d'une foi naïve dans le communisme. La seule révélation, bouleversante, est d'entendre Staline, de le voir au cours de longues soirées dans sa datcha, dîners interminables, saouleries effrayantes, entourage terrorisé, craignant d'être arrêté à la sortie, attentif aux moindres humeurs du maître : « Pourquoi tu ne me regardes pas dans les yeux aujourd'hui ? » Jovial, coléreux, brutal, secret, sournois, méfiant, retors, le maître des lieux devient de chair et de sang, autrement plus vivant que les portraits hiératiques des biographies les plus exactes ou les paragraphes honnêtes des visiteurs étrangers. Un an avant sa mort, se croyant seul, Staline s'écrie sur le perron de sa datcha : « Je n'ai confiance en personne, pas même en moi ! » Tous ceux qui lui succédèrent ne furent épargnés que par sa mort. Molotov et Mikoyan allaient faire partie de la prochaine charrette. Seuls n'ont jamais été menacés, semble-t-il, Vorochilov et Kaganovitch, en dépit de leurs performances médiocres. Amitiés de jeunesse ? Nul ne le saura jamais.

Aucun phénomène de l'histoire humaine n'est plus hallucinant que la foi sincère et naïve que, pendant des années, des millions d'hommes généreux et honnêtes éprouvèrent pour ce monstre qui n'en était pas moins un chef d'État implacable et efficace.

En appendice aux *Souvenirs* de Khrouchtchev est reproduit le texte, tel qu'il fut publié à l'époque aux États-Unis, du célèbre rapport secret du XXe Congrès du Parti. Aujourd'hui, le caractère explosif du document ne surprend plus. Aussi, d'autres traits deviennent plus visibles : la prolixité, les redondances, le verbiage, l'effort pour glorifier Lénine, pour s'appuyer sur son jugement pour discréditer Staline, le soin mis à expliquer le drame par le seul culte de la personnalité. Une analyse qui conduit à ce résultat tragiquement cocasse : on met sur le même pied des centaines de milliers d'assassinats arbitraires, la multiplication des villes portant le nom de Staline et les retouches outrancières faites par le maître sur ses propres biographies ! A l'évidence, cet amalgame qui résulte de l'étroitesse du champ de vision, devait paraître à l'auteur, non seulement prudent vues les circonstances politiques, mais évident car il restait un communiste primaire n'ayant qu'une vision sommaire des systèmes politico-sociaux.

---

[29] N. Khrouchtchev, *Souvenirs,* R. Laffont, 1971

Septembre 2001

Catastrophe à Toulouse. Une usine chimique explose. Vingt-neuf morts, des centaines de blessés. Je pressens la litanie de la télévision. Pendant des jours, elle s'étale de longues minutes dans les journaux du soir. La messe est connue. On peut écrire un mémento sur les thèmes à traiter successivement en cas de catastrophe : la stupeur, le rappel incessant des pauvres informations du début, la surestimation du nombre probable de blessés et de morts, l'interview des premiers survivants, les déclarations émues des hommes politiques, les sauveteurs, les vitres cassées, la colère, les accusations contre les industriels et l'administration, les demandes exorbitantes des conseils municipaux, l'examen de tous les cas semblables en France ... et dans le monde. Plus d'usines, plus de risques... Les services funèbres auxquels se précipitent les candidats aux élections. Les plaintes déposées... Puis un jour, plus rien. Silence sur les antennes. *Ite, missa est.* On en reparlera dans trois ans lors des procès. Abject, nauséeux. Humiliant même pour les victimes.

Il ne faut pas se méprendre. Je ne suis pas indifférent aux handicapés et aux morts. Qu'ils soient victimes d'explosions, d'actes de terrorisme ou de morts sur la route. La société doit raisonnablement chercher à les éviter, mais le risque et la mort font malheureusement partie de la condition des vivants. Il faut être réaliste et digne, ce qui n'implique pas d'être résigné.

Octobre 2001

Des *Mémoires* de Weygand[30], je possédais depuis longtemps le troisième tome, *Rappelé au service*. Je viens d'acquérir les deux premiers sur la Grande Guerre et l'Entre-deux-guerres. Sur l'immense stature du Maréchal Foch, aucune révélation, si ce n'est de nombreuses anecdotes significatives. En revanche, j'y ai trouvé confirmation de la tendance de Philippe Pétain à demander des réserves, à avoir peur d'attaquer, à préparer constamment des positions de retraite. Ne va-t-il pas jusqu'à annuler une offensive commandée par Foch sur Montdidier, initiative qui obligera ce dernier à casser l'ordre du commandant en chef français. Le drame de Vichy s'annonce déjà dans le comportement de la dernière année de la guerre. La découverte est la brutalité de Clémenceau, son mépris des chefs militaires, sa susceptibilité jalouse d'homme politique. Lorsque le maréchal Foch lutte pour que soit sur le Rhin la frontière militaire de l'Allemagne, il se conduit à son égard d'une manière scandaleuse. Il n'en sort pas grandi.

Un autre personnage, sur lequel j'avais des doutes, voit se préciser ses contours : Josef Pilsudski, le Président du tout nouvel État polonais. Il se

---

[30] Weygand, *Mémoires* (3 tomes), Flammarion, 1950, 1953, 1957

conduira comme un mufle. Du texte de Weygand, dont la belle-mère était polonaise, émerge aussi l'image de cette Pologne complexe qui mêle un peuple généreux et courageux et une élite orgueilleuse, querelleuse, ambitieuse, irréaliste dès le lendemain de la renaissance du pays.

Étonnante, la sûreté du jugement de Foch après la guerre. Néanmoins, je voudrais savoir s'il s'est posé la question suivante : puisqu'à son avis, la France était indéfendable en l'absence d'une frontière militaire sur le Rhin et d'une garantie anglo-saxonne, fallait-il renverser les alliances et prendre l'Allemagne pour partenaire ? Fut-il incapable de concevoir le pari ou le jugea-t-il après réflexion perdu d'avance (ce que l'état de la société allemande de 1920 suggérait) ?

Le deuxième tome, *Mirages et réalités*, qui couvre l'Entre-deux-guerres n'est pas aussi haletant d'autant plus que l'auteur, conformément à l'habitude des chefs militaires du temps fait preuve de réserve et oblige souvent à décrypter ses silences. L'attention se concentre surtout sur la période 1930-1935 : Weygand est généralissime désigné et inspecteur général de l'armée, mais comme on se méfie de lui car il est catholique, on a donné à Gamelin le poste de chef d'état-major général. Weygand réhabilite Maginot qui, comme ministre, n'était pas insensible à d'autres aspects de la défense nationale que la construction de la ligne qui a porté son nom. Un symptôme qui révèle l'époque : seuls les crédits de fortification votés pour plusieurs années résistent aux crises budgétaires. Ceux consacrés au renouvellement de l'armement subissent des réductions drastiques et quant au service d'un an, agrémenté de permissions et de retards d'incorporation, il ne laisse guère le temps de donner à la troupe une formation minimale. Quand Weygand proteste, en soulignant que l'armée n'est plus guère en état d'assurer la défense du pays, les ministres ne répondent pas...

J'achève la lecture des *Mémoires* en me concentrant sur les moments essentiels : sa présence de onze semaines au gouvernement à l'été 40 avec son opposition croissante à Laval et son immense dégoût des combinaisons autour du Maréchal ; son premier limogeage de courte durée avant sa nomination comme délégué général en Afrique française ; son second limogeage un an plus tard à la demande expresse des Allemands et son refus de tout autre poste ; son insistance en novembre 1942 pour que la France rentre dans la guerre et son arrestation par les Allemands sur la route qui l'emmenait un peu plus tard de Vichy à Guéret. J'aime la dernière phrase qui clôt ce livre : « L'ennemi se vengeait. C'était son droit. » En annexe, deux lettres curieuses : une de Charles de Gaulle, une lettre de goujat que j'ai lu avec malaise (plutôt une lettre de gamin mal élevé) — quel retournement de l'histoire : de Gaulle, qui n'avait en 1942 que des forces dérisoires, a pu ramener la France dans la guerre grâce à l'armée d'Afrique conservée par Weygand grâce à l'armistice et à son proconsulat d'Alger ; une lettre de

Roosevelt qui est une invitation non déguisée à quitter la Provence pour reprendre le commandement de l'Afrique française. Mais l'homme sera jusqu'au bout dans la légalité par devoir plus que par fidélité à Philippe Pétain, « l'homme le plus secret » qu'il ait jamais rencontré. Devant la Haute Cour, il bénéficiera non d'un acquittement mais d'un non-lieu. Un parallèle de Gaulle-Weygand serait sans doute plus intéressant que le parallèle habituel de Gaulle-Pétain.

Depuis près de vingt-cinq ans maintenant, je cherche à développer un paradigme micro-économique qui élargit celui de la micro-économie classique. Dans ce paradigme, les agents cherchent, s'informent, s'adaptent et par leurs interactions, consciemment ou non, font apparaître des prix ou naître des institutions. Cette approche dynamique où interviennent des événements aléatoires engendre sous l'appel de la nécessité, du hasard et de la volonté des évolutions, permet de comprendre l'économie réelle. Aussi, ai-je réuni quelques amis, notamment Bernard Walliser et André Orléan pour mettre au point avec eux un livre qui présente une synthèse de ces recherches.

Nous en sommes à la mise au point finale des chapitres de ce *Manuel de microéconomie évolutionniste*. Ce travail avance douloureusement tant il faut éliminer des imperfections dans les manuscrits. Plusieurs après-midi nous ont réuni Orléan, Walliser et moi dans ma salle à manger. Walliser et moi avons, lors d'un séminaire à Porquerolles, souffert des heures sur un seul chapitre. Mais le résultat devrait être convenable et je m'en réjouis.

Séjour en demi-teinte d'une semaine dans cette île que j'avais visitée en 1948. L'école thématique sur l'économie cognitive et qui réunissait économistes et physiciens a été fructueuse. Je suis plutôt satisfait de la conférence finale dont j'étais chargé et dans laquelle j'ai repris en le développant l'épilogue du livre. De jeunes X se sont demandé quel était ce vieillard inconnu qui semblait encore vert et connaissait de l'économie. Ils étaient tout émoustillés après que de bonnes âmes leur aient donné quelques informations.

Le 12 au matin, j'ai animé à *Futuribles* un petit déjeuner sur la prospective mondiale après le 11 septembre. Une assistance nombreuse et de qualité, un excellent débat, une présentation bien accueillie.

Novembre 2001

Trois jours au Bizot avec la famille Fernandez. Trois magnifiques journées d'automne fraîches et ensoleillées. Une phrase de Justine mal interprétée au téléphone assombrit le climat pendant les premières heures. L'intimité avec des petits-enfants suppose la transparence sans nuage des parents. Sinon, une porte se ferme et on ne peut que souffrir en silence en pensant avec nostalgie à ces êtres que vous adorez et qui ne sont plus les vôtres. Quelques mots avec Justine ont dissipé le malentendu et j'ai suivi les ébats joyeux de Basile, Mirabelle et Clémentine. Basile a fait pour nous deux dessins, l'un d'une guerre interplanétaire, l'autre d'une guirlande avec les lettres de l'alphabet entremêlées. Il progresse au ping-pong, aux dames, à la bataille navale. Raides et courts, ses cheveux drus respirent la santé et il vous accueille le matin avec un large sourire. Mirabelle saute à la corde, fait des zigzags avec son vélo, prépare un gâteau avec Odile. Elle aussi nous a donné un dessin, des fleurs aux couleurs vives. Clémentine a découvert les joies du pédalage et manipule les plateaux de cuivre de la balance. Aux repas, sept autour de la table rectangulaire, une conversation animée, mais sans désordre. Le bonheur.

Odile est revenue d'une semaine à « l'Île aux peintres » à la Ferté-Milon avec deux natures mortes : des bouteilles de verre sur une nappe jaune devant un fond gris, une chaise empaillée partiellement recouverte d'un tissu de velours. J'aime ses toiles sans prétention, mais j'aime aussi l'idée qu'en peignant pendant des heures, calme et concentrée, elle se nettoie de la tension qui la possède et l'épuise. Chez elle, le moindre événement est l'occasion d'une interprétation psychanalytique qui lui donne valeur de drame ou de traumatisme.

Pendant son absence, j'ai été hanté par *L'après-démocratie*. Pendant des heures, de veille ou de sommeil, j'ai tenté d'organiser les cubes à ma disposition. Rien ne collait. Entre le mondial et le national, la diachronie et la synchronie, le passé et le futur, aucune construction qui me satisfasse.

Novembre 2001

Soubresauts en Afghanistan. L'essentiel du pays n'est plus aux mains des talibans sauf Kandahar leur fief et Kunzuk au nord, une enclave que tiendrait « une légion arabe » que l'on dit fidèle à Ben Laden. Ce dernier est pourchassé par les commandos américains dans les grottes du sud. Sera-t-il pris ou non ?

Reste à organiser l'Afghanistan de demain. Pour le moment, le désordre règne, les "commandants" se taillent des fiefs. L'Alliance du nord refuse les soldats étrangers, même pour l'aide alimentaire. Que donnera l'Assemblée prévue en Allemagne par l'ONU la semaine prochaine ?

En France, les groupes organisés se manifestent l'un après l'autre et le gouvernement cède à chacun quelques milliards : infirmières, policiers, médecins... Allons-y, mes amis. Profitez-en. Lionel Jospin tient tant à son élection qu'il est prêt à se retrouver comme Président avec des problèmes insolubles sur la table. Mon jugement sur lui se rapproche de celui que j'avais avant qu'il devienne premier ministre. Les chefs d'entreprise, pour une fois unanimes, Jean Peyrelevade en tête, ont signé une pétition contre la loi en préparation sur la régulation sociale. Beaucoup de multinationales ont décidé pour le moment de geler leurs investissements en France.

Novembre 2001

Sans secrétariat quotidien, avec une mémoire défaillante, je passe mon temps à faire des listes, listes hétéroclites où voisinent articles à écrire, rendez-vous à prendre, courses à faire, formalités à remplir. Hier, j'ai rencontré l'anesthésiste pour ma prochaine coloscopie. Attente quarante-cinq minutes. Amer constat : mon temps n'a socialement plus de valeur. Les vieux ne sont ni torturés, ni assassinés, ils sont même choyés et on dépense pour eux des sommes folles, mais on n'attend rien d'eux en échange. Seulement que, par leur présence, ils témoignent que leurs descendants ne pratiquent pas l'euthanasie. Aussi leur faut-il parfois affronter mille morts pour confirmer le prix que nos sociétés attachent à la vie humaine.

Novembre 2001

Hier soir, Odile et moi dînions chez une de ses amies Jacqueline Lanouzière avec Joyce McDougall, une femme de quatre-vingts ans, encore séduisante et belle, au regard vif et plein de bonté. Elle aime raconter et le fait bien : en 1952, elle débarque de sa Nouvelle-Zélande natale à Londres et devient l'une des élèves d'Anna Freud. Une Anna Freud peu féminine, le « petit garçon de son père ». Un jour, la porte du salon s'ouvre et apparaît, vieille femme ratatinée, Martha Freud. « Ach ! des psychanalystes » s'écrit-elle et elle se retire en claquant la porte. Selon Joyce, Anna a passé sa vie à combattre Mélanie Klein. Sa production a cessé quand cette dernière est morte. Le jour où Joyce a annoncé son départ à Anna Freud, son mari étant nommé à Paris, celle-ci a fortement protesté, la formation pluriannuelle n'étant pas terminée, jusqu'au moment où Joyce a mentionné qu'elle avait une fille : « Ach ! les petites filles ont besoin de leur père ! » Étonnante analyste que Joyce. La théorie l'intéresse peu, mais quelle subtilité clinique ! Quelques mots et tout un paysage s'éclaire : à New-York après le 11 septembre, un petit garçon lui apprend qu'il voulait devenir pilote d'avion. A la suite de cet aveu elle modifie le sujet de sa conférence, traite de la violence et commence par ce constat : « Il y a un petit terroriste en chacun de nous ».

Un autre souvenir : elle a été invitée par le Dalaï Lama, avec cinq spécialistes de disciplines diverses, à un séminaire de réflexion. Elle évoque à ce propos les ressemblances entre la psychanalyse et la méditation bouddhique. La psychanalyse ? Un parcours à deux pour découvrir la vérité de l'analysant.

Décembre 2001

L'Afghanistan est toujours sur le devant de la scène ; à Bonn où, sous l'égide des Nations-Unies, les factions afghanes tardent à s'accorder sur un régime de transition ; à Kandahar où résistent encore les talibans. Odile a eu la bonne idée d'acheter un livre sur le pays écrit par un journaliste pakistanais. Un texte confus mais qui nous fait pénétrer dans cet univers de tribus, d'ethnies, de chefs de guerre, d'influences étrangères où se mêlent courage, palabres, fuites, corruption, trahisons, générosité, cruauté, obscurantisme religieux. Et de ce paysage apocalyptique émergent d'étonnantes personnalités, stratèges ou diplomates qui font et défont l'Histoire. Odile, à juste titre, compare avec l'Italie de la fin du Moyen âge et du début de la Renaissance.

Je mesure désormais combien les talibans ont été aidés par l'Arabie Saoudite et le Pakistan avec le soutien, au moins tacite, de Washington et en dépit de leur politique à l'égard des droits de l'homme. Il a fallu les morts du *Word Trade Center* pour que l'administration américaine découvre la condition des femmes sous le mollah Omar. Autre rouerie de Riad et d'Islamabad : le projet d'une force multinationale musulmane dont Saoudiens et Pakistanais auraient constitué l'essentiel. Que sera demain le jeu à trois : Arabie Saoudite, Pakistan, Iran, avec en toile de fond les quatre grands, Inde, Chine, Russie, États-Unis ? Le Pakistan touchera-t-il les dividendes de son retournement ? Rien n'est moins sûr. Quant à l'Arabie Saoudite, sa virginité est désormais sérieusement suspect. En dépit du pétrole, l'alliance américano-saoudienne se fragilise. L'Iran voit son étoile remonter. Autres grands vainqueurs : la Russie et les républiques d'Asie centrale. Restent les deux autres conflits de la zone : le Cachemire et la Palestine. Quelle attitude prendront à leur sujet les États-Unis ?

Mardi 29 à Orléans en taxi à cause d'une grève des aiguilleurs de la SNCF. Vendredi à Caen. Le train part de Paris avec une heure de retard pour une cause indéterminée. Dans ma tête en colère, j'imagine les syndicats de la SNCF exigeant une négociation sur le sujet suivant : tous les ans, nous sommes en grève un certain nombre de jours. Donnez-nous désormais ces jours en période de congés supplémentaires dus en tout état de cause. L'entreprise sera moins désorganisée... Ces jours seront répartis au prorata des grèves des différentes catégories dans les dernières années. « Et le Président ? » remarque quelqu'un. « Va pour le Président, il aura un jour. »

La guerre s'installe entre Israéliens et Palestiniens. Aux attentats aveugles du Hamas et du Djihad islamique succèdent les assassinats ciblés des Israéliens. Hier, Israël a détruit la piste -financée par l'Union Européenne- de l'aéroport de Gaza, mis hors d'usage les trois hélicoptères palestiniens et attaqué un poste de police à 300 mètres du bureau d'Arafat. Shimon Peres est au bord de la démission. Sharon croit qu'en affaiblissant

Arafat, il obtiendra de meilleures conditions. Illusion. Il peut détruire Arafat. Il ne signera pas un accord.

Cuckierman, président du CRIF a fait, en présence de Jospin, un discours qui m'a choqué. Il s'est plaint d'un antisémitisme croissant en France. Si l'on n'oublie pas que la France comprend 10% de musulmans, je suis d'un avis contraire, à moins que Cuckierman appelle antisémitisme la désapprobation de la politique du gouvernement israélien. Toujours cette ambiguïté. Les associations juives ont véritablement un art pour se mettre dans des situations inacceptables.

Décembre 2001

Le 16. Moins six à l'extérieur. La chaudière hors service sera remplacée demain. Après une semaine de voyages, de conférences et d'activités diverses, je me retrouve déboussolé.

Impossible de faire la synthèse d'une vie. Certains jours, la mienne me paraît une suite incohérente d'échecs, de lâchetés, d'incapacité à me libérer du carcan infantile, de persévérances, de réussites, de successions d'innovations, d'amateurisme, de légèreté, de mérites exceptionnels non reconnus. Il en est ainsi sans doute de beaucoup d'autres vies.

J'imagine parfois les discours que je tiendrais à chacun de mes proches si je devais mourir lucide, allongé sur mon lit. Effrayante responsabilité puisque ces dernières paroles seraient recueillies comme définitives. Quelle voie choisir ? Celle de l'amour rejetant le reste dans l'ombre ? Celle de vérités jamais avouées sur les relations au sein de la famille ? Celle d'un compromis suggérant ombres et lumières ? A quoi bon construire de tels projets ? Je serai autre à cet instant. Donner aux autres la joie de vivre encore devrait être mon ultime espérance.

Ma dernière lecture : *Réputations* de Liddell Hart[31], une série de portraits des grands chefs de la Première Guerre : Haig, Galliéni, Joffre, Foch, Pétain, Falkenhayn, Liggett, Allenby, Pershing, Ludendorff,... Une fraîcheur de ton vivifiante, une franchise de jugement décapante. Je suis le plus souvent d'accord. Seule discordance importante : il dépeint un Joffre balourd, lent, peu instruit, rusé, toujours en retard et dont le seul mérite est le calme qui donne confiance à des armées en retraite. Pour Liddell Hart, le vainqueur de la Marne est Galliéni qui a houspillé Joffre dès la découverte de l'inflexion vers le Sud-est de la marche des avant-gardes allemandes. L'opinion est discutable, mais bien argumentée. Une bonne devinette pour historien, retrouver les titulaires des portraits derrière les titres suivants : *l'oracle de Delphes moderne, l'extravagance de la prudence, le symbole de*

---

[31] B.H. Liddell Hart, *Réputations*, Payot, 1931

la volonté de vaincre, le Napoléon machine, l'économiste militaire,... Des pages élogieuses sur Weygand (insérées dans le portrait de Foch) et une appréciation assez exacte du rôle de Pétain. Une conclusion que ce texte m'inspire : les grands décideurs ne sont pas des outils passe-partout. Leur talent ou leur génie ne triomphent que si l'environnement leur convient.

Décembre 2001

Hier, 26 décembre, j'ai eu 73 ans. Le matin, dans la chambre du Bizot, j'ai découvert un paysage de carte postale. Un soleil clair illuminait une couche de neige immaculée qui enveloppait les pelouses, cachait les tuiles des toits, se lovait autour des feuilles des arbres. Ce qui eut été un chromo sur une photographie ou un mauvais tableau semblait miraculeux dans la réalité. Virginité d'une terre ouatée. Fragilité éphémère. Douceur de l'immobilité. Tranquillité du silence.

Le soir, à Paris, une fois Clémentine endormie, Odile m'a offert le cadeau qu'elle avait préparé : un emballage de papiers transparents blancs égayé de quelques fleurs de la même couleur. J'en ai enlevé les voiles successifs comme on ôte ses bandelettes à une momie. Enfin est apparue une femme de terre cuite de la dynastie Han : une tête légèrement penchée au regard bienveillant, au sourire réservé et doux, aux bras cachés dans des manches immenses et à la robe droite tombant à terre en s'arrondissant sur le sol. Je n'osais pas la prendre dans mes bras. Un cadeau de remerciement pour une vie. Je ne le méritais pas. Je l'ai posé sur la table du salon puis je l'ai contemplé toute la soirée. Imaginant une nouvelle : un homme reçoit de sa femme une statue, mais il en tombe amoureux et devient indifférent à la donatrice. Mais cette nouvelle ne me concerne pas, tant ma tendresse pour Odile est immense.

Année 2002

A l'approche des présidentielles

Janvier 2002

Retour de Louxor. Huit jours dans un hôtel au bord du Nil, Odile avec une sciatique fluctuante et moi un lumbago rampant. De la chambre, on découvrait le fleuve au-delà d'une route côtière sillonnée de voitures et de deux rangs d'épais bateaux touristiques. Difficile de retrouver le recueillement émerveillé de 1961 lorsque, de temple en temple, notre vapeur suivait le Nil et que nous nous laissions envoûter par la civilisation pharaonique. Aujourd'hui, les ruines du Nouvel Empire sont englobées dans la ville arabe qui mélange elle-même vielles maisons basses et bâtiments modernes. Une ville éclairée, plus étendue et moins miséreuse qu'il y a quarante ans. Seule découverte : le nouveau musée de Louxor. Peu d'objets, mais très beaux. Des têtes de pharaons très personnalisées, dont deux du visage émacié d'Akhnaton. Au-delà du fleuve, nous avons revu un Deir-el-Bahari étincelant de blancheur après les restaurations polonaises (impossible de ressusciter le choc des deux anciennes visites) et visité deux tombes de nobles et deux d'artisans. Les temples de Louxor et de Karnak étaient à quelques centaines de mètres de l'hôtel. L'agglomération qui les enserre les a dépouillés de leur grandeur mais je les ai retrouvés avec émotion.

Autour de la piscine, Odile a travaillé à son livre sur les addictions et j'ai rédigé le chapitre sur la mondialisation de *Treize chantiers pour la France*, un livre collectif dirigé par Claude Bébéar[32] qui sera publié avant les élections. Que de diversités dans mes lectures : les mémoires du maréchal Mannerheim (rien de plus fascinant que de regarder des événements connus avec les yeux d'un autre peuple)[33], le livre d'Harry Potter que m'avait offert Basile (un étonnant mélange de vie habituelle et de sorcellerie dans un collège très britannique) et, avec Odile, des nouvelles de Balzac, ce géant de notre littérature qui m'inspire des sentiments mêlés.

La campagne électorale française me décourage. Entre la tête vide et le bureaucrate archaïque que sont les deux principaux candidats, je suis comme l'âne de Buridan. Aucun des deux ne s'intéresse aux problèmes qui devraient préoccuper des hommes d'État. Chirac paie l'erreur majeure de n'avoir pas démissionné quand il a perdu les dernières législatives. Jospin souhaite tellement être élu qu'il donne satisfaction à tous les groupes qui protestent. Il s'est conduit comme un mufle à l'égard de Jacques Delors qui

---

[32] C. Bébéar, *Le courage de réformer*, O. Jacob, 2002
[33] *Les mémoires du Maréchal Mannerheim* (1942-1946), Hachette, 1952

était candidat à la présidence de la convention européenne sur l'avenir des institutions. Aussi, ce dernier n'hésite-t-il pas à dire qu'il n'y a plus en France de leader politique ayant une vision à long terme. Hélas, il a raison. N'a-t-on pas vu à Laeken les chefs d'État discuter des mérites de Nantes et de Parme pour abriter des agences européennes au moment où il aurait fallu aborder les grandes questions qui se posent à l'Europe après le 11 septembre. Humiliant !

J'espérais vivre le passage à l'euro. C'est fait. Tout s'est passé dans la bonne humeur. Les commerçants semblaient heureux qu'il y ait enfin un événement ludique dans leur vie. En quelques jours, la conscience de l'existence de l'Europe a fait un bon immense. A mi-janvier, le franc apparaît déjà comme une curiosité du passé.

Pages d'histoire m'a permis de découvrir un livre intéressant mais pour initiés : *Cinq ans au GQG de Hitler*[34] par le général Warlimont, le second de Jodl. On y retrouve dès la campagne de Pologne le germe du Hitler maintes fois décrit de 1944-45 : l'autoritarisme, l'inaptitude à écouter, l'incapacité à organiser son travail et celui des autres, la méfiance à l'égard de ceux qui n'appartiennent pas à sa coterie, la confusion constante entre l'idéologie, la stratégie et les détails, l'éloignement croissant des réalités. Tout cela rapporté sans emphase dans un style concis et sec d'un rapport d'état-major.

Bien décrit est l'arrêt des blindés, en mai 1940, pendant quatre jours. Quatre jours qui ont permis de sauver l'essentiel du corps expéditionnaire britannique. La raison ? Hitler disait se souvenir des marais des Flandres pendant la grande guerre et craignait d'y perdre ses chars d'assaut. Déjà, dans la course à la mer après Sedan, il voulait — contrairement à Halder — ralentir les divisions blindées, pour mieux couvrir leur flanc face au sud par des divisions d'infanterie qui suivaient difficilement.

Le livre de Warlimont m'a fait comprendre la profondeur de l'esprit de corps des officiers d'état-major de l'armée allemande. Quelle homogénéité de formation, quel respect du professionnalisme, quelle admiration pour l'institution. Aucune armée au monde n'a disposé d'un outil de commandement aussi parfait techniquement. Hitler a été incapable de s'en servir. Heureusement pour les Alliés ! Au milieu du livre, le style change. L'auteur cite de longs extraits de conférences. Y apparaît un Hitler intarissable, défendant les simples soldats, n'attribuant les succès et les échecs qu'à la qualité morale des généraux, transformant la moindre parcelle en objectif stratégique, s'immisçant dans les détails. Qu'aurait-il fait au temps des satellites d'observation ! Lorsque Von Paulus se rend, c'est la consternation parce qu'il ne s'est pas suicidé après avoir été nommé

---

[34] Général Warlimont, *Cinq ans au GQG de Hitler*, Elsevier Séquoia, 1975

Maréchal ! La cour s'indigne. Aucun ne se pose la question : peut-être Paulus ne s'est pas suicidé parce qu'il jugeait Hitler — et non pas lui — responsable du désastre. Un autre débat pitoyable ? Sur la Tunisie qu'Hitler veut défendre alors que Warlimont qui y passe sept jours revient d'Afrique avec la conviction que la position n'est pas tenable. Plus intéressantes, les réactions d'Hitler qui, rusé et méfiant, prédit le retournement italien dès la chute de Mussolini.

Je n'avais pas pris conscience qu'à cette époque, il n'y a plus un chef d'état-major mais deux : Zeitzler pour le front de l'Est, Jodl pour les autres fronts. Résultat : Hitler est le seul susceptible d'avoir une vue d'ensemble...

Suspect à partir du 20 juillet, Warlimont arrive désormais aux réunions, documents et cartes en mains, pour que sa serviette ne soit plus à l'entrée fouillée par les SS.

Un discours pathétique de Hitler quelques semaines avant l'offensive des Ardennes : il vit dans l'espoir du retournement qui a sauvé Frédéric II dans la guerre de sept ans, la mort de la tsarine Élisabeth et se persuade que tôt ou tard la coalition Soviétiques-Anglo-saxons va éclater, mais il ne comprend pas que l'éclatement ne peut avoir lieu qu'une fois l'Allemagne et le Japon vaincus, ce que voient très bien certains de ses généraux qui rêvent de faire la paix à l'Ouest pour lutter contre l'Est. Ce sera chose faite avec la guerre froide quelques années plus tard.

Ultime dérision : l'organisation du GQG allemand que Warlimont n'a cessé de combattre et de critiquer devient enfin rationnelle quelques jours avant la capitulation lorsque Jodl intègre dans l'OKW[35] l'état-major de l'armée et qu'Hitler commande en parallèle Wehrmacht, Marine et Luftwaffe.

Robert Dautray et moi envisageons d'écrire un livre de *Dialogues* sur notre vision du monde actuel. Déjà, Robert a écrit vingt pages de sujets et de plans divers de son écriture penchée et illisible. Le projet m'enthousiasme et me fait peur. Il nous faut sans doute envisager des items, nous accorder sur un plan, parler devant un magnétophone, faire transcrire ces discours puis rédiger chacun notre partie. Un lourd travail en perspective. Fascinant néanmoins, tant nous sommes complémentaires.

Janvier 2002

Clémentine est venue passer deux jours rue de Vaugirard. Elle se faisait une joie d'aller au manège du Luxembourg ou de monter sur un poney. Hélas, tout était fermé sauf le Carré blanc qui ne la tentait pas. Au

---

[35] *Oberkommando der Wehrmacht*, c'est-à-dire l'état-major des forces armées tandis qu'OKH est le sigle de l'état-major de l'armée de terre.

retour, fatiguée, le pouce dans la bouche, elle a regardé un dessin animé à la télévision. Elle avait 39 de fièvre. J'ai dû la raccompagner chez elle en fin d'après-midi. La tristesse de la séparation m'a étreint toute la soirée.

Odile souffre d'une sciatique. Elle a passé un scanner hier. Le compte-rendu, rédigé dans un langage technique obscur, dégage une odeur inquiétante. Elle voit un spécialiste sérieux dans deux jours. Peut-être aurons-nous enfin un diagnostic. Je crains qu'il ne prescrive une opération.

Janvier 2002

Certains des écologistes d'aujourd'hui sont-ils les premiers adeptes d'une religion en cours d'émergence ? Une religion qui privilégie le vivant et où l'homme n'est qu'une espèce parmi d'autres. Une religion de la Terre-Patrie qui commande de conserver les ressources en vue d'un développement durable de la vie. Une religion de la frugalité. Une religion de la non-violence à l'égard des hommes ou des animaux. Une religion qui condamne le racisme, veut protéger la biodiversité, interdit peut-être de créer de nouvelles espèces. Dieu ne s'incarnerait que dans la continuité du patrimoine vivant. Aucune croyance que pourrait démentir les progrès de la science, mais une morale aux impératifs catégoriques rigides.

Certes, cette description ne s'applique pas à tous les écologistes. Ils ne sont pas tous religieux, peuvent accepter la discussion et les compromis. On conçoit néanmoins qu'un mouvement de nature religieuse émane de ces thèmes qui éliminent certaines des difficultés des religions traditionnelles. Plus de Créateur, plus de Divinité supérieure au monde, plus de rupture entre l'homme et l'animal, plus de peuple élu ...

La laideur du corps humain que le temps a usé. Même le possesseur ne le reconnaît pas. Il éprouve à son égard du mépris, de la pitié, du dégoût, de la nostalgie, de la honte. Ce corps inspire à l'autre selon les moments et les éclairages lumineux ou affectifs une tendresse tamisée ou une répulsion contrôlée. Que peuvent ressentir les jeunes enfants pleins d'amour pour leurs grands-parents lorsqu'ils rencontrent ces squelettes décharnés, malhabiles, à l'odeur incertaine ?

Janvier 2002

Je commence à chercher des titres pour la nouvelle version de *Ces avenirs qui n'ont pas eu lieu*. Adieu la poésie ou le rêve. Il faut un énoncé simple et sans ambiguïté. Exemple : *D'autres XXe siècles européens eussent-ils été [ou étaient-ils] possibles ?* Autre suggestion : *Hier aussi, l'avenir n'était pas écrit, une relecture du XXe siècle européen*, ou : *Le XXe siècle européen pouvait-il être différent ?* La solution, je la connais : couvrir des pages et des pages d'un cahier, vivre avec les meilleurs titres une semaine ou deux jusqu'à la conviction qu'un énoncé s'impose.

Je vis au milieu d'un peuple de personnages dont je partage l'existence : Béatrix, Camille Maupin, Calyste avec Balzac, Malraux, Clara, Josette Clotis, Gaston Gallimard avec Olivier Todd, Harry Truman, Churchill, Staline, Molotov avec le successeur de Roosevelt. Curieux mélange de lieux, de siècles, de contextes, d'individus et pourtant j'ai le même rapport avec chacun d'entre eux et ils me sont plus proches que beaucoup de mes contemporains. Peut-être suis-je en train d'exister de plus en plus dans le monde que je me crée en désinvestissant la réalité d'aujourd'hui où je n'ai guère de part.

Mon excitation est encore plus forte quand je m'invite dans le cercle des ténors d'une époque, que j'imagine successivement la période à travers le regard de chacun et que j'assiste à leur conversation par delà leur mort. M'imprégner de la personnalité de chacun m'aide à comprendre les enchaînements qui, dans le contexte du moment, ont engendré le succès ou l'échec. Il faut pour cela concentrer ses lectures sur des tranches d'histoire de quelques années à une décennie. S'interroger sur la révolution russe à travers Trotsky, Kerensky, Denikine, Broussilov, Sazonov, Paléologue et d'autres, contemporains ou historiens, suivre les relations entre Foch, Haig, Pétain, Weygand, Pershing, Clémenceau, Lloyd George, de 1917 à 1918, décrypter année par année le jeu des acteurs qui grouillent dans le microcosme de Vichy de 1940 à 1942 est une fascinante aventure humaine. C'est cette passion qui explique le côté obsessionnel de mes choix de lectures.

Ce n'est pas ma faculté de concentration qui baisse, mais mon aptitude à la continuité. Je suis aspiré par une course effrénée vers l'avenir. Le lundi, je pense au mardi, le matin à l'après-midi, à une heure à l'heure suivante. L'attrait de ce que je fais disparaît devant celui de ce que je vais faire. Et pourtant, je n'attends rien. Le mois prochain ne m'apportera rien, sauf peut-être un accident médical touchant un proche, Odile ou moi. Serais-je comme ces jouisseurs usés qui ont besoin d'orgies pour réveiller leurs sens ? Est-ce la raison pour laquelle je voudrais que le spectacle du monde se déroule à toute vitesse autour de moi ?

Février 2002

Le dilemme de l'homme politique en démocratie. Un candidat veut le bien des électeurs d'une catégorie de la population. Ces électeurs sont convaincus que la meilleure stratégie qu'un gouvernement peut adopter à leur égard est la stratégie A, mais ils se trompent. La stratégie qui leur est la plus favorable est la stratégie B, car il faut tenir compte des réactions du système social. Dès lors, un homme politique peut être dans plusieurs situations : (1) il est ignorant (exemple Henri Emmanuelli) et est convaincu que la stratégie A est la meilleure pour ses électeurs (2) il sait que la bonne stratégie est B mais, afin d'être élu, retient A dans son programme, puis adopte sans le dire la stratégie B (3) connaissant la stratégie souhaitable, il explique aux électeurs pourquoi B est préférable à A. Il est élu ou battu. (4) Il est naïf et adopte comme une évidence le programme B. En d'autres termes, il n'est pas fait pour la démocratie. Naturellement, les électeurs ne se trompent pas toujours et les candidats peuvent par idéologie penser que la bonne stratégie n'est ni A, ni B, mais une stratégie C déduite de la vulgate... Difficile démocratie.

La théorie économique s'intéresse aux marchés incomplets, une situation où certains biens ne peuvent être acquis aujourd'hui pour être disponibles dans un futur donné. C'est aussi le cas en politique comme dans cette année 2002 pour la « présidentielle ». La tête vide et le chef de bureau vont se partager les suffrages et malgré le nombre de candidats, la plupart des cases resteront vides car le tableau des choix a deux dimensions : celle du programme politique et celle de la valeur personnelle. Deux dimensions ? En fait trois, car s'y ajoute la notoriété (ou l'importance du soutien de la classe politique).

Laurent Fabius, qui s'était ridiculisé avec son projet de budget à 2,5% de croissance du PIB, vient de ramener les prévisions à 1,5%. Il était trop intelligent pour ne pas savoir que son estimation ne tenait pas. A-t-il agi sur ordre pour accroître le déficit budgétaire (et stimuler l'économie) sans le dire ? La grande erreur de Keynes a été de croire que les dépenses publiques sont réversibles.

Face aux États-Unis et à leur politique plus autoritaire et plus simpliste que jamais, l'Europe devient l'obèse, l'aboulique que je craignais. Avec Chirac et Jospin, la France est absente. L'influence française s'effondre à Bruxelles. Avec l'élargissement, aucun consensus ne devient possible sur rien. Trois voies : le retour à l'intergouvernemental, c'est-à-dire la fin du rêve européen, la Fédération en choisissant définitivement ce qui dépend de l'Union et des États, mais il faut alors transférer à l'Union la politique étrangère et de sécurité commune, le système hybride actuel incompris des citoyens (qui ne le croient pas démocratique, alors qu'il l'est à tous les étages) et qui devient plus encrassé chaque jour.

Un dessin à la Plantu. Un conseil en relations publiques répète à deux élèves debout côte à côte et qui ressemblent étrangement à Jacques Chirac et Lionel Jospin : « Répétez après moi : les chasseurs et les écologistes, les souverainistes et les pro-européens, les chefs d'entreprise et les salariés,... ont toute notre sympathie. »

Février 2002

Hier, je pensai à Balzac, mort à 51 ans et je me disais : quel dommage que l'on n'ait pas pris vingt ans de ma vie pour les lui donner. Il aurait peut-être achevé la *Comédie humaine*. Notre patrimoine culturel eût été augmenté. Puis je me suis demandé à qui j'aurais donné vingt ans de ma vie si j'avais eu le choix et la réponse vint immédiatement : à Schubert qui serait peut-être devenu le plus grand musicien de tous les temps.

Mars 2002

Autour de moi, la famille Fernandez. Beaux, dynamiques, pleins de joie de vivre, les petits-enfants virevoltent, dessinent, colorient, pratiquent de multiples jeux de société dont la maison est truffée. Basile me fascine. D'où vient cette passion pour cet enfant, vivace depuis ses premiers mois et qui enfle tous les jours ? Est-ce parce que c'est un garçon ? A l'égard de Renaud aussi, j'ai des sentiments forts. Il serait absurde d'en déduire que je n'aime pas profondément mes filles et mes petites-filles, mais les relations avec elles sont plus complexes. Catherine voudrait me séparer d'Odile. Justine se protège, peut-être à cause de notre intimité passée quand elle était une enfant. Mirabelle et Clémentine gardent leur indépendance. L'ombre de ma mère pèse-t-elle sur ces relations ? La psychanalyse est parfois un fardeau lourd à porter.

Le germe du futur de la semaine ? Peut-être l'initiative saoudienne d'une garantie collective donnée à Israël par les États arabes en échange des territoires occupés en 1967. Même Sharon semble trouver l'initiative intéressante. Dans l'intervalle, la guerre continue avec ses destructions, ses morts (un Israélien pour 7 à 8 Palestiniens). Sharon a déclaré que la France était le pays le plus antisémite d'Europe, confondant antisémitisme et antisharonisme... Quant à *little Bush* comme certains l'appellent, il croit résoudre les problèmes du monde en envoyant des troupes en Ouzbékistan, Géorgie, Yémen... Quelle régression depuis Truman dont j'achève le tome III des *Mémoires*. L'antiaméricanisme gagne. On oublie trop facilement que Gore a eu autant de voix que Bush.

Un autre événement récent : la première séance de la Convention européenne présidée par Giscard d'Estaing. Une composition complexe de parlementaires nationaux et européens, de membres de la Commission, de représentants des pays candidats à l'admission. Dès la première séance, les participants ont rejeté le règlement intérieur, demandé l'augmentation du nombre des séances. La Convention va-t-elle tourner à l'Assemblée constituante ? A suivre.

Je lis *Un soldat dans la tourmente*[36], une biographie de Weygand par Gabriel Raïssac, l'ancien secrétaire général de la Haute Cour de justice. Le livre se concentre sur la période 1940-1950 après avoir résumé la longue vie du généralissime jusqu'à la défaite de 1940. Une étonnante objectivité. Une description impressionnante de la constance de Weygand qui n'a qu'une obsession : utiliser l'armistice pour se donner les conditions de reprendre la guerre aux côtés des Alliés lorsque ceux-ci seront devenus suffisamment forts. Et il faut avouer que c'est Weygand qui a eu raison. Les choses se sont passées comme il le souhaitait, même si c'est de Gaulle qui en a bénéficié. Quant à l'image de Darlan, elle en sort sensiblement noircie... Celle de de Gaulle, de 1940 à 1942, reste aussi indéchiffrable, incompréhensible.

Plus de cinquante ans après les événements, l'opinion publique et les médias français ont une vision fausse de la période. Ils s'en font une caricature simplifiée. Ces images d'Épinal ont bien des chances maintenant de s'incruster définitivement dans la mémoire collective. *L'histoire jugera...* Quelle bouffonnerie ! D'ailleurs vaut-il mieux que l'image de l'Histoire se rapproche de la réalité ou serve aux nouvelles générations à penser l'avenir ? Lorsqu'on s'approche de la mort, il est plus difficile d'opter pour la seconde voie.

Mars 2002

Odile doit se faire opérer de la hanche. Elle est soulagée que la décision soit prise, mais pour la première fois elle a peur comme si, enfin, elle se réappropriait son corps, se décidait à l'habiter. Cette constatation l'apaise. Elle pense à ses parents et se sent plus proche de sa mère. Curieux chemin dans l'absence.

Souvent, je vois le monde avec les yeux de Plantu. L'image vient comme un éclair. Il y a quelques minutes, j'achète le journal place Saint-Sulpice et j'imagine d'un seul coup les quinze chefs de gouvernement européens comme des petits gnomes formant un grand cercle telles les étoiles sur le drapeau européen. L'un s'écrit d'une voix forte : « Cette décision est absurde ! » tandis que le pouce de sa main droite désigne son voisin d'à-côté en murmurant « C'est lui ! ». Ce dernier à son tour pointe le pouce vers le troisième et ainsi de suite jusqu'à ce qu'un pouce soit pointé vers celui qui a crié... Les mesquineries du Conseil européen, je les hais.

Dans la Convention européenne, cinq personnes seront entendues au nom de la « société civile ». En quoi représenteront-elles les Européens ? N'émanent-elles pas le plus souvent de groupuscules qui se sont auto-proclamés ? Cette manière de vouloir représenter la société civile transforme en profondeur l'idée même de démocratie. Un dessin s'esquisse : un ministre

---

[36] G. Raïssac, *Un soldat dans la tourmente*, Albin Michel, 1963

pointe un doigt vers un individu à l'allure de sot au premier plan tandis qu'en fond de tableau s'accumule une foule innombrable : « Toi, tu vas représenter la société civile... »

Aujourd'hui, le groupe Michel Albert a reçu Pascal Lamy. Discussion intéressante sur les problèmes du commerce international. La sidérurgie américaine n'a fait aucun des efforts de restructuration nécessaires, en partie à cause de l'AFL-CIO. Bush a besoin pour les élections au Congrès de novembre des votes positifs de six circonscriptions « sidérurgiques ». L'Europe va perdre deux millions de tonnes d'exportations aux États-Unis, elle pourrait perdre six fois plus par reflux sur l'Europe des exportations d'autres pays vers les USA. Elle va prendre des mesures conservatoires et a demandé à l'OMC des compensations. Les Américains perdront... dans quinze mois.

Suite du débat : sur les OGM, la position de l'Union est fragile, car les gouvernements s'abstiennent de faire fonctionner la procédure décidée. Les États-Unis peuvent attaquer devant l'OMC pour procédure dilatoire. Autre sujet, les médicaments : l'un des enjeux était la possibilité pour un pays d'importer des médicaments à bas prix de pays produisant en vertu d'une « licence d'exploitation ». Je demande si une partie de l'aide publique au développement ne pourrait être détournée vers des subventions aux pays pauvres pour l'achat de médicaments. Réponse : on est en train d'appliquer une telle mesure.

A Doha, Pascal Lamy a fait inscrire des garanties pour l'environnement et n'a pas cherché à introduire des garanties sociales dont les pays en voie de développement ne veulent pas, même si ceux qui se développent commencent à se plaindre du « dumping social » des moins développés.

La Chine va entrer à l'OMC. Les dirigeants chinois le font consciemment. Ils considèrent qu'un taux de croissance de 6 à 9% est nécessaire à la stabilité du pays. Cela implique des réformes ; l'ouverture au commerce international augmentera les pressions en ce sens.

Oui, l'influence française a baissé à Bruxelles. La résistance du Quai d'Orsay à la construction européenne est farouche. Nos diplomates partent de la maxime : « Aucun ami, aucun ennemi ne l'est pour l'éternité ». Aussi, sont-ils bilatéralistes viscéralement. Pompidou, Giscard, Mitterrand les obligeaient à obéir. Depuis 1995, personne ne les tient. Peut-être faudrait-il scinder en deux le corps diplomatique en séparant les fonctions intra-européennes des fonctions extra-européennes. Si j'écrivais cela dans *Le Monde*, j'aurais un certain succès.

Mars 2002

Le dernier prix Nobel est portugais : Saramago. Odile et moi achevons un de ses livres : *L'Évangile selon Jésus-Christ*[37]. Dieu veut faire mourir le fils qu'il a eu de Marie, en mélangeant sa semence à celle de Joseph, parce qu'il en a assez de ne régner que sur les Juifs et qu'il sait que le sacrifice de son fils lui permettra de devenir le Dieu d'une église catholique s'étendant sur toute la terre. Le Diable n'est pas contre, car il sait que l'extension de l'empire du mal suivra celle de l'empire du bien. Il propose pourtant une autre solution : se soumettre à Dieu et supprimer le mal. Finies les horreurs commises par les adeptes d'une religion ou ceux qui les combattent. Dieu refuse et Jésus résigné, suivi de Marie-Madeleine, sa compagne, et de ses douze apôtres commence à prêcher ce que Dieu fait sortir de sa bouche. Le livre fait éclater les incohérences du mythe chrétien tout en donnant à ce mythe la réalité d'une aventure dans la Judée d'Hérode occupée par les Romains.

Et une fois de plus, je me suis demandé : comment a pu s'élaborer la solution rocambolesque d'un seul Dieu en trois personnes et du Christ à la fois homme et Dieu ? Rien d'étonnant à ce que certains, moins illuminés, aient opté pour des hypothèses plus convaincantes : un Jésus n'ayant rien d'un homme et se limitant -si l'on peut dire- à une simple manifestation de Dieu, un Jésus n'ayant rien de divin et ne relevant que de la nature humaine. D'ailleurs, ces débats sont d'un autre temps en dépit de leur rémanence dans le monde moderne. Et peut-être, même du point de vue religieux n'ont-ils pas beaucoup d'importance.

Fini le *Marie-Thérèse*[38] de Bled. Une femme extraordinaire qui avait le sens du possible et savait s'entourer. Quel dommage qu'elle n'ait pas eu de chef de guerre à la hauteur de Frédéric II. Si elle avait pu reconquérir la Silésie et abaisser la Prusse, l'avenir de l'Europe en eut sans doute été modifié. Déjà l'impératrice-reine doit gérer prudemment ses relations avec la Hongrie. La partition de 1867 était en germe cent ans plus tôt, mais jusqu'à cette lecture, je n'en avais pas conscience. L'Europe centrale a souffert de la pérennité juridique des vieux royaumes, ces royaumes qui gardaient leur individualité malgré le lent travail de rapprochement conduit par les Habsbourg. Quant à Joseph II, le despote éclairé, il ne sort pas grandi de la comparaison avec sa mère. Trop d'esprit de système, pas assez d'intuition. Quel faux pas à l'occasion de la succession de Bavière !

---

[37] J. Saramago, *L'Évangile selon Jésus-Christ*, Le Seuil, 1993
[38] J.P. Bled, *Marie-Thérèse d'Autriche*, Fayard, 2001

Année 2002

Avril 2002

Un romancier fou veut écrire la vie d'un homme à partir de ses numéros. Né le 12.02.30, il entre à l'école primaire le 1.10.36, y apprend que le 14.07 est la Fête nationale, à cause de la prise de la Bastille en 1789. Le matin, il lui faut prendre le tramway 17 pour être à l'heure. Pour appeler ses grands-parents, il demande le 32 à Villejuif, il habite le 12 rue des Chaumières. Le voilà à l'armée, il lui faut connaître son numéro matricule. Il l'oublie vite, mais il ne peut faire de même avec son numéro de sécurité sociale, de carte d'identité, de passeport, de comptes bancaires. Et commencent à s'accumuler les numéros de téléphone, le sien et celui de ses amis, de ses enfants, de son bureau, KLE 26-13, CEN 64-85, AUT 20-17... A l'âge mûr, s'y ajoutent les codes postaux, les codes secrets des cartes de crédit, les numéros de son portable, 06 24 92 10 21, de son téléphone fixe 01 46 42 21 99, de code d'entrée de son immeuble B 24 14, de son adresse de courriel, de télécopie,... Il cherche à les apprendre. Tous les matins, il répète sa liste, mais de jour en jour, elle s'allonge, s'allonge. On cherche à lui apprendre à les stocker pour la consulter aisément, mais il peine à assimiler le mode d'emploi. Il ne se souvient jamais de toutes les fonctions de son mobile. Puis, un jour, devenu septuagénaire, il commence à oublier les chiffres, à les permuter, à inverser des numéros et le voilà penaud, incapable de retirer de l'argent, d'entrer dans son immeuble, d'envoyer une lettre, de faire rembourser ses frais médicaux, d'appeler le dépanneur de son ordinateur... Il est vivant, mais numériquement mort. Et bientôt, il le sera cliniquement. Quant aux textes, ils se mettent à aligner les codes avec des explications en script : SNCF 12 30 07 28, le train qui part pour Chartres le dimanche à midi et demie. Imaginons une biographie de chiffres : pour les premières années, quelques pages suffisent. L'avant dernière occupe à elle seule les trois quarts du volume. La dernière s'achève sur des bribes de numéros, les déchets d'une vie qui se décompose.

Avril 2002

Depuis un très jeune âge, je suis fasciné par les flèches sur les croquis de bataille. Une carte qui montre seulement le front au départ et à la fin d'une offensive semble muette. Lorsque des tracés précis et sinueux marquent le cheminement des colonnes, la géographie s'anime, mais elle ne révèle qu'une action timide. Viennent ensuite les flèches fines et noires, élargies à la base. C'est à elles que vont mes préférences. Assez précises dans leur direction, elles montrent bien les intentions des chefs. Parfois, elles s'épaississent et deviennent grises. Elles commencent alors à donner une image trop synthétique du combat. Un peu plus larges encore, elles prennent l'allure de massues et offrent une vision trompeuse. Je les regarde, gêné, comme une faute de goût. Leur simplisme trahit la réalité. Si j'avais le temps, j'aimerais collectionner tous les croquis proposés pour une même bataille. Comme un artiste à l'égard des tableaux de ses confrères, il y a ceux que j'admirerais et ceux que je rejetterais comme médiocres.

Deux idées venues, me semble-t-il, au cours de la nuit : écrire un livre à la manière de Liddel Hart sur quelques grandes personnalités de la Seconde Guerre : de Gaulle, Weygand, Pétain, Laval, Gamelin, Reynaud, Churchill, Roosevelt, Eisenhower, Mac Arthur, Von Manstein, Rommel, Joukov, Staline (?) ; plus prosaïquement, consacrer quelques lignes à chacune des personnes rencontrées à La Rochelle ou Bordeaux de ma naissance à l'École Polytechnique. Ma manière à moi de ressusciter des morts obscurs.

Des votes incompris

Mai 2002

Demain, second tour des présidentielles. Dans 24 heures, la crise sera finie... ou son premier acte. Le 21 avril, nous devions dîner chez les Byzantios, en arrivant dès huit heures moins le quart pour écouter les estimations. Trois signes avant-coureurs annonçaient un orage : un taux élevé d'abstention, l'indiscrétion d'un commentateur selon lequel on allait vers une grosse surprise, la phrase d'un autre qui précisait que trois hommes se tenaient dans un mouchoir de poche. Je me suis tourné vers mes amis : 1) Chirac, 2) Le Pen, 3) Jospin.

Cinq minutes plus tard, la télévision confirmait. Une heure après, je demande un papier et fais un calcul en affectant à Chirac et à Jospin, pour moitié chacun, les 7 % d'abstentions supplémentaires par rapport au premier tour des dernières présidentielles. L'ordre naturel est rétabli : Jospin suit Chirac et distance Le Pen.

Le lendemain, au retour d'un voyage à Toulouse, j'envoie au *Monde* un article qui, pour des raisons semble-t-il accidentelles, ne sera pas publié. Le voici.

UNE ANALYSE À CONTRE-COURANT

Le 21 avril au soir, à la télévision, les téléspectateurs ont été abreuvés de commentaires qui donnaient, me semble-t-il, des interprétations contestables du scrutin. Pour trois raisons.

1) Beaucoup confondaient élections législatives et élections présidentielles. Dans les secondes, les électeurs votent pour des personnes, dans les premières pour des partis. Or, le 21 avril, ce n'était ni le parti socialiste, ni la droite de gouvernement qui étaient en cause, mais Lionel Jospin et Jacques Chirac. Et qui ne savait qu'aucun de ces deux candidats n'enthousiasmait les électeurs pour le poste de Président de la République.

Le second apparaissait léger et inconstant. Il avait dissous l'Assemblée nationale à contretemps et avait perdu les législatives sans se retirer après ce désaveu. Le premier, jugé souvent un bon premier ministre, s'était donné, au fil des années, l'image d'un homme rigide, plus gestionnaire que visionnaire. Ni l'un ni l'autre, à tort ou à raison, n'était considéré par l'opinion comme un homme d'État. D'où l'hésitation qui, au premier tour, a augmenté de 7% le nombre des abstentions.

Si l'on attribue à Jacques Chirac et Lionel Jospin et à chacun pour moitié ces votes non exprimés, les pourcentages deviennent 22% pour Chirac, 19% pour Jospin, 15% pour Le Pen. Un résultat moins étonnant.

2) Mais à côté des perplexes, il y avait les mécontents qui voulaient au premier tour donner une leçon à ceux qui avaient participé au pouvoir. Que pouvaient-ils faire : à droite voter pour Bayrou ? Impossible, ce candidat n'a pas la tête d'un révolté ! Restait Jean-Marie Le Pen. A gauche, deux solutions : l'extrême-gauche ou le populisme du Front national. D'où le score de Jean-Marie Le Pen et un cataclysme politique qui n'est pas un cataclysme social.

3) En effet, le paradoxe est que la montée de J.M. Le Pen a été rendue possible parce que les Français ne croient plus à la réalité des thèses extrémistes. Pour beaucoup, aucun fascisme ne menace réellement la France. Et c'est pour cela que le score de J.M. Le Pen a atteint ces sommets. Mais cet apparent assoupissement de l'Infâme ne doit pas empêcher de créer une union républicaine pour l'écraser au deuxième tour.

Dans ces conditions, on peut penser que le paysage politique français s'est peu modifié. La gauche n'a pas disparu. Les élections législatives devraient le montrer. Dès lors, il s'agit moins de changer de République que de se rappeler qu'un premier ministre convenable n'est pas nécessairement un bon candidat pour une élection présidentielle. Jacques Chirac, Edouard Balladur et Lionel Jospin en ont fait tous les trois l'expérience. Et aujourd'hui Jacques Chirac, aussi excellent qu'il soit pour faire campagne, a été très près de l'échec, mais il sera sans doute élu triomphalement au second tour.

La France est humiliée. La blessure laissera des traces. Elle n'est peut-être que superficielle.

Toute la semaine, la presse a multiplié les commentaires qui attribuaient ce vote incongru à des changements de la société française, alors que les Français, persuadés qu'ils auraient au second tour à choisir entre deux hommes dont aucun ne les enthousiasmait avaient, pour le premier tour, émis des votes de protestation.

Toute la France organisée s'est mobilisée contre Le Pen, les partis de gauche, les syndicats, le Medef, les intellectuels, du jamais vu. Le 1er mai, 1 400 000 personnes ont défilé en France dont 4 à 500 000 à Paris tandis que le Front National n'en réunissait que 10 000, de la statue de Jeanne d'Arc à l'Opéra. Quel parfait fasciste que ce Le Pen. Il en a le physique avec la gueule et le verbe, les mimiques et les formules percutantes. On est loin de l'eau tiède et rose des autres candidats. Un fascisme de retour en arrière : sortie de l'Union Européenne, retour au franc, préférence nationale inscrite dans la Constitution, interdiction de l'avortement, et j'en passe... J'espère que demain, il sera écrasé et la fin de la récréation sifflée. Un danger : certains adeptes de la gauche ne vont-ils pas préférer l'abstention ?

Chirac a trouvé un ton gaullien en ces circonstances : « Je remets la République entre vos mains ». Quant à Lionel Jospin, dégoûté, il n'a pas su s'élever à la hauteur de l'homme d'État. Il y a des discours d'adieu qui grandissent les hommes, le sien était en harmonie avec sa taille.

Dans le dernier Paillat (*Les dossiers secrets de la France contemporaine*, tome 8)[39], beaucoup de verbiage et de bouts collés, mais des citations intéressantes, comme les extraits du journal de Montsabert ou le récit de la libération de Paris par un secrétaire général du ministère de Bichelonne. Plus j'avance dans la connaissance de ces années, plus je découvre la complexité de Charles de Gaulle. Quel mélange d'autoritarisme, de capacité de rancune, de prétention, de persévérance, de fidélité à la France, d'erreurs à court terme, de sagacité à long terme. Un personnage incompréhensible. Il n'a gagné — et la France avec lui — que parce que les Français ont vu dans son entêtement l'eau bénite qui les lavait de tous leurs péchés. Quel dommage que cette fascinante période n'apparaisse plus aux générations actuelles qu'une lutte sommaire entre les partisans du Bien et ceux du Mal.

Mai 2002

Trois nouvelles de Tchekhov tirées des récits de 1891 et 1892 : *Une banale histoire*, long monologue d'un professeur célèbre qui n'a plus que quelques mois à vivre, désinvestit progressivement le monde, devient indifférent au devenir de Karia sa femme et de Lisa, sa fille, et ne sait pas exprimer à Katia, la jeune orpheline qu'il a recueillie, l'amour qu'il lui porte. *Le duel* qui met en scène, au bord de la Mer Noire, Laïevsky, un jeune étudiant, indécis, souffrant du mal du siècle et qui se lasse de sa compagne Nadejda, un zoologue, Von Koren, sûr de la rectitude de ses idées et un diacre qui sera le deus ex machina en criant lorsqu'au cours d'un duel Von

---

[39] C. Paillat, *Dossiers secrets de la France contemporaine, le monde sans la France, 1944-45*, tome 8, 1992

Koren tire sur Laïevsky qui surpris, le rate de peu. Laïevsky sort de l'aventure régénéré et épouse Nadejda tandis que Von Koren part, comme il l'avait prévu, à la recherche d'espèces inconnues de la Sibérie. Enfin, *Ma femme* où deux époux qui vivent séparés habitent le rez-de-chaussée et le premier étage de la même maison et se heurtent sur la manière d'aider un village touché par la famine. L'homme, efficace et égoïste, veut s'immiscer dans les initiatives généreuses et brouillonnes prises par sa femme puis renonce, la laissant dépenser la fortune du ménage tandis qu'il revient à son manuscrit sur l'histoire des chemins de fer.

Pourquoi écrire pour les autres ? Il suffit d'entrer dans une librairie pour contempler ces milliers d'ouvrages qui ne toucheront chacun que peu de lecteurs avant de sombrer dans l'oubli. Aucun de nous ne peut espérer avoir lu les grandes œuvres de la littérature mondiale et pourtant, elles ne sont qu'une goutte d'eau dans l'océan de l'écrit. Mon lecteur, c'est moi, qui trouve dans mes pages la fraîcheur d'idées que seul a provoquées le contact du papier et l'apaisement que procure le ruissellement de la pensée qui s'écoule.

Mai 2002

En deux ans, la librairie de la rue Bréa avec son fascicule *Pages d'histoire* m'a fait découvrir une multitude d'ouvrages de valeur sur le XXe siècle. Le dernier en date, le livre de Jérôme Carcopino, *Souvenirs de sept ans (1937-1944)*[40]. Pourquoi 1937 ? Parce qu'en cette année-là, il est nommé directeur de l'École française de Rome et le restera jusqu'en 1940 en une période cruciale pour les relations franco-italiennes. Le livre est parfaitement écrit, dans une langue qui a pourtant vieilli, celle des anciens universitaires de la rue d'Ulm, à la fois subtile et précieuse, mêlant l'hyperbole onctueuse à l'ironie cachée. Mais une profusion d'anecdotes souvent minuscules, qui décrivent le climat dans lequel vivent les intellectuels italiens dans leur ambiguïté à l'égard d'un fascisme auquel ils se sont souvent ralliés. Une page d'anthologie : l'audience accordée à l'auteur, en grande tenue d'académicien, par le roi Victor-Emmanuel III, ce roi qui n'aimait pas les Allemands mais détestait la France et qu'emportera la débâcle du fascisme. Durant tout l'entretien le souverain ne parle à l'auteur, corse, que des origines de la population de l'île, des monuments laissés en Afrique du Nord par l'empire romain et évite de mentionner le nom de la France.

Jamais, je n'ai mieux saisi l'atmosphère de Vichy, le poids d'un occupant qui contrôlait *Le Journal officiel* et accumulait les exigences, la complexité de Darlan. Une scène inoubliable : à la veille du retour de Laval, réunion à Vichy dans un élan de ferveur patriotique de 250 étudiants. Philippe Pétain, contre l'avis de ses conseillers, veut se faire présenter

---

[40] J. Carcopino, *Souvenirs de sept ans, 1937-1944*, Flammarion, 1953

chacun d'entre eux et leur dit quelques mots. Debout, il leur parle pendant des heures. Le lendemain, Carcopino qui démissionne trouve un vieillard de dix ans plus âgé, anéanti, décomposé qui, à un moment, se lève, écarte les bras et s'écrie : « Je suis un homme à la dérive ». Selon Carcopino, c'est ce jour-là que s'est produite la rupture qui a conduit à l'attitude de novembre 1942. Moins spectaculaire, la lutte quotidienne pour tirer des griffes des Allemands un professeur, un étudiant, un lieu, un patrimoine. Que de rouerie, de subtilité, de patriotisme pour ces semi-victoires. A part quelques renégats, les vaincus de 1940 ont eu à Londres, à Vichy ou partout dans le monde un indéracinable patriotisme.

Lundi 6 mai au matin. Hier soir, Jacques Chirac a été élu par 81,2% des Français. L'abstention a baissé de 8 à 9% et la gauche a voté contre Le Pen. La confirmation de mon article mort-né. Discours digne de l'ancien-nouveau Président. Malheureusement, l'homme ne va pas changer. Quant à Le Pen, il parle d'un matraquage à la soviétique, d'une manipulation des jeunes, de comportements non démocratiques. Il ajoute qu'il a gagné des voix et qu'il est le chef du premier parti de France. Moins de 20% pour lui, c'est ce que j'attendais en espérance mathématique, mais, je dois l'avouer, avec un écart-type notable.

J'ai téléphoné aux trois enfants. Cela m'a procuré la paix de l'âme.

Mai 2002

Avec les élections, les ponts de mai, un voyage à Gênes, la préparation du 2 juin, des notes urgentes de-ci de-là, le livre sur la démocratie n'avance pas, je perds mes repères, me sens éparpillé aux quatre vents, plus inutile que jamais. Au bout d'une heure de travail, je pars lire Carcopino, regarde un lambeau insipide de télévision, me précipite pour une course indispensable et dérisoire. Des réconforts pourtant : une Odile très proche, une santé très acceptable, des lectures fascinantes.

Gênes : la dernière des grandes villes italiennes que je ne connaissais pas. Une impression mêlée : les vieux bâtiments du quai du port antique sont coupés de la mer par une autoroute qui, à quelques mètres de haut, longe la côte et, derrière les docks, par le long parallélépipède métallique d'un aquarium. Un contraste violent qui passe les rêves à la tronçonneuse. Heureusement, il y la via Garibaldi avec ses hôtels du XVIIe et XVIIIe siècles, monumentaux et élégants, les ruelles de la vieille ville, la cathédrale San Lorenzo, toute de marbre noir et blanc, avec un portail qui évoque l'art roman français.

Mai 2002

« Le client est roi. Nous sommes à son service ». Voire ! Sur de nombreux fronts, la société de service marque une dégradation du service à l'usager. Une anecdote à peine travestie : l'ordinateur de M. Lucas est en panne. Après une demi-heure de recherche, il retrouve le numéro de téléphone de *Compaq*, appelle. Occupé. Quelques minutes plus tard, nouvel appel. Une voix mélodieuse : « Bienvenue sur nos services, *welcome... in a moment, an operator will answer...* » On enchaîne sur un fragment de concerto de Mozart. Trois fois. Puis brusquement, « Si vous entendez mieux de l'oreille gauche, tapez le 1, si vous entendez mieux de l'oreille droite, tapez le 2, si vous entendez pareillement des deux oreilles tapez le 3 ». Déjà engourdi, M. Lucas tape le 3. « Si vous avez un problème tapez 1, si vous n'avez pas de problème, tapez 2 ». Avide, M. Lucas appuie sur 1. « Quel problème avez-vous ? Une panne d'ordinateur, tapez 1,... , un autre ennui, tapez 5 ». M. Lucas frappe le 1. « Quel est le numéro de votre contrat ? » M. Lucas tape le numéro de sa feuille. « Numéro incorrect ». M. Lucas réalise qu'il a pris le numéro de l'ordinateur. Il retape « Numéro correct. Notre opérateur viendra le 20 juin à 10 heures » (M. Lucas pense que l'on est le 5 juin). « Si vous êtes d'accord, tapez 1, sinon tapez 2 » M. Lucas n'hésite pas : mieux vaut tard que jamais, il enfonce la touche 1. Alors la voix : « Naturellement, envoyez un e-mail pour confirmer ». Communication coupée. M. Lucas s'effondre. Comment le faire, puisque son ordinateur est en panne. Une lueur ! Il téléphone à la FNAC. Réponse : « Nous ne faisons pas de dépannage à domicile, seulement au téléphone... » De rage, M. Lucas raccroche. A quoi bon être prêt à payer le prix d'un service de qualité.

Bush et Poutine viennent de se rencontrer à Moscou. Réduction des 2/3 de leur arsenal stratégique. Les commentateurs évoquent la fin de la guerre froide. Mauvaise analyse. Il faut parler de la confirmation d'une alliance américano-russe amorcée depuis le 11 septembre par le soutien de Moscou aux opérations d'Afghanistan. Il est temps que l'Europe vienne s'immiscer dans ce tête-à-tête.

Juin 2002

Dimanche 2 juin, cocktail-dîner rue de Vaugirard à l'occasion des 70 ans d'Odile. J'ai tout organisé. Elle ne connaît pas, vis-à-vis d'une telle réunion, les sentiments divers que j'éprouverais s'il s'agissait de moi. Timidité. Peur du nombre. Désir d'être ignoré. Joie secrète et orgueilleuse d'une reconnaissance... Que les individus sont complexes ! S'ils ne l'étaient pas, jamais notre espèce n'aurait pu coloniser le vivant et la matière.

Depuis des semaines, je préparais l'événement, liste des invités, cartons d'annonce puis de confirmation, commande du cocktail, redistribution des objets et des meubles pour la réception. Personne n'a manqué à l'appel sauf un couple qui n'avait sans doute pas reçu l'invitation. Une cinquantaine de personnes, la famille, des vieux amis sans lien avec la psychanalyse, des collègues psychanalystes... Se faufilant entre les grands, les trois petits-enfants rayonnant de beauté, de santé et de vitalité et ... Giacometti le chat, ombre d'une Catherine absente. Odile a été couverte de fleurs et de cadeaux. Celui de Renaud m'a ému : une marionnette indienne. Celui de Basile : un cactus aux fleurs rouges. La petite statuette verte de l'époque Tang donnée par sa famille figurera sur la table de son bureau. Conversations hachées, mais le sentiment de vide a été moins dévastateur que lorsque s'achève d'habitude ce genre de manifestation. Peut-être parce qu'Odile se sentait sur un nuage paradisiaque, comme une petite fille à qui l'on vient de donner le croissant de lune.

Certains des invités ont vécu la soirée comme *Le temps retrouvé*. Un tel semblait vingt ans de moins que son âge. Une femme était devenue une petite tour. Renaud, qu'une amie croyait voir jouer dans la cour s'était transformé en un homme solide au crâne rasé. Un frère d'Odile dont certains se souvenaient comme d'un jeune homme mince et élancé s'était mué en un sexagénaire épaissi. Mais l'humeur n'était pas à la tristesse du temps qui fuit. Derniers rayons de soleil quand même.

La veille, j'étais allé chercher la bague d'émeraude qui désormais remplace celle de nos fiançailles, volée il y a deux ans.

Dans la nuit, ses douleurs d'arthrose ont recommencé, mais n'ont pas entamé la plénitude qu'elle ressentait.

Nous terminons les dernières pages de la biographie de Tchekhov par Troyat[41], une biographie facile, un peu plate, sans analyse psychologique ou sociologique, qui soulève une foule de questions non posées mais qui jette au moins quelques lumières sur le contexte et le quotidien. Quelle tristesse que cette mort lente et que cet amour entre deux êtres, l'un tout en réserve, observant avec lucidité et tendresse la société russe, l'autre, Olga, tout en vivacité et passion. Le premier, le plus souvent s'ennuyant à Yalta, la seconde s'étourdissant dans la vie moscovite. La dernière pièce, *La Cerisaie* vient d'être achevée, à la vitesse de six lignes puis de deux lignes par jour... Tchékhov monte à Moscou pour la première. *Standing ovation* et discours. Il se sent mal à l'aise comme d'habitude.

Juin 2002

Quel paradoxe ! Je réfléchis à l'avenir du monde dans vingt-cinq ans et le fossé se creuse entre mon comportement quotidien et celui de l'homme moderne. Il stocke sur son portable tous les numéros dont il a besoin, ces

---
[41] Henri Troyat, *Tchékhov*, Flammarion, 1984

numéros que je disperse et oublie, il tient électroniquement son carnet de rendez-vous alors que je suis perdu sans mon cahier d'agendas, il tape sur l'ordinateur les textes tandis que mes doigts se crispent sur le stylo, il ne cesse d'échanger des *mails* alors que la télécopie me paraît encore la pointe du progrès, il a dans sa poche son portable tandis que je suis toujours à la recherche du mien... Mais, comme beaucoup de vieux papiers, je ne mérite pas un recyclage...

Juin 2002

L'autre soir, au journal télévisé, un sujet des plus sérieux : un astronome demande que la nuit soit déclarée patrimoine commun de l'humanité : impossible, dans l'hémisphère nord suréclairé, de voir aisément les étoiles et de trouver des zones où règne l'obscurité totale. Mes yeux et mes oreilles étaient fascinés ! Pourquoi ne pas voter pour la lumière, elle qui élimine les coupe-gorges, tranquillise les anxieux, dissipe les cauchemars ?

Sans citer un nom et sans trahir la déontologie, Odile me parle souvent. Lentement, je m'imprègne de psychanalyse. Ce matin, sur la route du Bizot, elle cite cette phrase d'une femme à propos de son histoire des origines : « L'histoire avec laquelle on a vécu est passionnante, mais celle que l'on découvre progressivement peut être plus intéressante encore ! » Quelques mots seulement, mais quel excellent résumé de la psychanalyse.

Dans ses vingt-cinq à trente deux séances par semaine, elle est confrontée à l'éventail du mal-être de l'humain, aux blessures des relations mère-fille ou frère-sœur, aux séquelles de l'immigration, aux traces de l'adoption, aux morsures des secrets de famille, aux violences des couples. En l'écoutant, j'imagine demain un texte administratif qui impose aux futurs conjoints de présenter chacun avant de se marier un certificat signé d'un psychanalyste : « apte au mariage ». L'idée est horrible et stupide.

Demain, premier tour des législatives. Les candidats pullulent alors que seuls comptent trois partenaires. Si les voix se dispersent, le Front national sera présent au second tour. Un Front national qui agglomère la peur de l'immigré, le besoin de sécurité, la crainte de l'incertitude, l'aspiration à l'ordre et à la hiérarchie. Hier souveraines et toujours dominantes, les valeurs de 1968 porteuses de la religion nouvelle commencent à lasser. Les voix de Le Pen et de Mégret ne se reporteront pas sur la droite classique. La présidentielle a consommé la rupture. L'Union pour le mouvement est une nébuleuse, celle de Jacques Chirac. Contours flous, mais qu'importe. Pourquoi Bayrou s'est-il stupidement entêté ? Quant au Parti socialiste, il a dû combattre à contre courant : pour la cohabitation alors qu'il n'a cessé d'être contre. Il semble à terre, alors que sa défaite est plus superficielle que profonde : les Français ne percevaient pas Jospin en Président de la République. Mais du coup, on accable — *Le Monde* en particulier —

l'ancien Premier ministre. Mauvaise campagne dit-on alors qu'un travestissement ne change pas un personnage à l'heure de la télévision. Hollande n'a pas pu prendre le relais. Fabius et Strauss-Kahn sont restés dans l'ombre. Aura-t-on des surprises demain soir ?

Je suis accroché dans les broussailles de *L'après démocratie*. Je ne trouve aucun plan logique. Aucun vocabulaire ne me satisfait. Un style scolaire, presque administratif. Ce n'est pas un hasard. Historiquement, les formes politiques, économiques et sociales ont été si imbriquées, les cultures ont des dimensions si nombreuses que tenter d'embrasser le monde, les continents, les pays dans une analyse synchronique et diachronique ne conduit qu'à des impasses. Et pourtant comment aborder la réflexion prospective sans franchir ces obstacles ?

Juin 2002

Les vieillards sont comme en guerre les défenseurs surclassés. Ou, avec l'aide de leurs médecins, ils observent les fronts sur lesquels, en concentrant leurs forces, ils ont stoppé les dernières attaques et l'ennemi, à leur grande surprise, crève un flanc affaibli, ou sur un front consolidé, l'adversaire brusquement revient en force, emporte la résistance et déferle. Quant à moi, je suis dans l'expectative.

Hier, le premier tour des législatives : taux record d'abstention, retour à 12% du Front national, glissement à droite, émiettement des petits partis. Je voudrais mieux comprendre le redimensionnement du FN. Oublieux du passé, les instituts de sondage annonçaient la composition de l'assemblée future ! Ils ne tiennent pas compte de l'extrême sensibilité des résultats en nombre d'élus lorsque le score d'un parti oscille autour du tiers, ce qui est vrai de l'UMP et du PS. Certes, la droite conservera la majorité, mais le second tour pourrait réserver des surprises. Je suis heureux qu'il n'y ait pas de cohabitation, mais ma confiance dans les équipes dirigeantes de demain est aussi faible qu'elle l'était hier dans celles qui gouvernaient.

Juin 2002

Me suis-je jamais remis de la défaite de 1940 ? Pour quelle raison cachée je me plonge indéfiniment dans la lecture des Mémoires de l'époque ? Après Carcopino, Jean Berthelot[42] qui fut jusqu'au retour de Laval ministre des Communications. Quelle lutte épuisante contre les vagues de la marée allemande déferlant jour après jour sur l'administration française ! Personne n'insiste assez sur le miracle que fut la gestion par cette administration d'un pays pressuré par l'occupant. Mais à ce jeu, aussi anti-allemands qu'ils fussent, les ministres se sont usés, d'autant plus que tournaient autour d'eux

---

[42] J. Berthelot, *Sur les rails du pouvoir (1938-1942)*, Laffont, 1968

les personnages douteux de la collaboration et quant à Philippe Pétain, sa faiblesse éclate dès les semaines qui suivent « le coup d'État » du 13 décembre. Ses sursauts d'autorité se dissolvent en quelques jours. Jamais il n'aurait dû accepter le retour de Laval et il lui fallait partir en novembre 1942. Pour Laval, j'éprouve toujours la répulsion que je ressens devant une limace visqueuse. Son accoutrement et sa gouaille de maquignon, son faux réalisme, sa conviction de pouvoir rouler tout le monde en font un personnage misérable. Il fut assassiné plus que jugé mais il le méritait quoiqu'il ne fut pas un traître car il était convaincu d'agir pour le bien de son pays. Curieuse époque : tous ces hommes, tant à Londres qu'à Vichy, avaient, à de rares exceptions près, une chose en commun : leur amour de la France.

Le soir du deuxième tour, aucune surprise d'ensemble, même si l'UDF et le PC peuvent de justesse constituer un groupe. Les événements sont individuels : les défaites de Chevènement, de Robert Hue, de Martine Aubry. Cette dernière, quoi qu'elle en dise, est tombée sur les 35 heures. Elle ne l'admet pas. Une preuve supplémentaire de son entêtement.

Désormais, Jacques Chirac a toute liberté pour agir. J'ai le choix des images : toutes les cartes en main, une autoroute devant lui, un horizon dégagé de grandes échéances électorales. Enfin, les conditions politiques sont réunies pour un *aggiornamento*, une réconciliation de la France avec son temps.

Mais, pour la réalisation d'un tel programme, il faut être un homme d'État, capable de mobiliser les Français autour d'un objectif collectif. Malheureusement, je ne vois Jacques Chirac ni en Charles de Gaulle, ni en Helmut Kohl, ni en Margaret Thatcher.

Premiers nuages sur le quinquennat

Juillet 2002

Un groupe d'économistes inconnus, le CEPAP, a fait un calcul simple. Impossible d'atteindre l'équilibre budgétaire dans les délais annoncés et avec une croissance vraisemblable si le gouvernement ne diminue pas le nombre de fonctionnaires ou n'augmente pas les prélèvements obligatoires. Une évidence, sauf pour les politiques. Déjà, Blondel se réveille, le deuxième homme de droite après Le Pen. Si ce quinquennat est raté, y aura-t-il un homme de gauche à la stature suffisante en 2007 ou faudra-t-il attendre 2012 pour aborder les vrais problèmes ? D'autant plus que la gauche, attribuant sa défaite à sa modération risque de s'enfermer dans une opposition dure.

Les dernières élections pourtant se lisent à livre ouvert : des électeurs qui, pour des raisons personnelles, ne veulent voter ni pour Chirac, ni pour

Jospin, la surprise de la présence de Le Pen au second tour, le sursaut de la société contre l'extrême-droite, le retour à la croissance régulière de l'abstention et la baisse du FN à son étiage habituel, le refus d'une nouvelle cohabitation enfin. Où a-t-on observé un désaveu du Parti socialiste en tant que parti ? Mais, dans notre société, les débats peuvent refleurir sur des chimères.

Politiquement, les partants sont comme des fidèles ayant quitté la mosquée en ne reprenant pas leurs babouches. La horde des quémandeurs se presse, essayant de trouver des babouches et, pour certains, n'importe lesquelles. Autre comparaison : la chair peut partir, le squelette des institutions reste et accroche au passage les muscles dont il a besoin pour fonctionner ... Une fois ces muscles en place, il est déjà devenu impossible de réformer.

FAUSSE DROITE ET FAUSSE GAUCHE

Portant ses ambitions tantôt à l'échelle de l'univers et tantôt à celle de son village, la France n'en est pas moins clivée politiquement, économiquement, socialement.

Politiquement, le désir de nos Gaulois serait de se diviser en multiples partis. Ah ! Comme elle était belle l'époque de la représentation proportionnelle. La France avait alors autant de multiples partis que la Pologne. En se séparant entre pro-américains et pro-soviétiques, chrétiens et laïques, partisans du plan et adeptes du marché, les Français avaient le choix entre huit drapeaux. La classe politique disposait pour se distraire d'un magnifique terrain de jeux sur lequel elle pouvait alterner les alliances et les ruptures. Les ministres s'arrachaient les cheveux mais les parlementaires s'en donnaient à cœur joie. Transformés en godillots, ils en rêvent encore.

Hélas ! Il est désormais impossible de plaisanter. Le scrutin uninominal à deux tours contraint à se regrouper, un grand parti de droite, un grand parti de gauche et des annexes. Mais ne croyons pas que le grouillement a cessé. Un jour, un étranger venu de loin interroge un de nos journalistes politiques. « Combien de partis de gouvernement avez-vous en France ? — Deux. Deux seulement ? Oui, le premier est libéral étatique, le second conservateur gauchiste — Ils osent se nommer ainsi ? Évidemment non. Le premier s'appelle l'Union pour la majorité présidentielle (incidemment, changera-t-il majorité en minorité si son candidat perd les prochaines élections ?), le second est le parti socialiste ! — Expliquez-moi. »

« Cher ami, dit le journaliste, revenons à 1945. Deux idéologies fortes coexistent en France, le marxisme et la forme de bonapartisme qu'a bâti le gaullisme. Toutes deux prônent un État fort, associé à la planification pour

la première, à la démocratie pour la seconde. Leur alliance et leur combat engendreront une URSS qui a réussi. Avec pour conséquence, la situation actuelle : dans leur cœur, les descendants du gaullisme resteront étatistes, mais il leur faudra accepter de diluer leur vin dans l'eau du libéralisme pour ne pas se couper du marché et de l'ouverture des échanges ; quant aux héritiers du marxisme, ils restent imprégnés de sa vision du monde et prisonniers de ceux qui souhaitent le maintien sans changement de l'État protecteur d'après-guerre. Ils se regroupent donc dans une mouvance conservatrice. Pourtant, eux aussi, il leur faut offrir une place ou un strapontin aux écologistes et aux héritiers libertaires de Mai 1968. D'où le vieux kaléidoscope où un François Hollande prudent doit coexister avec des archéosocialistes, intellectuellement morts depuis longtemps, comme Henri Emmanuelli et des excités comme Arnaud de Montebourg.

Déjà diverse en elle-même, la phalange socialiste traîne autour d'elle les miettes de la gauche fossile comme le PC ou les germes à moitié éclos d'un gauchisme qui se cherche ; quant à la cohorte présidentielle, il lui faut veiller sur la frontière molle qui la sépare du Front National, cet astéroïde édulcoré provenant de l'explosion de la planète fasciste.

Tant qu'on reste dans le législatif, un ordinateur peut remplacer l'Assemblée nationale : face à un projet de loi du gouvernement, l'UMP vote pour (avec quelques bruits de fond plus ou moins audibles), le PS vote contre. Un seul travail pour le sophiste : inventer des raisons pour justifier un vote choisi d'avance.

Mais, dès que le débat sort de ce cadre, le désordre s'instaure, les agrégats se rompent, les poules caquètent. Au PS, faire un programme est un travail d'Hercule. A droite, un vague texte suffit, épicé de deux ou trois grosses mesures démagogiques qui se voient comme des verrues au milieu du visage...

Le matin, après le petit déjeuner, la toilette m'apparaît comme une immense barrière à franchir. Je la vis comme une partition à trois instruments. En toile de fond, le tam-tam grave du Temps qui bat les minutes et me répète, comme à un interprète : « Ne traîne pas, ..., ne traîne pas '*Nicht Schleppend*'. » En surface, la succession des gestes devenue presque mécanique : ouvrir le robinet de la baignoire, régler approximativement la chaleur du bain, frictionner les cheveux, puis les coiffer, saisir le dentifrice dans un placard, fermer ce dernier avec le pied pendant qu'on étend la pâte sur la brosse, remplir un verre d'eau chaude pour se rincer la bouche, saisir le blaireau, la crème à raser et commencer la série des coups de rasoir qui débarrassent la peau de la barbe sale et piquante qui la revêt tous les matins, se plonger enfin dans le bain, s'y accorder cinq secondes de détente, puis après s'être savonné, sortir en titubant en assurant ses prises, enfiler le peignoir, se baisser douloureusement pour essuyer pieds et jambes, passer la lotion d'après-rasage qui annonce la délivrance, saisir le déodorant et se retrouver dans la chambre, prêt à s'habiller. Mais entre les rythmes et les gestes, le troisième instrument ne cesse de virevolter : « Catherine, que va-t-elle devenir? Cette thèse est mal écrite. Pourquoi cette habitude des universitaires de se citer même quand c'est inutile ? Il faut que je reprenne ce chapitre. Ce livre ira-t-il jusqu'au bout ? Est-ce que ce sera le dernier ? Que dire demain au groupe de Géopolitique ? Ce nouveau gouvernement ne fera pas de réforme. Quand aurons-nous un homme d'État pour avancer sur l'Euro et la réforme de l'administration. La Convention, dit-on, évolue mal... » Tam-Tam, « tu vas être en retard... »

Quand je m'habille, la barrière est franchie. Je pars guilleret et léger, pour la première activité du matin. Un allant qui ne durera pas.

J'achève les mémoires du général von Cramon[43]. Un illustre inconnu ? Certes, mais il représentera pendant la Grande Guerre le GQG allemand auprès du GQG austro-hongrois. Intelligent, professionnel, nationaliste et plein de morgue, il représente à la perfection le général prussien tel que les Français le voyait à l'époque.

Le déclin de l'Autriche-Hongrie me fascine. Comme celui de l'Empire romain, de l'URSS, de la troisième République, de l'empire ottoman, de l'ancien régime. Est-ce ma mort que je transfigure dans ces désintégrations sociales ?

Les dernières pages de von Cramon décrivant l'effondrement de l'Autriche-Hongrie en 1918 sont pathétiques. Quel gâchis ! Les Hongrois, comme je le savais, y ont largement leur part. Cette nation brillante et turbulente a été un poison pour l'Europe pendant des décennies. Comme la Serbie d'ailleurs ! Mais le pangermanisme de l'auteur -qui termine son livre en espérant le retour de l'Autriche allemande à la mère patrie- est à la longue insupportable. Pauvre empereur Charles qui avait de si bonnes intentions et géra si mal une situation inextricable.

Me voilà devenu un usager du bus, en particulier du 84 qui, jadis, dans un film assez quelconque, prenait des vacances. Je choisis une place, moins pour être dans le sens de la marche que pour observer les voyageurs. La faune change avec l'heure et le tronçon de la ligne. Comme un entomologiste, j'observe la diversité des corps, des habits et des comportements : jeunes asiatiques menues tout de noir vêtues et qui se meuvent sans déplacer de vent, étudiantes sveltes en veste longue et pantalon noir ou en blouson et jean avec un t-shirt et une bande de peau qui dépasse, femmes quinquagénaires, sévères et dures, aux visages déjà ridés, vieilles

---

[43] A. Von Cramon, *Quatre ans au GQG austro-hongrois pendant la guerre mondiale*, Payot, 1922

personnes qui, sans mot dire, revendiquent le siège auquel elles ont droit en se plantant près d'un passager, charmants vieillards qui se glissent pour se faire oublier, jeunes mères adroites ou maladroites avec leurs enfants, hommes passe-partout en costumes sombres. Souvent des regards s'échangent, parfois un sourire, plus rarement deux mots. Suis-je comme mon père qui, dans ses dernières années, avait besoin de parler avec la boulangère, la caissière, le boucher, les voisins, à la recherche, sans doute, d'une chaleur humaine dont il était sevré ?

Juillet 2002

Longues conversations avec Robert Dautray. Sa culture scientifique, éblouissante et diverse, nous fait voyager dans l'univers. Depuis le big-bang, qui ne serait que la forme prise dans notre espace d'un événement dans un monde à plus de dimensions, à la création il y a quinze milliards d'années de la Terre, de l'apparition du vivant à la prolifération des espèces, des bifurcations qui permettent l'émergence des hommes au décryptage par la science des particules, des étoiles et des gènes. Bientôt dix milliards d'individus pensant, à la recherche du bonheur et de l'interprétation de ce qui s'est créé. Quelle merveille que la découverte de l'auto-organisation. Mais que l'humanité est fragile, cette humanité qui n'a bénéficié d'un climat stable que depuis quelques milliers d'années. Et moi qui écris, je ne suis qu'un dix-milliardième de cette population, amas transitoire de cellules, de molécules, d'atomes et de quarks. Pourtant, plus fascinante encore est la faculté que nous avons d'oublier les deux infinis pour concentrer notre projecteur mental sur un petit volume de cette complexité pour en faire notre environnement. L'astronome qui rêve de galaxies ne s'intéresse pas à l'ADN. Le neurologue méprise le psychanalyste. L'économiste scrute les mouvements de la bourse et les taux de change. Le sociologue se concentre sur la délinquance dans les villes occidentales. Et chacun est convaincu de défricher un champ dont la richesse est immense. Personne ne maîtrise l'ensemble, mais les fourmis de la connaissance creusent dans tous les interstices et y découvrent l'immensité.

A côté d'elles, les fourmis de l'action exploitent toutes les possibilités de faire. L'une cherche à améliorer les centrales nucléaires, l'autre les moteurs d'automobile, la troisième l'apprentissage de la lecture, une autre encore les transplantations cardiaques,... Nous avons été conditionnés pour nous croire le centre de l'univers en étant au centre de rien. Si, en chacun de nous, une telle illusion n'était pas enracinée, notre espèce aurait sans doute disparu. La sélection l'aurait éliminée. Nous avons survécu parce que nous sommes câblés pour être curieux, entreprenants, capables d'agressivité et de coopération, aptes à percevoir l'environnement mental que nous nous construisons comme le micro-univers qui donne un sens à notre existence.

Ainsi, je peux manipuler comme une abstraction le milliard deux cents millions de Chinois, les tonnes d'équivalent pétrole consommées par an, le taux de croissance du PIB des pays européens. Le système mondial est ma caverne. Je ne m'en échappe que pour de brefs instants, effaré soudain de son étroitesse alors qu'elle me paraît ordinairement la vastitude même.

Juillet 2002

Inépuisable Vichy. J'achève le livre de l'amiral Auphan, *Histoire élémentaire de Vichy*[44]. Auphan qui fut sur ces bords de l'Allier l'un des plus opposés aux Allemands et qui, en envoyant par code secret à Darlan l'autorisation de passer du côté des Alliés, contribua au retournement de novembre 1942, me trouble beaucoup plus que Carcopino ou Berthelot. Il se fait le chantre de la Révolution nationale qui repose sur une sociologie politique et économique primaire et apparaît aujourd'hui un monstre d'anachronisme. Il ne sent pas à quel point on ne peut se permettre en un temps où existe la radio de tenir des propos officiels pour les oreilles allemandes dès lors que les Français écoutent aussi. Il ne sent pas à quel point, à partir de novembre 1942, le pouvoir de Vichy devenait illégitime quelle que soit la légalité de sa naissance.

En Août 1944, il porte à Juin une lettre de Philippe Pétain pour Charles de Gaulle. Il pense que la meilleure solution pour la France est une réconciliation de l'épée et du bouclier, assurant la transmission du pouvoir du gouvernement légitime de Vichy à un nouveau gouvernement. Légitime, Vichy à cette époque ! Certes non. Légal peut-être, mais légitime non. Comment Auphan n'a-t-il pas senti monter de la France profonde une haine explosive à l'égard d'un gouvernement qui a collaboré avec les Allemands ? Et la violence ne se limite pas aux communistes auxquels, pense-t-il, de Gaulle a vendu son âme. Qu'en janvier 1944, Philippe Pétain ait drainé des foules devant l'Hôtel de Ville n'ôtait pas sa signification au délire de joie quasi-unanime qui soulèvera le pays en août. Autre étonnement : Auphan espérait ainsi sauver la Révolution Nationale qui eût permis à la France de trouver sa propre voie entre le fascisme allemand et le démocratisme anglo-saxon. On croit rêver.

Dans notre appartement, les objets changent souvent de place : une figurine passe de la cheminée du salon à la bibliothèque, un tableau quitte un mur de la chambre pour un bureau. Cette danse irrégulière les fait redécouvrir avec plaisir. Et je me suis demandé ce que serait mon impression si le même phénomène concernait les humains. Tel éminent historien deviendrait général, telle actrice séduisante ministre, les couples se déferaient et se recomposeraient, un peu comme dans *le Temps retrouvé*...

---

[44] Amiral Auphan, *Histoire élémentaire de Vichy*, France-Empire, 1971

Redécouvrions-nous les individus ? Et d'un coup, ma rêverie bloque : impossible, même en imagination, de concevoir ces déplacements, ces échanges, ces rondes. Que devient un humain séparé de la société qui l'entoure et arraché aux rôles qu'il joue ?

Un lecteur éventuel de ces pages se demandera si je suis autre chose qu'un observateur acide et désabusé du monde contemporain. Il se trompera. J'ai des convictions fortes.

Je ne crois pas en Dieu. Je ne crois pas à la vie après la mort. Je crois à la connaissance — provisoire sans doute — que m'offre la Science au sujet de l'évolution de l'Univers, de l'apparition du vivant, de la transformation des espèces sous l'influence du hasard et de la nécessité, de l'émergence de l'homme et de la conscience en liaison avec l'auto-organisation. Je crois que l'humanité disparaîtra au plus tard lors de l'explosion du soleil et vraisemblablement bien avant. Je crois qu'il est des problèmes qui ne peuvent encore être élucidés et qu'il est pour le moment inutile de construire à leur sujet des théories ou des croyances. Les sciences humaines, j'en connais les limites mais j'ai foi en leur progrès et je vois que, dès maintenant, leur message est éclairant.

Je crois que le mal est inhérent à la complexité du monde, mais que ce n'est pas une raison pour s'y résigner. Je n'ai jamais compris cette assertion qu'il ne peut y avoir de morale sans Dieu. La morale se construit dans les relations avec les autres, dans la reconnaissance de leurs aspirations et de leur souffrance et dans l'évaluation de leurs attitudes vis-à-vis des tiers.

Je sais que l'humanité ne se contrôle pas elle-même et qu'elle est atteinte de trois insuffisances de contrôle, au niveau des individus, des États et des relations internationales. Je sais que l'action des hommes est imparfaite et atteint rarement les buts qu'elle se propose. Elle doit se frayer un chemin à travers les multiples incertitudes et la diversité des critères qui la juge. Pas plus qu'aux religions, je ne crois aux idéologies, ces caricatures simplistes du réel. Les impératifs catégoriques me répugnent sauf dans le domaine de l'éthique. En dehors de ce champ, je crois à la valeur fréquente des compromis entre objectifs contradictoires.

On m'a dit un jour que j'étais un animal religieux. Peut-être, mais pas dans le sens habituel du terme.

Juillet 2002

Enfin, au Bizot, dans le calme de mon bureau, le livre sur *L'après-démocratie* commence à prendre forme. La matière s'organise. Elle prend de la consistance. Elle commence, sinon à m'étonner, du moins à éveiller mon intérêt. A quelques conjectures près, je n'ai guère dépassé la phase exploratoire et le style ne décolle pas de la platitude. Néanmoins, quelque chose est en train de naître.

Des conditions idéales. Silence, luminosité et douceur du temps. Aucune activité contraignante. J'achève de lire à Odile les nouvelles de Tchekhov. Je joue avec les trois merveilles que sont les petits enfants. Je prends, selon mon humeur, un livre ou un autre.

Parmi ces textes, le premier des trois tomes que Soljenitsyne a décidé de consacrer à *La Russie et les Juifs*[45]. Me voilà au milieu du règne de Nicolas Ier. Quelques constatations déjà : la modération des décisions impériales qui ne cherchent nullement à opprimer les Juifs mais plutôt à les aider et à les intégrer, l'incohérence des décrets de l'administration, des décrets souvent non appliqués et rapportés quelques années plus tard (un magnifique exemple d'une autocratie dont la volonté se perd dans l'immensité du pays), le rôle néfaste des *kahalim*, ces chefs de communautés juives qui, avec les rabbins, ont souvent enfermé la population juive dans un ghetto intellectuel, lui interdisant l'apprentissage de langues étrangères, la confinant dans le *Talmud* et s'imposant comme intermédiaires obligés entre le gouvernement, souvent complice, et les individus...

Juillet 2002

Worldcom, dont un directeur financier avait amélioré les comptes en passant en investissements un solide paquet de dépenses d'exploitation, vient de faire faillite, victime sans doute de la conjoncture. Les Bourses mondiales s'effondrent. Aussi, des voix commencent-elles à parler de la crise du capitalisme. L'amalgame que j'avais dénoncé à propos de la Net économie se reproduit aujourd'hui. Ces confusions de pensée m'exaspèrent. N'y a-t-il personne parmi les essayistes ou les journalistes pour séparer des phénomènes distincts. Il y en a à l'évidence au moins trois :

— d'abord, le problème des comptes qui est un problème technique de contrôle et qui suppose l'édiction de règles strictes et obligatoires. Il est moins trivial que peut le croire le grand public, car une comptabilité ne se borne pas à enregistrer des dépenses et des recettes effectives, elle implique aussi des évaluations de multiples actifs, c'est à dire des conjectures sur le futur ;

— ensuite, la valeur des actions dépend des anticipations des acteurs sur les profits que feront à l'avenir les sociétés ; or, ces anticipations sont soumises à des phénomènes mimétiques, les acheteurs ou les vendeurs se copiant les uns les autres et engendrant des mouvements irrationnels de hausse et de baisse. La bulle de surestimation des actions des entreprises de technologies d'information et de communication crève aujourd'hui comme

---

[45] A. Soljenitsyne, *Deux siècles ensemble*, tome 1, Fayard, 2002

un furoncle. Des évolutions dévastatrices à un moment où la Bourse par les *stock-options* permettait d'associer les salariés aux résultats des firmes. Peut-on améliorer ces indicateurs qui orientent les décisions des chefs d'entreprise ?

— enfin, deux catégories d'acteurs qui servent théoriquement à améliorer l'information des marchés ont des comportements sujets à caution : les agences de notation et les analystes financiers. Les premières n'ont-elles pas récemment dégradé la dette de France Télécom alors que le risque de voir le gouvernement français laisser cette entreprise faire faillite est nul ! Quant aux analystes financiers, ils privilégient dans leurs études les résultats à court terme, obligeant les dirigeants à s'engager sur la réalisation de prévisions incertaines et contribuent à des variations exagérées sur l'estimation des sociétés.

Triste constat : l'esprit humain, quant il n'est pas enserré dans le carcan de la méthode scientifique, ressemble à une marmelade mélangeant des affects et des bribes de logique.

J'ai fait cette nuit un curieux cauchemar. J'avais rendez-vous chez un dentiste de la banlieue parisienne. J'oubliais l'adresse, perdais mon chemin, me retrouvais dans un quartier désert de palais historiques noircis et abandonnés (comme tes lectures, m'a dit Odile), puis dans une zone populeuse à l'allure de bidonville. Je descendais d'un tramway qui m'éloignait de la destination que je supposais, y laissant ma serviette qu'on me lançait par la fenêtre, cherchais en vain un taxi, n'arrivais pas à savoir laquelle des deux avenues, sur lesquelles je voyais au loin rouler des voitures, menait à Paris ou entourait la capitale. Un cauchemar qui m'a semblé interminable avec une multitude d'épisodes, des mirages riches en détails précis. Quelle imagination ! Quelle désespérance aussi !

J'écoute les nouvelles à la télévision. Étonnant ! Six milliards d'hommes retiennent leur souffle pour que les Français jouissent tranquillement de leurs vacances ! La bouffée de rage qui m'étreint a engendré ces pages que j'ai intitulées *A moi l'univers ou mon village*.

A moi l'univers ou mon village

Une devinette : demandez dans la rue à un Français quel est le pays qui regroupe 1% de l'humanité et assure un petit 5% de la production mondiale. Il hésitera, se trompera et, s'il connaît la réponse, se sentira gêné. Il sait que la France n'est plus un grand pays donnant ses lois à l'univers, il ne se résout pas à en être un petit acceptant des règles décidées ailleurs. Alors, il fantasme. Bien que la Gaule ait été une pacifique province de l'empire romain, il invente Astérix l'astucieux et le dote de cette invention de concours Lépine qu'est la potion de Panoramix. Un Astérix qui sort de sa palissade pour jouer des tours à l'occupant et aux peuples alentour mais se *réfugie toujours en fin de compte dans son imprenable village. S'il reste à ce Français un minuscule bagage du passé, il fantasme sur le temps des cathédrales lorsque Saint-Louis donnait aux autres pays des rois capétiens, sur le XVIIIe siècle quand les philosophes portaient les Lumières jusqu'à Saint-Pétersbourg, sur la Révolution et l'Empire pendant lesquels la France apportait dans l'enthousiasme ou à la pointe de l'épée sa devise et le Code Napoléon. Il fantasme sur la Grande Guerre, mais en tourne vite la page car cette boucherie est incompréhensible aux jeunes. Il fantasme sur le général de Gaulle descendant les Champs-Élysées au devant d'un Paris libéré par lui-même. Il fantasme sur les Trente glorieuses et la splendeur retrouvée. Il oublie les humiliations, 1814 et 1815, Waterloo que les Britanniques lui rappellent au terminal de l'Eurostar, 1871 et la perte de l'Alsace-Lorraine (au fait, il ne sait plus pourquoi il y a un lion place Denfert-Rochereau), l'écrasement de 1940 et la honte de l'Occupation, l'humiliation des guerres coloniales. Pourtant, les souvenirs historiques, déformés et repeints pour soigner les blessures contemporaines, ne peuvent effacer le dilemme de notre concitoyen, incapable de trouver un équilibre entre l'Univers et son village. Tantôt sûr de lui, il fait comme un matamore la leçon à la terre entière, tantôt, courbant l'échine, il se réfugie dans son particularisme local, mettant les rues en provençal à côté du français. Dans les deux cas, il chante faux, soit qu'il crie à tue-tête, une octave au-dessus du chœur, soit qu'il chante* mezza voce *dans son coin sans s'occuper du chef d'orchestre. Être double, toujours désaccordé, moins sur la tonalité de la révolte que sur le registre de la jérémiade.*

A tout seigneur, tout honneur : les informations à la télévision. Priorité aux malheurs internes : les assassinats de jeunes femmes, les mises en examen de personnalités, les profanations racistes, les intoxications alimentaires, les pollutions, le coût de la rentrée scolaires, les lycéens le jour du bac, les grévistes (qui ont toujours raison), les procès. Le pays apathique se délecte et se fait peur dans les malheurs qui l'atteignent. Si l'on prenait au mot les discours des présentatrices, la nourriture n'aurait jamais été plus empoisonnée et les assassins plus nombreux. L'air souriant ou la mine grave, les présentatrices de télévision débitent sans rougir ces fadaises, passées de la feuille de chou départementale aux réseaux nationaux. Aux oubliettes, les six milliards d'individus qui vivent ailleurs ...

Sauf dans deux cas : les grands événements comme les guerres et les tremblements de terre (ils font quelques jours la Une des quotidiens, la couverture des magazines et l'ouverture des journaux télévisés), les drames extérieurs qui impliquent des Français, par exemple les enlèvements et les prises d'otages. On m'objectera que quelques chaînes commencent à avoir des émissions sur les questions internationales, que les spécialistes de la presse écrite rédigent d'excellents papiers. Il n'empêche : le ton est donné par le vingt heures.

Les médias n'hésitent pas à l'inverse à enflammer une opinion complice lorsqu'ils peuvent emboucher les trompettes de l'universalisme français. Lorsqu'en 1998, la victoire en football de la France sur le Brésil soude le pays l'espace d'un soir et en fait, grâce à une équipe multicolore, la grande nation pour quelques jours, c'est le délire. Quant à Jacques Chirac, en leader de gauche, il parcourt les enceintes des Nations-Unies, en soutenant la lutte contre la pauvreté, la chute des émissions de gaz carbonique, une taxe mondiale, Kyoto et le principe de précaution ... Générosité à bon compte puisqu'il est sûr que ses propositions ne seront pas acceptées. Et ce peuple cocardier est toujours prêt à envoyer des troupes aux quatre coins du monde pour protéger, rétablir l'ordre et sauver des vies.

Tout en ayant de la reconnaissance pour les États-Unis qui l'ont sauvé deux fois au XXe siècle, la France ne pardonne pas à ce pays d'avoir pris sa suite en devenant la superpuissance mondiale et l'admiration idéologique qu'une partie de ses membres a longtemps voué à l'URSS a été renforcée par la jalousie à l'égard de la démocratie d'Outre-Atlantique. De Gaulle a été suivi quand il est sorti de l'organisation militaire de l'OTAN. Chirac est approuvé quand il se heurte à Bush.

Veut-on un autre exemple de notre ambiguïté : la construction européenne. Nous avons rêvé d'une Europe puissante, caressant l'espoir qu'elle nous donnerait des armes pour peser sur le destin du monde et, dès que l'éventualité s'éloigne, nous avons la tentation de nous replier sur l'hexagone, comme les enfants qui s'isolent dans leur coin quand leurs camarades leur refusent la primauté.

Un autre sujet qui nous déchire : les OGM et plus généralement les règles de la bioéthique. José Bové lutte champ par champ pour faire arracher les plants génétiquement modifiés. La décision finale se prendra-t-elle canton par canton ? La grenouille pourra-t-elle empêcher les canards de se poser sur son étang ou les hérons de se nourrir de ses poissons ? Reconnaissons-le : dans les prochaines décennies, ce sont les règles américaines qui décideront pour l'humanité. Dans cinquante ans, il n'en sera peut-être plus ainsi.

Que nous apparaissions comme dans les miroirs déformants du Jardin d'acclimatation, trop grands ou trop petits, longilignes ou tassés sur nos chaussures, peut faire rire les cyniques. Mieux vaudrait enrager, car cette double attitude nourrit des chimères et crispe sur l'existant.

Pourtant, même au niveau d'une puissance moyenne, la France, intégrée à l'Union Européenne, a la possibilité de bien gérer ses affaires internes tout en influençant le devenir des relations internationales. Mais dans ce pays qui pense faux, un menu diététique n'excite pas les papilles.

Juillet 2002

Il y a deux jours, un samedi soir, le temps du dîner, j'ai ressenti un bonheur parfait. Une fin d'après-midi ensoleillée baignant dans un ciel clair et bleu pâle. Autour de la table Ramon, Justine, Basile, Mirabelle, Clémentine, Odile et moi. Une conversation détendue sans trace d'agressivité ; des enfants calmes, présents, affectueux ; les trois générations unies dans un réseau d'affections réciproques ; une nourriture simple et variée. Tout autour, le silence, profond de la campagne. Cette harmonie, je le savais, ne serait pas reproductible à volonté, mais je l'avais vécue si intensément que j'avais la conviction de pouvoir en garder le souvenir.

La fiancée, ultime nouvelle de Tchekhov publiée quelques mois ou quelques semaines avant sa mort. Impossible de la lire sans penser à la longue tuberculose qui va bientôt emporter l'auteur et a assombri ses dernières œuvres. Et je vois avancer en file indienne, couverts de vêtements aux couleurs tristes, le long serpent des personnages qu'il a créé. Rien de la galerie truculente des héros de Gogol. Des êtres en demi-teinte qui, souvent, au cours de leur vie, se détériorent et brassent leurs espérances déçues. Ah ! cette Russie des dernières décennies des tsars, si proche et si lointaine ...

Exit Tchekhov. Entre en scène Michel Schneider et sa *Big Mother*[46], cet État maternel de la France d'aujourd'hui, si différent du *Big Brother* d'Orwell. Un essai lucide, brillant, percutant qui, grâce au fil rouge de la psychanalyse, organise une multitude d'observations que nous nous sommes faites, Odile et moi. J'introduirai les idées de ce livre dans *L'après-démocratie*, car elles donnent de la densité à ma lecture trop économique et sociale. Je voudrais savoir ce que la lecture de ce texte a pu évoquer, s'ils l'ont lu, chez Jospin, Chirac et quelques ténors de la télévision. Ce devrait être pour eux tellement dévastateur.

Août 2002

Samedi après-midi. Je regarde nonchalamment sur Arte un documentaire ringard sur le Portugal. Pour meubler le temps, comme on dit joliment. Quelques heures plus tard, je me retrouve envahi par une atmosphère de Portugal. Une brise douce. Un ciel bleu pâle. Des fenêtres aux bords verts et bleus. Des azulejos aux tons acides et vaporeux. Une odeur de poisson frais ou grillé. Des surfaces lisses de bois sombre. Je palpe, je sens, je vois, j'entends, je goûte le Portugal. Et je pense à cette jeune femme austère et souriante en tailleur bleu marine et chemisier vert que j'avais rencontrée à un dîner après une de mes conférences.

---

[46] M. Schneider, *Big Mother*, Odile Jacob, 2002

Sa peau mate et blanche faisait ressortir sa chevelure et ses yeux noirs. J'ai rarement perçu autant d'intensité et de réserve. Beaucoup plus âgé qu'elle, son mari borgne la suivait de son œil unique en pointant vers elle son nez en bec d'aigle.

Une idée de femme. Une idée, une esquisse, une possibilité, une espérance, un reflet. Chaque homme en rencontre quelques dizaines dans sa vie : la secrétaire d'un collègue venue vous chercher à la gare, le second rôle féminin d'un film, l'assistant d'un ministre qui vous fait oublier le sujet de l'audience.

Odile conduit. Pelotonné dans mon siège de voiture, je suis machinalement la route des yeux. Je ferme les paupières. La vision de la route continue à se dérouler s'adaptant aux mouvements du véhicule. Une impression de réalisme si forte que je suis persuadé de l'exactitude de ma prévision. Il m'est facile de le vérifier. J'ouvre les yeux ? Le rêve s'effondre. Le réel ne correspond pas à mon extrapolation qui semblait si naturelle. Suis-je ainsi quand je conçois des scénarios ?

Cruralgie

Août 2002

Depuis dix jours, il est bien fini le temps des vacances radieuses. Ce que j'avais baptisé de lumbago banal et dont j'attendais la disparition en quelques jours, s'est enflé puis a explosé au point d'envahir tout mon espace. Un matin, alors que j'étais déjà gavé d'antalgiques et radiographié sous toutes les coutures, le genou droit a fléchi, le pied plié et j'ai chuté sur le dos dans la salle de bain. Depuis, les épisodes se suivent. Tantôt, la nuit surtout, impossible de trouver une position de repos. La douleur se promène comme un feu follet. Je bouge. Cinq secondes d'espoir. Dix de tranquillité. Puis le mal réapparaît. « Coucou, me voilà ». Tantôt, vers quatre ou cinq heures du matin, l'exaspération et la souffrance montent crescendo, je suis contraint de réveiller Odile. Tantôt, en fin de matinée ou d'après-midi, un peu de répit. Le soulagement est réel, mais je peine à croire qu'il va cesser. Aujourd'hui -nous sommes à Paris pour deux jours — Odile, sur qui retombe tout le travail du couple, a passé sa matinée à obtenir un rendez-vous avec un rhumatologue ayant de sérieux certificats (comme on disait autrefois pour les domestiques). A Paris, un cinq août, la tâche n'est pas triviale. La recommandation s'est révélée bonne. Le diagnostic est solide. Cruralgie. Traitement à la cortisone. D'où des précautions et des désagréments. La fin des vacances est compromise.

Août 2002

Les plus beaux livres ne seront jamais publiés. Ils furent écrits pendant le sommeil, en pleine verve créatrice. Brillants, drôles, inattendus, passionnés, ils prennent de l'ampleur sans effort, se jouent des difficultés habituelles, proposent de surprenantes comparaisons, révèlent des éclairages lumineux, jonglent avec les théorèmes, suivent des plans harmonieux...La nuit dernière pendant quelque temps, j'ai rédigé une copie de philosophie au sujet inconnu, mais où nous avions décidé, consigne secrète des élèves, de faire figurer la phrase : « Tout est dans tout et réciproquement ». Comment se plier à une contrainte que je trouvais désobligeante pour le professeur ? J'imaginais d'abord le problème d'entrée, de m'interroger sur le choix de la phrase, suffisamment banale pour s'adapter à un contexte inconnu, avec un zeste de bizarrerie pourtant pour ne pas passer inaperçue. Je me demandais dans quel sens on pouvait alors parler d'optimalité de la phrase. Qu'auraient inventé Proust ou Einstein ? Puis je développais le sujet proposé. Où mettre les mots imposés ? Dans la réponse Oui, la réponse Non ou la réponse Oui et Non... De nuit, on a toutes les audaces !

Je suis un vieux soldat des guerres chirurgicales. Cousu de cicatrices comme un grognard de l'Empire.

L'obsession de la chute. Le regard qui ne perçoit pas la marche. Le genou qui se dérobe. L'œil qui évalue mal la distance du cycliste qui fonce sur moi. Le pied nu qui glisse sur le marbre. La tête baissée qui entraîne le corps, la main qui rate une rampe. Cent fois par jour, j'imagine l'événement qui va me faire basculer dans le déséquilibre ou je me répète la première leçon pour un alpiniste que je ne fus jamais : toujours trois points d'appui.

L'après-démocratie fut longtemps un enfant mal-aimé. Je m'imaginais comme une mère qui ne sentirait pas bouger le fœtus dans son ventre et le considérerait malgré elle comme un enfant mort-né. Depuis quelques jours le bébé tressaille. Ses gestes commencent à m'intéresser. De toutes parts, affluent les idées qui viennent le nourrir et l'aider à se développer.

Courte cérémonie en Russie pour le deuxième anniversaire de l'accident du *Koursk*, dû, selon l'explication vraisemblable du rapport officiel, à l'explosion inopinée d'une torpille. Habituée à ses hautes responsabilités, la midinette de service à la télévision française, se lamente sur les familles qui n'ont pas le réconfort d'un procès et la condamnation d'un responsable.

Quand aurons-nous un procès de journalistes de la télévision accusés d'avoir provoqué, par leurs inepties, la mort d'un homme par crise cardiaque ?

Août 2002

Aucun mot dans ce journal de la toile de fond de ces vacances. Elle me place sous la férule de la cortisone, m'oblige toutes les quatre heures à ingurgiter un antalgique, me fait monter ou descendre marche à marche l'escalier de la tour, commande mes poses, allongé sur le lit, oblige Odile à préparer chaque matin le petit déjeuner. Et pourtant, je suis serein. Je refoule au 1er septembre les soucis qui m'attendent. La machine intellectuelle fonctionne. Sans bruit, comme une Rolls d'autrefois. Aucune angoisse devant la page blanche. La nuit m'a suggéré les lignes à écrire et, devant la feuille, j'oublie le temps. Une préoccupation pourtant, et de taille. Odile est dans les griffes de la dépression. Elle se bat avec son livre sur les addictions. Incapable de s'en détacher et incapable d'y croire. Doutant de chaque concept, voulant le creuser et le sentant se déliter sous ses doigts. Recherchant toutes les distractions qui peuvent l'éloigner de sa table de travail et revenant pourtant inlassablement à ses livres sur l'alcool ou la drogue. Haïssant les courses, la vie matérielle, rêvant de s'échapper, mais où ? A la fois affectueuse et absente, toujours prête à entendre ma voix dans la *Fête au bouc*, ce livre dur et nauséeux sur la dictature de Trujillo[47].

J'attends avec impatience l'arrivée cet après-midi de la famille Fernandez. Hier, ils étaient à La Rochelle et toute la journée je n'ai cessé de penser à eux, déambulant dans les rues de mon enfance, levant les yeux vers les fenêtres de l'appartement où je suis né. Qu'elle est poignante et ridicule cette chaîne de la vie qui eut pu me rendre amoureux d'une tondeuse mécanique si, jeune caneton abandonné, elle avait été le premier objet découvert par mes yeux.

Le Président de la République peut-il être mis en jugement pendant l'exercice de ses fonctions ? Et quand donc, un quelconque Arnaud de Montebourg ne demandera-t-il pas que Dieu soit mis en examen pour avoir toléré une catastrophe naturelle ? Responsable, mais pas coupable. Si j'avais l'âme d'un pamphlétaire, j'écrirais le compte-rendu d'un procès de Dieu, accusé d'avoir laissé se produire un tremblement de terre. L'accusé serait jugé par contumace avec un avocat commis d'office...

Dresde ajoute un chapitre à son martyrologe. L'Elbe, ce fleuve tranquille aux rives plates et à la surface sans ride, ce fleuve à la sagesse de premier communiant, a enflé comme un mauvais génie et ruiné tout sur son passage. Il a envahi la place de l'Opéra et le bâtiment lui-même, obligé à remonter les peintures du Zwingler. Il menace l'îlot de la ville historique, ce seul reste, fragile et pathétique, qu'a laissé l'incendie dévastateur des derniers jours de la seconde guerre mondiale.

---

[47] M. Vargas Llosa, *La fête au bouc*, Gallimard, 2002

Le silence. Une chaude après-midi d'été. Allongé sur le dos dans mon lit, j'écoute le silence. Le crissement de la couverture du livre qu'à côté de moi, Odile lit. Le claquement d'une fibre de bois qui casse. Le vrombissement lointain d'un avion en partance vers l'ouest. Le grincement d'une porte. Le zézaiement d'une grosse mouche. Les volets intérieurs tamisent la lumière et protègent la fraîcheur. Aucune urgence. Si je ne fais pas aujourd'hui ce que je dois faire, je le ferai demain et il ne sera pas trop tard.

Un autre silence aujourd'hui. Muet, l'orage se tapit sous le brouillard lourd, uniforme et gris qui étouffe les sons. La cruralgie ne me quitte pas. Absent, déprimé, je n'ai pas la force de profiter de la présence de mes petits-enfants. La maison est fermée. Le propriétaire a disparu.

Il reste quelques pages à écrire pour terminer la première ébauche de mon livre sur la démocratie. J'ai quitté la prospective pour le futurisme... Dangereux et arbitraire. A qui faire lire ce produit bizarre, non pour une critique trop facile, mais pour aider à progresser ? Longtemps, j'ai cru que mon point fort était l'intelligence. Aujourd'hui, je ne sais plus. Je pressens des évidences derrière des rideaux et me sens incapable de les mettre à jour.

Août 2002

Au Coisel depuis hier soir. Assommé de médicaments, alangui, je me sens étranger à cette maison et à moi-même. Dès que j'espace les antalgiques, la douleur me reprend, plus lancinante que violente.

Hier, en posant des questions, en corrigeant les chronologies, j'ai reconstitué l'itinéraire étonnant de mon beau-frère Philippe, 80 ans aujourd'hui, pendant la guerre. Français d'Égypte — son père était pilote à la compagnie du canal — il s'engage dans l'armée britannique au Caire à l'été 41. Après une formation sommaire, le voilà en Perse, près de la frontière soviétique ou afghane protégeant les convois de matériel militaire envoyés à Staline par les Alliés. Quelques mois plus tard, il se retrouve en Palestine au sein de la Légion arabe quand s'achève la lutte contre les Français du Général Dentz. Après la chute de la Tunisie, un convoi l'emmène d'Égypte en Haute-Écosse, à Inverness, pour y devenir parachutiste. Il s'entraîne dans un camp proche de celui d'une unité aéroportée américaine et d'une division de parachutistes britanniques. Il appartient à des équipes destinées à être larguées par petits groupes sur le continent. Le 12 mai 44, au milieu de brûlots d'accueil dont il ignore l'objet, il atterrit de nuit, avec dix huit camarades, près du Puy Marie. Ils se dispersent. Un autre et lui fournissent du plastic à un maquis d'ouvriers espagnols travaillant au barrage de l'Aigle. Puis la radio les envoie dans l'Allier pour aider au sabotage de lignes de chemin de fer, de là à Lyon où ils entrent en civil et doivent éviter que ne saute un pont -mais ils ne sauveront qu'une passerelle. Le 4 septembre, ordre de rejoindre Paris en s'approvisionnant en essence à des points tenus par des camarades britanniques. De nouveau l'Écosse dans une unité de formation de parachutistes. Crise de paludisme qui l'empêche de participer à Arnhem. Il se retrouve à Ceylan où il entraîne, toujours sous uniforme britannique, des civils français destinés à être parachutés en Indochine. Plutôt que de se lancer dans une nouvelle aventure que son père lui annonce comme perdue, il accepte d'être muté à Beyrouth dans un centre de renseignements sur les groupes religieux syro-libanais. Pour finir, il sera démobilisé au Caire. J'ai oublié de lui demander s'il avait une pension d'ancien combattant britannique... Il bourlinguera encore quelques années, puis mènera à l'UTA une vie de steward. Helmut Kohl m'a cité jadis le proverbe allemand : « les héros de guerre sont rarement des héros de paix. »

Le Coisel ? Une maison de retraite autogérée. Sept vieillards autour de la table de la salle à manger. Je ne dépare pas la collection. Bourré d'antalgiques, j'erre dans un état second, assurant mes pas de crainte que mon genou droit ne me lâche. Une dernière nuit, pleine de cauchemars. Dans le dernier, je me perdais dans un atelier où étaient stockées des machines faites de bois brut et de barres d'acier jaunes et rouges. Des images étonnantes d'intensité, de couleur, de précision et de complexité. Je ramassais dans la poussière un guide des établissements de réparation et de construction mécaniques en France, tentais de sortir par une allée creusée dans le sable dont l'orifice se fermait au fur et à mesure que j'avançais puis réussissais à m'évader à travers un chemin vers le CNAM où s'était déroulée la première partie de ce rêve.

Août 2002

Le gouvernement tablerait sur une croissance de 3% en 2003. Un chiffre déraisonnable. Comme celui de Fabius en 2002. Tout cela pour tenir les absurdes promesses du candidat Jacques Chirac et les engagements d'un pacte de stabilité ! Hier soir, j'imaginais une courte lettre manuscrite à Francis Mer pour le lui dire.

Je suis désaccordé avec l'Orchestre, qu'il soit français ou planétaire. Au sommet de la Terre, à Johannesburg, erreurs, inepties, utopies, phrases grandiloquentes, promesses illusoires se succèdent, les journalistes s'en donnent à cœur joie. J'imagine le discours d'un homme d'État responsable, à la tête d'un pays démocratique. Il montrerait ses marges de jeu réelles dans la configuration d'aujourd'hui. Un vent de fraîcheur soufflerait sur l'assemblée. Après la surprise, les délégués se sentiraient raffermis de voir crevée la bulle de l'hypocrisie.

A l'intérieur, le gouvernement Raffarin avance, masqué, cauteleux, sur le chemin étroit qu'il tente d'élargir en gonflant les prévisions de croissance, coincé entre les allégements fiscaux promis et les économies contre lesquelles se liguent déjà les syndicats de la fonction publique. « Supprimer un emploi public, c'est déjà faire un choix inadmissible de société » a annoncé une déléguée CGT des Finances ! Où va aller ce pays après l'échec de la deuxième présidence Chirac ?

Le rendement, en heures, d'un être humain est infime. Une fois enlevés le sommeil, les repas, les déplacements, les distractions, les flâneries, les bavardages, les week-ends, les vacances, que reste-t-il en moyenne par jour calendaire ? Huit heures chez les gros travailleurs, une à deux heures chez le commun des mortels, de 4 à 33%. Mon calcul n'a rien à voir avec un budget-temps. Il ne porte que sur les heures productives. Mais l'homme n'est pas une machine à vapeur. Et c'est en dormant que les créateurs ont souvent leurs révélations.

Septembre 2002

Un individu qui sait qu'il mourra dans un an, souffre-t-il plus ou moins selon qu'il sait qu'il sera seul ou que l'humanité toute entière disparaîtra en même temps ? Si l'espèce meurt, il aura la souffrance de l'extinction de la civilisation, mais le réconfort de ne pas être seul. J'appartiendrais plutôt au premier groupe, même si j'ai écrit : « Et si l'humanité disparaissait, aurait-ce de l'importance ? » (sous-entendu, « puisqu'il n'y aurait plus personne pour le regretter »).

Lors d'un enterrement, la poignée de terre que l'on jette sur le cercueil n'est-elle pas le symbole des petits secrets -amourettes, légères trahisons, minuscules larcins- ou des gros mensonges qui disparaissent avec le défunt ? Enfouis à jamais.

La cruralgie s'affaiblissant lentement et les contraintes professionnelles ne se mettant en place que l'une après l'autre, le retour à Paris n'a pas été la montagne qui m'effrayait. L'ébauche de *L'après-démocratie* vient d'être tapée. Elle est impubliable, mais offre l'ossature d'un livre qui se tiendra.

Irak à l'extérieur, réforme à l'intérieur

Septembre 2002

En dehors de la construction par l'équipe Raffarin d'un impossible budget et après un Johannesburg qui n'a pas été l'échec annoncé par une presse avide d'engagements chiffrés sans signification, la grande question du mois porte sur l'Irak. Il y a quelques minutes, nous avons écouté en direct, Odile et moi, sur LCI le discours de Bush à l'Assemblée Générale des Nations Unies : l'annonce d'un retour des USA à l'Unesco, le rappel de toutes les résolutions des Nations-Unies non respectées par l'Irak, l'énumération —

peu détaillée — des armes de destruction massive que détiendrait ou pourrait détenir l'Irak, l'évocation des principes fondateurs de la charte de l'ONU, l'affirmation de la nécessité d'une action par le Conseil de Sécurité.

L'affaire divise profondément les Européens. Blair s'aligne sur Washington. Schröder est hostile à toute intervention. Chirac veut faire bénir l'action par le Conseil de Sécurité. Nous voilà devant une bifurcation. Que l'on s'abstienne d'agir et que l'Irak devienne une vraie menace et les États-Unis, l'Europe et l'ONU se déconsidèrent. Que les États-Unis interviennent seuls et c'en est fait de la sécurité collective. Surtout si, devant l'insuffisance des preuves, les opinions publiques se dressent contre les Américains. Nous sommes face à un événement plus sérieux que le 11 septembre dont les médias ressassent l'anniversaire à longueur de journée.

L'Union Européenne va mal, le projet des fondateurs est en danger de mort. La Convention prépare un projet de traité constitutionnel, mais le risque est grand qu'il ne résolve rien. Les chefs d'État ne veulent pas perdre leur amuse-gueule de la politique étrangère. La Commission est le seul organe qui porte collectivement l'intérêt général de l'Union, mais elle est perçue de ce fait même comme opaque et autoritaire. Les forces centrifuges de l'intergouvernemental distendent progressivement la mécanique fédérative. L'alerte rouge risque de devoir être déclenchée dans quelques semaines.

Deux lectures en cours. Avec Odile : le *Voyage au bout de la nuit* de Céline que j'avais lu il y a longtemps. Sociologiquement, un ouvrage des années 30, avec son pacifisme, son anticolonialisme, son inquiétude devant l'industrialisation. Psychologiquement, le livre d'un homme cynique, malheureux, sans espoir, souvent méchant, rarement tendre. Littérairement, un style qui a de la force, des adjectifs qui surprennent, des formules qui ont la dureté de la pierre.

Seul, cette fois, la biographie de *Laval*[48] par Hubert Cole. Sa vie jusqu'au désastre de 1940 illustre bien et la dimension du personnage et ses failles fondamentales. A l'actif, la détermination, le courage, l'habileté manœuvrière ; au passif, la croyance aux compromis, le respect des rapports de force à court terme, la surestimation de ses capacités de négociateur, l'indifférence au soutien populaire, l'incapacité de travailler en équipe. Un patriote qui n'était pas fasciste et qui n'a pas compris qu'il devenait le bouc émissaire d'une société qui avait besoin de le tuer pour se purifier de la honte qu'il incarnait.

Quel surprenant personnage que ce Laval ! Pouvait-on plus que lui aimer sa patrie, comme un terrien, un propriétaire foncier. Il n'avait qu'un

---

[48] H. Cole, *Pierre Laval*, Fayard, 1964

objectif, défendre son champ, centiare par centiare, mais en ne rompant jamais devant la force. Persuadé que l'Allemagne gagnerait la guerre ou que les Anglo-saxons signeraient une paix de compromis pour éviter que l'Europe ne soit « bolchevisée ». Il avait sa tache aveugle : il ne comprenait pas la nature du régime hitlérien et qu'aucun accord n'était possible entre les démocraties et le national-socialisme. Il fallait d'abord abattre ce régime et démocratiser l'Allemagne et ce n'est qu'ensuite que la lutte serait ouverte entre l'URSS et l'Occident.

Autre erreur, il sous-estime le poids des mots et ne comprend pas qu'en déclarant souhaiter la victoire de l'Allemagne, il se fait l'ennemi de tous les Français. Il forme avec sa femme et sa fille Josée une famille unie, touchante, chaleureuse. Sa femme hait les Allemands, le met en garde contre sa politique, mais est incapable de le détourner de sa trajectoire. Sa fin fut tragique. Un procès inique : vingt-quatre jurés issus de la Résistance, vingt-quatre députés qui avaient à Clermont refusé les pleins pouvoirs au Maréchal. Les jurés l'injurient pendant le procès. On l'interroge sur des sujets secondaires comme son enrichissement (qu'explique son aptitude auvergnate à la gestion…). Mais le pire fut la fin. Il s'empoisonne au cyanure. Trop tard. Après dix-sept lavements, on le ranime, et on l'amène titubant au poteau d'exécution. L'ordre est venu du cabinet du général de le fusiller mort ou vif. Ignoble et pourtant il le fallait. Il devait être la victime expiatoire car il avait couvert, souvent en tentant de s'y opposer, des actions abominables et que réprouvait toute la société. Personnellement, il me dégoûtait avec son chapeau mou, sa moustache, sa cravate blanche, sa faconde de bateleur de foire, ses rouéries de parlementaire, sa foi stupide dans les tête-à-tête qui pourraient changer l'histoire du monde, la conviction aveugle de sa supériorité. Mais il n'était ni médiocre, ni dépourvu de tout sens des valeurs.

Octobre 2002

Je suis en manque. En manque de rédaction de mon journal. Ce que j'écris est institutionnel, conceptuel, souvent commandé. Le processus met en marche les roues crénelées du néo-cortex, permet de vérifier chaque jour leur bon état de fonctionnement — à quelques blocages près sur des noms qui fuient puis reparaissent à l'improviste — mais il évite soigneusement les zones floues de l'imagination des comparaisons qui surprennent, des associations qui émeuvent, des mots qui résonnent en profondeur, tels les gongs des tambours japonais. C'est tout cela que faisait émerger la rédaction d'*Un homme de notre siècle* et que je ne retrouve que dans ce journal. Avec intermittence.

Me voilà maintenant dans les *Mémoires de ma vie* de Giolitti[49], l'homme politique libéral italien qui a été presque sans discontinuer le président du Conseil au tournant du siècle. Je nage dans le parlementarisme, les alliances floues entre factions aux contours imprécis dans une Italie unifiée depuis peu et qui, au début du livre, n'a pas moins de six instituts d'émission et où les élections se font par clientélisme, amitiés locales, relations familiales plus que sur les programmes, mais une Italie que commence à secouer le mécontentement des ouvriers agricoles et les revendications du prolétariat urbain.

Encore quinze jours et va paraître, sous le titre définitif de *Leçons de microéconomie évolutionniste* ce livre collectif dont j'ai été l'âme pendant six ans et qui voit enfin le jour. Ce sera sans doute ma dernière contribution à la science économique.

Octobre 2002

Dans les revues économiques, l'usage se répand de féminiser les agents. Un jeune économiste naïf envoie son premier article qui est refusé. Il s'étonne : « Pourtant j'ai bien mis partout *she* ou *her* ». Dois-je préciser que cet usage me paraît ridicule. La cause des femmes ne gagne rien à ces gamineries.

En vieillissant, on apprend à vivre en système dégradé, comme si l'électricité n'était pas allumée dans toutes les pièces. Une partie de vous somnole tandis que l'autre, parfaitement active, rédige un texte ou lit.

Affublé de myopie et de presbytie à l'œil gauche, d'un glaucome à l'œil droit, ma vue se diversifie. Tantôt, je lis sans lunette dans la lumière, l'œil droit fermé, en modifiant parfois les mots, tantôt, toujours sans lunettes, je reconnais les objets d'une pièce à leur tache colorée plus qu'à leur forme avec de temps en temps des surprises, tantôt j'ai la joie d'être à la bonne distance pour découvrir avec précision les visages ou les arbres. Mais je perds le sens des profondeurs et la descente d'un escalier exige que je m'assure de la première et de la dernière marche, révélant à tous les présents mon infirmité. Autre désagrément : ne reconnaître que fort tard une personne qui vient à ma rencontre, bien après qu'elle m'ait éventuellement adressé un sourire. Ainsi, je me sens entre la netteté et l'incertitude. Un handicap modeste car le regard continue à m'apporter le savoir et l'émotion des livres, l'humanité des êtres, la fraîcheur des jeunes femmes, la clarté des mots que j'inscris sur le papier.

Court voyage à Delhi pour prononcer la conférence finale d'un colloque sur la régulation des systèmes électriques. Vols sans histoire.

---

[49] G. Giolitti, *Mémoires de ma vie*, Plon, 1923

Avions à l'heure. Départ vendredi matin. Retour dimanche matin à six heures. Un ciel rendu brumeux par la pollution. Des autoroutes chargées, encombrées de vaches, de chiens, de passants, de cyclistes, de camionnettes à trois roues, un hôtel Intercontinental sans la moindre trace d'indianité, à part la présence d'Indiennes au nez court et au visage doux, se tenant droites dans leur sari multicolore dont sort un pantalon étroit qui tombe sur leurs chaussures à semelles compensées. Déjeuner à l'ambassade avec quatre ou cinq Indiens, journalistes économiques ou directeurs d'instituts. (Une surprise : la diversité de leurs habits, pantalon sombre et chemise blanche à col ouvert à l'européenne, costume crème dont la veste s'achève sur un col officier, pantalon gris avec une chemise boutonnée sur le même ton, un ensemble aux couleurs mélangées comme les saris de femmes). Un échange de vues intéressant sur les problèmes indiens et français. Ils envisagent une croissance de 5% qu'ils jugent trop faible. Les services se développent, mais l'industrialisation est insuffisante et l'agriculture n'évolue pas assez vite. Un grand défi : le déficit (gouvernement central et États) atteint 10% et la dette 70% du PIB. Est-ce tenable ?

J'ai presque terminé les *Mémoires* de Giolitti. Un texte beaucoup plus intéressant que je ne le pensais. Certes, le style est plat, mais l'analyse du parlementaire italien est fine et surtout la description des relations avec la Turquie passionnante. On voit naître aussi l'antagonisme croissant entre l'Autriche et l'Italie, en dépit du rôle régulateur de l'Allemagne. On mesure la vanité des ambitions autrichiennes vers les Balkans et combien Bismarck en faisant l'unité allemande et en rejetant l'Autriche vers le sud-est l'a conduite à sa perte. Giolitti décrit des incidents liés aux guerres balkaniques où sa prudence a évité à l'Italie de mettre le doigt dans des engrenages dangereux, mais alors l'Allemagne avait eu un rôle modérateur. Il n'en sera plus de même lors de l'assassinat de François-Ferdinand.

Jacques Lesourne et l'informatique : il a joué un rôle décisif dans le lancement du mot. Il a combattu pour promouvoir la notion. Il a dirigé un temps la première société de service du domaine. Et le voilà l'un des derniers à posséder un ordinateur chez lui. Pendant des années, il a vécu sans e-mail, ni internet et depuis qu'un Compaq trône sur une console dans son bureau, que d'ennuis. Il a suivi un cours par correspondance, il n'en a rien tiré. Il a découvert ce monde du service informatique, ce monde cloué sur sa chaise, anonymement caché derrière des téléphones codés, qui vous demande qu'elle est la panne alors que c'est son travail de la détecter. Il est entouré d'amis qui lui proposent de l'aider. Il répond en souriant qu'il fera appel à eux, mais n'en fait rien. D'où vient cette étrange attitude ? Sérénité ? Attachement conservateur à la plume ? Perte de la capacité d'apprendre ? Orgueil ? Ironie devant le décalage entre les professions de foi de jadis et l'inadaptation présente ? Honte d'un retard tellement humiliant qu'il ne devient supportable qu'une fois transmué en gloriole ?

Trois découvertes chemin faisant : en informatique, la qualité des services est déplorable, pire qu'en plomberie ! Et nous revivons le mythe de la tour de Babel. Un signe qui manque et deux ordinateurs ne se comprennent plus. Enfin, il va falloir inventer une sécurité sociale pour ordinateur car il leur faut prendre régulièrement leurs antibiotiques contre les virus ...

Octobre 2002.

Je découvre — avec retard — un trait de caractère, pourtant évident, de notre Président : l'entêtement. Qualité quand la cible est raisonnable, incontestable défaut quand elle est mal choisie. Entêtement pour que Trichet succède à Duisenberg. Entêtement pour faire aboutir le fichu traité de Nice. Entêtement sur la PAC. Entêtement pour gagner les campagnes électorales. Entêtement pour tenir tête à Bush quant à la résolution de l'ONU sur l'Irak. Une magnifique perceuse, mais qui en tient le manche ? Mal orientée, elle peut faire des dégâts. Et quant aux problèmes qui ne relèvent pas de la perceuse !

Novembre 2002

Retour de deux jours à Tunis. L'ambassadrice m'avait invité au nom du Rassemblement Constitutionnel Démocratique (un intitulé si étrange que sa langue avait trébuché en le prononçant), le parti unique du Président, à un colloque sur les nouveaux équilibres géostratégiques. Après quelque hésitation, j'avais accepté pour voir. L'avant-veille du départ, je dois réclamer les billets d'avion qui dormaient à l'ambassade de Tunisie. Classe touriste. A l'arrivée, salon d'honneur. Conduite à un hôtel luxueux et grandiose. Je me dis : un excellent lieu pour parler de la faim dans le monde. J'essaie d'avoir des précisions : demain matin, huit heures et demie, une cinquantaine de personnes, on me remet un programme où ne figurent que les noms des deux conférenciers principaux de chacune des trois séances. Je ne figure nulle part et il n'y a aucune liste de participants. Léger malaise d'humiliation que je combats par l'indifférence. Que font-ils des trois pages qu'ils m'ont demandé et fait traduire ?

Le lendemain veston-cravate ou chandail et col ouvert ? Méfiant, j'opte pour la première solution. Bien m'en prend. La foule, car foule il y a, est sur son trente-et-un. Les hommes en costume sombre et cravate, portant beau et sûrs d'eux-mêmes, les femmes, maquillées, en tailleurs BCBG. Première séance : trois cents personnes sur des rangs de chaises serrées : ministres, ambassadeurs invités (une vingtaine), hauts fonctionnaires, membres du parti, toute la Tunisie officielle est là, à écouter le message du Président Ben Ali lu par le vice-président du Parti. Je me dis tout bas : « Si Odile me demande ce que je fais à Tunis, je répondrai : de la sociologie politique ». Le lendemain, la presse reproduira la déclaration officielle qui rappelle la position tunisienne sur les thèmes du moment. Trois quarts d'heures d'interruption : on remet les chaises en place !

Changement de décor. Sur un côté, la grande estrade des autorités. En face, serrés les uns contre les autres autour d'un grand rectangle, les participants avec leur nom en écriture latine ou en arabe selon leur nationalité. Impossible pour moi de savoir comment s'appellent mes voisins. Qu'importe, je suis un anonyme. Tout autour derrière nous, plusieurs centaines d'auditeurs achèvent de garnir la salle et complètent le sentiment d'oppression. Contre un reçu — j'en signerai trois au cours du séminaire — une souriante tunisienne me remet un appareil pour écouter la traduction en français des discours en arabe.

Premier intervenant : Primakov, l'un des anciens Premier ministres d'Eltsine. Le thème ? Lutter contre ce phénomène mondial qu'est le terrorisme, arrêter la politique d'occupation d'Israël, ne pas déstabiliser le Moyen-Orient, ne pas accepter un système unipolaire dominé par les États-Unis. Puis vient un ministre tunisien chargé de l'enseignement supérieur. Un hymne à la gloire de Ben Ali, mais organisé intelligemment autour des mutations, des menaces et de la complexité des réactions dans le monde actuel. Puis apparaît sur la scène un personnage imprévu : le secrétaire général de l'Union du Maghreb arabe. Un mélange incohérent de lieux communs erronés. Ne suggère-t-il pas l'enchaînement : bipolarité, chute de l'URSS, unipolarité, puis mondialisation et accroissement des écarts entre riches et pauvres ! Veulent-ils ressusciter Staline ?

Voici venu le tour des autres orateurs qui parlent de leur place quelques minutes chacun : Ziouganov, le chef du parti communiste russe qui parle comme si la Russie allait retrouver le rôle de l'URSS ! Une femme du parti communiste chinois qui lit en mandarin un texte de convenance qu'un de ses collègues répète en arabe, un sénateur algérien, un membre de la gauche italienne, de Michelis, l'ancien ministre du travail italien, le seul à soutenir les États-Unis,... le temps passe. On me donne la parole, le dernier de la matinée. Lire mon texte serait absurde. Je repars des griffonnages faits en cours de séance : « Parlant à titre personnel, je ne représente qu'un six milliardième de l'humanité. Il n'y a pas de nouveaux équilibres géostratégiques (le titre du colloque), mais une longue transition. La mondialisation est plurielle, non contrôlée et sa forme future n'est pas déterminée. Les gouvernements et les marchés n'évoluent pas à la même vitesse. Internationalisation du terrorisme et diffusion des armes de destruction massive : un vrai danger. Puis j'ai abordé des points de prospective plus particuliers : le ralentissement de la croissance de la population, la place future de la Chine et de l'Inde, la dérive de la Russie vers l'Occident, les problèmes européens, l'ambiguïté des relations USA-Arabie

Saoudite. Pour conclure sur cette banalité : chacun de nous a, peu ou prou, un effet sur la forme de la mondialisation ». De toute manière, je n'attachai pas grande importance à mes propos. Des deux autres séances, je n'ai gardé que des images : au Proche-Orient, on commence les discours : « Au nom de Dieu, le miséricordieux,... » Un professeur égyptien a disserté sur la souveraineté et l'unipolarité (je pensais : que ferait Moubarak sans l'aide financière américaine), un ministre tunisien a repris les rengaines sur le tiers-monde (qui en tant que tel n'existe plus)... Seul discours de qualité : le message de l'émir Hassan de Jordanie lu par un ancien premier ministre de ce pays.

Une promenade dans le charmant village blanc et bleu pâle de Sidi Bou Saïd et je suis arrivé à Paris épuisé après trois heures d'attente à l'aéroport de Tunis. J'ai participé, témoin mineur, à un théâtre politique monté par le parti à la gloire du Président.

Dans l'avion, assis à côté d'un chef d'entreprise tunisien, j'ai entendu parler de l'autre face du régime : la corruption de la famille, la police, l'écartement discret des opposants, l'apathie de la population. Il faut l'avouer : la croissance économique est sensible, il n'y a pas de pauvreté extrême, sauf dans les villages reculés, la position des femmes est significative, l'éducation de qualité. Le pays serait prêt pour la démocratie. La classe moyenne y aspire. Ben Ali, un Franco de la dernière période ?

Novembre 2002

Les leçons de microéconomie évolutionniste sont parues. Un format un peu plus proche du carré que le format normal. Une couverture orange pâle tirant vers le jaune. Une mise en page agréable. L'ouvrage paraît plus mince que je ne m'y attendais. L'aboutissement d'un long chemin. Le résultat ? Inégal, mais honorable. Nous verrons l'accueil qui lui sera réservé.

VGE dans un article du *Monde* ferme à la Turquie la porte de l'UE. A qui doit-on ce problème sinon à lui qui a fait admettre la Grèce et à ses successeurs qui ont cultivé l'ambiguïté. Les Turcs ont voté pour un parti islamiste modéré. Nous aussi avons eu notre MRP, mais peut-on accueillir 100 millions d'individus d'une autre culture en Europe ? Sur un autre point, les Turcs ont raison : ils devraient pouvoir annexer la partie orientale de Chypre avant l'entrée de la partie occidentale dans l'Union. Comment trouver une issue à ce problème d'une extrême gravité pour l'avenir de l'Europe ?

Le Conseil de Sécurité des Nations-Unies s'est enfin mis d'accord sur une résolution concernant l'Irak. Saddam a dû accepter après un dernier pied-de-nez qui a consisté à faire refuser le texte à l'unanimité de son Parlement. Cet homme va achever sa vie dans un brasier final, héros de l'histoire arabe, pensera-t-il. Il commettra l'ultime pitrerie qui permettra à Bush de ne pas laisser inutilisée la concentration militaire qu'il a massée dans le Golfe. Entre l'Allemagne qui s'est détachée des USA, le Royaume-Uni qui a collé à l'Amérique et la France qui a lutté pour l'encadrement d'une intervention dans une double décision de l'ONU, l'Europe n'a pas été aussi écartelée depuis longtemps. Le rêve européen sera-t-il comme ces fleuves qui achèvent leur vie en s'embourbant dans un désert ou en se dispersant dans d'inextricables marais. L'heure viendra-t-elle de la nécrose de cette grande ambition de ma génération ?

Avec son béret et sa baguette tel que l'imagine Plantu, Raffarin ne semble vibrer que pour la décentralisation. Pour moi, le problème est ailleurs. Il est celui de la réforme de l'État. Si la décentralisation est bien menée et aide à dégraisser et redéployer l'État, parfait. Si elle conduit à des doublons et à l'accroissement du nombre des fonctionnaires régionaux sans baisse supérieure des effectifs parisiens, elle engendrera des lourdeurs supplémentaires.

Je lis les deux tomes des *Souvenirs de guerre* de Ludendorff[50] qui, sous la férule d'Hindenbourg commande l'armée allemande en 1917-18. Curieusement, il raconte très mal les opérations militaires, propose des cartes peu claires. Il est meilleur dans le récit des relations internes entre autorités allemandes, dans la description des difficultés du bloc germano-autrichien. Mais quel nationalisme paranoïaque. Il perçoit l'Entente comme surpuissante, comme acharnée à la destruction de l'Allemagne, comme ayant scandaleusement recours à l'arme du blocus. En lisant ce livre, on perçoit l'ampleur des idées fausses qu'entretenaient les uns sur les autres les divers belligérants. Les Français vivaient dans l'admiration de l'organisation allemande. Certes, les soldats d'Outre Rhin ont été d'extraordinaires combattants, le corps des officiers et des généraux d'un professionnalisme exemplaire, mais que d'erreurs au sommet dans la conduite de la guerre. Quant à Guillaume II, il n'avait rien du matamore que nous en avons fait. J'ai noté au passage ce qu'écrit Lüdendorff sur le grand duc Nicolas Nicolaïevitch : « Un soldat et un chef ». Quelle idée absurde de Nicolas II de prendre sa place !

Je cerne mieux le personnage : persévérant, tenace, efficace dans la guerre, obsédé de nationalisme, au bord de la manie de la persécution, étroit en politique, mais conscient de toutes les dimensions du conflit. Il ne peut pas souffrir le chancelier Bethmann-Hollweg, partisan d'une paix de conciliation. Il veut coloniser l'Alsace-Lorraine, cette terre allemande, demande que l'on joue la carte lithuanienne contre une Pologne qui ne sera jamais fiable, sent l'Allemagne menacée dès que l'Autriche envisage d'étendre son influence en Pologne, est persuadé que l'Allemagne est victime

---

[50] Général Ludendorff, *Souvenirs de guerre*, Payot, 1931

d'une guerre d'agression de l'Entente qui recherche sa destruction. Il voudrait que soit créé un vaste organisme de propagande pour lutter contre l'action de l'Entente qu'il juge bien coordonnée et très professionnelle. Il accuse le blocus d'être immoral et de condamner l'Allemagne à la famine. Une phrase m'a stupéfié : il attribue à l'Entente la Révolution de février 1917 en Russie, les Occidentaux ayant voulu se débarrasser du tsar ! Hindenburg paraît en ses mains une marionnette, même s'il écrit souvent : « le feld-maréchal et moi ». De Guillaume II, il parle respectueusement, mais en donne une image falote et lointaine. Que tout cela est loin des images d'Épinal de mon enfance. Il va de soi que ses commentaires sur 1916 et 1917 préparent la thèse d'après-guerre : l'Allemagne n'a pas été battue militairement, son armée était la meilleure du monde — ce qui est sans doute exact — mais politiquement, minée de l'intérieur, n'ayant pas la chance d'avoir des « dictateurs » comme Clémenceau ou Lloyd George. Par comparaison, les *Mémoires* de Foch irradient la lumière. Quelle différence de qualité humaine entre ces deux hommes, même si Ludendorff, il faut lui rendre cette justice, n'est pas indifférent au sort de ses soldats.

Lorsque Ludendorff aperçoit à l'automne de 1917, après la révolution d'octobre, la possibilité d'une concentration allemande à l'ouest et d'une victoire avant une présence américaine notable, il énumère les besoins de l'Allemagne pour sa sécurité dans le cas d'une paix de conciliation sans annexions : une Belgique liée économiquement à l'Allemagne, la Lituanie et la Courlande sous une dynastie de la famille des Hohenzollern, l'annexion d'une partie de la Pologne pour protéger la Prusse dans le cas où l'Autriche-Hongrie aurait la Pologne sous son influence. Dans son univers, les autres nations n'existent pas : « Toute vie humaine est, sous une forme réduite, un combat ; à l'intérieur des États, les partis luttent entre eux pour obtenir le pouvoir ; de même les peuples dans l'univers et il en sera toujours ainsi. C'est une loi de la nature. L'éducation et une morale plus élevée de l'humanité peuvent tempérer la lutte pour le pouvoir et la violence des moyens ; mais elles ne les excluront jamais, car c'est contraire à la nature de l'homme, et finalement à la nature elle-même. Si ce qui est fort et bon, n'est pas vainqueur, alors ce qu'il y a de bas dans la nature humaine l'emporte, jusqu'à ce que d'autres forces se dressent et le combattent pour empêcher tout ce qu'il y a de noble de succomber. Mais ce qu'il y a de noble ne peut vivre qu'avec le concours de la force ».

J'ai découvert à *L'Âge d'homme* la traduction d'une sorte d'autobiographie de Saltykov-Chtchedrine : *Le bon vieux temps*[51]. La vie des petits hobereaux de province sous Nicolas Ier. Un père vieux et inexistant. Une mère beaucoup plus jeune, dure, avare, autoritaire, mais excellente

---

[51] M. Saltykov-Chtchedrine, *Le bon vieux temps*, L'Âge d'homme, 1997

gestionnaire du domaine. Une ambiance âpre, sévère, sans joie. Autour des nobles, la nuée des serfs, domesticité proche ou paysans des villages voisins. Le niveau de vie des seigneurs dépend de leur capacité à diriger et du nombre « d'âmes » dont ils disposent.

Jamais, avant ce livre, nous n'avions pénétré aussi profondément dans la vie russe du milieu du XIXe siècle avant l'abolition du servage. Quelle galerie de personnages odieux ou pitoyables, presque tous médiocres, à la vie scandée par les saisons, les rites pour marier les filles, les fêtes religieuses, la succession de ripailles et de jeûnes, le passage constant de la fainéantise au travail de garde-chiourme... Cette situation semble devoir durer toujours lorsqu'arrive — à la grande surprise des hobereaux — le cataclysme de la suppression de l'esclavage.

Novembre 2002

J'écris mon livre sur *L'après-démocratie*, rebaptisé *Démocratie, marché et gouvernance, quels avenirs ?* De petites séances courtes entremêlées de coups de téléphone, de rendez-vous — ou de fatigues. Impression d'être un vieux gratte-papier qui, un œil fermé et l'autre près de la feuille, gribouille dans une écriture de plus en plus déformée, des pensées solitaires, élaborant pour lui-même des constructions intellectuelles avec des allumettes d'idées.

Novembre 2002

Retour inattendu de la cruralgie. Avec violence. Assis, couché, je ne sens rien. Debout, vingt mètres et la jambe droite me fait atrocement souffrir. Le Lindilane ne semble faire aucun effet. Jeudi soir, revenant d'une conférence à Meaux, j'ai cru, Gare de l'Est, ne pas réussir, malgré de fréquents arrêts, à aller du train à la station de taxis.

Tandis que je parlai d'« Éducation et de Culture demain », je m'interrogeais sur l'environnement que je souhaitais au moment de ma mort. Pas de bruit, du silence, pas la vue d'un tableau célèbre (je fermerais les yeux), pas de lecture d'un poème romantique, pas de Beethoven — un alcool trop fort, peut-être « La jeune fille et la mort de Schubert », surtout un dialogue à mi-voix avec Odile et chacun de mes enfants et petits-enfants. Un rêve, cela ne se passe ainsi que dans les romans et les films, autrefois.

Progrès dans mon livre. A la trilogie « État, société, civilisation », j'oppose la trilogie « démocratie, marché, gouvernance ».

Décembre 2002

La construction européenne m'inquiète. Les peuples deviennent indifférents, les hommes politiques ne sont que de petits usuriers qui défendent leur magot avec avarice. VGE, dit-on, conduit de main de maître la Convention, mais nul ne sait où il va. Il roule tous feux éteints m'a dit Bourlange. Prodi a préparé dans le secret un projet complet de constitution. Giscard est furieux et vexé. La Turquie entrera, c'est maintenant certain. Giscard a écrit un article violent pour s'y opposer. Un comble. C'est de sa faute. Je l'ai dit et répété depuis qu'il a œuvré pour que la Grèce entre dans la CEE. Athènes dans l'Europe au nom de Platon et d'Aristote, c'était mettre Bruxelles dans l'incapacité d'arbitrer les problèmes de la Méditerranée Orientale. Les Britanniques ont gagné. Comme destructeurs, ils ont du génie. Le rêve européen va s'effondrer comme un soufflé et se ramener à une zone de tranquillité et de commerce libre, tout juste bonne à se laisser traire comme une vache pour aider par pitié un monde qui sera construit par d'autres.

Décembre 2002

Le 11, journée commune des académies des sciences et des technologies sur la prospective dans ces domaines. J'ai fait l'introduction. Un propos sobre, précis et modeste qui a été bien accueilli, puis vingt cinq minutes de conclusion en fin d'après-midi. Personne n'a évoqué le terme de scénario ! Conférence de bonne tenue, mais deux biologistes se sont bornés à parler de leurs travaux en oubliant le thème ! Tous ces éminents collègues ne sont pas encore à l'heure des avenirs pluriels.

Odile et moi lisons *Les corrections* de Franzen[52]. Les USA d'aujourd'hui après la Russie des tsars. Un des dix livres qui resteront du XXIe siècle, a osé pronostiquer le New York Times ! Le premier chapitre a sonné juste : un couple de vieux parents, Alfred et Enid dont la tendresse qui les lie autorise toutes les chamailleries et les rancœurs du quotidien et transforme la femme en guérillera domestique, débarque à New-York chez l'un de leurs fils, célibataire, en accumulant inconsciemment toutes les remarques blessantes ou possessives, de la critique du pantalon de cuir à l'évocation des anciens amis qui ont réussi. Sans se rendre compte que l'amie du fils est en train de le plaquer ajoutant au désastre de sa vie professionnelle. Et le fils de son côté percevant ses parents comme de vieilles porcelaines à protéger. Mais nous ne sommes qu'au début du roman.

Sommet européen de Copenhague. Bush est intervenu pour inciter l'Union Européenne à accepter la Turquie. J'étais furieux. De quoi se mêle-t-il ? Peut-on avoir moins de tact. Cela étant, la première erreur venant de Giscard, la Turquie va entrer dans l'Union Européenne. La Convention va échouer. J'ai envie d'écrire dans *Futuribles* un texte sur *la mort du rêve européen*. Certes, l'Europe nous aura apporté la paix et la prospérité

---

[52] J. Franzen, *Les corrections*, L'olivier/Le Seuil, 2002

économique, mais elle n'aidera en rien à la résolution des problèmes de demain. Qui écrira *Clochemerle à Bruxelles* ? Les intérêts mesquins, les procédures d'une bureaucratie étriquée, la frilosité des petits États, l'égoïsme des chefs d'État qui ne veulent pas de *capitis diminutio* assurent l'incapacité de décider.

Quant au gouvernement Raffarin, il ne sait pas où il va avec sa décentralisation. Ma crainte ? L'accroissement du coût de gestion de la société française, sans véritable amélioration des services rendus.

En lisant un passage de *La Russie en guerre* d'Alexander Werth[53], je lis le bref récit d'une conversation entre l'auteur et Litvinov lors d'une réception à l'ambassade d'URSS à Moscou en 1944 et je me demande aussitôt : qu'est devenu Litvinov ? Je me précipite sur le Larousse : il est mort, dans son lit, semble-t-il, comme vice-commissaire aux Affaires étrangères en 1951. L'anecdote m'a révélé l'une de mes curiosités constantes : alors que l'Histoire projette une lumière violente sur les hommes de pouvoir tant qu'ils sont au sommet, elle les rejette brutalement dans le noir dès qu'ils quittent les hauteurs. Or, je me demande toujours d'où ils venaient — ce qui est banal — et ce qu'ils sont devenus — ce qui l'est moins. Quelle diversité ! Il n'était pas évident que Staline épargnerait Litvinov. Peut-être l'a-t-il fait pour sa réputation internationale ? Horthy a eu la chance d'être libéré par les Américains et a pu tranquillement terminer ses jours au Portugal. Le destin des anciens collaborateurs français a été fonction du nombre d'années pendant lequel ils se sont faits oublier. Laval eut peut-être échappé à la mort s'il avait quitté l'Espagne pour l'Irlande. Déat est mort tranquillement, si je me souviens bien, dans un monastère italien. Rydz-Smigly, le général en chef polonais de 1939 s'est réfugié en Roumanie où il est décédé en 1941. Après ces vies publiques, glorieuses, banales, honteuses, des « après-vies » tragiques ou paisibles, dignes ou misérables, courtes ou longues. Il y aurait un livre à écrire sur les déclins dans l'ombre des leaders de l'Histoire.

« Ma petite Clémentine, si tu lis un jour mes mémoires, peut-être auras-tu un pincement au cœur en découvrant qu'après un long passage sur Basile et quelques lignes sur Mirabelle, tu n'es mentionnée que dans une courte phrase : 'Enfin, vint Clémentine...' Il faut que tu saches que le livre était terminé avant ta naissance et que c'est en corrigeant les épreuves que j'ai pu ajouter cette courte phrase pour que ton nom figure dans le texte. Je n'ai pas eu avec toi — du moins jusqu'à aujourd'hui — les longs moments d'intimité que j'ai eus avec Mirabelle et surtout Basile, mais je n'ai cessé de t'observer avec tendresse, captivé par ton allure décidée, ta maîtrise du langage, ta facilité à t'amuser seule, ton mélange d'activité et de calme. Tu

---

[53] A. Werth, *La Russie en guerre*, Stock, 1964

tendais ton museau pour m'embrasser avec gentillesse comme une chose qui va de soi au sein d'une famille. Tu parlais au téléphone comme une grande et appelais toujours 'Moune' que tu avais adoptée et je m'en réjouissais car, sans le savoir, tu l'aidais à cautériser des plaies, mais j'eusse été prêt à recevoir un grain de considération en plus. Mais, ne te méprends pas sur cette allusion. Chacun de mes trois petits-enfants m'a comblé ».

Décembre 2002

Le dernier fruit de mon imagination en me rasant ce matin. « Que voudriez-vous devenir ? » — « Président de la République ». Sourire. « Pourquoi ? » — « Pour faire les réformes indispensables, les rendre irréversibles » — « Et après ? » — « Dans le chaos transitoire qui suivra, je serai assassiné par un militant de la fonction publique ; l'apothéose. »

LA FRANCE ET LA RÉFORME

Lorsque vers 1960 j'ai découvert l'Ancien régime et la révolution, j'ai été frappé de constater combien la France de la deuxième moitié du dix-huitième siècle telle que la décrivait Tocqueville cent ans plus tard ressemblait à celle qui m'entourait : un pays qui avait besoin de réformes que l'exécutif n'arrivait pas à faire à cause de la résistance des corps intermédiaires ; un courant qui ne passait pas entre une administration centrale éclairée et les nombreux réformateurs instruits qui, dans quelques années, allaient s'asseoir sur les bancs de l'Assemblée constituante. Avec l'épisode tragi-comique du Parlement conservateur et rebelle éloigné par Maupeou et rappelé par Louis XVI à la grande joie des Parisiens qui croient y voir un pas vers la liberté et à l'inquiétude de l'ambassadeur d'Angleterre qui se demande si le règne de ce roi ne finira pas mal. Une fois balayé le pouvoir royal, les réformes se feront de 1789 à 1791, puis pendant le Consulat de 1801 à 1803, la période entre ces deux courts épisodes n'ayant guère laissé que des mythes. Et si au début du XIXe siècle, l'aggiornamento économique et social est achevé, il faudra soixante-dix ans et quatre révolutions en 1830, 1848, 1851 et 1870 pour que s'effectue la mise à jour du système politique.

Mystère de l'histoire longue : les décennies françaises depuis 1930 connaissent les mêmes soubresauts, avec des réformes retardées et à contretemps.

Un premier exemple : impossible jusqu'en 1940 de réformer une Constitution qui permet à la Chambre et au Sénat alternativement de fusiller des gouvernements pour des peccadilles alors que s'assombrit le ciel européen. Les seules réformes seront celles du Front populaire qui auraient dû être faites un quart de siècle plus tôt ou repoussées à cause de la menace allemande.

La défaite, l'Occupation et la Libération vont permettre trois séries de réformes : la première ratée, l'adoption de la Constitution de la IVe République, la seconde réussie, l'instauration de l'État-protecteur, la troisième utile, la plupart des nationalisations. La partie socio-économique des réformes suffit pour que la France s'insère dans le courant de la croissance, mais l'échec constitutionnel rendra l'Assemblée nationale incapable de gérer la décolonisation et il faudra la quasi-révolution de mai 1958 pour ouvrir une nouvelle ère de réformes marquée par l'adoption d'une nouvelle Constitution ! Après la peur que ressent la majorité du pays au cours de l'accès de fièvre de 1968, le désir de repli et de conservatisme reprend le dessus, de Gaulle est renvoyé et, face à un contexte intérieur et extérieur profondément changé, la France se débat dans le chômage et l'inflation.

Mais le paradoxe de cette décennie soixante-dix est qu'une partie de l'électorat rêve du pays socialiste que la continuation imperturbable de la croissance devrait, à ses yeux, permettre de construire. Et l'arrivée au pouvoir de François Mitterrand déclenche une vague de réformes à contretemps. On étend le champ des nationalisations, on abaisse l'âge de la retraite, on réduit la durée du travail. Un vent de folie, bien sympathique, souffle deux ans sur l'Hexagone. Un observateur sur Mars cherche dans le dictionnaire quel peut être le nom du petit pays qui s'agite à contretemps : Monaco ou la France ? La raison revient : marche arrière minimale, puis au gré des majorités, on ajoute des réformettes tantôt vers la droite, tantôt vers la gauche. Un mouvement erratique dont la seule composante durable sera celle des privatisations.

Puis nos hommes politiques joueront, tels des musiciens du XVIIIe, de nombreuses variations sur le thème de la Réforme : « Réformons, réformons,... mais pas plus loin ». (Cette comparaison avec la musique de chambre n'est pas bonne. J'aurais mieux fait d'évoquer les carabiniers d'Opéra faisant du sur place en criant « Avanti ! »).

Un concours de circonstances — d'ailleurs mal interprété — conduit Jacques Chirac à la Présidence avec près de 80% des voix. Il a la majorité à l'Assemblée et au Sénat. L'autoroute des réformes est ouverte. L'Europe entière a le regard fixé sur le Chanteclerc boiteux qu'est une France suivant en maugréant le peloton des volailles européennes. Mais, prudence, prudence... Président échaudé craint l'eau froide. Puisque l'on tient le Parlement, c'est de la rue qu'il faut avoir peur. Et quand on ne retire pas les projets, on additionne les textes de loi vidés de leur substance. Comme au temps de Louis XVI, voici la France encalminée.

Encalminée dans l'opulence, mais alourdie par un déficit qui gonfle la dette et engluée dans une croissance faible. Insouciantes, les générations actuelles transfèrent les charges sur les épaules de leurs peu nombreux descendants. Et comble de malchance, pas la moindre menace extérieure pour nous régénérer !

Année 2003

De Ludendorff à Thomas Mann et à Lloyd George

Janvier 2003

Suite de la lecture des *Corrections*. Des longueurs, mais à travers cette famille — les parents Alfred et Enid du Midwest, le fils, banquier, sa femme et leurs trois garçons, l'autre fils, l'intellectuel qui va à la dérive, la fille à demi lesbienne et génie de la cuisine — c'est tout le malaise de la société américaine d'aujourd'hui qui émerge page après page. Des dialogues vrais. Des seconds rôles convaincants. Des situations tragiques dans le quotidien.

Renaud m'a offert pour Noël le *Journal* de Thomas Mann[54]. Deux tomes : 1918-39, 1940-1955. En cet automne de 1918, on y retrouve le temps, les promenades avec le chien, les soirées à l'Opéra, les réactions des critiques aux *Considérations d'un apolitique*, le sentiment que l'Allemagne a été flouée par l'Entente alors qu'elle a été digne tout le long de la guerre, la souffrance de la perte de l'Alsace, la résignation devant le triomphe de la révolution à Munich. Je mesure à quel point Français et Allemands ne pouvaient pas se comprendre tant leur interprétation du passé et leurs visions du monde différaient. Une situation que je décrypte encore, mais qui est indéchiffrable pour mes enfants. Aussi indéchiffrable qu'un texte écrit dans une langue inconnue.

J'ai terminé le chapitre 4 de mon livre, « Dynamiques lentes et dynamiques rapides », réorganisé la suite qui traite de la prospective. Lentement, la mayonnaise prend, les idées se mettent en ordre, mais que ce sera ennuyeux pour un lecteur. Conceptuel, besogneux, style lourd. Plus près des *Systèmes du destin* que des *Mille sentiers de l'avenir*.

Pour *Futuribles*, je dois écrire la critique du livre de Michel Godet, *Le choc de 2006, pour une société de projets*[55]. J'ai de plus en plus d'affection pour Michel Godet, de la sympathie pour le personnage, sa fougue, son imagination, son non-conformisme, ses formules brillantes, mais je ne m'habitue pas à ses affirmations parfois douteuses, à ses raisonnements approximatifs, à ses développements mélangeant des ingrédients divers, même si, dans la plupart des cas, je partage l'essentiel de ses opinions. Le livre ? Une tornade d'air frais avec des phrases étincelantes : le papy-boom et le baby-crack, la France qui brame et la France qui rame, les Catalans, une espèce en voie disparition... Ces images restent et le message passe. Et le

---

[54] Thomas Mann, *Journal*, Gallimard, 1985, 2000
[55] M. Godet, *Le choc de 2006, pour une société de projets*, O. Jacob, 2002

voilà en croisade pour vendre son livre. Quelle différence avec moi qui ose à peine mentionner ou montrer les miens.

Janvier 2003

Je suis le plus souvent un homme de rêves gris. Rarement de ces cauchemars où l'on erre isolé, menacé par un tireur caché dans l'ombre d'une rue déserte. Moins souvent encore de ces séquences où l'on est possédé par l'amour, la puissance ou la beauté. Le plus souvent des situations ternes et ambiguës : me voilà de retour à l'École Polytechnique, accepté comme élève en dépit de mon âge et de mes cheveux blancs, incertain sur mon statut et mes devoirs ; je reviens à la SEMA, non comme *Imperator* , mais comme un conseiller ne sachant trop où est son bureau ni ce qu'il doit faire ; je parle à la Banque Mondiale sur un sujet que je connais à peine ; je débarque à la Rochelle et découvre des quartiers historiques noircis que je n'ai jamais vu ; je suis propulsé sur une scène de concert pour exécuter au piano une pièce que je n'ai jamais déchiffrée. Le résultat ? Un sentiment de malaise, de tristesse, d'impuissance que seule dissipe la lumière au réveil. Unique consolation, quelques rêves où apparaissent ma grand-mère ou plus rarement mes parents ou mon grand-père.

Janvier 2003

Peut-être ai-je déjà noté cela : la manière de parler et d'écrire une langue évolue avec la société. Avec leur écriture gothique et leur ton âpre, les Allemands d'avant 1950 s'exprimaient autrement que ceux d'aujourd'hui dont le parler est beaucoup plus proche des intonations françaises, les Japonais d'hier s'exprimaient comme des samouraïs. La langue de l'époque stalinienne, terne, pompeuse et mécanique avait perdu la richesse de celle du Saint-Petersbourg du début du siècle. En France, la télévision a aplani les accents régionaux, homogénéisant la société. En revanche, l'américain s'éloigne de l'anglais car les USA et la Grande-Bretagne sont des sociétés qui s'écartent l'une de l'autre.

Je lis avec Odile *Après l'empire* (américain) d'Emmanuel Todd[56]. Sentiments mêlés. D'une phrase à l'autre, je passe de l'approbation, de la culpabilité d'avoir dans mon livre insuffisamment mentionné un chaînon (l'alphabétisation, la baisse de la fécondité) à la protestation à propos de l'interprétation plus que discutable des phénomènes économiques. Je mettrai plus en évidence le rôle de l'alphabétisation et de la baisse de la fécondité dans le chapitre sur les dynamiques longues et j'introduirai l'influence des structures familiales au début de l'actuel chapitre 7. Comment ne pas

---

[56] E . Todd, *Après l'empire*, Gallimard, 2002

reconnaître Emmanuel Todd comme l'un des auteurs les plus profonds de ces décennies ?

Dans le *Journal* de Thomas Mann, l'année 1933 succède à l'année 1921. L'arrivée au pouvoir des nazis le trouve aux Pays-Bas puis en Suisse. On ressent avec lui le dégoût devant la violence aveugle et primaire, la peur pour ses enfants et ses amis et, d'une façon bien naturelle, la crainte pour ses biens. Il ne se trompe guère quand il redoute la permanence du régime et le risque de guerre, après avoir espéré un échec économique ou un coup d'état de la Reichswehr.

Au sujet de l'Irak la situation est inquiétante. Les inspecteurs commencent à découvrir des éléments compromettants. Les Américains renforcent leurs troupes pour être prêts vers le 1er février. Les opinions publiques, à une forte majorité hostiles à la guerre, commencent à se faire entendre presque partout. Les États-Unis vont sans doute intervenir, mais dans quel cadre ? Avec le mandat de l'ONU, sans mandat ou malgré un veto au Conseil de Sécurité ?

Difficultés de rédaction dans le livre sur la démocratie. Le chapitre de prospective sur la démocratie dans les pays à haut revenu est terminé, mais comment aborder celui sur les systèmes politiques ailleurs dans le monde. J'avais en tête une analyse abstraite des types de pays sans les identifier. Difficile et ennuyeux. L'approche n'est pas bonne. Il me faut à la fois avoir un fil directeur sur la naissance et l'épanouissement de la démocratie et isoler les grands pays. Aussi serai-je contraint de modifier le chapitre sur les dynamiques lentes et dynamiques rapides, un chapitre que je veux déjà couper en deux. D'une manière générale, il faut qu'au cours du livre, une progression se dégage avec une conclusion claire à chaque chapitre. La création intellectuelle n'avance pas à vitesse constante. Il faut du temps pour lever les blocages. Ne pas tenter le passage en force.

Odile n'est pas dans une bonne période. Hier soir, nous sommes allés au Vieux Colombier voir *Les papiers d'Aspern*. Une bonne pièce, émouvante et triste où le non-dit pèse lourd comme souvent chez Henry James. A la sortie, dîner rapide dans une brasserie sur le chemin. Est-ce l'éclairage ? Odile qui crispe les doigts sur une cigarette puis fait la moue avec ses lèvres serrées sur le mégot semble subitement vieillie, amaigrie, ridée. Nerveuse, inquiète, le regard agité, rebelle, elle me dévisage, à la fois présente et indifférente. J'entretiens la conversation en veillant à répondre à ses questions. L'ombre passera. Je retrouverai ses yeux vifs et affectueux, car nous ne sommes pas constants dans notre vieillissement.

Février 2003

« Mon cœur européen saigne » aurait-on écrit il y a cent ans. L'affaire irakienne divise, non les peuples, mais les gouvernements européens. Huit chefs de gouvernement ont écrit une lettre commune soutenant les États-Unis au Moyen-Orient. Coup de poignard dans le dos de Chirac et de Schröder. Berlusconi rappelle ce que l'Europe doit aux GI pour sa libération. Quand ce grand pays, l'Italie, arrivera-t-il à chanter juste, sans s'aplatir ou fanfaronner ? En attendant, l'Europe est en miettes. Est-ce si sûr car, pour la première fois l'Allemagne et la France sont sur la même longueur d'ondes. Les autres suivront et les pays de l'Europe centrale finiront par comprendre qu'ils n'ont pas besoin des États-Unis pour se protéger de la Russie qui, pour longtemps, ne sera plus expansionniste.

Ai commencé le deuxième tome du journal de Thomas Mann. La décennie 1922-1932 manque cruellement, car c'est elle qui expliquerait le passage du nationaliste modérément conservateur de 1918-1921 au démocrate de 1933, violemment rejeté par les nationaux-socialistes. A travers son texte, on vit le drame de cette émigration allemande éloignée pendant douze ans de son pays, même si l'accueil américain fut exceptionnel.

L'occasion de me souvenir de cet article honteux de l'armistice de 1940 par lequel la France s'engageait à livrer aux nazis les exilés allemands habitant sur son sol. Ignoble et pourtant les dirigeants français de l'époque ont accepté cette disposition comme allant de soi.

Février 2003

Lydie, la compagne de Renaud, a passé sa thèse hier. Mince dans son tailleur noir, précise et simple dans son exposé, à l'aise dans les réponses, elle a été parfaite. Mention très honorable, le maximum qu'ils délivrent dans cette université. Sa mère assistait à la soutenance, une femme un peu lourde de la campagne, perdue dans ce milieu si différent, étonnée de voir ce qu'était devenue sa fille, d'un côté persévérante et décidée, de l'autre inquiète et fragile. Renaud qui avait passé une dure semaine, jouait les utilités, apportait les boissons dans la longue salle carrelée et froide où avait lieu le cocktail.

Robert Dautray m'a offert un livre merveilleux : *Histoire d'un allemand*[57], de Sébastien Haffner. Né en 1907, l'auteur avait sept ans au déclenchement de la Grande Guerre. Il écrit ce qu'était pour lui le jeu intellectuel des victoires allemandes. J'ai retrouvé dans sa prose certains de mes sentiments de 1939-1942. Criant de vérité. Puis c'est l'armistice et les chocs successifs de la pauvre Allemagne de la défaite avec les désordres

---

[57] S. Haffner, *Histoire d'un Allemand*, Actes Sud, 2002

révolutionnaires, puis la grande inflation et les deux personnalités de la période qui l'ont impressionné : Rathenau et Streseman. Il fait comprendre le mélange d'inconscience et de peur que ressentent les Allemands dont la vie quotidienne n'est au début pas changée dans son apparence alors que monte la violence. Beaucoup plus passionnant que de savoir comment a été monté l'incendie du Reichstag. On n'insiste jamais sur cette caractéristique que Hitler partageait avec Staline, l'art de la dissimulation. Les années 34 à 38, Haffner les vit comme un duel entre les nazis et lui. Le livre fut écrit en Angleterre en 39-40 et redécouvert en 1999 après la mort de l'auteur devenu, après la guerre, un journaliste et historien connu en Allemagne Fédérale. Superbe et émouvant. Tous les Français devraient le lire.

J'ai commencé les *Mémoires de guerre* de LLoyd George[58]. Est-il besoin de rappeler qu'il fut le premier ministre de Grande-Bretagne pendant les dernières années de la Grande Guerre ? J'en parlerai sans doute. Quelques faits se dégagent du début : la peur anglaise devant la montée de la puissance navale allemande, le matamore couard qu'était Guillaume II qui n'a pas su empêcher une guerre dont il ne voulait pas, l'embrasement de l'opinion publique britannique à l'annonce de l'invasion de la Belgique, la prudence maladroite des politiques et la confiance en leurs forces des militaires.

Je suis, comme tous les européens, l'affaire irakienne. Bush et sa clique veulent la guerre pour éliminer Saddam. Ils ne sont pas loin de dire : « Qui n'est pas avec nous est pour les terroristes ». Avec une forte probabilité, ils vont intervenir avec ou sans le soutien de l'ONU. La France se bat, peut-être plus par gloriole que par raison. C'est bien conforme au caractère de Chirac. Russie et Chine s'abritent derrière nous. Les inspecteurs progressent, mais pas de découvertes décisives qui entraîneraient la conviction. Les pacifistes manifestent de plus en plus en Europe, non contre la guerre comme moyen ultime de faire plier Saddam mais comme principe. On perd de vue le débat sur la tactique pour lui substituer un débat sur les finalités.

Un dessin ridicule à la Une du *Monde*. Une femme en bonnet phrygien brandit un arc en forme d'euro contre quelques individus déchaînés enveloppés dans le dollar ! De part et d'autre les mots blessent. A l'évocation des « vieilles nations » de Donald Rumsfeld, Villepin répond au Conseil de Sécurité qu'il parle au nom d'une vieille nation et d'un vieux continent. Le représentant britannique reprend, avec humour, que le Royaume-Uni est aussi une vieille nation fondée par les Français en 1066. La mousse tombera. Reste que USA et Europe s'éloignent. La civilisation occidentale est-elle en train d'éclater ? Un sujet que je vais aborder dans mon livre.

---

[58] Lloyd George, *Mémoires de guerre*, Fayard, 1934

Février 2003

Hier, un long dialogue avec Dautray sur les mythes. Pourvu que le magnétophone ait convenablement fonctionné.

A cette occasion, Robert, à ma demande, a repris son histoire plus en détail qu'il ne l'avait jamais fait. La guerre le retrouve, sous le nom de Kouchelevits avec son père, sa mère et sa sœur, dans un atelier de tannerie près de la porte de la Chapelle. Son père, très respectueux de l'autorité, s'y est déclaré comme juif. Heureusement, quelques jours avant la rafle du Vel'd'Hiv, le propriétaire leur propose un logement plus confortable qui vient d'être libéré dans le quartier. Résultat : lors de la rafle, la police française ne les trouve pas, mais on leur conseille de partir, car c'est une question de jours. La mère quitte Paris avec les enfants. Étant en France depuis l'âge de deux ans, elle parle le français couramment et sans accent et raconte l'histoire d'une femme sans papier qui rejoint en zone libre son mari, prisonnier évadé. Ils échappent au contrôle, mais on leur conseille de descendre avant le dernier arrêt en zone occupée, à Chauny. Là, un car transportant du personnel de Schneider accepte de les prendre et les rapproche de la ligne. Puis, une femme leur montre le pont qu'il faut traverser sur un canal et qui n'est généralement pas gardé et la ferme où on les accueillera. La mère de Robert a l'adresse d'un vague parent près de Nîmes. Il les fera héberger deux jours par de vieilles demoiselles puis le maire les casera dans une maison vide pas loin d'une bergerie. Robert garde les moutons, le gendarme local les prévient à temps toutes les fois qu'il y a risque et ils vont alors dormir dans la bergerie. Lors du débarquement de Normandie, le gendarme leur conseille de partir et le curé les envoie dans les Cévennes chez des parents où ils restent jusqu'à la Libération. Le père, lui, n'a pas voulu corrompre un camionneur pour passer la ligne. Il sera arrêté à sa descente d'un camion près de Mérignac, interné dans un camp voisin, condamné à la déportation, mais il sera capable d'envoyer de Mérignac une carte à sa femme, puis de donner à Drancy à un homme de passage sa montre et deux bagues qui parviendront à la famille et que Robert garde précieusement, comme le papier d'identité de son père avec le tampon *Jude* en lettres gothiques avec la mention de condamnation à l'envoi dans un *Lager*.

Que pourrais-je ajouter ?

Chirac-de Villepin ? Sommes-nous en face d'un couple infernal ? Le premier prêt à foncer lorsqu'on lui en donne l'occasion, le second brillant, mais impulsif. Sur le problème irakien, il est bon que la France se tempère et n'aille pas jusqu'à l'usage du veto. Quant à la déclaration de Chirac sur l'alignement sur les États-Unis des candidats à l'adhésion, elle est peut-être justifiée sur le fond, mais inacceptable par sa brutalité et sa grossièreté. Chirac s'est inutilement fait des ennemis qui ne lui pardonneront jamais.

Couard à l'intérieur, Don Quichotte à l'extérieur. Triste tableau de la politique française, même si je n'approuve en rien la politique de Bush qui avait tout intérêt à contraindre l'Irak par des inspections pour faire la preuve de la justesse de son action. Lui aussi est un matamore.

Février 2003

L'un des événements du microcosme parisien est la parution dans *L'Express* de bonnes feuilles d'un livre de Péan et Cohen sur *La face cachée du Monde*[59]. Y sont, semble-t-il, dénoncées des turpitudes du trio Colombani-Plenel-Minc, depuis le putsch qui les a amenés au pouvoir jusqu'à la période actuelle. Branle-bas de combat à la direction du journal qui envisage d'attaquer pour diffamation les auteurs, l'éditeur et *L'Express*. Je vais observer tranquillement de mon fauteuil le développement de la situation sans me départir de ma réserve. Si *Le Monde* de Beuve Méry est mort, comme l'écrivent Péan et Cohen, j'en ai été le dernier directeur ...

Dans le journal de Thomas Mann, j'en suis à l'année 1951. Ce texte me déroute. D'un côté, il décrit sa passion sénile pour un jeune éphèbe qui est serveur dans l'hôtel de Zurich où il réside. Une passion comme pour une statue vivante avec ses muscles, ses attaches, ses gestes, sa démarche. Nuit et jour, il est possédé par cet amour, comme si rien d'autre n'existait. Je cherche à comprendre, mais tout cela est bien loin de moi. De l'autre, Mann décrit l'Amérique comme un pays fasciste (c'est le temps du maccarthysme), Truman comme un minable fauteur de guerre, l'Allemagne Fédérale comme répugnante. La mainmise des Soviétiques sur l'Europe orientale ne semble pas le troubler. Le conservateur de 1920, l'antinazi lucide de 1933, le réfugié pro-roosevelt des années de guerre, est l'émigré mal dans sa peau des années 50 qui se sent étranger en Amérique, semble aveugle à la réalité de l'URSS et se demande chaque jour s'il doit s'installer en Suisse.

Mars 2003

Jacques Chirac achève un voyage triomphal en Algérie. Un million cinq cent mille personnes à Alger, huit cent mille à Oran. Est-ce l'équivalent du voyage mémorable de de Gaulle en Allemagne ? La réponse dépend beaucoup de l'Algérie : si ses élites cessent de s'enfermer dans leur xénophobie et acceptent une réelle démocratie, les entreprises françaises et européennes seront prêtes à investir dans le pays et à contribuer à son développement économique, car l'Algérie a raté son indépendance. Accepter le passé français du pays, même si c'est un passé colonial, tirer parti du bilinguisme, n'est pas humiliant pour l'Algérie, c'est un atout. Mais l'attitude des élites algériennes change, je l'ai perçu lors de ma conférence à Rome au

---

[59] P. Péan et Ph. Cohen, *La face cachée du Monde*, Mille et une nuits, Fayard, 2003

Collège de l'OTAN. Les propos des Algériens présents étaient intéressants et mesurés.

A moi aussi, une réconciliation franco-algérienne ferait du bien. Je garde trop le souvenir de la période où Alger était la capitale de la France. Je me rappelle les défilés en 1944 d'une armée française qui mélangeait Français et Maghrébins et dont j'avais suivi les progrès du Mont Cassin à Rome, de la Provence à Lyon, de Colmar à Berchtesgaden. C'est cette mémoire qui a rendu si douloureux les huit ans de 1954 à 1962 de la guerre d'indépendance et les décennies d'incompréhension qui ont suivi.

Mars 2003

La lecture des *Mémoires de guerre* de Lloyd George est pleine d'enseignements. Il perçoit très vite, avant Lord Kitchener qu'il décrit comme autoritaire et en retard sur les événements, l'importance cruciale des armements dans la nouvelle guerre et accepte, alors qu'il est chancelier de l'échiquier, de devenir ministre des munitions. Les difficultés qu'il y rencontre sont significatives : conservatisme du *War Office* qui ne veut acheter qu'à ses fournisseurs traditionnels, résistance des corporations ouvrières qui s'opposent au recrutement de personnels non spécialisés (ou de femmes), nécessité de contrôler les bénéfices des patrons comme contrepartie du renoncement par les syndicats à des mesures limitant la production, problème de l'alcoolisme qui accroît l'absentéisme et fait baisser les rendements. Les symptômes de la Grande-Bretagne d'après 1945 sont déjà en germe en 1914-1915.

Très tôt, Lloyd George se rend compte également, à la fin de 1914, qu'aucune victoire ne peut être remportée avant longtemps sur le front ouest et que le talon d'Achille de l'adversaire est la faiblesse de l'Autriche-Hongrie. Aussi, plaide-t-il pour une opération qui, partant de Salonique, réunirait autour d'une armée franco-anglaise puissante Serbes, Grecs, Roumains et Bulgares, opération doublée d'une action pour prendre Constantinople. De ce fait, Anglais et Français pourraient apporter une aide réelle à la Russie. Et à la réflexion, on ne peut manquer de se dire qu'il avait raison. Ceci m'a amené à m'interroger une fois de plus sur Joffre. L'état-major français a réagi en terrien, a négligé la dimension essentielle de l'aide à la Russie et l'impact que pouvait avoir une opération dans les Balkans pour abattre l'Autriche. Il ne s'est réveillé que lorsqu'il a fallu sauver par une action en Adriatique les débris de l'armée serbe pour les amener à Corfou. Malgré sa tentative de coordonner en 1916 les actions des Alliés, Joffre n'a pas eu une vision suffisamment large de la guerre. Ses vertus étaient de persévérance et de prudence plus que de création. « Je ne sais pas qui a gagné la bataille de la Marne, mais je sais bien qui l'aurait perdue ». Les Français, il faut les comprendre, avaient leur territoire envahi et sur leur sol une puissante armée allemande. Une situation qui embrume l'esprit et rend timoré.

Les Britanniques ne furent pas brillants non plus. Ils ne tentèrent pas Salonique et montèrent l'opération des Dardanelles avec des moyens insuffisants. Si le Bosphore avait été forcé, aurions-nous eu la révolution russe ? Chaque mois, je découvre de nouvelles possibilités que je n'ai pas mentionnées dans *Ces avenirs qui n'ont pas eu lieu*.

Étonnant Lloyd George ! Ne tient-il pas dans un hôtel minable de Boulogne une « conférence » à quatre, un général anglais, un général français, un colonel français artilleur au cours de laquelle il découvre que seul ce dernier a vécu la bataille et sait de quoi il parle. De retour à Londres, il augmente unilatéralement, comme ministre de l'armement, le programme de production britannique, à la fureur du *War Office* qui, quelques mois plus tard, sera bien heureux de disposer de ces armes dont il n'a pas prévu le besoin.

Dans *Topique*, un article inégal de Jean Sandretto sur l'avenir du terrorisme[60], mais j'en ai retenu un élément vraisemblable : la dimension psychotique du caractère de Mahomet qui expliquerait le sentiment de persécution et de violence avec lequel le Coran s'exprime à propos des idolâtres et des infidèles. D'où le caractère hybride du livre, où s'entremêlent tolérance et agressivité et où certains versets alimentent le terrorisme tandis que d'autres fondent la religion des musulmans modérés. Une autre remarque intéressante : les Hébreux n'ont pas inventé le monothéisme, que connaissaient Akhenaton et les Iraniens, mais la transcendance.

Mars 2003

Un texte de qualité de VGE dans *Le Monde* à propos de l'Europe : « Les fractures européennes que révèle [la] crise [irakienne] sont-elles des fractures persistantes qui se réveillent ou d'anciennes fractures en train de se réduire. C'est difficile à dire, mais j'opterais pour la deuxième hypothèse. Les cultures américaines et européennes ont une même origine. Aujourd'hui, les deux rameaux de cette culture divergent. L'Amérique, devenue depuis les années 90, la seule superpuissance mondiale, estime détenir la responsabilité de faire triompher le bien sur le mal ; et elle sait qu'elle a les moyens d'organiser un ordre international conforme à ses valeurs et à ses intérêts. La direction prise par la culture européenne est différente : c'est celle d'un continent qui a réussi à éradiquer le recours systématique à la violence des armes et qui a rompu avec la culture de la puissance militaire dominante. L'idée centrale des Européens est de bâtir un système international dans lequel existeront des instruments pour éviter les grands conflits à venir ».

---

[60] J. Sandretto, « L'avenir des terrorismes », *Topique*, n° 81, 2002

Il m'est venu hier une idée que je crois importante et que j'exposerai dans mon livre. Le mimétisme est un rouage essentiel dans les phénomènes de masse. En économie, il joue un rôle central dans les marchés financiers et entraîne les bulles cycliques qui sont le talon d'Achille du capitalisme. Dans les démocraties, les fluctuations de l'opinion publique engendreraient, dans les démocraties directes, des phénomènes analogues. Mais, la périodicité des élections permet aux gouvernements de lisser les fluctuations qui en résulteraient. Tel n'est pas le cas à la bourse où les opinions des acteurs interviennent directement sur les cours. Que pourrait-on faire pour que les acteurs régularisent les envolées mimétiques, dans un sens ou dans l'autre, sur les marchés ?

La guerre d'Irak

Mars 2003

A la suite de la rencontre des Açores entre Bush, Blair et Aznar, dimanche dernier, le Président américain a annoncé l'envoi d'un ultimatum demandant que Saddam Hussein quitte le pouvoir sous 48 heures. Refus de Bagdad. Cette nuit (du 19 au 20 mars), les opérations ont commencé avec des bombardements ciblés sur Bagdad. L'offensive terrestre ne suivrait que dans deux ou trois jours.

Tony Blair a lutté dix heures aux Communes, mais a obtenu une large majorité, même si quatre-vingt-dix députés de son parti semblent avoir voté contre. Une pugnacité qui commande le respect. A cette occasion, il a accusé Chirac d'avoir entraîné la guerre par sa menace de veto. Aujourd'hui, les Quinze se réunissent à Bruxelles ; le climat sera frais.

La crise se déroule au moment où, dans mon livre, j'esquisse des scénarios pour la gouvernance mondiale. L'architecture se construit plutôt bien et je commence à voir la fin de l'épreuve. Bientôt, ne resteront à rédiger que l'ultime chapitre et l'épilogue.

Je suis revenu épuisé et malade d'un week-end à Lyon à l'Assemblée Générale des Guides de France qui se tenait au-delà de la colline de Fourvière. Le rapprochement avec les Scouts a été voté à 85 %, Françoise Parmentier triomphalement réélue. Un complexe catholique, séminaire et école, une chambre spartiate. Quel étonnant patrimoine possède encore l'Église. Comment vit-elle dans ces habits trop grands ? Le soir, attente sur l'esplanade de Fourvière. Éclatante de blancheur et illuminée, la basilique faisait impression, même si quelques siècles lui manquaient pour paraître belle. A l'intérieur, quel incroyable syncrétisme de motifs grecs, byzantins, arabes, gothiques ! Une « célébration » d'une dizaine de prêtres, puis un tour de Lyon illuminé en autocar. Couché au-delà de minuit.

Le vendredi, dans des conditions inconnues, Odile a été renversée par une moto en sortant du métro. Elle a été emmenée aux urgences de Lariboisière. Choc au crâne. Deux points de suture au coude. Trois bleus à la jambe. Une vingtaine de minutes sans doute de trou dans sa mémoire. J'ai été la chercher et l'ai déposée rue de Vaugirard avant d'aller dîner chez les Walliser.

Mars 2003

Depuis cinq jours, la guerre fait rage en Irak. Situation indécise. Le port sur le Golfe persique n'est pas encore pris. Les colonnes évitent les villes. Les bombardements précis s'accumulent sur une Bagdad éclairée jour et nuit (à quoi servirait un couvre-feu). Les journalistes émettent du toit d'un hôtel. Les Irakiens résistent.

J'ai rédigé avec Assaad Saab pour EDF une note sur les scénarios auxquels la guerre pourrait donner naissance. L'avenir dira si nous avons fait de la bonne prospective. En voici quelques paragraphes.

SCÉNARIOS AU MOYEN-ORIENT À LA VEILLE DE LA GUERRE D'IRAK

Quelles sont les dimensions à prendre en compte pour définir des scénarios sur l'évolution du Moyen-Orient ? Le déclenchement ou non d'une opération militaire ; la durée d'une opération si elle est déclenchée ; la situation finale (si cet adjectif a un sens) une fois l'opération terminée ; l'implication éventuelle des populations ou des gouvernements arabes de la région, Syrie, Liban, Jordanie, Koweït, Arabie Saoudite, Yémen... ; les répercussions sur le conflit israélo-palestinien (il ne faut pas oublier qu'Israël dispose d'un armement nucléaire, mais ne s'en servira qu'en ultime recours).

Compte tenu de ces dimensions, quatre scénarios ont été retenus pour illustrer la palette des évolutions méritant d'être exposées :

1) Le scénario de non intervention, *Saddam Hussein se plie aux injonctions du Conseil de Sécurité, sans réussir à dissiper la méfiance à son égard et continuant à subir des pressions économiques et politiques pour que se produise un changement du régime irakien.*

2) Le scénario de l'opération éclair, *les USA soumettant complètement l'Irak en quinze jours ou un mois, la rapidité de l'opération empêchant les manifestations au Moyen-Orient de déstabiliser les gouvernements de la région. Malgré la courte durée de l'invasion, deux variantes sont concevables concernant Israël selon que l'Irak a le temps ou non de mener une opération très sanglante (plusieurs milliers ou dizaines de millier de morts) sur Israël.*

3) Le scénario de l'opération de quelques mois *(un trimestre par exemple). L'opération dure avec des combats de rues dans les villes. Des soulèvements se produisent dans le monde arabe. Les troupes américaines occupent l'Arabie Saoudite. Des gouvernements dits démocratiques s'installent à Bagdad, Ryad et ailleurs. Pendant un certain temps, les productions de l'Irak, du Koweït et de l'Arabie Saoudite sont partiellement arrêtées.*

4) Le scénario de l'enlisement*. Malgré la réussite militaire initiale de leur opération, les États-Unis n'arrivent pas à instaurer un équilibre stable au Moyen Orient. Le terrorisme survit, des coups d'État se produisent, de nouveaux États se forment modifiant la carte politique de la région. Tout en sachant que les ressources futures de combustibles liquides à bas coûts se trouvent dans la région, les États consommateurs font de gros efforts pour diversifier leurs approvisionnements en énergie.*

Quelques commentaires sur l'émergence de ces scénarios :

Le scénario de non intervention. *Ce scénario peut se produire dans des circonstances assez différentes.*

• *Saddam Hussein accepte la résolution des Nations-Unies et les enquêteurs arrivent à des conclusions sans ambiguïté sur le niveau d'armement et recherche irakien. Laboratoires et armes éventuelles sont détruits et l'Irak ne constitue plus à moyen terme une menace de recours à des armes de destruction massive. Mais l'attitude à l'égard du gouvernement irakien peut se situer dans un éventail assez large : si les inspecteurs n'ont rien trouvé et affirment qu'il n'y avait rien à trouver, les États-Unis perdent la face et Saddam Hussein reste suspect ; si les conclusions des inspecteurs ne sont pas décisives, le problème reste ouvert ; si l'éradication des centres de recherche et des armements est totale, la preuve a été apportée des dissimulations de Saddam et s'il reste au pouvoir, l'Irak reste sous contrôle.*

• *La période d'inspection débouche donc sur trois éventualités possibles : le régime de Saddam Hussein reste en place sous un contrôle plus ou moins strict, l'inspection débouche sur une intervention, la pression étrangère conduit à l'élimination de Saddam Hussein par un coup d'État à Bagdad.*

Le scénario de l'opération-éclair. *Dans ce scénario, l'opération américaine contre l'Irak, qui est exécutée en accord ou non avec les Nations-Unies, dure au total une quinzaine de jours et le conflit ne touche aucun autre pays de la région (à l'exception éventuelle d'Israël).*

Deux hypothèses sont alors concevables dans ce dernier cas : (1) Washington obtient de ce pays qu'il ne riposte pas ou qu'il riposte avec des armes conventionnelles. Dans ce cas, le scénario n'est pas affecté (2) Israël réagit par une attaque nucléaire tactique sur un site irakien. Le tabou nucléaire est transgressé. Le risque de répercussion dans le monde est élevé (révolution au Pakistan et envoi de missiles sur Israël) et l'on sort des hypothèses du scénario.

Le scénario de l'opération de quelques mois. Deux versions de ce scénario sont envisageables selon que l'Arabie Saoudite est ou non entraînée dans le conflit.

Dans une première version, la Jordanie explose et Yasser Arafat est renversé en Palestine. L'armée israélienne intervient et (peut-être) traverse le Jourdain. L'armée américaine met trois mois à établir dans la région une paix précaire de type Afghanistan. Des opérations terroristes sporadiques continuent aux USA, en Europe occidentale, en Israël et contre des sites « occidentaux » dans diverses régions du monde

Dans une deuxième version, une révolte se produit en Arabie Saoudite. Les forces américaines interviennent pour mettre au pouvoir un prince représentant ceux qui, à l'intérieur du pays, ont des liens avec les USA.

Parmi les spécialistes de l'Arabie Saoudite, plusieurs points de vue coexistent sur la situation du pays. Certains insistent sur le divorce entre la dynastie et une population contrôlée par les courants wahhabites. D'autres notent la diversité des tendances au sein de la famille royale et des populations.

Le scénario de l'enlisement. Ce scénario peut commencer comme le précédent, mais en diffère quant à la sortie. La poursuite d'attentats terroristes, la faible crédibilité des gouvernements installés au Moyen-Orient laissent l'opinion publique mondiale dubitative quant à la stabilité du Moyen-Orient. Même la recomposition géographique avec décomposition de l'Irak entre un État kurde, un État sunnite et un État chiite et l'éclatement de l'Arabie Saoudite entre la zone pétrolière et le reste du pays, ne semblent pas des garanties suffisantes de tranquillité. Dans ce scénario, les flux touristiques sont profondément et durablement perturbés mais surtout l'incertitude sur l'économie pétrolière conduit à des investissements technologiques importants pour remplacer le pétrole par d'autres services d'énergie primaire (liquéfaction du charbon, exploitation des pétroles lourds, recours au gaz naturel, relance du nucléaire,...). Le développement des ressources russes en gaz naturel devient un objectif prioritaire.

Dans ce scénario, la croissance de l'Union Européenne (et de l'économie mondiale) serait sensiblement ralentie. Elle pourrait être du même ordre que dans le scénario précédent, mais le ralentissement s'étendrait sur plusieurs années, le temps que les économies s'adaptent aux nouvelles conditions de la situation énergétique. On verrait redémarrer tous *les projets envisagés au cours de la période 1973-1980. En particulier, la question de l'énergie nucléaire serait à nouveau posée et l'on pourrait assister à un retournement des politiques à ce sujet dans certains pays développés.*

Ces quelques lignes mettent bien en évidence la difficulté de la prospective. Le scénario en cours à la fin de 2005 est un scénario d'enlisement, mais sans que le conflit pour le moment ait débordé des frontières de l'Irak, aux manifestations près du terrorisme international.

Avril 2003

Une guerre en Irak se poursuit entre des Américains trop peu nombreux, des Irakiens qui évitent toute bataille en terrain découvert et se terrent dans les villes où ils se battent avec acharnement. En parallèle, une guerre des images et des bavardages sans fin de journalistes qui, au bout de huit jours, font paraître le conflit comme interminable. Comme la perception du temps a changé depuis la seconde guerre mondiale.

Tous les jours, des foules manifestent. L'attitude des USA se durcit. Unis pour faire la guerre, Blair et Bush sont en désaccord sur la gestion de la victoire. Les Américains veulent régner en maîtres en Irak, les Britanniques pensent qu'il faut passer la main aux Nations-Unies.

Hier, stupeur : j'apprends que le Congrès a décrété un jour national de prières pour demander que Dieu vienne en aide à l'Amérique ! Et l'on sourit quand Saddam évoque Allah. L'Océan atlantique s'est élargi d'un bon millier de milles.

Dans les mémoires de Lloyd George, j'ai découvert cet étonnant paragraphe sur Keynes, alors conseiller du Chancelier de l'Échiquier : « M.J.M. Keynes, un homme beaucoup trop inconstant et impulsif pour remplir un rôle dans de telles circonstances. Avec une habileté d'acrobate, il se jetait dans des conclusions. Mais qu'il passât de l'une à l'autre, bien qu'opposées, avec une agilité toujours la même, ceci n'améliorait pas la situation. C'est un économiste amusant, dont les dissertations brillantes mais superficielles peuvent, à condition qu'on ne les prenne pas au sérieux, devenir une source de distraction innocente pour ses lecteurs... M. Keynes avait été hissé, pour la première fois par le Chancelier de l'Échiquier, dans un fauteuil de sorcier brahmane, et on pensait qu'en apposant sa signature à un document financier, il lui donnerait du poids. Cela semble plutôt absurde quand, maintenant ses amis — et ses amis moins que tous autres — n'accordent plus la plus légère confiance à ses jugements financiers ». Keynes soutenait à l'époque l'idée que « l'importance actuelle des dépenses britanniques n'était possible que si on la considérait comme un effort violent et temporaire que devait suivre une forte réaction ; que la diminution des ressources apparaissait à l'horizon et qu'en face de toute dépense nouvelle, il fallait considérer, non plus si elle était utile, mais si l'on pouvait la supporter ». On était au 31 mars 1915.

En écrivant ces lignes, Lloyd George ne se doutait guère que Keynes deviendrait après 1945 le Gourou des économistes et une célébrité mondiale.

Avril 2003

Quelques pages pour achever le dernier chapitre et l'épilogue de *Démocratie, marché et gouvernance*. Mais j'hésite sur le contenu de l'épilogue. J'aimais bien ce que j'avais écrit à la fin de la version précédente, mais cela ne convient plus. Il faut que j'ai le courage de supprimer. Voici ce texte que j'avais intitulé « L'ennui d'un monde plein » :

Démographie stagnante, croissance économique faible, faite de plus et de moins sectoriels et géographiques, pauvreté contenue, consommation de ressources maîtrisée. Les humains créateurs des générations futures, sont-ils condamnés à la désespérance et à l'ennui ? A la recherche de nouvelles frontières inexistantes ? Une certitude : ils ne se satisferont pas de l'uniformité de la finitude. Ils tenteront en permanence de déséquilibrer le système de l'écosphère. Comme l'ont toujours fait les humains.

Il y aura les forcenés du développement durable, rebaptisé le conservatisme durable. Ils couvriront le monde de musées, de parcs naturels, de conservatoires d'espèces, de bibliothèques, restaureront les monuments historiques, pourchasseront les émissions et les pollutions, multiplieront les lois de protection, s'épuiseront à trouver un impossible accord entre un désordre archaïque qu'ils voudraient ressusciter et un ordre moderne qu'ils souhaiteraient domestiquer.

Il y aura les scientifiques du vivant œuvrant en permanence à la limite des frontières variables de l'éthique du moment, tantôt les respectant, tantôt les franchissant, déguisant leur soif de connaissance et de puissance derrière leur aspiration à prolonger la vie humaine. Ils seront les héros d'une humanité avide, inquiète et haletante que fascineront les découvertes sur la vie.

*Il y aura les spécialistes de l'espace envoyant des vols vers Mars, des sondes hors du système solaire et cherchant à communiquer avec d'autres civilisations dans la galaxie. Ils porteront les rêves d'une humanité se sentant de plus en plus à l'étroit sur la Terre et rêvant de créer des colonies ailleurs avant qu'une catastrophe n'extermine l'habitacle d'origine de l'*Homo Sapiens.

Il y aura les Césars de sous-préfecture tentant d'élever une microculture en société indépendante dotée d'un État, d'un drapeau, d'un hymne national, d'une équipe de football, d'une police en uniforme, mais aux pouvoirs quasi-inexistants, car les grandes structures politiques s'accommodent de moins en moins de cette poussière de gouvernements qui alourdissent les négociations et ralentissent les procédures.

Il y aura ceux qui préféreront Rome, une Rome dispersée aux quatre coins du monde dans les institutions de la gouvernance planétaire. Ils auront l'impression de la puissance, mais aussi l'impression contraire tant les décisions seront difficiles à faire aboutir et incertaines quant à leurs effets.

Il y aura des entrepreneurs exploitant les petites failles que la technologie ouvrira dans les marchés.

Il y aura des missionnaires défendant becs et ongles les églises du passé ou propageant le nouveau credo d'un monde en évolution se suffisant à lui-même.

Il y aura des nostalgiques rêvant au temps où Christophe Colomb découvrait l'Amérique et où les marins portugais faisaient le tour de l'Afrique..., car en ces siècles passés, la Terre était immense...

Je suis parti comme ces migrateurs, ne sachant quel continent j'allais découvrir, convaincu que le tableau que l'on me faisait vénérer d'une humanité heureuse dans la paix de la démocratie et du marché, cette transposition du paradis de nos ancêtres, était illusoire. Mais au bout de mon chemin, perdu dans la pluralité des avenirs, incapable de percer le brouillard de mes interrogations, je n'ai pas trouvé de réponse. Je ne tire qu'une certitude, le récit que raconte le tableau n'est pas crédible. Même s'il n'est pas porteur de catastrophes inéluctables, le futur s'annonce chaotique. C'est la seule image que croit découvrir dans l'ombre mon regard myope de prospectiviste.

Avril 2003

Lloyd George — encore et toujours — cite un *Mémoire* de Sir William Robertson, le chef d'état-major impérial, sur l'organisation souhaitable de l'Europe après la Grande Guerre :

« On peut admettre que la base des négociations pour la paix doit être les trois principes pour lesquels, dans le passé, nous avons souvent combattu, pour lesquels, aujourd'hui encore, nous sommes fiers de combattre : a) maintien de l'équilibre entre puissances d'Europe b) maintien de la suprématie maritime de l'Angleterre c) maintien d'une puissance faible dans les Pays-Bas ... Si l'équilibre des forces doit être maintenu en Europe, il en résulte que l'existence d'une forte puissance centrale européenne est une chose essentielle et que cette puissance doit être allemande... »

A-t-on jamais fait une réflexion aussi peu prospective ! Toutes les erreurs de la politique anglaise entre les deux guerres sont déjà dans ce *Mémoire*.

Je m'achemine tranquillement vers la résignation de la mort. Je m'habitue à ne plus exister ... Mon agressivité ne se réveille que contre les médias. Je traite les journalistes, hommes ou femmes, des actualités télévisées d'imbéciles, de bécassines, d'analphabètes. Il faut dire que leurs commentaires sur la guerre en Irak sont souvent stupides, prématurés, sectaires. Seuls quelques chroniqueurs s'en tirent honorablement. L'affaire a piétiné, puis s'accélère. La Bourse et le prix du baril oscillent au gré des poussées de pessimisme ou d'optimisme. Si le « marché » avait un visage, ce serait celui d'un « pauvre type », minable, peureux, médiocre, aboulique ...

En toile de fonds, les événements d'Irak. Après de durs combats autour des villes, à Qoum Kasr, Bassorah, Nasiriya, Najda, Kerbala, quelques jours ont suffit à prendre l'essentiel de Bagdad. L'armée irakienne s'est dissoute dans la nature, Kirkouk puis Mossoul ont été occupés par les perchmergas et quelques Américains, les dignitaires du régime se sont volatilisés. Un seul est donné pour mort. D'armes de destruction massive ? Pas de traces. Des pillages sans fin. Les habitants de Bagdad semblent à la fois ravis de la chute de Saddam et hostiles aux Américains. Les diplomaties se déchirent sur la suite. L'accord Blair-Bush n'est plus que de façade. A Saint-Petersbourg, Chirac, Schröder et Poutine se concertent.

Mes journées sont éclatées entre la télévision, la lecture (« le dit de Tcheng » et un roman policier d'Anne Perry), la découverte d'une thèse sur les « déconvenues épistémologiques de l'interdisciplinarité en théorie des organisations » que je perçois comme un magmas, la prise de connaissance des chapitres d'un ouvrage sur l'économie cognitive dont je dois écrire les conclusions... Seul le texte de Tcheng nous procure à Odile et à moi une grande joie. Le reste est fade, peu excitant. Basses eaux. Je vais emporter à Tolède mon manuscrit sur la démocratie.

Avril 2003

Une semaine à Tolède, cet avant-poste pendant des siècles de l'Ibérie espagnole, cloîtré dans une boucle du Tage et où subsiste, au milieu d'innombrables églises quelques mosquées et synagogues. J'en aime les ruelles et les murs plats d'ocre clair derrière les portes aux entourages sculptés. Altier et régulier, le berceau de la cathédrale m'a entouré de sa splendeur, mais quelle absurdité de l'avoir coupé par le *cozo* qui en casse la perspective et, malgré la magnificence individuelle des objets, combien est révoltante la pompe des ors des ostensoirs, des chasubles, des autels. Pour apprécier ce décorum, il faut le détacher de toute religion, le regarder en lui-même, dépouillé de toute signification.

Il y a deux Gréco : celui, émouvant et inspiré des têtes d'apôtres et celui grandiloquent, aux nombreux personnages et aux ciels tourmentés (comme dans *l'enterrement du Comte d'Orgaz*) qui, en dépit de mes efforts, me laisse froid.

Aujourd'hui, l'immense déception d'un pèlerinage à Avila. Où est cette ville aux murailles flamboyantes posée comme un rectangle sur un désert d'or que j'avais vue en 1959 et qui servait, modeste et digne, de châsse pour les restes de Sainte Thérèse ? A la place, le noyau d'une cité touristique cernée par une agglomération moderne. Mais je ne capitule pas : cette deuxième image d'Avila ne se superposera pas à la première. Je la mets de côté : un nouveau lieu, un nouveau temps.

J'ai appris beaucoup de langues. Il n'en reste souvent que des mots épars, flottant à la surface de ma mémoire comme des bateaux en papier. La plupart portent le drapeau de leur nationalité, mais il en est d'apatrides dont je ne sais plus s'ils sont russes ou turcs, roumains ou portugais... Et quand il faut chercher le bateau qui, dans une langue correspond à un nom français donné, la correspondance est souvent défaillante. Vanité d'un savoir dont j'ai été si fier.

Je ne me suis jamais libéré de mon statut d'enfant de petit fonctionnaire. Lors de mes contacts fréquents avec les plus hauts personnages de la société, je ne peux me défaire, même si mes propos frisent l'insolence, d'une humilité qui signifie « je ne suis pas de votre monde ». J'ai l'impression de me faufiler comme un petit personnage noir sans éclat et sans ombre. Je n'ôte mon pardessus sombre que dans des circonstances particulières : dans un petit cercle de personnes que je connais et dont aucune ne m'est hostile, quand le programme d'une conférence me donne la parole à la tribune et que je me jette dans la mêlée ; dans la solitude devant la page blanche lorsque j'écris. Et pourtant, même dans ce cas, je n'ai pas la dent dure d'un François Mauriac.

Je suis en train de lire le *Bloc-notes*[61] que Catherine m'a offert. J'en suis pour le moment aux années 1952-1955, les gouvernements Laniel et Mendès-France. Les références catholiques ou chrétiennes m'irritent ou me laissent froid, mais la critique de la IVème république et de sa politique coloniale est admirable. Quelle vigueur dans les propos, quelle pertinence dans les flèches, quel brio dans le style. Moi aussi, dans ma jeunesse, j'ai senti de l'humiliation et j'ai vibré comme un ressuscité, lorsque PMF a fait circuler un air frais dans la lourde atmosphère de l'époque.

---

[61] F. Mauriac, *Bloc-notes*, Le Seuil, 1993 (5 volumes)

Année 2003

Mai 2003

Premier mai. Jadis, la fête des prolétaires, aujourd'hui celle des fonctionnaires. Mon pronostic est qu'après un grand spasme « social », la réforme des retraites sera votée par le Parlement et cet « happening » de dix ans sera achevé pour quelques années...

J'ai peu parlé dans ce *Journal* de la guerre d'Irak et pourtant le déroulement n'a pas été sans surprise pour le téléspectateur sous — et sur — informé que j'étais. Premiers combats difficiles : une semaine pour prendre le petit port de Qoum-Kasr. Puis remontée vers le nord en encerclant sans les prendre Bassorah, Nasiriya, Kerbala. Marche sur Bagdad, puis arrêt. A ce jeu, les Américains ne vont-ils pas manquer d'effectifs ? Puis, à mon étonnement, l'aéroport de Bagdad est pris. Un raid de blindés se promène dans le sud-ouest de la ville. Enfin, un matin, pendant que le ministre de l'information irakien, explique en plein air aux journalistes que les Américains sont en train d'être écrasés, le centre de la ville à quelques cinq cents mètres de là est occupé. Le pouvoir a disparu, l'armée irakienne s'est volatilisée, les villes du sud sont prises. Des patrouilles de Kurdes et d'Américains s'emparent de Kirkouk et de Mossoul. Changement de décor : les pillards sont maîtres de la rue. Ils dévalisent ministères, hôpitaux, musées, devant des *Marines* indifférents, en tenue de combat et arme au poing. Quant aux manifestations, elles sont contradictoires. On abat les statues de Saddam, mais on conspue les Américains, des groupes réclament une république islamique, les chi'ites se déversent en foule dans leur ville sainte de Kerbala. Washington adresse des avertissements à la Syrie et à l'Iran. Les Américains se réservent les contrats de reconstruction de l'Irak (on le comprend). Les Européens tentent difficilement de recoller les morceaux : les fruits de la politique Chirac-Villepin seront-ils, pour la construction européenne, féconds ou vénéneux ?

Heureusement, l'opération ANRT (l'Association Nationale de la Recherche Technique) sur la prospective du système français de recherche et d'innovation promet de belles aventures intellectuelles. L'initiative est née du temps où Francis Mer présidait l'association et où Lionel Jospin était premier ministre. Inquiet de l'évolution de la recherche en France, le premier avait écrit au second une lettre lui demandant que soit menée en France une réflexion à long terme sur ce sujet. Un comité de pilotage avait été créé et j'y avais été convié. Attiré par le sujet, j'ai contribué pendant deux ans à l'élaboration d'un programme cohérent financé par des acteurs publics et privés de la recherche et le comité de pilotage m'a demandé de superviser le projet comme président d'un comité d'orientation. J'ai repris les bottes de mon âge mûr comme du temps d'Interfururs. Il fallait un nom à ce projet et avec Alain Bravo, le Directeur, nous l'avons appelé Futuris (Futur, recherche, innovation, société). Trois idées maîtresses dès l'origine : partir des défis du futur, penser en termes de système, ne pas séparer la recherche de l'innovation. Je me sens rajeunir.

Je suis à l'année 1956 du premier tome du *Bloc-notes* de François Mauriac. De la verve, de la perspicacité, d'imparables coups de griffes, une compréhension profonde de l'inévitable décolonisation. Et pourtant, à tout analyser du point de vue de la morale chrétienne, la pensée s'appauvrit quand elle aborde d'autres sujets. Il n'empêche : ce mélange de violence et de générosité a de l'allure et les formules claquent, inattendues, comme des coups de fouet.

Ma joie la plus profonde ? Mes petits-enfants. Vifs, spontanés, affectueux, sains. Les voir, les toucher, les embrasser, leur donner la main, leur parler au téléphone, des plaisirs simples qui ne me font pas tout oublier, mais je voudrais les rencontrer séparément et plus longuement, surtout Basile, le plus grand. Relations séraphiques, car la responsabilité, l'autorité, la morale en sont absentes. Relations nostalgiques car elles rappellent le bonheur des échanges avec mes enfants avant qu'ils ne soient ternis par le souvenir de leur adolescence. Relations troublées lorsque tombe le rideau des parents, seuls maîtres à bord. Ma tendresse se transmet aux bambins que je rencontre dans la rue. Je leur fais des sourires auxquels souvent ils répondent. Il me prend l'envie de leur caresser les cheveux pour palper leur tête ronde. Je regarde aussi les jeunes filles, mais là se mêle un zeste de sexualité. *Suzanne et les vieillards...*

Mai 2003

Au Bizot, avec Odile pour deux jours. Je pense à toutes les maisons qui furent miennes et qui servent maintenant de logement à d'autres occupants. Maîtresses infidèles et qui font maintenant corps avec de nouveaux humains, la Rochelle, rue Laboye, Duras, rue Guillaume Leblanc, rue de Châteaudun, rue des Belles Feuilles. Elles existent toutes. Je les ai vues de l'extérieur, apparemment semblables à elles-mêmes, mais elles gardent le mystère de leur aménagement intérieur et ne conservent aucune trace de mon passage. Subsiste en moi le souvenir de leur odeur, de leurs planchers, de leurs peintures et des ombres colorées et mouvantes qui les habitaient. Elles sont devenues inséparables de scènes, d'instants, de contextes, d'atmosphères de paix et de quiétude. Il en sera ainsi dans vingt ou trente ans du Bizot ou de la rue de Vaugirard pour mes petits enfants.

Une promenade, seul dans la propriété. Chaque année, quelle découverte ! Dans le silence de l'hiver, les arbres ont concentré leur vitalité dans leurs troncs et leurs branches et soudain, ils explosent, plus hauts, plus amples, plus feuillus. A dix ans de distance, ils sont méconnaissables. Les quelques chênes de l'allée plongent dans le ciel leurs troncs altiers et leurs frondaisons tamisent la lumière, les frênes, aux architectures tordues étalent leur feuillage. Les tilleuls que nous avons plantés commencent à ressembler à leurs frères des parcs et des jardins. Les marronniers, trop plantureux, imposent leurs masses sombres et les peupliers qui semblent si chétifs l'hiver se remplument et retrouvent la santé.

Au milieu du sentier qui longe l'entrée, je me suis arrêté en admiration devant une trouée où le soleil inondait des plans successifs de verts différents, tandis qu'au fond, deux arbres immenses au feuillage transparent fermaient la scène. Un spectacle tel que je ne savais plus où j'étais ni quels étaient ces arbres.

Il y a toujours à apprendre dans des mémoires. Je suis plongé actuellement dans celles de Leahy[62], cet amiral américain ami de Roosevelt qui fut nommé ambassadeur à Vichy après la débâcle et occupa ensuite à Washington un poste militaire très élevé auprès du Président. Son analyse m'aide à mieux comprendre les qualités de Roosevelt : la continuité de l'action, la ténacité, la capacité de définir des objectifs prioritaires et de s'y tenir. Churchill avait plus de vitalité, de charisme, d'imagination, d'intuition, de vision, mais il se dispersait et prenait parfois des risques déraisonnables. Leahy et Roosevelt se méfiaient de de Gaulle, insupportable et dominateur et qui n'avait eu jusqu'au débarquement en Afrique du Nord que des succès douteux. Ils ne pressentaient nullement que le général serait en 1944 accueilli en libérateur. Difficile de concevoir l'attitude d'un peuple soumis à une dictature. Que n'a-t-on dit ou écrit sur les Irakiens du temps de Saddam. Et aujourd'hui, la télévision nous donne de leurs sentiments des visions contradictoires.

Mauriac en est à la triste affaire de Suez. Son texte me rappelle l'explosion de joie qui, au déjeuner du Rotary de Paris, a accompagné l'annonce de l'opération franco-anglaise. François Morin et moi nous étions regardés. Un double regard triste et désabusé. Mauriac est d'une méchanceté rare à l'égard de Guy Mollet. Il n'a pas tort.

Odile et moi restons plongés dans Virginia Woolf. Après *Mrs Dalloway*, *La promenade au phare*[63]. Nous avions lu *Les vagues* il y a quelques années. Lorsqu'elle tisse, dans son style dense et alangui, les fugues à multiples voix des conversations et des pensées intimes de ses personnages, elle est inoubliable. Circonstance heureuse : nous avons vu le premier mai *The Hours*. Un film pénétré de sa vie et de son œuvre où, parmi trois héroïnes, Nicole Kidman est l'interprète qui m'a donné l'impression de baigner dans son univers.

---

[62] Amiral W.D. Leahy, *J'étais là*, Plon, 1950
[63] V. Woolf, *Mrs Dalloway*, Stock, 1925 ; *La promenade au phare*, Stock, 1927

Mai 2003

Une ligne de *La promenade au phare* annonce la mort de Mrs Ramsay. L'événement me frappe comme un choc irréversible. J'y crois comme à une vraie mort alors qu'il suffisait à l'auteur de changer d'avis et d'écrire en conséquence la suite du roman. Nos mémoires mélangent ces morts fictives et les morts réelles de nos ancêtres et de ceux que nous avons connus. Une banalité dont je n'avais jamais éprouvé la violence.

Le problème de l'approvisionnement futur de l'Europe en gaz et en pétrole a changé de nature avec l'occupation américaine de l'Irak. Pour le gaz, les gisements sont en Russie et ce pays peut avoir le choix de développer ses relations plutôt avec les États-Unis ou plutôt avec l'Europe, mais pour le pétrole, dont les réserves sont au Moyen-Orient, la politique française de bonnes relations avec le monde arabe n'a plus de sens. L'Europe sera alimentée grâce au bon vouloir des États-Unis sauf si elle agit comme un bloc vis-à-vis du Moyen-Orient, mais si un pays comme la France se désolidarisait de l'UE — ou n'était pas suivi par les autres, ce qui revient au même, il serait très facile de l'isoler et de le punir.

L'offensive américaine contre l'Union Européenne et les Nations Unies se poursuit. Voilà la Pologne, le Danemark, l'Espagne conviés à envoyer des troupes pour le maintien de l'ordre en Irak. Conviés par qui ? Par les Nations-Unies ? Non par les USA, car ces derniers veulent marginaliser l'ONU en ne lui laissant — *dixit* Richard Perle — que l'humanitaire et le verbiage. Tout en ayant raison, le couple Chirac-Villepin a été maladroit face aux sauvages de Washington. Le temps est venu de faire le gros dos. Les conséquences à court terme seront négatives, mais peut-être un jour viendra où le monde arabe, saturé d'américanisme jusqu'à la nausée, sera ouvert à une collaboration approfondie avec une Europe aux partenaires réconciliés.

Mai 2003

Mardi de grève des services publics. Que passe ce spasme pour les retraites, que le parlement vote et que l'on n'en parle plus... Rarement une réforme n'a été plus indispensable et plus tardive. Dix ans de palabres, de commissions, de rapports. Que les désordres d'aujourd'hui soient le jubilé de Blondel et qu'on l'enterre ensuite sans fleurs ni couronnes. Mais peut-être que la réforme sera acceptée grâce aux atermoiements des gouvernements successifs. Réforme d'ailleurs insuffisante qui repousse le problème plutôt qu'elle ne le règle.

Odile m'a offert un roman policier russe : *le Gambit turc* d'un dénommé Akouline. Il se passe autour de Plevna au temps de la guerre russo-turque de 1877. Ainsi se constitue dans ma mémoire cette annexe de l'histoire avec les récits de Paillet du temps de Charlemagne, la personne du juge Ti dans l'empire des Tang, les aventures de frère Cadfaël d'Ellis Peter dans l'Angleterre moyenâgeuse, les dessous du Paris de Louis XV de Jean-François Parot, les turpitudes de l'ère victorienne d'Anne Perry, sans oublier les textes de la si britannique Agatha Christie et la Comédie humaine que nous a laissée Simenon sur la France d'entre les deux guerres. Que de savoir psychologique ou historique chez ces auteurs qui m'ont si fortement aidé à dominer le stress de la vie quotidienne. Un genre mineur de la littérature ? Certes, mais souvent de qualité supérieure à la seconde classe de la littérature « littéraire ».

La télévision aussi a enfanté une grande famille de polars, souvent issus des textes précédents : Maigret, Hercule Poirot, Sherlock Holmes bien sûr, mais aussi Navarro, les Cordier père et fils, le très efficace New-York District, Barnaby, Morse et Frost en Angleterre, Derrick, le Renard et Siska en Allemagne, Rex en Autriche... Les réalisateurs se copient en essayant de garder des nuances du terroir. Odile et moi, nous retrouvons autour de ces soirées télévisuelles alors que les débats qui l'attirent me font fuir.

Mai 2003

Hier samedi, je suis allé, juste après le déjeuner, chercher Basile à Fontenay. Il doit passer une partie du week-end chez nous. En approchant de la porte, mon cœur battait comme, lorsqu'adolescent, je rendais visite à une amie. Il y a si longtemps que je ne l'avais pas vu seul. Pourquoi ce désir de fabriquer en lui l'image que je voudrais qu'il garde de moi après ma mort ?

Je l'ai conduit au Musée des Arts et Métiers. A la chapelle, avec les premiers avions et les premières automobiles. Au second étage, avec le cabinet de Lavoisier, les balances de précision, les charpentes... De retour rue de Vaugirard, en attendant Odile, il a cherché sur Internet des renseignements sur les étoiles pour son prochain dossier (malheureusement mon imprimante refuse de se connecter...). Nous avons joué aux échecs dont nous connaissons très mal les règles. Puis est venu l'intermède d'une petite leçon sur l'écriture musicale et enfin, à la télévision, le match Arsenal-Southampton en finale de la coupe d'Angleterre, au milieu duquel Odile nous a rejoint. Ce matin, sur les Champs-Élysées, visite de l'exposition sur les chemins de fer. Ciel gris, pluie fine, grande foule. Basile était calme, concentré, recueilli. De retour chez lui pour le déjeuner, il m'a dit : « On recommencera ? » tandis que Mirabelle et Clémentine m'embrassaient à qui mieux mieux.

Voilà qui dissipe les miasmes de fin de nuit quand des rêves malaxent les souvenirs des échecs de ma vie.

Mai 2003

Il y a quelques jours, *Le Monde* a publié un long article d'une brochette d'anciens dirigeants américains, républicains et démocrates, Madeleine Albright en tête de liste. Le texte insistait sur la nécessité pour les deux parties d'un étroit partenariat entre les États-Unis et l'Europe. Trois thèmes : nous ne sommes pas contre l'Europe unie, l'OTAN est le pivot de notre coopération, nous devons résoudre le conflit israélo-palestinien. Sympathique, mais un peu court. Rien sur les divergences de vision du monde, sur le tribunal pénal international, le protocole de Kyoto, le développement durable. Quels efforts ont fait les États-Unis pour que la France réintègre l'organisation militaire de l'OTAN ? Comment peut-on espérer résoudre le conflit israélo-palestinien si le président américain ne tord pas le bras de Sharon et exige des Palestiniens modérés des engagements qu'ils ne sont pas en état de tenir ? Un partenariat suppose que les Américains acceptent de tenir compte des points de vue européens et n'accumulent pas des diktats auxquels il nous est demandé de nous soumettre. En septembre 2001, les Européens se sont sentis proches des Américains après l'attentat du World Trade Center. Ce n'est pas une raison pour nous transformer en valets ou en plongeurs de restaurants.

Je lis le livre de Danilov[64], ancien quartier-maître général de l'armée russe au début de la Grande Guerre. Déconcertant pays ! Quel mélange de compétence et d'inefficacité. Lorsqu'en 1912, on veut convoquer les grands chefs à un exercice sur carte, ils s'arrangent pour le faire annuler, certains craignant qu'éclate leur incompétence... Au seuil de la guerre, des journées d'hésitation : Nicolas II va-t-il prendre ou non la tête de l'armée alors qu'il n'a pas la moindre expérience. Nommé à la dernière minute, le Grand Duc n'a le choix d'aucun collaborateur et n'a pas été associé à l'élaboration des plans ...

La réforme et la rue

Mai 2003

Manifestations et grèves se succèdent. La réforme des retraites, le rattachement aux régions du personnel non enseignant de l'Éducation nationale mettent le feu aux poudres. La SNCF, la RATP, Air France, France-Telecom... et l'Éducation nationale annoncent des mouvements. Hier dimanche, une partie de Paris était vide, l'autre grouillait de défilés. Le PS qui n'a jamais eu le courage de s'engager dans la réforme des retraites envisage un projet... de hausse des cotisations sans augmentation évidemment de la durée des carrières.

---

[64] Général Danilov, *La Russie dans la guerre mondiale*, Payot, 1927

Raffarin sera-t-il la Margaret Thatcher française ? Est-ce le conflit des mineurs que nous allons vivre à la gauloise ? Si le gouvernement lache, l'avenir sera sombre. Il n'est jamais agréable de voir son pays s'enfoncer dans un gouffre.

Mais je garde espoir. Beaucoup de Français devraient comprendre qu'une réforme est inévitable et que l'augmentation du coût du travail accroîtrait le chômage structurel.

Malheureusement, les valeurs de notre société s'opposent à tout changement. Faire de la peine à quiconque est inadmissible. C'est sous l'empire de la rage que j'ai écrit le texte ci-dessous.

TOUT LE MONDE IL EST BEAU, TOUT LE MONDE IL EST GENTIL

Jean Yanne avait du génie. Son humeur triste et tendre exprimait une satire amère et juste de la société française. Le titre de son film : « Tout le monde il est beau, tout le monde il est gentil » mettait à jour l'hypocrisie sympathique de la France post soixante-huitarde. Entendons-nous bien : égalité des droits et égalité des chances sont des objectifs de haute valeur morale et qui se doivent d'être poursuivis, mais nier les inégalités de savoirs et de compétences conduit à des ridicules qui valent bien ceux des Précieuses de Molière.

L'inventaire peut commencer par les handicaps qui n'ont pourtant rien d'infamants : adieu les aveugles qui deviennent des mal-voyants, les sourds qui se transforment en mal-entendants, les vieillards travestis en seniors, les inculpés désormais mis en examen, les facteurs changés en préposés, les secrétaires d'État promus ministres-délégués, les maîtres de conférences baptisés professeurs (de 2ème classe néanmoins). Les Conventionnels et les bolcheviks étaient plus francs : citoyen-commandant ou tovaritch-capitaine ! Bientôt, les enfants recevront le titre de futurs adultes et les morts seront appelés mal-vivants.

Les féministes, dont la cause n'est pourtant pas injuste, avaient-elles besoin, en oubliant le passé de la langue, d'associer le sexe au nom de métier, de populariser la ministre et la soldate, de suggérer de remplacer le séminaire par l'ovarium en attendant de proposer le guerre (car chacun sait que ce sont les hommes qui sont belliqueux), un armée, un paternité, une ovule, une sein, une utérus,...Tout le monde il est beau, tout le monde il est gentil et donc les hommes d'un côté, les femmes de l'autre ? Vous n'avez rien compris : la mixité partout. Pourquoi pas, mais est-ce utile pour cela de torturer la langue ?

Une autre catégorie en détresse : celle des non-diplômés. Créons des bacs professionnels. Maintenons l'accès libre d'entrée à l'université. Faisons des DEUGs la salle des pas perdus des gares d'autrefois. Inventons pour les ingénieurs des formations diplômantes qui permettent de troquer l'ancienneté contre le parchemin. Y suis-je opposé ? Non, mais c'est l'Etat qui, à des fins d'égalité et pour récuser tout jugement en dehors de l'anonymat de l'examen, a inventé les diplômes qui, décernés à vingt ans, règlent le statut du fonctionnaire à soixante. Dès lors, il ne peut plus jouer que sur des équivalences pour reconnaître que tout le monde il est beau.

Les grévistes du secteur public -les cheminots par exemple- ont un statut particulier. Les usagers pestent contre leurs arrêts de travail répétés, mais l'humeur, journalistes de la télévision en tête, est en général bienveillante : si mes potes se mettent en grève, c'est qu'on leur fait du mal puisqu'ils sont gentils et beaux.

Lionel Jospin, premier ministre, a réhabilité les mutins de la Grande-Guerre. Sollicitude humaine respectable, mais, dans le combat à mort que la France poursuivait alors avec l'Allemagne, pouvait-on s'abstenir de sévir contre quelques meneurs ?

Notre société a aussi découvert une vérité bien commode : nul n'est porteur d'un savoir pur. Tout expert se prononce en fonction de ses connaissances et de son intérêt. Dès lors, tout le monde peut l'apostropher : « D'où parles-tu ? Ma vérité vaut la tienne bien que je sois ignorant ». Pour que tout le monde soit gentil, il faut que l'expert soit méchant. La télévision devient à ce propos le moyen de communication idéal. Libre aux participants de s'invectiver, d'affirmer sans preuve, de nier sans arguments, de mentir s'il le faut. Le papier du journal d'hier avait à cet égard l'échine moins lisse.

Jean Yanne croyait ne parler que pour les humains. Erreur ! L'adage s'applique aux organisations. Un exemple : les universités. Elles sont quatre-vingt dix. Des grandes, avec des laboratoires de recherche internationalement connus, des moyennes qui ne peuvent briller que dans un domaine et des petites qui ne sont guère aptes qu'à enseigner du post-baccalauréat -tâche essentielle incidemment- mais ces dernières n'ont de cesse, pour leur dignité, de vouloir délivrer des doctorats. Le gouvernement propose cent postes d'ATOS supplémentaires, chacune en exige un.

Le saupoudrage est la règle, le terrain pierreux doit recevoir autant de graines que la terre fertile. Tant pis pour la récolte future... Il vaut mieux ramener toutes les compétences à la moyenne que de renforcer les points forts pour augmenter le niveau de tous.

L'Éducation nationale est une source inépuisable d'exemples. Les clivages corporatistes n'empêchent pas d'inventer en cas de nécessité des arguments collectivistes : lorsque le gouvernement Raffarin propose de déléguer aux régions la gestion de certains personnels, les syndicats qui craignent de voir diminuer leur pouvoir face à l'État, inventent la cohérence des équipes pédagogiques entre enseignants et cuisinières pour lutter contre la décentralisation.

Quant aux Conseils d'Université conçus sur le modèle des soviets de jadis, ils sont construits pour donner voix prépondérante aux gentils étudiants.

Les lycéens manifestent contre la loi Fillon ? Qu'y a-t-il dans cette loi qui leur soit défavorable ? Ce n'est pas le sujet, les articles de la loi, ils les ignorent. Ce qu'ils n'admettent pas, c'est que le gouvernement se mêle de leurs affaires.

Le non, désormais assez probable au référendum sur la Constitution Européenne devient lumineux lorsqu'on a écouté Jean Yanne et lu Michel Schneider. L'État Big Mother n'est là que pour panser les bobos, mais s'il me demande de voter oui à un texte sur lequel ont travaillé des milliers de Français informés dans l'intérêt de la France, je peux dire non sans savoir car je suis beau et gentil.

La liste pourrait être allongée et déjà des lecteurs se demandent si je ne suis pas un réactionnaire type XIXe siècle pour tenir des propos aussi peu corrects politiquement.

Non ! Je ne suis pas pour les mandarinats, pour les ponts d'or des PDG des groupes privés, pour les clubs d'experts fermés. Je crois que tout être humain a droit à la dignité, mais que chacun doit faire la preuve qu'il est beau et qu'il est gentil, qu'il reconnaisse sans s'humilier les écarts de compétences, qu'il accepte des compromis entre ses intérêts, ceux de sa corporation et ceux de la société et qu'il respecte les pouvoirs de la démocratie.

Hier soir, *Jenufa* au Châtelet. Une représentation à garder en mémoire. Rare pour un opéra où l'harmonie entre les voix, l'orchestre, la musique, la mise en scène, les décors est si difficile à réaliser. Des voix merveilleuses avec des timbres qui s'accordaient. Un orchestre magnifique de précision. Des décors simples, mais suffisants. Un livret plus subtil que d'habitude, mais sans fioritures. Un tragique sans artifice. Une musique sans vulgarité et pourtant assimilable à la première audition. Découverte du Janacek lyrique puisque nous avons manqué *La petite renarde rusée*.

Odile est partie faire de la peinture à la Ferté-Milon. Peut-être rapportera-t-elle une ou deux de ses natures mortes de pots et de bouteilles qui égaient l'appartement.

Notre tentative Rabelais a échoué. En langue originale, trop difficile à lire à haute voix. En texte modernisé, truculent mais sans grand intérêt en dehors de quelques formules.

J'ai lu l'album *Simenon* de la Pléiade. Quelle personnalité étonnante ! Étonnante plus qu'attachante. Boulimie de vivre, d'observer, d'écrire. Une empathie aussi vaste que son égocentrisme. Près de deux cents romans dont soixante-quinze Maigret. Une véritable *Comédie humaine*. Et un jour, au début de *Victor*, il s'arrête, ne tapera plus jamais à la machine, n'écrira plus jamais de roman, mais dictera des pages et des pages de confession au magnétophone. La magie pourtant avait disparu.

Combien de maisons a-t-il habité ? Il se passionnait pour des lieux, puis les quittait. Une soif inextinguible de battre des records et de prouver à sa mère qui ne l'aimait pas l'amplitude de sa personnalité.

Je suis convaincu que plus les années passeront et plus il sera reconnu comme l'un des grands écrivains du XXe siècle. On a minoré sa valeur parce qu'il écrivait des romans policiers !

Dans Mauriac, le plus étonnant ce sont souvent les citations. En voilà une de Châteaubriand qui me révèle ce que je ressens : « Rompre avec les choses réelles, ce n'est rien, mais avec les souvenirs ! Le cœur se brise à la séparation des songes tant il y a peu de réalité dans l'homme. »

Nous sommes en juillet 1958 et le *Bloc-notes* décrit bien les ambiguïtés de la position de de Gaulle, ces ambiguïtés qui ne sont que le reflet de celles de la majorité des Français.

Un extraordinaire paragraphe : « Les intellectuels de gauche, eux, ne sont pas simples. Leur abondante dialectique les soulage d'une sorte de besoin incoercible. Oui, ils écrivent, on dirait, pour se délivrer plus que pour se convaincre. Ils sont abondants et obscurs. Ils ne parlent que pour les premiers de la classe. »

Dans les sociétés humaines, il n'est de pouvoir, militaire, scientifique, littéraire, spirituel sans opposants. Le juge et le criminel, le policier et le terroriste, l'écrivain et le critique, le croyant et l'athée sont des personnages obligés de l'Histoire. Et le criminel peut devenir juge, le terroriste policier, l'esclave le maître. Le grouillement ne s'éteint jamais. Qu'une espérance soit satisfaite, une autre naît. Qu'une interrogation trouve sa réponse, une nouvelle question surgit. *Sapiens demens* comme l'écrivait jadis Edgar Morin.

La journée s'écoule comme un long fleuve tranquille. Petits chevaux avec Mirabelle, bataille avec Clémentine, matchs de Roland-Garros avec Basile. L'univers se réduit au Bizot et à la pensée d'Odile. Le reste du monde n'existe pas. Je retrouve l'atmosphère des quelques vacances sans soucis de ma jeunesse. Seule différence : l'apaisement de mes ambitions remplace la certitude tranquille des moissons futures. Cinquante fois par jour, des idées naissent, mais je les laisse fuir sans les capter. N'ai-je plus rien à dire ?

J'ouvre Mauriac et je lis cette phrase : « Tel qui n'a plus rien à raconter depuis des années chaque matin s'assied devant sa table et écrit à vide : ce sont des maîtres du néant. »

Mai 2003

Avec ses ponts, ses manifestations, ses grèves, la crise de la Convention européenne, les journées radieuses et les orages, ce mois de mai incite à la paresse et à la morosité. Tantôt je me sens comme un comateux recroquevillé sur lui-même dans un angle d'un immense volume qu'il a cessé d'investir, tantôt je me perçois comme une mer transparente, tranquille et vide dont s'est retirée toute la substance qui repose sur le cimetière du fond, tantôt j'attends, énervé et inquiet, les commentaires d'Odile sur mon dernier manuscrit.

Séance à l'Académie des Technologies avec les principaux contributeurs. S. Feneuille, excessif et enflammé comme toujours, estime que l'Académie ne devrait jamais s'exprimer à l'extérieur. J'imagine un dessin de Plantu en 2050 : on enterre l'académie. Discours : « rappelez-vous le rôle essentiel qu'a joué cette académie muette ; elle ne s'est exprimée qu'une fois en 2025 lors de la crise des... en poussant un 'Oh !' significatif ».

Juin 2003

Odile a achevé de lire le manuscrit de *Démocratie, marché, gouvernance* dans son état actuel. Le verdict est celui que je craignais : écrit comme un rapport, style relâché, froid sans la moindre émotion, parfois banal... J'attends les réactions des deux autres lecteurs puis, si j'en ai le courage, je remettrai le travail en chantier, mais que de luttes en perspective contre ma morosité et ma paresse.

Au moment où j'évoque ici les réactions d'Odile, je me demande pourquoi je parle si peu d'elle dans ce journal. Peut-être parce que nous sommes très proches, constamment heureux de nous retrouver au cours de la journée, heureux de nous raconter nos rêves, d'échanger nos réflexions sur la psychanalyse et sur le monde actuel, de commenter ensemble les livres lus à haute voix. Un privilège rare que je n'apprécie pas toujours à sa mesure.

Juin 2003

Le livre de Fey Von Hassel[65] nous a bouleversés. Elle est la fille de l'ambassadeur d'Allemagne à Rome. Son père fut l'un des animateurs du complot du 20 juillet et il périt exécuté par le régime. Fey, une jeune femme de vingt-cinq ans, mariée à un Italien et mère de deux enfants fut séparée de

---

[65] Fey Von Hassel, *Les jours sombres*, Denoël, 1999

sa famille et déportée de camp en camp jusqu'en Autriche et en Italie du Nord, sauvée in extremis car les SS qui avaient mission de les liquider s'enfuirent dans la débâcle. Ce livre, m'a conduit à me poser une question sur le nazisme : hautement développée, la société allemande d'avant 1914 était composée d'individus instruits et travailleurs. Qu'elle ait succombé à une dictature peut se comprendre, mais que soit sortie d'elle cette masse de pervers, de tarés, de brutes, de faux intellectuels qu'étaient les nazis est surprenant. D'où venait cette lie de la population ? On ne trouve rien de tel dans l'Italie mussolinienne et quoiqu'on en ait dit dans la France de Vichy (à quelques exceptions près). En supposant qu'un grand pays développé sombre dans la dictature peut-il en être ainsi ? Et la réponse fuse : oui, aux États-Unis. Des bas-fonds de la société américaine, des cercles mafieux, pourrait surgir un groupe aussi dépravé que les nazis. Rien de tel ne paraît possible dans les « vieux pays » d'Europe Occidentale vaccinés par deux guerres.

Fey Von Hassel, cette femme à l'extrême courage, humaine et digne, décrit, sans jamais sombrer dans le pathétique, l'horreur des dernières années du nazisme et le mélange d'ordre et de chaos qui règne au soir de l'effondrement de cette société allemande. L'aviation alliée détruit les villes et les gares, les flots de réfugiés fuient l'avance des armées russes, les déportés meurent par milliers dans les camps de concentration, la population terrorisée obéit, les trains de soldats montent vers le front de l'Est, les SS règnent en maîtres et à Berlin les bureaucrates émettent leurs ordres qui, au milieu du désastre, continuent à être exécutés. Jusqu'au dernier jour, seuls quelques-uns oseront désobéir et le paieront cher. Et nous suivons de camp en camp, les pérégrinations de ce petit troupeau humain de prisonniers « spéciaux », les familles des conjurés du 20 juillet, d'anciens ministres hongrois, Léon Blum et sa femme...Humiliés et affamés et pourtant mieux traités que les autres, soumis au mélange de brutalité, de courtoisie glacée et d'égards relatifs des sordides SS qui les gardent et les accompagnent. Et cela presque jusqu'au dernier jour puisqu'il s'en faut de peu qu'en fin avril les SS n'exécutent l'ordre qu'ils ont reçu de faire sauter les autobus qui les transportent... Vengeance au-delà de la tombe d'un régime mort.

Il lui reste ensuite, avec l'aide de sa mère, à retrouver ses enfants dont on a changé le nom et que l'on s'apprête à diriger comme orphelins vers une famille d'accueil. L'aînée la reconnaîtra, mais le plus jeune qui a tout oublié ne frémira qu'à la vue de la photo d'un poney avec lequel il jouait.

Dignité de ces aristocrates allemands qui savent cacher leurs souffrances, de ces élites hongroises qui gardent leur humour, de ces ecclésiastiques qui ont dit non à Hitler.

Puis vient la transition douloureuse de la guerre à la paix. Séparation des amis qui l'ont accompagné pendant ces mois douloureux, retrouvailles avec des proches qui ont vécu d'autres expériences. Je pense aux derniers mois de captivité de mon père qui a aussi souffert de famine, mais pas de mauvais traitements.

17h30. Les cloches sonnent à Saint-Sulpice. Elles marquent la paix des jours déjà déclinants de la fin du week-end. Combien de fois ont-elles accompagné mon travail de l'après-midi en m'apportant la sérénité. Un sentiment que m'inspire aussi la voix du muezzin dans une ville musulmane. Dans les deux cas, le même message que celui que transmettait la voix du veilleur de nuit dans la cité moyenâgeuse : la continuité du passé dans l'avenir, l'apaisement de la régularité quotidienne, la sécurité de la répétition.

Juillet 2003

Samedi, les trois petits-enfants rue de Vaugirard. L'après-midi, je vais avec Basile au musée de la Marine. J'essaie de lui faire comprendre la succession des techniques de propulsion et l'existence de périodes de transition. Au retour, nous parlons des chemins de fer et des diligences. Je lui demande : « A quoi ressemblaient les premiers wagons de voyageurs des trains ? ». Il réfléchit et me répond : « A des diligences ». J'éprouve un mélange de tendresse et de fierté.

Le séjour à Pornichet n'a pas été le succès d'il y a deux ans. Pourtant, l'hôtel, cosy, était entouré de verdure. Une décoration soignée, une atmosphère anglaise. Les enfants ? Adorables. La jeune fille qui les gardait ? Parfaite. Mais nous étions loin de la plage. La chambre des enfants ne communiquait pas avec la nôtre. Au dîner, la salle de restaurant n'incitait pas à la décontraction. Odile et moi n'avions pas de tendre intimité. Nous ne vivions pas en symbiose avec Basile, Mirabelle et Clémentine... Sur la plage, je n'ai pas retrouvé mes sensations de la Rochelle. Un bon souvenir quand même.

Une seule fois, j'ai regardé la plage comme un peintre. Seule l'aquarelle, me semblait-il, pouvait traduire ces longues bandes horizontales et translucides qui se succédaient : le jaune pâle du sable chaud et sec, le marron clair du sable mouillé, le blanc argenté de l'ourlet des vagues, le vert transparent de la mer devenant progressivement bleu sombre puis gris, un gris qui s'éclaircissait à l'horizon, cédant la place au ciel qui virait à l'azur plus près de moi et entourait les formes cotonneuses des nuages blancs.

En regardant une photo récente où j'apparaissais l'œil éteint, les paupières lourdes, les joues amollies, le cou raccourci, je me suis remémoré les deux images de mon père : les unes, l'œil vif, le sourire moqueur, le visage dynamique, les autres le regard morne, les traits tombants, la bouche lasse, le visage fatigué. Ces deux images sont-elles devenues les miennes ?

Juillet 2003

Le gouvernement perd sa consultation en Corse. Le projet de statut avait d'incontestables mérites, mais le vote prenait tout le monde à contre-pied, sauf les nationalistes qui prônaient le oui. Les fonctionnaires voulaient exprimer leur mécontentement à l'égard du gouvernement, les électeurs de droite leur attachement à la République, ceux de gauche les difficultés de choisir leur préférence pour la décentralisation et leur hostilité à Raffarin...Le seul homme politique local qui persévère dans ses choix est Zucarelli, le maire de Bastia. A toutes ces difficultés s'ajoutait naturellement la redistribution des pouvoirs entre élus locaux qui aurait résulté du nouveau statut.

Un dessin de Plantu (que j'imagine) : Monsieur le Premier ministre, quels sont à votre avis les grands problèmes du monde ? — Les intermittents du spectacle...

J'ai découvert *L'abîme*[66], un livre de J.B. Duroselle sur la politique étrangère française de 1939 à 1945. Pourquoi ce texte si remarquable est-il si peu connu ? Fascinante description du petit monde parisien de la drôle de guerre. Daladier, le taureau qui fonce mais ne sait pas sur quoi, Reynaud qui pense souvent juste mais papillonne, Léger que son nom décrit fort bien, les « mous » qui encombrent le ministère, le velléitaire Gamelin. Et, par dessus tout, l'absence de réflexion stratégique. Pour la petite histoire, je retrouve dans les cabinets les hauts fonctionnaires d'après-guerre. Ils étaient déjà dans les allées du pouvoir.

Le bruit, la lumière, la lancinante cruralgie, le travail à demi-assoupi, et en arrière-plan, le voile noir de la désespérance de Catherine, m'écartèlent, me désarticulent, me dispersent à tous les vents. Mille pensées naissent et éclatent comme des bulles. Mille actions commencées avortent avant de s'accomplir. Une vacuité que je suis incapable de penser.

Août 2003

Depuis deux ou trois semaines, je n'ai rien écrit dans ce journal, concentré sur une seule activité, la révision de *Démocratie, marché et gouvernance* en m'inspirant des observations d'Odile et des remarques d'Assaad Saab. Finies les énumérations chiffrées, introduits des paragraphes sur l'Amérique latine, complètement remaniés les deux derniers chapitres. Les deux trilogies se révèlent des plus pertinentes. Une grille de lecture judicieuse. Pourtant, je n'ai pu enlever au manuscrit son caractère de rapport au style plat et froid. Rarement, ai-je eu à ce point l'impression de buter sur les limites de mon intelligence, sur les parois d'une prison qui m'interdisait

---

[66] J.B. Duroselle, *L'abîme* (1939-1945), Imprimerie Nationale, 1982

ce qui, à l'évidence, était au-delà et qu'il suffisait à d'autres de lever les yeux pour voir.

Été de canicule. Le thermomètre à 40 degrés, jour après jour. Odile organise l'ouverture et la fermeture des fenêtres et des volets pour protéger de la chaleur et crée des courants d'air. Le rez-de-chaussée reste frais. La chambre légèrement tiède, mon bureau irrespirable. J'ai dû descendre d'un étage. Dehors, la ronde des vélos de Basile, Mirabelle et Clémentine qui ne semblent pas souffrir. Ils sont tantôt avec leurs parents, tantôt avec nous. Basile dévore la collection des *Alix*, Clémentine joue à la « bataille » ou aux « petits chevaux » en comptant approximativement au-delà de six, Mirabelle adore le « Solitaire ». Seuls, les déjeuners de week-ends nous réunissent tous les sept. Des repas de famille qui en évoquent d'autres, à la Rochelle, à Bordeaux, Quai du Louvre, rue de Vaugirard. J'y ai été l'enfant, le fils, le père, Pops le grand-père... Pops l'arrière grand-père ? Sans doute jamais.

Curieux mois d'août de lectures hétérogènes. Deux romans policiers, excellents l'un et l'autre, le premier au Caire en 1908, le second à Bristol en 1475 ; une centaine de pages du *Bloc-notes* de Mauriac, brillant et horripilant ; la fin du livre remarquable de Duroselle, *L'abîme*, sur la politique étrangère de la France de 1939 à 1945 (j'espère trouver le précédent, *Le déclin*[67], consacré aux années trente), une information précise et complète, un jugement sûr, une rédaction élégante et concise, une objectivité sans faille ; la suite de *La guerre en Russie* (1914-1917) de Danilov (un récit un peu confus, mais beaucoup de notations pertinentes sur l'organisation du commandement, sur les forces et les faiblesses de l'armée, sur l'équipement, pas assez dur dans les jugements...), l'ouvrage de Damasio, un neurologue, sur *Le sentiment même de soi* traitant de la conscience — noyau et de la conscience — étendue, très passionnant pour Odile et moi, même si nous n'avons pas tout compris, et enfin — ou presque — *La mort de Virgile* d'Hermann Broch[68] qui est maintenant l'objet de notre lecture commune : Virgile, malade, arrive à Brindisi avec Auguste et y meurt après une agonie de deux jours ; plus de quatre cents pages en caractères serrés avec des phrases de plusieurs dizaines ou centaines de lignes. Mystère de cette création hallucinée, logique et redondante, si dense et si touffue que le sens fuit dès que l'attention se disperse. L'un après l'autre, tous les grands thèmes émergent : la mort, la renaissance, le néant, la beauté, l'amour, le don, la puissance, l'invention, la poésie, le parjure, l'infini, l'infranchissable calotte céleste, l'irréversible... C'est toujours ainsi que j'avais imaginé l'insondable profondeur allemande. J'aimerais savoir ce que l'on pense aujourd'hui de cette œuvre hors normes, semblable à celle de Proust par la

---

[67] J.B. Duroselle, *Le déclin*, (1932-1939), Imprimerie Nationale, 1979
[68] H. Broch, *La mort de Virgile*, Gallimard, 1955

longueur des phrases, la fluidité du texte, mais à l'opposé par la substance et la couleur. Un volume de 1945 mais qui semble aujourd'hui plonger dans le XIXe siècle.

Pendant que le climat bat des records de chaleur, les informations télévisées dépassent leurs limites de platitude. Entre les boulettes de pétrole, les feux de forêts, les insolations, les coulées de boue après les orages, les dangers multiples qui guettent les vacanciers, les catastrophes environnementales qui s'accumulent, juste une mention d'un ou deux morts en Irak, d'un acte de terrorisme palestinien ou israélien. Catastrophes ! Jamais notre pays n'en a moins connues. Quant à la surmortalité due à la sécheresse, l'estimation porte sur un mauvais critère : il faudrait estimer l'espérance d'années perdues : soixante pour un jeune qui se tue en mobylette, trois mois pour un vieillard en fin de vie... Difficile à calculer, me direz-vous ; j'en conviens, mais cela ne doit pas nous empêcher de penser juste.

Août 2003

Arrivée sans encombre au *Moulin de Valbrègues* près de la Roque d'Anthéron. Atmosphère des vacances de notre jeunesse. L'hôtel est agréable. Le village a le charme d'un village de Provence, mais sans plus. La coupole de la scène est bâtie, de tringles et de plaques réfléchissantes au milieu d'un parc de hautes futaies. En face, montent des rangées de chaises en plastique vert. Nous serons toujours placés au centre, plus ou moins haut.

Le premier soir, Platnev, un jeune pianiste russe, éblouissant de virtuosité : *Les tableaux d'une exposition* de Moussorgsky. Somptueux. Dommage que la seconde partie soit gâchée par le choix de l'insipide *Belle au bois dormant* de Tchaïkovski.

Le lendemain, Roger Muraro interprète le *Catalogue des oiseaux* de Messiaen. Les huit livres sont distribués en quatre concerts qui se succèdent dans la soirée et la nuit. Nous sommes restés aux deux premiers. J'ai écouté cette musique difficile dans une forte concentration. Elle illustrait si bien le deuxième vingtième siècle avec son désir forcené de communier avec le vivant et, à l'opposé, son aptitude à l'abstraction, à l'ésotérisme, dans une construction libérée des règles de la tradition.

Après sept concerts, je quitte La Roque d'Anthéron désenchanté. J'espérais partir envoûté par le piano, la tête encore pleine de sonorités merveilleuses. La diversité des lieux, la succession d'auditions courtes séparées d'entractes d'une demi-heure à une heure, la décontraction sympathique mais nonchalante, l'hétérogénéité des interprètes et des programmes ont empêché le charme d'opérer. Mais le désenchantement n'a pas atteint la déception.

Pendant ce temps, nous lisions ensemble Odile et moi l'*Alma Mahler* de Françoise Giroud[69]. Une arriviste, cette femme qui a eu pour maris ou amants quelques uns des plus grands créateurs du début du siècle : Klimt, Mahler, Gropius, Kokoshka, Frenzel. D'où tenait-elle son aptitude à détecter les créateurs et à les transformer en amoureux passionnés ? La photographie sur la couverture du livre, les commentaires de Françoise Giroud, les citations de son journal ou des lettres de ses amants ne donnent pas la clef de l'énigme d'une forte personnalité, sûre d'elle, ambitieuse, égoïste et qui a fait souffrir ceux qui se sont approchés d'elle.

Sur LCI, hier, un journaliste interroge sur le sommet de Cancun, le président de la FNSEA. Il demande ce que sera l'attitude des ministres français, ignorant à l'évidence que seule la Commission, et donc Pascal Lamy, a le pouvoir de négocier ! Quand les journalistes sont à ce point ignares, comment le grand public peut-il interpréter correctement l'information !

En Irak, deux ou trois voitures piégées ont explosé à Najdaf tuant 80 personnes et un imam chiite modéré. Chaque jour, un soldat américain ou deux tombent dans des embuscades. Le climat se détériore. Bush s'entête... Dans le conflit israélo-palestinien, la spirale des attentats et des réactions a repris. Que sera l'avenir de la feuille de route ? Toujours le même problème : on ne négociera qu'après l'arrêt des violences alors que seules la négociation peut aboutir au calme.

Je compare mes scénarios sur le conflit irakien avec la réalité. Celle-ci a combiné deux images que j'avais distinguées : la guerre courte et l'enlisement. Les hypothèses que j'avais mis en parallèle se sont succédées. Certains Français triomphent ; ils ont eu raison d'insister sur la fragilité du Moyen-Orient, mais qui n'est qu'un observateur, sans prise sur les événements, devrait savoir rester discret.

Septembre 2003

Je me suis mépris sur la canicule. Le bilan de dix à quinze mille morts a été beaucoup plus lourd que je ne le pensais. Il est significatif que la première estimation soit venue des Pompes funèbres générales qui ont divisé leur supplément d'enterrements par leur part de marché. La crise a souligné une fois de plus les défauts de l'administration française : la lenteur des transmissions ascendantes, les cloisons entre ministères. Les transferts vers le civil d'infirmiers militaires qui eussent pu se régler par simples échanges téléphoniques locaux ont demandé du temps et sont restés de faible ampleur.

---

[69] F. Giroud, *Alma Malher*, Laffont, 1998

Une autre révélation mais qui ne devrait pas être une surprise : le nombre de cadavres non réclamés, habituellement égrené de semaine en semaine et brusquement concentré sur un mois. Une simple traduction de nos structures familiales. Le problème va s'amplifier avec l'allongement des durées de vie et l'accroissement du pourcentage des plus de 75 ans.

Septembre 2003

Le 10 septembre déjeuner à Matignon. Une quinzaine de personnes. Raffarin préside. En face, Michel Rocard, à sa droite, Jacques Delors, à sa gauche, Etchegoyen, le nouveau Commissaire au Plan. Parmi les présents, Cannac, Albert, Guillaume, Stoléru, ... Je suis à droite de Delors. Le thème officiel : l'État stratège. Mais il éclate en plusieurs sujets : les fonctions et la dénomination du Commissaire au Plan, les relations du Plan avec le Premier ministre, le rôle de la prospective. Je me borne à quatre points : (1) la nécessité en tout état de cause d'un audit de ce que fait l'État avec une séparation entre ce qu'il faut abandonner, privatiser, développer, conserver (tout en réduisant éventuellement les coûts) (2) le rappel que la prospective ne se réduit pas à des conversations de salon, elle suppose du travail, (3) la hiérarchie des études, de la note de deux pages à un ministre qui ne peut s'appuyer que sur des études par domaines, études qui doivent à leur tour être encadrées par des travaux de prospective plus généraux, (4) la lutte contre les visions hexagonales encore très répandues.

J'en profite pour critiquer la vision de la concurrence de Mario Monti qui s'inspire des descriptions classiques en économie statique et ne prend pas en compte la dynamique qui est la préoccupation essentielle des chefs d'entreprise.

Le recherche et l'innovation

Novembre 2003

Voilà près de deux mois que je n'ai rien écrit dans ce journal. Pourquoi ? Je ne sais pas. Une santé aussi bonne que possible pour un homme de mon âge. Une activité soutenue. Un sommeil paisible. Un travail sur Futuris — l'opération de prospective sur le système français de recherche et d'innovation — plutôt gratifiant et qui tient ses délais. Un livre avec Robert Dautray qui prend forme. Un manuscrit de *Démocratie, marché et gouvernance* remis à Odile Jacob. De bons contacts avec les trois enfants, même la pauvre Catherine, là-haut dans son studio du cinquième et qui a perdu la voix depuis sa dernière rupture. Une Odile proche et dans l'ensemble sereine (je lis les premiers essais de son livre sur les addictions, tout y est pour un excellent ouvrage)... Peut-être est-ce ce côté « lisse » de ma vie qui me stérilise. Je n'avais nulle envie de raconter des platitudes.

J'ai peur pour la Constitution Européenne. Après l'action de gouvernements comme celui de la Pologne, que restera-t-il du texte ? Les Polonais nous sont chers et me sont chers — mais ils ont toujours été des partenaires difficiles. De 1918 à 1939, ils ont souvent été odieux. Pilsudski et Beck, d'affreux bonshommes. Sur le plan français, cela ne va guère mieux : à l'hostilité du Front National et de l'extrême-gauche s'ajoutent maintenant les états d'âme d'un PS que François Hollande ne tient pas en main. Un référendum serait perdu. Il faut que Jacques Chirac choisisse la voie parlementaire. La société française est toujours effervescente, jamais en repos.

Le tome de Duroselle, *Le déclin*, sur la politique étrangère française de 1932 à1939 est aussi passionnant que *L'abîme* (1939-1945). J'y ai trouvé bien des confirmations et quelques découvertes. Les confirmations ? Herriot, Gamelin, Daladier, Reynaud. Les découvertes ? La muflerie et la gallophobie des Anglais qui dépassent tout ce que j'avais imaginé, avec la bande des *appeasers*, Chamberlin, Simon, Hoare, Halifax (on comprend mieux à la lumière de cette période, la pauvreté des politiques britanniques après la seconde guerre), la personnalité de Bardou que j'avais mal perçue à cause de son assassinat, le poids de Georges Bonnet que je considérais comme un minable, car il a eu tout faux, mais avait néanmoins une colonne vertébrale..., la pleutrerie de l'état-major français incapable d'imaginer une riposte lors de la remilitarisation de la rive gauche du Rhin, et qui retarde la déclaration de guerre pour protéger sa mobilisation !

Avec Odile, nous sommes lancés dans ce livre austère qu'est *Le jeu des perles de verre* de Hermann Hesse[70] : un curieux roman d'éducation sur la vie d'un dignitaire d'une secte intellectuelle et hiérarchique, un Ordre qui se consacre à la connaissance, mais à une connaissance qui ignore l'expérimentation et ne connaît que l'abstraction. La vision me déplaît. Elle a beaucoup vieilli depuis la date de sa parution en 1943.

L'étude Futuris sur l'avenir du système français de recherche et d'innovation occupe mes pensées de plus en plus. Ma note « Pourquoi et comment Futuris » a été bien acceptée. L'entretien avec Francis Mer, le ministre des Finances, a été excellent. Dehecq, le président de Sanofi, nous soutient. La semaine prochaine, rendez-vous avec Claudie Haigneré, ministre de la Recherche. Le Comité de pilotage qui réunit vingt-cinq personnes des milieux de la recherche et de l'industrie se sent impliqué. Il a accueilli favorablement mon discours introductif puis la présentation, fort bien faite par Rémi Barré[71], du thème abstrait des scénarios. J'ai décidé, pour

---

[70] H. Hesse, *Le jeu des perles de verre*, Calman-Lévy, 1953

[71] Membre de l'équipe Futuris et professeur au CNAM.

me clarifier les idées, d'écrire un chapitre sur l'état actuel du système français de recherche et d'innovation.

Demain, départ à Séville où je parle le 12 novembre de « l'éthique de la prospective » à un congrès espagnol. Le sujet m'a intéressé et j'ai rédigé mon intervention qui sera publiée l'année prochaine.

Novembre 2003

La ronde des morts m'entoure en ce milieu d'automne : Henri Mendras qui a eu, selon le mot que m'écrit sa femme, « une vie heureuse et une mort paisible entouré de tous les siens », Brigitte Sauzay, l'épouse de Christian Stoffaës, qu'un cancer a enlevé en quelques semaines et qui a eu droit dans une église Saint-Germain des Prés comble aux hommages du Chancelier Schröder, la femme de René Loué qui n'en a plus que pour quelques semaines. Je vois arriver mon soixante-quinzième anniversaire comme un accomplissement.

La réflexion sur le système français de recherche et d'innovation prend une bonne partie de mon temps et occupe la majorité de mon cortex. Une opération difficile car il nous faut enchaîner les étapes comme les tuiles et aborder une analyse avant d'avoir tiré le message de la précédente. Demain sera une journée décisive : pour la première fois, nous présenterons nos travaux à une centaine de personnes. Le point faible ? Nous n'avons pas encore extrait de nos scénarios les questions qu'ils soulèvent. Dès lors, la construction paraît abstraite.

J'avance dans le livre de Philippe de Gaulle[72]. Beaucoup de détails qui ont la sonorité de la vérité sur la vie de ses parents. Que de sens moral, de dignité, d'ascétisme même. Les flatteries, les honneurs, les tentations glissent sur ce couple de marbre. Je me rappelle ce mot de Jacques Baumel : « Le général de Gaulle était un grand stratège, mais un piètre tacticien. » Peut-être parce que la tactique salit les mains, mais pas la stratégie.

En revanche, Philippe de Gaulle n'a que mépris pour les anecdotes défavorables à son père : « Bobards, mensonges, inventions. » Il surestime les succès locaux que furent Montcornet et Abbeville, ne reconnaît jamais le moindre mérite aux hommes de Vichy, traite Weygand de capitulard alors qu'il a demandé l'armistice pour ne pas capituler... affirme qu'en 1940, les Allemands ne pouvaient rien contre l'Afrique du Nord... Voire ! Une fraction du caractère entier du père est passée dans les veines du fils.

L'Europe va mal. Les gouvernements détricotent le projet de constitution de VGE. Leur compromis sera-t-il voté ? Un référendum en France paraît fort dangereux. Allemagne et France gèlent le pacte de

---

[72] Ph. De Gaulle, *De Gaulle, mon père* (2 volumes), Plon, 2003, 2004

stabilité, mais personne ne propose de politique crédible de contrôle du déficit. Pour la France, les erreurs viennent de la gestion des années de forte croissance. Subsistent aussi au sein de l'Europe les désaccords à propos de la politique de Bush. Chirac ? Difficile de le prendre au sérieux. Raffarin ? Il est inexistant car l'Élysée l'a transformé en un tambour japonais qui n'émettrait aucun son. Quant à la gauche, elle se déchire avec son extrême-gauche. Et s'annoncent déjà les luttes pour les candidatures présidentielles. Dès qu'une réforme est proposée, ceux qui sont concernés se révoltent. Le pays est ingouvernable.

N'a-t-on pas vu les étudiants se mettre en grève contre le projet LMD[73] tout à leur avantage. Il faut dire que le gouvernement n'a rien dit de ses conséquences sur les BTS et les DUT !

Décembre 2003

La démocratie est un régime où l'on tient rigueur à un gouvernement des erreurs de ses prédécesseurs. Le déficit budgétaire français résulte largement de Lionel Jospin, les drames à l'hôpital de Martine Aubry et de ses 35 heures. Quant à Bush, il va bénéficier de la reprise qui résulte du retournement que l'on pouvait prévoir de la conjoncture américaine. Quand les électeurs comprendront-ils enfin ce qui ne résulte pas des décisions des gouvernements actuels et qui est la conséquence d'actions largement antérieures !

Odile et moi peinons à lire *Autodafé* de Canetti[74]. Au tiers du livre, la signification allégorique de l'histoire n'est pas encore claire. Nous pensons au nazisme, mais jusqu'à présent, la correspondance n'a rien d'évidente.

Hier, au théâtre des Champs-Élysées, un concert dirigé par Emmanuelle Haïm, une jeune chef d'orchestre française émouvante dans sa longue tenue noire et par l'ampleur des mouvements de sa baguette : *Dixit Dominus*, un oratorio de jeunesse de Haydn et le *Magnificat* de Bach. Gros succès. Une artiste à suivre.

Hier soir, soirée chez les Worms, les hôtes les plus charmants que je connaisse. Une quarantaine de personnes, des messieurs importants, des femmes âgées, encore droites, bien habillées, au visage que les rides rendent difficile à maquiller. Je me sens à l'aise et pourtant en dehors, au-delà plutôt. Un spectacle teinté de nostalgie : Françoise Fabian lisait des textes de Maeterlinck, puis de Milosz entre lesquels une jeune pianiste lithuanienne jouait des morceaux de Debussy et de Ciurulnus, un contemporain de

---

[73] Projet européen d'organiser l'enseignement supérieur sur trois niveaux : Licence, Maîtrise, Doctorat
[74] E. Canetti, *Autodafé*, Gallimard 1968 (édition allemande 1935)

Scriabine. L'assistance écoutait dans un grand recueillement. Une magnifique apologie du silence par Maeterlinck. J'observais Françoise Fabian et pensais aux films qu'elle avait interprété comme *Ma nuit chez Maud*. Elle parlait doucement, proche et impériale, émouvante et inaccessible.

Au Bizot, où, après un samedi doux, brumeux et gris, le soleil inonde la maison de lumière. Au milieu d'*Autodafé*, j'ai calé, assoiffé de rencontres avec des personnages humains. *Transit* d'Anna Seghers[75] a pris la suite. Le livre — un grand livre — raconte les tribulations des étrangers en mal de partance à Marseille à l'été 1940. Dans l'armistice de juin, j'ai toujours eu un pincement de cœur à propos de l'article dans lequel les Allemands exigeaient la livraison de leurs ressortissants réfugiés en France, un article que la hiérarchie française a accepté sans sourciller. Comment expliquer cette absence de réaction chez des hommes qui n'avaient pas tous perdu le sens de l'honneur ? Le nationalisme. Leur seul devoir était de défendre les Français. Les étrangers dépendaient de leur gouvernement. Que de chemins parcourus en soixante ans dans ce domaine. L'évolution des valeurs que je dénonce parfois n'est pas que négative.

Échec à Bruxelles sur la Constitution européenne. Ni le Polonais, ni l'Espagnol n'ont voulu démordre, n'ont voulu sortir du traité de Nice qui avantage outrageusement leur pays. Olivier Duhamel a été excellent sur la Trois. Il a stigmatisé le nationalisme étroit, borné, des deux récalcitrants, annoncé aux Polonais que ce jeu leur coûterait cher dans l'avenir et qu'ils feraient mieux de réfléchir. Mais il a aussi critiqué l'arrogance franco-allemande. Traduisons, celle de Jacques Chirac. Peureux à l'intérieur, il se pavane en matamore à l'extérieur. Il n'y risque pas de mouvement social... Mais il vaut mieux un report de quelques mois qu'un compromis boiteux comme à Nice sous la pression de ... Jacques Chirac.

D'une journée commune Académie des Sciences-Académie des Technologies sur la formation, une journée réussie selon les assistants, je retiendrai que les spécialistes des sciences cognitives ont donné au ministère de l'Éducation nationale l'avis que, pour apprendre à lire, la méthode analytique est supérieure à la méthode globale. Enfin ! Après ce débat, j'ai relu ce que j'écrivais en 1987 dans *Éducation et Société* sur l'enseignement des sciences et des techniques et envoyé la photocopie de quelques pages à Pierre Perrier qui dirige le groupe « Formation » de l'Académie. Après lecture, il m'a dit : « Tout y était déjà ! » et a cherché à m'enrôler. Peine perdue. Je ne pense qu'à la recherche et à l'innovation.

---

[75] A. Seghers, *Transit*, Alinéa, 1986

La moitié de mon déjeuner d'hier avec Renaud a été consacrée à ce sujet. Il faut que je lui montre les chiffres. A juste titre, il s'inquiète. Il se voit partir aux États-Unis sans espoir de retour. Que lui répondre ? Sans les réformes, la France est incapable de s'adapter.

En lisant le livre de Philippe de Gaulle, je constate l'importance qu'il attache aux qualités morales de son père, la dignité, la pudeur, le refus de tout avantage, le sens du devoir... et j'ai soudain découvert que je n'évoque jamais cette dimension ni dans mes mémoires, ni dans ce journal. Pourtant, on m'a dit un jour que j'étais un animal religieux (religieux et laïc en vérité). Est-ce là l'impression que je fais à mes interlocuteurs ?

Décembre 2003

Il y a deux jours, Jacques Chirac a prononcé son discours sur la laïcité, que j'ai écouté de bout en bout à la télévision. Un grand discours où tous les mots ont été pesés et où tout a été évoqué, de l'édit de Nantes à la réhabilitation de Dreyfus et à la séparation de l'Église et de l'État. J'approuve une loi contre le voile à l'école et un code de la laïcité pour les fonctionnaires. Le danger me paraît moindre que l'utilisation du voile comme une arme de communautarisation des musulmans. Dans un pays où existent plusieurs religions et de nombreux agnostiques, il faut que les religions soient à la même température et que la foi s'exprime discrètement. Les opposants à l'interdiction du voile (en dehors des « religieux ») viennent de ces milieux qui ne veulent en rien borner les libertés individuelles au nom de la collectivité, les tenants de l'absolutisme...

L'autre grande nouvelle est l'arrestation de Saddam Hussein. Un Saddam hirsute, barbu, hagard, humilié. Des images de la télévision américaine qui divisent l'opinion. Certains se réjouissent de l'abaissement du criminel. D'autres, comme moi, éprouvent un malaise. Aussi odieux fut-il, il a été une grande personnalité du monde arabe, et selon nos valeurs, il a droit à un procès équitable. Bush exulte, mais cet automate texan a-t-il conscience de la haine de l'Amérique qu'il nourrit dans les pays du Moyen-Orient. Inacceptable est aussi le traitement des prisonniers de Guantanamo. Ces « détails » n'étaient pas une composante nécessaire de la politique de Bush. Ils sont inquiétants.

Noël s'approche, et avec lui les problèmes. Que faire le 24 au soir : aller chez Renaud et Lydie, rejoindre les sœurs d'Odile et leurs maris, inviter quelques esseulés à la maison ? J'ai souhaité le lendemain un dîner d'anniversaire pour mes soixante-quinze ans : les descendants directs, Diane, Marie-France, Danielle. Odile me consulte sur le programme culinaire.

Soixante-quinze, trois fois vingt-cinq, un chiffre significatif et qui évoque un dernier quart que je ne franchirai qu'en partie !

24 décembre. Seul dans mon bureau en début d'après-midi au milieu du silence d'un jour gris et humide. Après avoir nettoyé ma table et jeté des sacs entiers de documents, je me suis attaqué aux casiers derrière mon fauteuil. Mettre de l'ordre dans cette pièce ressemble au nettoyage d'une plage par marée noire, mais les sentiments ne sont pas les mêmes. Ils changent à chaque document : une première version d'un manuscrit jetée à la poubelle avec regret, résignation ou soulagement, une lettre ancienne à laquelle il est trop tard pour répondre, un document que j'avais gardé pour le lire, un livre que, en forçant, j'arrive à glisser entre deux ouvrages sur une planche de la bibliothèque, des articles disparates dont je me sépare faute de temps, victime de la diversité de mes intérêts ... Petit à petit, la poussière se dépose sur mes doigts et je me retrouve soulagé et triste.

Le grand jour fut le 26. Du matin jusqu'au soir sur le chantier, achats, préparations, représentation de « la Belle et la Bête » avec les enfants, recherche des plats de tajine. Toute la petite troupe dont j'avais souhaitée la présence était là. Basile m'a offert un dessin encadré me représentant à mon bureau, lunettes, épaules basses, costume-cravate. Très ressemblant, avec nos deux têtes dans un médaillon à droite. Mirabelle avait opté pour des gâteaux et Clémentine, en plus d'une paire de ciseaux en carton (« qui ne coupent pas » a-t-elle précisé) avait confectionné en papier une sorte de gâteau avec des bougies. Renaud est venu avec le journal de ma naissance, Catherine avec trois livres noirs sur des souvenirs de guerre et Ramon avec une yukata...

Est-ce que je retrouve le Panthéon réduit de la famille de mon enfance ? Est-ce une façon de se retirer du monde que de se réinvestir dans sa famille avant l'enfermement définitif ?

La seule évocation de Noël condense le passé, fait remonter le temps, Noëls des années 30, à la Rochelle, une nuit noire, des marins ivres chantant dans les rues, attente sous les couvertures des cadeaux du matin, Noëls tristes de guerre, avec les messes de minuit décalées à six heures et les caniveaux gelés, Noëls à Bordeaux avec Catherine, Justine et mes parents, dans l'ambiance ambiguë des relations familiales, Noëls parisiens, les chaussures au pied de l'arbre décoré et entouré d'un monceau de cadeaux, Noëls des dernières années où, une fois la famille éclatée, nous avons erré de la rue de l'amiral Coligny au Coisel, de Tozeur à Ouarzazate, Noëls des églises froides aux chants somptueux résonnant sous les voûtes, Noëls des variétés factices et vaines à la télévision, Noëls des matins dans les parcs remplis d'enfants essayant leurs jouets...

Lentement, je me désengage du monde, des problèmes de l'humanité, du survol permanent de ses six milliards. A d'autres de penser le globe ou d'agir sur lui. Je me retrouve à l'échelle du quotidien, regardant les autres, dans l'autobus, dans les magasins, le long des rues, satisfait d'un mot, d'un regard, d'un frôlement. Me voilà passé des hauteurs abstraites à l'anonymat du ras du sol, de l'architecture des concepts à la succession désordonnée des émotions fugaces.

Décembre 2003

Madère. Un voyage absurde pour apaiser les besoins de chaleur et de lumière qu'Odile éprouve en hiver. Qu'importe cette île dont le relief tourmenté se cache derrière une végétation touffue.

Il y a dans la vie des pages blanches, des jours sans signification, que ne marque même pas la quotidienneté. Leur suppression n'altérerait pas la trame de l'existence. Tels s'écoulent ces quelques jours à Madère. Un climat doux, un peu frais, une ville prospère sans souvenirs, une nature opulente mais impénétrable, un hôtel calme mais sans chaleur, une multitude de chaînes télévisées, difficiles à comprendre. Pas d'émotions, pas d'envie d'écrire. La stérilité. Le livre de Clay *Guerre froide à Berlin*[76] ne transmet pas la chaleur de l'action. De l'information froide et pauvre. Seule fenêtre sur l'humanité, la fin de *Transit* et le début de *Trame d'enfance* de Christa Wolff[77], un autre auteur d'Allemagne de l'Est, qui raconte dans son livre un voyage sur les terres de son enfance devenues polonaises.

Ma puissance d'analyse s'émousse. Le thème du vieux couple serait un palais des trésors si j'avais le courage de monter les marches, de pousser les portes, de détailler les objets, de décrire l'atmosphère de tendresse fatiguée, de services réciproques devenus naturels, de désaccords familiers désormais sans danger car ils ne mettent plus en cause le réversible et permettent même quelques effets de manche autrefois déconseillés, des désaccords rapidement comblés lorsqu'ils révèlent une faille profonde qui, sous une cicatrice de surface ne sera jamais comblée. Dans ce palais, une grande bibliothèque commune avec ses livres, ses pièces de théâtre, ses concerts, ses films, ses voyages, une pièce rappelant les épisodes d'une trame historique, professionnelle, familiale partagée, d'où émane la conscience de succès encore savourables et de défaites acceptées. D'autres passés eussent été possibles. Ils ne le sont plus. Un déclin fait de misères oculaires, auditives, digestives, osseuses qu'il faut gérer ensemble pour le marginaliser. Des pertes de mémoires, des oublis, des erreurs dont il faut s'absoudre puisqu'ils sont inévitables. Un huis-clos où l'on ne se déchire pas puisque la catastrophe est certaine et que seules sont inconnues ses modalités et sa date. Mais que ces mots désabusés n'occultent pas le bonheur que nous éprouvons, Odile et moi, à vivre ensemble.

---

[76] L. Clay, *Guerre froide à Berlin*, Berger-Levrault, 1965
[77] C. Wolff, *Trame d'enfance*, Alinéa, 1987

Année 2004

Entre Futuris et l'Europe nationale-socialiste

Janvier 2004

Fin de l'intermède à Madère. La neige avait fermé l'aéroport de Paris. D'où six heures d'attente à Lisbonne pour une arrivée à deux heures du matin. Malgré le désir de revoir nos petits-enfants, nous sommes restés rue de Vaugirard, mais, en notre absence, ils ont trouvé le 2 janvier au Bizot, auprès du sapin, les vélos qui leur étaient destinés. Petit à petit, l'ordre s'est reformé sur le fouillis du retour. Odile, handicapée par une cystite et une arthrose, moi par un rhume bronchiteux, vivons hors du temps, comme des fantômes.

A l'aéroport de Lisbonne, je n'ai rien reconnu. En observant cet immense ensemble de salles d'attente et de boutiques sous-douane, j'ai pensé à tous ces aéroports-champignons poussés dans le monde près des grandes villes. Étonnamment semblables, étrangers à l'atmosphère locale, divers pourtant, une fois respectées les normes internationales des guichets, des tableaux d'affichage, des distributeurs de bagages...

Quelqu'un m'a fait remarquer qu'il ne fallait pas s'étonner des événements d'Irak : les troupes américaines ont fait très peu de prisonniers. L'armée irakienne s'est dissoute et les armes ont été cachées. Le pays regorge d'armes. Que l'on y ajoute l'inexpérience de l'armée américaine pour ce genre de combats et l'absence de renseignements -contrairement à ce qui se passait jadis pour l'armée française au Maghreb- due à la séparation culturelle et linguistique, et le présent devient beaucoup plus explicable.

Janvier 2004

J'imagine un instant que les objets domestiques ont une conscience. Le regard sur la maison en est bouleversé. Les rasoirs à une lame sont jaloux du rasoir à trois lames que j'utilise maintenant. Les disques que j'écoute peu se sentent comme ces femmes de harem qui n'ont pas les faveurs du sultan. Certaines assiettes ont peur des manipulations maladroites qui, en les cassant, mettent fin à leur vie. Le poste de télévision trouve inepte certains des programmes que regarde la famille.

Que donnerait un dessin animé qui tenterait de décrire cette société domestique avec ses affects, ses rivalités, ses règles éthiques, ses accidents et ses moments de tranquillité ?

Déjeuner avec René Loué, mon camarade de promotion qui fut quinze ans mon collaborateur. Sa femme qui va mourir d'un cancer des os en phase terminale est dans une unité de soins palliatifs. Elle reste paisible sans peur de la mort car elle a une famille exceptionnellement heureuse et a réussi tout ce qu'elle pouvait souhaiter dans sa vie. Quelles sont les parts de la foi, des chromosomes et du hasard dans ce bilan ? René Loué était un homme imaginatif et fragile qui a connu une longue dépression et s'est ensuite retiré du grand large.

Février 2004

J'achève *Les carnets secrets* de Haig[78]. Ils complètent et modifient souvent la vision que je me faisais de la première guerre.

A Londres, difficultés et rivalités n'ont jamais cessé. Lloyd George apparaît fuyant, opportuniste, manœuvrier. Il est loin d'avoir son cabinet en main. Haig et lui se détestent, se méfient l'un de l'autre. Robertson, le chef d'état-major impérial est, à Londres, l'homme de confiance du commandant en chef en France. Lloyd George n'a cessé de vouloir l'unité de commandement et il a mis les militaires anglais, sans les prévenir, devant le fait accompli à la conférence de Calais avant le chemin des Dames. La résistance de Haig et de Robertson, puis l'échec de Nivelle ont empêché la tentative jusqu'à ce que, en 1918, Haig soit demandeur pour faire modifier les ordres de Pétain que Haig estime tout en le trouvant trop prudent.

J'ai compris le succès de Nivelle auprès des Britanniques : sa mère était anglaise et il parlait l'anglais couramment ... Vis-à-vis de Foch, Haig n'a jamais une remarque chaleureuse, il acceptait d'obéir, mais ne voulait pas recevoir d'ordre. Toute l'année 1917, il craint l'effondrement de la France et il est convaincu que c'est l'armée britannique qui a remporté la guerre de 1918.

En revanche, les Français signent l'armistice à Rethondes sans inviter Haig qui mentionne l'événement comme un fait divers, mais refuse quelques jours plus tard d'aller à Londres défiler avec Foch ... Il parle d'ailleurs dès la fin novembre de nos « anciens alliés ». On mesure là l'orgueil, très compréhensif, d'une Angleterre qui, à la tête de son immense Empire, n'a eu avec le continent européen que des alliances de circonstance.

Selon Haig, les troupes américaines ne pouvaient plus à la fin de la guerre souffrir les Français qui n'avaient cessé de les soumettre à des avanies et à des humiliations. Comme j'imagine bien ces susceptibilités.

La vie politique française se réduit aux conséquences de la condamnation de Juppé. L'intéressé a décidé de garder ses mandats jusqu'au procès en appel dans dix mois. Son intervention à la télévision a été digne et prudente, mais les acclamations de ses amis et les déclarations de membres

---

[78] D. Haig, *Carnets secrets*, Les presses de la Cité, 1964

de l'UMP sont indécentes. Ne voit-on pas le Garde des Sceaux étudier si le remboursement des sommes par le RPR ne réduirait pas la condamnation... La droite n'en serait pas là si, comme je le pensais, elle s'était jointe à la gauche pour faire voter une loi d'amnistie quand le parti socialiste a eu des ennuis. L'opinion aurait été furieuse, mais tout cela serait oublié depuis longtemps. Il aurait fallu faire adopter immédiatement une loi stricte sur le financement des partis... Une fois de plus, les attitudes politiciennes ont induit des comportements à courte vue.

Avec son déficit budgétaire, ses dépenses sociales et ses besoins militaires, le gouvernement est dans la nasse. Le milieu des chercheurs est en ébullition et je suis aux premières loges pour observer les faits. Président du Comité d'Orientation de Futuris, j'ai commencé la rédaction du rapport final qui devrait être approuvé au Comité de Pilotage du 17 mars. Je me suis imposé progressivement et ai colmaté la plupart des erreurs de manœuvre du début.

La version finale de *Démocratie, marché, gouvernance* est prête. A son sujet, j'ai pris conscience que j'avais deux écritures : l'une froide, logique, pauvre, génératrice d'alinéas, un concentré de pensée ; l'autre chaude, évocatrice, pleine de métaphores, allégée par l'ellipse et l'ironie. Malheureusement, elles ne se marient pas. Je suis sur un clavier ou sur l'autre. Ce dernier livre est tout entier de la première écriture. Aussi est-il un enfant respecté, mais mal aimé. Comment sera-t-il accueilli ? Dans l'indifférence sans doute. Toutefois, j'en ai trop parlé dans ce journal pour ne pas reproduire ci-dessous les premières pages qui éclairent la démarche qu'après bien des efforts j'ai adoptée.

Impossible de présenter ce livre sans retracer sa genèse.

Initialement, je voulais m'interroger sur les systèmes politiques nationaux et en premier lieu sur les perspectives de la démocratie que certains envisageaient de voir régner un jour sur l'ensemble de la Planète. La question me paraissait d'importance à un moment où les États-Unis tentaient d'instaurer des démocraties en Afghanistan et en Irak et où le fonctionnement des démocraties d'Europe occidentale s'éloignait du modèle traditionnel de la démocratie parlementaire.

La diffusion universelle de la démocratie était-elle l'hypothèse la plus plausible ? La leçon de l'Histoire n'était pas décisive comme le montrait un survol rapide des trois derniers millénaires de l'Occident. La démocratie athénienne — dont tout serait parti, dit-on- aurait à nos yeux bien des faiblesses et elle ne put empêcher le déclin de la ville. La République romaine, plus qu'une démocratie, fut le résultat d'un équilibre entre le Sénat et le Tribunat. L'Empire des Césars fut à son apogée très autoritaire au sommet et très décentralisé à la base. Lorsqu'il n'eut plus les moyens d'assurer la protection de l'ensemble, il accepta de se diviser, puis d'enraciner la sécurité dans le local, ce qui donna naissance à la féodalité, cette pyramide de niveaux de dominations terriennes reliés par des serments d'allégeance. Nées du commerce, les villes luttèrent pour s'affranchir de ce système et créer des confédérations souples de républiques patriciennes ayant pour objectif principal la garantie de la liberté et de la sûreté du commerce. L'apparition des États nationaux répondit aux besoins d'un monde où la féodalité ne pouvait plus conjurer les menaces extérieures ni assurer le développement sur les larges espaces. Mais les plus « absolues » des monarchies n'eurent jamais ce caractère, le pouvoir central s'étant généralement engagé à respecter de nombreuses « libertés provinciales » et étant enserré dans de multiples règles. C'est l'inégalité de ces règles et les rigidités qui en résultaient qui conduisirent les corps intermédiaires, à travers des révolutions plus ou moins violentes, à établir des démocraties, censitaires d'abord, plus ouvertes ensuite par l'émergence du suffrage universel. Pourtant, entre les deux guerres mondiales, les démocraties se retrouvèrent en lutte avec les États totalitaires ou autoritaires tandis que leurs colonies ignoraient la liberté politique. Nombreux étaient ceux qui, du national-socialisme au communisme, doutaient de leur avenir, Le triomphe aujourd'hui est encore très relatif.

On ne peut donc récuser la question du futur de la démocratie, cette démocratie à laquelle nous sommes si passionnément attachés.

Mais cette esquisse de l'Histoire rappelle aussi qu'une réflexion sur les systèmes politiques nationaux ne peut faire l'impasse sur l'analyse du devenir des systèmes économiques, tant les deux domaines sont liés.

Dès lors, l'objet de ce livre s'élargissait. En plus de la démocratie, il fallait parler du marché, que d'aucuns conçoivent comme le système de référence pour tous les pays du monde.

Le marché non plus n'a pas une histoire simple. Né du don et du troc, il n'a perdu que lentement ses aspects religieux et sociaux pour se réduire à une institution économique. On oublie souvent qu'il s'est développé, avec des modalités différentes, aux trois étages décrits par Braudel : celui des échanges locaux mettant en jeu les produits de l'agriculture, de l'élevage et de l'artisanat, celui des transactions régionales concernant les textiles, les bois et les métaux transportés sur les rivières, les fleuves ou les mers proches, celui du grand commerce international : à travers la Méditerranée au temps des Césars et de Venise, à travers les steppes de l'Asie centrale et à l'intérieur de l'Europe au Moyen Age, des Caraïbes à l'Insulinde après l'essor maritime du Portugal et de l'Espagne, dans le monde entier depuis la prédominance anglaise.

Au cours des siècles, le marché n'a cessé d'interférer avec les systèmes politiques nationaux, soit à l'intérieur de leurs frontières, soit dans leurs relations internationales. A l'intérieur, protection et contestation ont presque toujours coexisté. La première imposait des règles pour que les marchés fonctionnent correctement. Que l'on se rappelle par exemple la description qu'a faite Jacques Soustelle des dispositions aztèques pour l'organisation du marché de Tenochtitlan ou l'histoire de la réglementation des Bourses de valeur depuis la création du Stock Exchange de Londres. La seconde interdisait au marché de s'intéresser à certains biens ou services que le pouvoir politique se réservait, soit pour se procurer des ressources, soit pour redistribuer la production entre les agents économiques avec souvent l'aide des Églises pour les activités de charité. Les tickets de rationnement ont accompagné les guerres, les services publics essentiels ont été assurés par les gouvernements, et, dans le monde communiste, le pouvoir s'est octroyé le monopole de la régulation de l'économie au point que, pendant des décennies, les statistiques de l'ONU distinguaient les économies de marché et les économies centralement planifiées.

Les relations ont été aussi contradictoires à l'échelle internationale. En fonction de ce qu'ils croyaient être leurs intérêts, les pouvoirs politiques interdisaient les importations ou les taxaient, ou, en ayant recours à la force, contraignaient d'autres États à accepter des accords de libre-échange. Ce n'est guère qu'au XIXe siècle que les économistes ont montré, sous certaines conditions, que le commerce international pouvait être mutuellement profitable. Et inutile de rappeler les longues et difficiles négociations à l'issue de la Seconde Guerre, de l'accord du GATT (non ratifié par le Congrès des États-Unis) jusqu'à la création de l'OMC.

Enfin, peut-on qualifier d'économies de marché des économies où l'État prélève de 25 à 50 % du produit intérieur brut, comme l'économie française où le taux de prélèvement est proche de ce maximum ?

Pas plus que pour la démocratie, l'avenir du marché ne se réduit à l'annonce de son triomphe.

Certains vont objecter que la victoire de la démocratie et du marché est assurée par l'aide mutuelle qu'ils se portent : d'un côté, la liberté du vote, un électeur une voix ; de l'autre, la liberté de l'échange, un euro ayant toujours le même pouvoir d'achat. L'analogie n'est pas sans valeur, mais elle est trop simple : la Russie de Nicolas II, la Chine de Deng Xiaoping, l'Espagne de Franco, le Chili de Pinochet ont vu le marché fleurir dans les régimes autoritaires, et l'on commence à envisager la stagnation économique possible de démocraties croulant sous le poids de leur législation. D'où la nécessité d'approfondir les relations entre la démocratie et le marché.

Restreint à ces termes, le sujet est encore trop étroitement défini. A notre époque de mondialisation, peut-on encore traiter l'international comme on l'eût fait il y a un siècle ? A l'évidence, non. Aucun livre ne peut plus être écrit du seul point de vue des systèmes politiques et économiques nationaux. Comment pourrait-on s'interroger sur le devenir d'une économie comme la française en oubliant que notre pays fait partie de l'Union européenne, dispose d'un siège au Conseil de sécurité de l'ONU, a signé de multiples accords internationaux, régit des citoyens immergés dans l'économie mondiale et l'univers des médias et peut enfin être soumis à un terrorisme qui ne connaît pas les frontières ? Comment pourrait-on aborder le devenir du Marché commun sans tenir compte de la libre circulation des capitaux entre l'Europe et les États-Unis, de la distribution de par le monde des ressources pétrolières, des conflits quant à la réglementation des marchés des produits agricoles ?

Il est trivial aussi de constater qu'entrant depuis quelques siècles, sous l'effet des progrès des technologies des transports et des communications, dans une ère de mondialisation l'humanité se heurte à un nouveau défi, celui de la régulation d'un système complexe où interfèrent les États et de multiples acteurs qui relèvent de toutes les branches de la sociologie et de l'économie. Ce défi, c'est celui de la gouvernance. Un vieux mot français rapatrié de l'anglais car il a le mérite d'être moins strict que le terme de gouvernement.

Mon interrogation initiale sur la démocratie devenait ainsi une interrogation sur une triade, la démocratie, le marché et la gouvernance.

Dès lors, l'objectif de ce livre se définissait en une seule phrase : quels étaient les avenirs possibles de cette triade de la démocratie, du marché et de la gouvernance ? Le lecteur comprendra immédiatement que la difficulté de la tentative provient d'une double interférence, celle entre le national et le mondial, celle entre l'économique et le politique. Il serait absurde de s'interroger sur l'évolution de la Ve République en oubliant le Marché commun et l'Union européenne, d'examiner le régime intérieur chinois en négligeant les effets de l'entrée du pays à l'OMC, de s'intéresser à l'évolution économique des pays arabes en occultant le terrorisme. Le sujet est complexe, et l'auteur est de ce fait contraint d'attacher autant d'importance aux cheminements qu'aux situations futures possibles.

A ce stade, le projet était stabilisé quant à son champ. Néanmoins, le travail d'approfondissement fit émerger la nécessité d'introduire quelques concepts qui, tout au long du livre, permettaient de clarifier l'analyse. Ces concepts portaient sur les entités susceptibles de décrire les ensembles humains, et il s'avéra qu'ils constituaient une seconde triade, celle des États, des sociétés et des civilisations.

Qu'il s'agisse d'une simple cité ou d'un Empire, la notion d'État comme entité politique est une constante de l'Histoire même si les États peuvent se créer, se diviser ou disparaître ; les sociétés quant à elles sont des entités sociologiques dont les limites géographiques peuvent être très différentes de celles des États, un État pouvant réunir plusieurs sociétés ou une société être divisée en plusieurs États ; enfin, la notion de civilisation relève davantage de la sphère culturelle et religieuse, une civilisation englobant le plus souvent de multiples sociétés.

De ce point de vue, le livre apparaîtra parfois comme une étude de l'avenir du jeu entre ces deux triades, la triade des systèmes et la triade des entités.

Comme toute analyse systémique, le choix des étapes de l'itinéraire n'a rien d'évident, et c'est après avoir écarté plusieurs autres solutions que j'ai retenu le plan de ce livre. Ce plan semblera banal, mais n'a été rendu possible que par des simplifications coupant provisoirement des rétroactions essentielles. Il demande donc aux lecteurs d'accepter une démarche qui déplace le projecteur d'un sous-système à un autre en n'abordant que tardivement la synthèse.

Une autre difficulté du sujet résidait dans le maniement de l'amalgame entre des propos concernant un pays déterminé (les États-Unis ou la Russie...) et des développements relatifs à un type de système ou d'entité (la démocratie, la civilisation, etc.). On ne peut en effet se limiter ni à l'un ni à l'autre de ces points de vue.

Le découpage de l'ouvrage en deux parties ramène ces problèmes systémiques au niveau des chapitres puisqu'il sépare une première partie consacrée au présent et une seconde qui traite de prospective

Février 2004

Jacques Chirac n'a pas réussi à faire plier l'Allemagne sur la réduction à 5,5 % du taux de TVA de la restauration. Je m'en réjouis. Cette vile promesse électorale était l'absurdité même. Aussitôt la corporation explique que cela va entraîner des faillites et des fermetures de restaurants. Qui peut le croire ! Mais le comble du ridicule est que le Premier ministre annonce une aide de 1,5 milliards d'euros pour la restauration sur 18 mois. Dans la conjoncture budgétaire actuelle ! A désespérer de la démocratie.

L'Assemblée a voté la loi sur l'interdiction des signes religieux « ostensibles » à l'école. Certains soulignent que notre problème est unique en Europe et plaignent les jeunes musulmanes qui ne pourront plus faire d'études. Toujours cette attitude de maternage... Les étrangers ne semblent pas comprendre que les États-Unis et les grands pays européens ont eu des histoires religieuses différentes. La laïcité de l'école publique a été un moyen en France de desserrer la tenaille de l'Église catholique au XIXe siècle. Ce que veulent les islamistes, c'est créer en France un communautarisme contraire à toute la philosophie politique du pays. La loi devrait, me semble-t-il avoir des effets bénéfiques et les remous s'apaiser. Le discours de Chirac sur la laïcité a été remarquable. C'est l'un des rares sujets qui intéressent notre président en dehors de la politique politicienne.

Mars 2004

Depuis des semaines, je me sens orphelin. Orphelin d'une partie de moi-même. D'un côté, je m'investis dans Futuris, cette réflexion sur les défis futurs que devra affronter le système français de recherche et d'innovation, une opération de prospective qui rappelle, en moindre grandeur, Interfuturs et me procure des joies de même tonalité. De l'autre, je n'ai pas une minute pour écrire — au sens d'*Un homme de notre siècle* — des pages où se mêlent l'intelligence et l'affectivité et qui ne se bornent pas à aligner de brèves remarques sur la quotidienneté. Cette partie occultée de moi-même se manifeste pourtant par de brusques apparitions de fumerolles amenant fugitivement à la conscience des émotions et des thèmes. Comment réintégrer cet Autre ?

Hier, 11 mars, 200 morts et 1 000 blessés à Madrid. Tous les Européens se sentent Espagnols. L'ETA ou El Qaïda ? A la veille d'élections parlementaires, le gouvernement espagnol fait des prières pour la première hypothèse car la seconde serait la conséquence de la décision impopulaire d'Aznar de s'être rangé du côté de Bush dans l'affaire irakienne... Mais le gouvernement en fait trop et s'il se trompe, le choc en retour sera terrible. Pauvre démocratie. Que de bassesses on commet en ton nom !

A Paris, cela ne va guère mieux. Les régionales inquiètent le pouvoir. Le gouvernement semble flotter en état d'apesanteur au-dessus d'une opinion sur laquelle il n'a plus prise. Personne n'écoute le premier ministre. Le Président n'a de présence que lorsqu'il défend les principes républicains. L'UMP se déchire, Bayrou fait le guignol, Hollande répète à longueur de jour son catéchisme archéosocialiste... Le calme de la société est-il réalité ou apparence ? Sommes-nous ou non à la veille d'une poussée de fièvre ? Un mai 1968 se cache-t-il sous l'eau qui dort ? Difficile de le savoir dans cette société de médias où presse et télévision montent en crème Chantilly le moindre élément de désordre ! Dans l'opération Futuris, nous sommes branchés sur Claudie Haigneré et Francis Mer. On donne les deux partants ; sans doute pour mettre à leur place des politiques avides de promotion.

Le monde de la recherche est en pleine effervescence. Les voix de basse se font entendre. Jacob, Lehn, Kourilsky, Beaulieu, Brézin... On parle de comités et de contre-comités... Futuris suit son chemin, les yeux rivés sur les défis de l'avenir. La semaine prochaine, sera présenté au Comité de pilotage le rapport de synthèse que j'ai écrit et nous accueillerons les 7 et 8 avril 500 personnes pour leur exposer nos travaux. Les questions essentielles dégagées sont au nombre de douze comme les travaux d'Hercule : 1) les objectifs et les moyens du système français de recherche et d'innovation (SFRI) 2) le pilotage stratégique du SFRI 3) la contribution de l'Europe 4) le rôle des régions 5) la place des organismes publics 6) les conditions de gestion des institutions et laboratoires publics 7) la gestion des ressources humaines 8) les relations de l'État avec la Recherche-Développement privée 9) l'indispensable innovation 10) la formation 11) la société partenaire 12) la culture scientifique et technique, façonneuse d'avenir.

Je suis convaincu que la crise du système est profonde. Objectifs et moyens sont déconnectés, le pilotage stratégique introuvable, les modes de gestion inadaptés... Mais le gouvernement n'a pas vu venir la révolte. Devant l'agitation, il a promis une loi-programme sans avoir la moindre idée de son contenu, puis il a offert trois milliards sur plusieurs années au titre d'une agence pour le développement de la science. Cautère sur une jambe de bois ? La baisse de l'impôt sur le revenu et le cadeau fait aux restaurateurs ont accentué le malaise. Inutile de chercher : la défaillance vient du Président de la République.

J'ai soumis à *Futuribles* un texte sur l'analyse prospective du SFRI. J'en insère ici un extrait[79] :

Ce n'est pas pour céder à la mode du temps qu'il faut parler de système français de recherche et d'innovation. Plus personne ne se rallie en effet à la vision ancienne qui envisage la recherche fondamentale comme la source d'une recherche finalisée qui nourrit à son tour un développement industriel débouchant sur des innovations techniques ou non. Beaucoup plus complexe en effet est le réseau d'actions et de rétroactions dans lequel se meuvent les multiples agents du domaine et évoluent les institutions, la création pouvant provenir de tous les points du système sans être enfermée dans un flux d'amont vers l'aval.

Ce système poursuit implicitement des objectifs multiples : participer de manière générale à l'aventure humaine de la connaissance, ne pas se laisser exclure des domaines d'avenir comme les sciences du vivant, les technologies de la santé, les TIC, les nanotechnologies, maintenir son implication dans les grands programmes technologiques, notamment l'aéronautique, le spatial et le nucléaire, entretenir la technologie dans des secteurs où la France dispose de positions solides, assurer les bases de la sécurité du pays en l'appuyant sur des programmes militaires de R&D.

---

[79] J. Lesourne, « Futuris : prospective du système français de recherche et d'innovation », *Futuribles*, décembre 2004

Font partie du SFRI, les organismes publics de recherche, grands et petits, les universités et les grandes écoles, les grands groupes publics et privés, les PME innovantes, des administrations, de multiples associations,... Si le SFRI doit être envisagé dans son ensemble, c'est que des mesures localement favorables peuvent avoir des effets pervers et un impact globalement négatif. La loi en préparation devra donc porter sur le système dans sa totalité et non sur certaines de ses parties seulement : une occasion historique serait perdue si la loi ne concernait que la recherche universitaire ou la recherche publique. Le but poursuivi doit être de renforcer la réactivité, la flexibilité et la capacité d'anticipation du SFRI.

L'après-guerre

• *Au lendemain de la guerre, les Français aspirent à ce que la France retrouve son rang et à ce que leur situation matérielle s'améliore. Ils ont foi en la science et en la technologie dont le développement leur paraît de nature à contribuer à leurs aspirations.*

• *L'État français contrôle, notamment par l'intermédiaire des entreprises nationales et de leurs centres de recherche la plupart des activités de développement technique du pays. Il anime le reste du système, soit en finançant de grands programmes, soit en définissant les cahiers des charges des commandes au secteur privé.*

• *De quelques unités à quelques dizaines d'unités par secteur, les entreprises privées cherchent à satisfaire la demande intérieure tout en développant leurs exportations. Très peu sont des multinationales.*

• *Les établissements d'enseignement supérieur (universités et grandes écoles), ont des effectifs restreints et seule une minorité de ces établissements ont des activités de pointe en recherche. La création du CNRS et des grands organismes donne toutefois une forte vitalité à la recherche en France.*

• *Les sciences de la matière (mécanique, physique, chimie) jouent le premier rôle sur le front des connaissances et contribuent aux grandes aventures technologiques dans les domaines de la défense, de l'énergie, de l'aéronautique, de l'automobile, des matériaux, etc.*

Aujourd'hui

Le SFRI a permis à la France dès le milieu des années 1960 (il y a environ une quarantaine d'années) de reconquérir une place honorable pour un pays ayant traversé les années noires qui ont suivi la catastrophe de 1940. Mais, dès la fin de cette période, l'environnement de ce système s'est transformé sans que le système réussisse toujours à s'adapter. Il ne peut être question de rappeler ici cette histoire, mais on peut esquisser, quitte à frôler la caricature, quelques éléments essentiels :

• Dès la fin des années 60, la science et la technologie sont contestées. Certains pensent qu'elles ont de multiples effets pervers, poussent à un gaspillage des ressources de la planète et détériorent son environnement.

• La croissance se ralentissant, tandis que les besoins sociaux augmentent, les moyens budgétaires dont dispose l'État contraignent à une plus grande réserve dans les investissements publics en matière de recherche.

• L'ouverture des frontières économiques et la mondialisation de l'économie conduisent l'État à privatiser progressivement l'essentiel des entreprises publiques, tandis que les opérations de fusion, nationales ou transnationales, se multiplient. Le marché des capitaux commence à jouer un rôle prépondérant sur la gestion des entreprises, contraintes de privilégier leur survie concurrentielle.

• L'augmentation massive des effectifs de l'enseignement secondaire, puis des premières années du supérieur secoue les universités où les besoins de l'enseignement deviennent tels qu'ils marginalisent la recherche en de nombreux lieux. Des actions sont évidemment poursuivies pour contrecarrer cette tendance.

• Au fil des années, l'appareil d'État se corporatise lentement, augmentant les difficultés d'ajustement. Certains sociologues parleront de sclérose.

• La lente et cahoteuse construction de l'Union Européenne élargit les possibilités de coopération à l'échelle du continent, mais dans un cadre complexe aux moyens limités et qui tend à se bureaucratiser.

• La nature des technologies qui se développent le plus rapidement change. Ces technologies évoluent très vite et donnent lieu à des innovations multiples qui supposent une interférence constante avec le marché. Lorsqu'arrive la crise de Bull, la France y répond en lançant le plan calcul mais ce plan est déjà périmé lorsqu'il commence à démarrer. Les domaines de connaissance qui évoluent le plus rapidement deviennent les technologies de l'information et de la communication, les sciences du vivant, les technologies de la santé, les nanotechnologies...

Résultat : sans être catastrophique, la situation du SFRI est aujourd'hui préoccupante. Je me bornerai à citer les quelques chiffres que devraient à mon avis connaître les citoyens éclairés. Le concept internationalement reconnu est celui de DIRD, la dépense intérieure de recherche et de développement.

- La DIRD française ne représente que 12,5 % de la DIRD américaine, pourcentage qui n'a cessé de baisser sur les 20 dernières années.

- La DIRD de l'Europe à 15 n'atteint que 60,9 % de la DIRD américaine, alors que le PIB américain ne dépasse le PIB européen que de 11,4 %.

En 2000, le 2,22 % de la DIRD française se décompose comme suit, en financement :

Public	1,01 %	Militaire et grands programmes technologiques	0,38 %
		Laboratoires publics	0,61 %
		Politique d'innovation	0,02 %
Privé	1,21 %	Externalisation vers laboratoires publics	0,05 %
		Entreprises	1,16 %

Actuellement, l'Europe et les régions jouent encore un rôle secondaire dans le financement public, ainsi que les associations dans le financement privé.

En équivalent temps plein, la France dispose de 127 500 chercheurs (fin 2000) dont 41,2 % dans la recherche publique et 58,8 % dans la recherche privée. Le secteur public regroupe l'enseignement supérieur (45,7 % des effectifs publics), le CNRS (21,9 %), les autres EPST^{80} (9,5 %) et les EPIC^{81} (22,9 %).

Le nombre d'entreprises concernées par la RD est aux alentours de 5.300, 4.000 dans l'industrie qui effectuent 80 % de la recherche et 1.300 dans les services qui en effectuent 15 %. Les 13 premiers groupes français réalisent à eux seuls la moitié des dépenses de recherche des entreprises.

Le contexte des vingt prochaines années

Dans les vingt prochaines années, le contexte dans lequel sera plongé le SFRI peut faire l'objet de conjectures vraisemblables :

(1) Le développement de l'Asie de l'Est et du Sud va bouleverser la carte géopolitique et économique mondiale, ce qui modifiera la répartition des forces en matière de recherche et d'innovation. Si l'Europe ne fait pas

---

[80] EPST : établissement public scientifique et technique
[81] EPIC : établissement public industriel et commercial

suffisamment d'efforts dans ce domaine, elle compromettra une croissance qui risque déjà d'être lente et de se retrouver prise en tenaille entre une Asie en plein développement et des États-Unis qui continueront à être très dynamiques en recherche et innovation.

En ordre de grandeur, la DIRD mondiale pourrait en vingt ans passer de 629 à 1 320 milliards d'euros constants, la part des États-Unis régressant légèrement de 36,6 à 33 %, celle de l'Europe à 15 fléchissant de 22,3 à 17,5 tandis que la part de la Chine monterait à 14,9 et celle de l'Asie industrielle (Japon, Corée, Taïwan, Indonésie, Thaïlande, Singapour, Malaisie) à 14,9 également. Quant à la France, qui assure actuellement 4,9 % de la DIRD mondiale, elle se situerait selon les scénarios de Futuris entre 2,6 et 5,3 %.

(2) L'évolution de la démocratie continuera à transformer les relations entre science, technologie et société. Il ne s'agira pas seulement d'informer les citoyens sur le développement de la science et de la technologie, mais d'insérer la recherche et l'innovation dans l'interaction des dynamiques scientifique, politique, économique et sociale. Même si l'on peut supposer un consensus de fond quant aux valeurs, les comportements pourront se traduire par des divergences quant aux enjeux et donner lieu à de fortes tensions. De plus, les décisions n'auront souvent d'impact que si elles sont prises au niveau européen.

(3) La structure productive de la France poursuivra son évolution de long terme, les emplois tendant à se concentrer en amont, en aval ou à côté des unités de production proprement dites. Services et industries seront de plus en plus mêlés.

(4) La tension qui existe en France à propos du montant et de la répartition des prélèvements obligatoires a toutes les chances de s'intensifier. Dans une société vieillissante, la pression pour une augmentation des "dépenses sociales" peut conduire à sacrifier l'avenir.

(5) Les affaires publiques se géreront désormais de façon partagée entre les niveaux européen, national et régional. Il en résultera, si l'on n'y prend garde, un accroissement des complexités qui peut, a contrario, s'il est bien géré, contribuer à impliquer de manière positive un plus grand nombre d'acteurs.

(6) En matière de technologies, la France et l'Europe ont raté la révolution informatique des années 60 et leur situation n'a été que partiellement rétablie grâce aux télécommunications. Or, les deux prochaines révolutions technologiques concerneront probablement :

- le domaine de la santé et celui des sciences du vivant qui ont une forte intersection mais ne coïncident pas (un retard en biologie existe déjà par rapport aux États-Unis ; est-il irréversible ou peut-il être maîtrisé ?).

- un rapprochement entre la biologie et les TIC où l'Europe risquerait, si les tendances actuelles continuaient, de ne jouer qu'un rôle secondaire.

A cet égard, une grande attention doit être apportée à des domaines carrefour comme les matériaux, les nanotechnologies et certaines biotechnologies.

J'ai vu une Odile Jacob qui avait la tête ailleurs. Mon livre paraîtra sous le titre prévu à la mi-septembre, ce qui me convient. Le personnage me fascine. Je la regarde comme un spectateur au théâtre, possédée par la passion de son métier, par son désir de séduire, par l'abondance de promesses impossibles à tenir, par la multiplicité des prévenances qui ne sont viables que comme contreparties d'un irréductible égocentrisme. Mais mon regard est plein de bienveillance comme celui que porte un aïeul sur les jeunes qui comme lui ont voulu entreprendre.

Pages d'histoire m'a fait découvrir un livre curieux. Écrit en 1943 et publié en Suisse en 1944 ; paru sous un nom de plume, il serait l'œuvre d'un ambassadeur : *L'Allemagne et la réorganisation de l'Europe*[82]. Aucun jugement, aucune émotion, Adolf Hitler est dénommé le Führer ou le Chancelier. Le récit se borne à une simple analyse de textes géopolitiques allemands du XIXe et du XXe siècles et de décisions prises à l'intérieur de l'éphémère *Festùng Europa*. Tout membre de l'Intelligentsia française devrait lire ce livre pour comprendre à quel point 1945 a détourné le fleuve allemand de son cours tout en utilisant la force de l'Histoire pour l'intégrer dans l'Europe actuelle et permettre la fusion de visions allemande et française totalement antagonistes. Rien ne le montre mieux que la citation suivante : « Les États, affirme le IIIe Reich, n'ont pas d'existence par eux-mêmes, mais seulement comme parties d'un ensemble politique et économique, empire ou grand espace. Ils doivent, dans l'intérêt de cet ensemble, renoncer à leur autonomie particulière. Ils n'ont de droits que dans la mesure où ils servent la communauté et se sont acquis des titres de reconnaissance. Les nations, écrivait au contraire Lazare Carnot dans une formule qui définit clairement la conception française, sont entre elles, dans l'ordre politique, ce que sont les individus dans l'ordre social : elles ont, comme eux, leurs droits respectifs et la loi naturelle veut qu'on les respecte. » Aussi, les auteurs allemands de cette époque opposent-ils le statisme français et le dynamisme allemand.

Autre remarque profonde : le tournant du traité de Westphalie qui met fin à l'organisation de l'Europe moyen-âgeuse dans le cadre du Saint-Empire romain germanique et lui substitue une Europe où la « germanité » est éclatée. Les auteurs d'Outre-Rhin qui écrivent sur cette période y voient la

---

[82] C. Moret, *L'Allemagne et la réorganisation de l'Europe (1940-1943)*, Éditions de la Baconnière, Neuchâtel, 1944 (avril)

fin du rôle organisateur des Allemands en Europe, les Français l'émergence d'une Europe des États-nations qui ne trouvera son aboutissement qu'après 1919.

Mars 2004

Le PSOE revient au pouvoir à Madrid. A Paris, midi, la sirène sonne pour annoncer les trois minutes de silence en souvenir des morts de la capitale espagnole. L'erreur de communication du gouvernement espagnol après l'attentat a traumatisé l'opinion publique et chassé un parti qu'il y a quelques jours encore on donnait gagnant. L'entêtement d'Aznar qui en a fait le valet de Bush et le rebelle européen l'a conduit à s'enfermer dans l'hypothèse de l'ETA avec maladresse et précipitation. Son successeur a déjà annoncé que les troupes espagnoles seraient rapatriées d'Irak au 30 juin et que l'Espagne approuverait la constitution européenne.

Que va faire la Pologne qui serait prête, dit-on, à des compromis ?

Lamassoure nous a fait à l'Isupe[83] un récit plein d'humour de l'histoire de la Convention. VGE l'a menée en grand professionnel. Il s'est entouré d'une équipe de jeunes juristes européens de qualité. Il a fait admettre ses idées au présidium, a déclaré, dès l'ouverture, qu'il n'y aurait pas de votes, mais que l'on travaillerait par consensus et a imposé que les interventions soient courtoises, ce qui lui permettait d'écarter les déclarations intempestives. Résultat : le dernier jour, le consensus a été constaté, huit membres seulement ayant déclaré non pas qu'ils étaient hostiles au projet, mais « qu'ils ne participaient pas au consensus ». Premier miracle ! Il est grand temps maintenant que les gouvernements approuvent le texte car certains chefs d'État sont en train de découvrir ce que signifie l'élection par le Parlement d'un Président de l'Union. Avec un peu d'espoir, le miracle pourrait avoir lieu sous la présidence irlandaise (remarque au passage, l'accrochage avec la Pologne et l'Espagne serait dû aux erreurs de manœuvre de ce bouffon de Berlusconi !) Restera à attendre le troisième miracle : la ratification par tous les pays y compris en France par référendum… Je souhaite pour ma part un quatrième miracle : le changement de deux ou trois articles sur la politique étrangère et la défense commune. Dans l'intervalle, il faudra que la France mette son vote au Conseil de sécurité et ses forces armées au service de l'Union Européenne.

La réélection de Poutine est passée presque inaperçue. Grognements dans les milieux bien pensants : « 70%, c'est presque un score à la soviétique ». Ont-ils oublié si vite le passé ?

---

[83] Isupe : Initiatives pour des services d'utilité publique en Europe.

Je deviens un usager du bus, du 84 en particulier. Je prends si possible un siège qui me permet de voir de nombreux passagers et j'observe comme au théâtre la diversité des démarches, des gestes et des physionomies. Il y a ceux ou celles qui ont repéré d'emblée la place qui leur convient, y vont d'un pas décidé et s'y assoient avec aisance et détermination. Il y a ceux ou celles qui hésitent, récusent au passage telle position ou tel voisin et se retrouvent ainsi à l'arrière du bus. Il y a les femmes timides qui évitent discrètement une promiscuité masculine, les matrones encombrées de ventre, de manteaux amples et de sacs qui s'installent en dépassant les limites qui leur sont attribuées. Il y a les lycéennes minces, en baskets et en jeans qui poursuivent, le portable collé à l'oreille, d'interminables conversations. Il y a les lecteurs absorbés dans leur livre de poche dont je voudrais bien découvrir le titre si ma myopie ne m'en empêchait. Il y a les cadres masculins au costume bien coupé et dont le sérieux souligne l'importance. Il y a les vieux des deux sexes dont la préoccupation essentielle se limite à ne pas tomber en ne cessant de s'arrimer solidement. Quelle diversité dans l'attitude des enfants : dès cinq ou six ans, certains des habitués devancent leur accompagnatrice, s'élancent dans le couloir et vont s'asseoir avec satisfaction et décision, alors que d'autres, effarouchés, s'accrochent à une jupe, montent sur des genoux ou se tiennent sagement debout. D'une heure à l'autre, d'un jour à l'autre, selon la saison, le spectacle se modifie. Les heures de pointe; en amenant l'affluence, réduisent les gestes, modifient les visages, vident les regards. Les heures creuses laissent pénétrer la lumière extérieure, individualisent les attitudes, répandent le silence derrière les vitres, permettent à chacun de choisir son mélange d'isolement et de connivence.

J'ai presque achevé le livre de Claude Moret sur l'Allemagne. Une pierre lisse. Pas d'émotion ou de jugement de la part de l'auteur. Dès lors, la construction nazie apparaît dans sa froideur intellectuelle. A l'origine, la race que l'on n'acquiert que par le sang et que l'assimilation ne peut que corrompre. Faute de mieux pourtant, on se réfère, comme si cela allait de soi, à l'histoire et à la langue. Est germanique tout ce qui est au nord des Alpes ou a appartenu au Saint-Empire Romain Germanique, ou parle une langue descendant de l'ancien Goth. Les Norvégiens, les Danois, les Néerlandais, les Flamands sont des frères des Allemands. Ils auront droit dans l'Empire à l'autonomie interne, leur politique étrangère et leur défense étant assurées par l'Allemagne et leur gouvernement émanant d'un parti national-socialiste local, modèle réduit du grand parti national-socialiste allemand. Au nom du Saint-Empire, l'Alsace-Lorraine revient à la patrie allemande comme la Warthegaù autour de Poznan et certaines régions du Nord de la Pologne. Bohème et Moravie sont aussi en Allemagne, mais comme les habitants sont d'une autre race, le pays constitue un protectorat. Il en est de même du gouvernement général de Pologne, avec Cracovie, Varsovie et Lublin, mais les habitants n'y ont aucune nationalité et la zone est administrée par Frank qui ne dépend que de Hitler. Viennent ensuite les deux commissariats de l'Est et d'Ukraine, le premier incluant les États baltes et un morceau de Russie blanche et de Russie. L'Allemagne est le centre de cet Empire qui comprend les pays frères et tout autour des allogènes de races différentes et ayant plus ou moins subi l'influence historique de la culture allemande... Une construction grandiose, différenciée, associée à une relecture partielle de l'Histoire. Une construction éphémère qui ne tient aucun compte de la volonté de peuples supposés déterminés par leur race. Une construction qui s'effondrera au fur et à mesure du recul de la Wehrmacht, mais une construction que nous, Français, nous avons intérêt à connaître, car elle aide à comprendre pourquoi la République Fédérale, ayant renoncé au pangermanisme, se sent pourtant à l'aise dans l'Union Européenne d'aujourd'hui et de demain. Un seul chapitre encore à lire, celui de la France, le grand adversaire de l'Ouest qui a abattu le Saint-Empire, a tenté de coloniser des terres germaniques, mais qui a enfin vu s'effondrer le traité de Westphalie. Ils n'ont pas eu tort ceux qui ont perçu de Gaulle et Adenauer comme des Carolingiens.

Mars 2004

Tous les quinze jours, je rencontre Robert Dautray. Il me dit vivre dans « l'irréel », en pleine possession de ses moyens intellectuels et en symbiose avec l'ombre de sa femme disparue il y a quatre ans. Il attend dans l'impatience les épreuves de son premier livre, celui sur l'énergie dont il m'a demandé la préface et qui va paraître chez Odile Jacob. L'achèvement s'est révélé difficile. A tout moment, il voulait rajouter un paragraphe, une note de bas de page. Hier encore, il m'avait apporté deux pages en me demandant s'il pouvait les introduire. Chaque fois, je dois lui dire : « La porte est close », ce qu'il accepte avec un petit rire et un air penaud. Mais, à d'autres moments, il défend ses idées avec flamme et détermination, tout en refusant de se laisser impliquer dans le moindre débat public, même entre experts.

Actuellement, il achève pour l'Académie des Sciences un document de 350 pages sur les mécanismes physiques des évolutions climatiques. Il jongle avec les millions d'années, les ères géologiques, les glaciations, les taux de gaz carbonique, les échanges chimiques du vivant. J'écoute, fasciné, mon intérêt sautant parfois du contenu du discours à l'observation de la personne.

Quel mélange de contraires en cet homme qui est un ami proche : de la naïveté, de la timidité, parfois une audace folle, une culture encyclopédique, une curiosité débordante, le souci de fouiller le moindre détail, et beaucoup de profondeur.

Demain matin, 17 mars, le Comité de pilotage de Futuris va débattre sur ma note de synthèse. Le monde de la recherche est en ébullition. Un vaste groupe a été constitué avec l'accord tacite de Claudie Haigneré pour organiser des rencontres à ce sujet. Le premier débat devrait être à Strasbourg fin mars. Un texte a été diffusé par Jacob, Kourilsky et Lions fils. L'Académie des Technologies prépare quelques remarques. Comment nous ferons-nous entendre dans ce chahut ?

Fin de matinée du 17 mars : le papier a été bien accueilli. Aucune critique de fond. Des remarques faciles à intégrer.

A propos de la France, Moret me fait percevoir l'ampleur de mon ignorance de la pensée allemande de cette époque. Le déclin de la France vient de ce qu'elle s'est dégermanisée. Sa force venait des populations germaniques de Normandie, des Flandres et de l'Est. Avec le départ des Huguenots sous Louis XIV, la France a perdu une population qui n'était pas latine. Enfin la Terreur a décimé une aristocratie capable d'organiser le pays. Une réécriture grotesque de l'Histoire, mais qui, à la réflexion, découle logiquement des théories racistes.

J'imagine une nouvelle où Hitler II associerait la race aux Indo-européens et vilipenderait les Japonais, les Chinois, les Dravidiens, les Turcs, les Hongrois, les Juifs, les Arabes, la majeure partie des Africains, sauf les Afrikaners, véritables Indo-Européens et Germains de surcroît...

Pourtant, ces reconstructeurs d'une Histoire aberrante ne peuvent s'empêcher d'éprouver à l'égard de la France une admiration pleine de regrets, tant la culture française a influencé l'Allemagne pendant des siècles.

Toutes ces inepties, comme celles des Soviétiques, s'écrivaient encore il y a un demi-siècle. Elles nous sont aujourd'hui plus étrangères que les auteurs du temps de Périclès.

Moret ne fait aucune allusion aux Juifs. Ignorance ou silence volontaire ? J'opte pour le silence pour que l'exclusion de l'horreur donne de la force à sa démonstration. Mais le livre fermé, on comprend mieux le danger mortel que, dès l'origine, la doctrine nationale-socialiste représentait pour les populations juives d'Europe. Une fois renversé le dogme de l'unité de l'Homme, la montée de la violence engendrée par la guerre pouvait conduire à l'impensable. Quel mélange aussi dans ces doctrines de paralogisme et de fausse science, *Herren Professoren*.

Une majorité défaite et tétanisée

Mars 2004

Qu'est-ce qui disparaîtrait si je disparaissais ? Oublions les réponses extrêmes : « Tout être humain est unique » ou « les cimetières sont pleins de personnes irremplaçables ». Négligeons les souffrances causées par la rupture de liens affectifs. Laissons dans l'ombre mon physique banal, mon apparence quelconque. Le champ de l'interrogation se réduit. Faut-il garder l'humour, cet humour si particulier qui, selon Odile, ne fait rire que moi ? Écartons-le ; il ne reste que ce qui est stocké dans le néo-cortex : les résidus de la connaissance, l'approche des problèmes, l'articulation de l'imagination et du raisonnement, le mélange de rationnel et d'affectif.

Mes connaissances ne valent que par leur diversité : à la fois scientifiques, économiques, linguistiques, littéraires, musicales. Mais séparés, ces meubles sont sans valeur et ne pourraient intéresser que des brocanteurs. A quoi serviraient mes possibilités limitées en russe et en turc ? Quel serait l'apport d'une culture musicale concentrée sur trois siècles de création européenne ? Le moindre critique littéraire maîtrise l'œuvre de centaines d'écrivains. Mes voyages n'ont additionné que les hauts lieux du tourisme. En histoire, en dehors des deux guerres mondiales, ma culture reste superficielle. La seule originalité de ces souvenirs tient à l'amplitude du spectre et aux mises en relations que permet l'arc en ciel. Je me promène comme chez moi dans l'aventure humaine. Mais c'est chose assez commune en ce siècle.

Peut-être plus originale est mon approche systémique des problèmes. J'en ai tant abordé depuis mes premiers mois à Charbonnages de ces problèmes économiques et sociaux mal définis à l'échelle des villes, des régions, des États, de l'Europe, du monde... J'ai dû si souvent élargir les énoncés pour dégager les véritables questions et pour démêler l'écheveau de la nécessité, du hasard et de la volonté que, fréquemment, je suis surpris du front d'attaque étroit de nombre de mes collègues. Je vis l'avenir comme pluriel et la décision comme une tentative pour faire évoluer un système. Qu'il s'agisse de prises de décision, d'élaborations de scénarios prospectifs, de construction d'une théorie économique évolutionniste, c'est autour de cet axe que, depuis des décennies, ma pensée s'est organisée. Dans ce domaine, aurai-je un successeur ? Je crains que non. Stratèges, prospectivistes et scientifiques coexistent rarement dans la même personne... Mais des dizaines de stratèges, de prospectivistes et de scientifiques feront l'affaire. L'armée humaine n'est pas à court de réserves...

Plus individuelle sans doute est l'articulation du raisonnement et de l'imagination. Koestler a fait remarquer comme quelques autres que l'étincelle de la création — qu'il s'agisse du rire ou de la découverte poétique ou scientifique — naît à la rencontre de deux plans sécants, un étonnement que je vis tous les jours lorsque la similitude de modèles sous-jacents me fait, par association d'idées, sauter en un instant d'un monde dans un autre, de ma vie à l'histoire, de l'industrie à l'art militaire, de la politique à la guerre, de la physique à la sociologie, d'une « unité active » à une autre. Ce jeu est l'une des joies de l'existence, mais, en dehors des découvertes qu'il peut faire germer, est-il autre chose qu'un plaisir solitaire ou qu'un comique pour initié ? Sa disparition n'est pas plus grave que la mort d'un papillon.

Quant au mélange de rationnel et d'affectif, il n'est pas chez moi la combinaison que j'apprécie le plus. Certes, je tire du second la volonté d'entreprendre, la capacité à concevoir des plans idéaux, le courage de me battre pour ce à quoi je crois, la ténacité avec laquelle je garde mes objectifs. Mais cette fougue n'obéit pas facilement au jugement rationnel, elle distord mes évaluations et peut me couper de la réalité. Pour y revenir, j'ai besoin de la page blanche, du raisonnement froid, de l'analyse intellectuelle. Combien de mauvaises décisions je me serais épargné si je m'étais passé à moi-même des contrats de conseil avec exigence de rapports écrits. Mais les exemples de l'Histoire montrent à foison que rares, parmi les chefs, sont ceux qui ont maîtrisé leurs pulsions. Aznar est le dernier de la liste.

Aveuglante analyse : de mon passage, l'apport peut disparaître sans perte sensible... Pourtant, si l'idée d'un livre me vient, je l'écrirai, convaincu qu'il sera unique. Que voulez-vous ? Je suis programmé pour cela.

Mars 2004

Le drapeau de l'UMP ne flotte plus que sur l'Alsace (ce que Plantu interprète en faisant dire à Raffarin : « je vais y demander l'asile politique »). Le deuxième tour des régionales a mis la droite en déroute. Derrière Raffarin, c'est le Président qui est atteint. La victoire des socialistes ? Un avantage et un inconvénient. D'un côté, elle peut ancrer la décentralisation. De l'autre, elle peut achever la mise en sommeil des réformes.

Le Monde a titré « 21 avril à rebours pour Jacques Chirac ». Erreur majeure d'interprétation. En avril 2003, le désaveu a porté sur deux hommes, Jospin et Chirac, et le rescapé ne pouvait que se faire élire triomphalement face à Le Pen. Cette fois, le vote-sanction, un vote sans conséquences parlementaires, est la conséquence de deux éléments : a) les Français n'aiment pas que l'on fasse de la peine à quiconque, même pour de bonnes raisons. Ils sont furieux contre la SNCF, mais sont solidaires des cheminots si ces derniers font grève ! « Tous les Français sont mes potes, ne leur fais pas de peine ». L'intérêt collectif se réduit à cette solidarité sentimentale et factice ; b) le premier ministre n'a pas de présence, d'autorité, il ne convainc pas et les Français ont découvert qu'il est dans l'ombre d'un président matamore et falot. Quant aux socialistes, ils auraient tort de se réjouir, ils n'ont gagné que pour des raisons négatives. Situation périlleuse : la France ne croit plus en sa classe politique.

Paradoxe : on chasse du gouvernement les ministres de la société civile parce qu'ils n'ont pas le contact avec l'opinion et l'expérience des élections alors que la réalité est exactement contraire. Ce sont les politiques que les électeurs ont voulu sanctionner.

L'opinion publique s'attendait à voir remplacer Raffarin par Sarkozy, le seul qui avait une image personnelle... Par peur, Jacques Chirac a préféré renommer Raffarin. Est-ce l'équivalent de la décision de Nicolas II en 1915 lorsqu'il a choisi de commander lui-même l'armée russe en retraite ? Notre Président y perdra-t-il sa couronne ? Selon toute vraisemblance, il enterrera les réformes. Comment tout cela se terminera-t-il ?

Avril 2004

L'intervention du Président a tourné à la farce. Gros rires dans la salle. Il a entendu le message, va donner à son gouvernement une orientation sociale. Résultats : les ministres commencent à céder sur toutes les mesures catégorielles impopulaires... Pour la France, Jacques Chirac est devenu un danger public. Les réformes indispensables sont désormais infaisables, le budget 2005 impossible à construire...

L'usage de l'autobus change mon regard sur le métro. Que de différences entre ces deux univers. Le labyrinthe du métro avec ses longs couloirs et ses escaliers sous terre réduit le transport à une simple nécessité. Les voyageurs se hâtent autant que le permettent leurs ressources physiques, les jeunes courent, anxieux de ne pas rater la prochaine rame, les vieux se traînent, humiliés de ne pouvoir faire mieux, entendant avec regret les portes qui claquent et le train qui s'ébranle. A l'intérieur des voitures aux espaces étroits, les occupants se serrent, partagent leurs odeurs, tolèrent leurs corpulences, dans une gêne pleine de réserve ou d'indifférence. Souvent montent des mendiants déguisés en chanteurs qui, après deux couplets, font la quête en se faufilant entre les voyageurs, impassibles le plus souvent. Les noms des stations défilent et on les vérifie sur les lettres blanches sur fond bleu des panneaux. A la sortie, au pied du dernier escalier, on découvre le rectangle du jour, gris ou ensoleillé et on reçoit sur le visage le vent glacial ou doux de l'extérieur, tout en cherchant à se repérer si l'on ne connaît pas les ouvertures de la station. Nul ne doute que les deux populations d'employés de la RATP ne constituent des sociétés distinctes. Existe-t-il des hiérarchies entre elles comme à la mine, le fond et le jour ? Probablement non, car conduire un autobus ou un métro paraît au profane du même niveau de difficulté et les rames ne s'enfoncent pas dans les entrailles de la terre.

Avril 2004

Les 7 et 8 avril, les journées de Futuris ont réuni à la maison de la chimie cinq cents personnes de haute qualité. Un grand succès. L'assistance a reconnu que du travail a été fait et que nos « issues » étaient pertinentes. Raffarin III a lâché ce que refusait Raffarin II. Le soufflé est retombé... Le volcan va retourner au calme, mais les problèmes demeureront. Il va falloir lutter pour une loi d'orientation et de programmation qui ne se réduise pas à un jet de poudre aux yeux.

Avec du retard, c'est notre scénario de guerre longue en Irak qui semble s'établir. Le pays est en pleine révolte contre les Américains. Les prises d'otages se multiplient. Les ministres du Conseil provisoire sont dans une position intenable. Comme il est difficile aux dirigeants américains, émanant d'une société dominante de comprendre que leurs valeurs ne sont pas spontanément partagées par d'autres sociétés ! La démocratie ne se conçoit pas sans un degré d'autonomie individuelle. L'acceptation d'une influence étrangère ne se conçoit pas sans un respect pour la civilisation dont elle émane et sans une culpabilité à l'égard de son propre comportement dans le passé.

Bush tente de refaire ce que Mac Arthur a réussi au Japon après 1945 (ne parlons pas de la réintégration à l'Occident de l'Allemagne). Mais l'attitude de la majorité des Irakiens ne correspond en rien à celle des Japonais après la défaite.

La lecture des *Cahiers* de Fayolle[84] révèle une personnalité proche du terrain qui étudie avec soin les opérations, connaît la vie des tranchées, n'oublie jamais les souffrances et les pertes, sait manier son artillerie. Fayolle s'oppose à Foch qui l'estime pourtant. Il trouve que Foch n'a qu'un mot à la bouche « Attaquez, attaquez » mais reconnaît que cette attitude a sauvé Foch en Lorraine, aux marais de Saint-Gond, dans le Nord en 1914... Que les hommes semblent différents lorsqu'on juxtapose les portraits qu'ont fait d'eux les divers protagonistes...

Les récriminations de Fayolle contre Foch, Pétain, accessoirement Mangin, complètent utilement les portraits de ces trois personnages : Foch est une boule d'énergie et, à ce titre, capable de devenir l'âme d'une coalition (à ce que dit Fayolle, on comprend mieux le rôle essentiel de Weygand que d'ailleurs il ne cite pas) ; Pétain apparaît comme un bon organisateur, malheureusement timoré, pessimiste et sans chaleur humaine. Très conforme au personnage que révèlera Vichy ; quant à Mangin, c'est un fonceur affamé de gloire (un Patton français ?). De ce livre méthodique, Fayolle, efficace, proche du terrain et du soldat, plus prudent que Foch, plus entreprenant que Pétain, gardant pour lui le désir d'être reconnu, ressort comme un « entre-deux » qui fut pourtant l'un des meilleurs commandants de groupe d'armée...

L'âge change la relation à son corps. Assis, je fonctionne, mes yeux lisent sans peine la page blanche et, à part une crispation des doigts, la plume glisse sur les lignes. Regard et oreilles captent les mimiques et la voix de

---

[84] Maréchal Fayolle, *Cahiers de la Grande Guerre*, Plon, 1964. Fayolle termina la guerre comme commandant d'un groupe d'armées et fut nommé Maréchal après l'Armistice.

l'interlocuteur. Mon esprit dispose des outils de l'échange. Debout, la situation se complique. Entrer et sortir d'une baignoire suppose que j'assure mes prises. En marchant, je perds aisément l'équilibre une fraction de seconde. Quand je parle du pupitre d'un amphithéâtre, je ne vois qu'une masse confuse d'auditeurs et je m'exprime dans le brouillard. Lorsque je descends ensuite de l'estrade, je dois me concentrer sur les marches et les mouvements de mes jambes pour regagner le plancher sans encombre.

Déjà atteintes, mais moins détériorées, les communications internes de l'encéphale. Le mot connu inaccessible que protège une éphémère barrière de béton et qu'il faudra contourner par une périphrase. L'instant où l'on se demande, en proie à un début de panique, à quel endroit du discours on se situe et quel est le thème qui doit suivre. L'oubli de l'heure à laquelle on a commencé et l'impossibilité de calculer les minutes qui vous restent. Ces embûches et ces peurs, les auditeurs les perçoivent-ils, en dépit du recours à des astuces de vieux combattant pour masquer ces déficiences ? Quelles astuces ? Avouer son embarras en le mettant sur le compte de l'approche de la sénilité (l'erreur reconnue à moitié pardonnée...), introduire une note d'humour si l'inspiration est au rendez-vous, remplacer le nom manquant par le titre et les fonctions complétés par une mention élogieuse ou critique, évaluer la durée à partir de son vécu intérieur en oubliant la montre..., l'essentiel est dans la désinvolture...

Avril 2004

Les listes. J'en fais sur des brouillons quand mes activités multiplient les miettes d'action à entreprendre. Elles calment mes obsessions, soulagent ma mémoire, organisent mes mouvements. Le concert à retenir y voisine avec la note à rédiger, les correspondants à appeler, les lettres à dicter, les billets à retirer aux distributeurs, les documents à lire, les charges de l'immeuble à payer... Ma tendance ? Allonger la liste pour éprouver la satisfaction de rayer des lignes au fur et à mesure de l'avancement des tâches. A chaque trait, mon esprit s'aère, ma culpabilité diminue, mon sentiment d'inutilité s'apaise. Je renais à l'existence.

L'Irak est en pleine insurrection. Les Américains s'apprêtent à envoyer des renforts. Bush s'aligne sur Sharon dans le conflit israélo-palestinien : abandon de Gaza, développement du mur, maintien (et extension ?) des colonies de Cisjordanie. Les dégâts de la politique de Washington s'élargissent comme les ronds d'un caillou dans la mare.

Avril 2004

Depuis longtemps, le nom de Maurice Paléologue, l'ambassadeur de France en Russie en 1914, me faisait rêver. Un descendant des empereurs byzantins au service de la république française ! Après plusieurs essais infructueux, je viens de recevoir les trois tomes de sa *Russie des tsars pendant la grande guerre*[85]. Je redoutais pourtant un pâle récit rendu incolore par la prudence diplomatique. Il n'en est rien. L'auteur est aussi sensible à la beauté de la nuit tombant des ciels de juillet sur la Neva qu'au rite orthodoxe de la cérémonie à l'Ouspensky Sobor au Kremlin lorsque Nicolas II s'y rend peu après la déclaration de guerre. Les portraits de Raspoutine, de la grande-duchesse Élisabeth, de l'impératrice Alexandra transmettent l'atmosphère qui règne à la cour de Saint-Petersbourg. Jour après jour, les dialogues restituent les vibrations de ces premiers mois. Hallucinante, l'analyse du comte Witte, l'ancien premier ministre qui juge que la Russie doit mettre fin le plus rapidement possible à cette furieuse aventure et qui en décrit avec justesse les conséquences si elle doit continuer. Quel mélange autour du tsar de grands serviteurs de la Russie et de sinistres coquins ou d'incapables qui déshonorent un gouvernement.

Quant au malheureux Nicolas II n'était-il pas hanté par la conviction que son règne ne serait qu'une succession de catastrophes ? Ce qu'il fut en effet.

Lorsqu'il parle de la religion en Russie, des sectes, de l'écart entre la hiérarchie ecclésiastique et la foi évangélique du moujik, Paléologue écrit des pages qui sonnent juste. J'y joindrai le portrait de Raspoutine et de son aventure, une aventure presque incompréhensible pour un occidental (et pourtant la tsarine a une éducation anglaise !).

Deux autres épisodes m'ont frappé : Guillaume II extorquant à Nicolas II un projet d'alliance germano-russe (auquel incidemment il serait demandé à la France de se joindre !) ; l'aveu par le ministre de la guerre, un Goukhomlimov fuyant, qu'en décembre 1914 l'armée russe n'a plus ni fusils ni munitions d'artillerie !

Curieux rêves, récemment. J'imagine une catégorie d'objets — des spirales convergentes ou divergentes définies par un vecteur tournant à partir d'un point — puis je construis une sorte d'algèbre sur ces objets, une addition, une composition, etc. Les raisonnements s'enchaînent, des propriétés logiques se découvrent. Je n'ai presque plus qu'à rédiger. Au matin, l'impression de clarté et de limpidité subsiste, mais les propositions se dissipent en fumée.

Hier, déjeuner chez le Premier ministre. François Jacob, qui n'a rien dit mais bénit, Kourilsky, Lehn, Lions, Méjie[86] et quatre collaborateurs de Jean-Pierre Raffarin. Un Jean-Pierre Raffarin, plutôt décontracté, dont les

---

[85] M. Paléologue, *La Russie des tsars pendant la Grande Guerre*, (3 volumes), Plon, 1921

[86] Dans l'ordre : Prix Nobel de médecine, directeur général de l'Institut Pasteur, Prix Nobel de Chimie, Médaille Field en mathématiques, président du CNRS.

yeux noirs regardent intensément du fond de leurs orbites. La parole est de bon sens, mais ne percute pas. Je me suis limité à quatre thèmes : a) le pilotage stratégique de l'ensemble, b) la gestion de la recherche en liant la flexibilité des recettes sur projets et des dépenses, c) la question de la géographie avec les pôles et le problème universitaire, d) le lien public-privé (qui n'intéressait guère mes commensaux). Un seul acquis, modeste mais précis, le premier ministre accepte de venir présider le prochain déjeuner annuel de l'ANRT...

Avril 2004

Jacques Chirac sait-il faire les additions ? Nicolas Sarkozy — avec son accord évidemment — lance un gel des crédits de 7 milliards. Le Président déclare qu'il ne faut pas toucher aux dépenses des Affaires Étrangères où les restrictions précédentes ont créé des dommages irréversibles ! Et, avec son soutien sans doute, Alliot-Marie à la Défense fait comme si elle n'avait pas entendu...

Pourrais-je achever ma médiocre carrière littéraire par un pamphlet violent et brillant sur la France actuelle ? Au lieu de comprendre et d'excuser, je stigmatiserais, mettant en exergue les tares de tous les raisonnements faux de droite et de gauche. Un des derniers en date : un journaliste se demande si le gouvernement Raffarin va être libéral ou social ? Une alternative qui ne décrit nullement la réalité mais l'image fausse que nous nous en faisons. Néanmoins, à part le désir de pousser un cri (« ça soulage » comme faisait dire Plantu à des économistes à l'occasion d'une caricature sur la présentation d'un de leurs manifestes), je n'ai pour le moment aucune ligne directrice. Il me faudrait au moins une première liste de messages.

Libéral ou social

Dans une société de masse, il faut condenser, simplifier, caricaturer. Quitte à faire disparaître les problèmes au fond des failles qui les éliminent. Un journaliste de la télévision interroge deux parlementaires, l'un de la majorité, l'autre de l'opposition : « Que pensez-vous du rapport Camdessus ? On le dit ultra libéral. » D'un mot, la couleur est donnée, le contenu gommé, le débat est clos. Libéral s'oppose désormais à social.

Que signifient ces deux mots dans la tête des commentateurs ?

Libéral, signifie soutenir le marché à tous crins, se désintéresser des services publics, être favorable à la réduction du rôle de l'État, accepter avec indifférence les licenciements, les fluctuations de la Bourse, les inégalités de revenu et les salaires des grands patrons.

Social veut dire militer pour la stabilité de l'emploi, l'extension de la protection sociale, la limitation des écarts de revenus, protéger l'environnement, aider le tiers-monde, le tout avec une forte croissance.

Mais les deux concepts ne s'opposent pas comme le blanc et le noir.

Le premier croit en un moyen et en accepte les effets pervers car il le pense indispensable pour aboutir à la croissance économique et au bien-être des individus.

Le second exprime un idéal, mais depuis la mort de la foi dans la planification, ne propose plus pour l'atteindre que des prélèvements, des interdictions et des subventions en espérant que l'âne du marché aura les reins assez solides pour continuer à avancer malgré les charges supplémentaires.

Ces deux caricatures de pensées uniques se retrouvent mal à l'aise face aux vrais problèmes qui s'élèvent malencontreusement au milieu. Deux exemples : le chômage et l'Europe.

En simplifiant à l'extrême, nos sociétés souffrent de deux chômages : un chômage keynésien de croissance lente, un chômage classique de coût du travail trop élevé pour les travailleurs peu compétents. Le premier est un chômage de gauche que l'on pouvait (au temps des économies fermées), soigner par le déficit budgétaire et la distribution de pouvoir d'achat, le second est un chômage de droite que l'on pourrait combattre en évitant la hausse du SMIC et en dégrevant les bas salaires des charges sociales. Résultat : les Français vivront encore longtemps avec le chômage. Ils ne se mettront pas d'accord sur les remèdes qu'ils trouvent amers. Mieux vaut l'assistanat qui répand l'inaptitude au travail.

L'Europe, elle aussi, est jugée dans sa Constitution à l'aune du libéral ou du social. Il ne vient à l'idée d'aucun commentateur d'évaluer en ces termes la Constitution française de 1958. Chacun sait qu'un tel texte organise les pouvoirs, mais ne définit pas la politique qui s'adapte aux vicissitudes du scrutin. À cet égard, le texte constitutionnel européen n'ajoute ni ne retranche rien aux traités existants. Seule compte la partie sur les instances et leurs relations. Ceux qui le clament jusqu'à l'extinction de voix comme François Hollande prêchent dans le bruit.

Une comparaison m'est venue hier à l'esprit. L'Union Européenne qui se construit est-elle une Autriche-Hongrie. Peut-être, mais où est son Allemagne ? En Amérique du nord, évidemment. Bush en Guillaume II ! Poursuivre la comparaison serait absurde. L'état du monde, les problèmes, les attitudes ne ressemblent guère à ceux de 1900, mais les relations entre les États-Unis et l'Europe ont parfois quelque similitude avec celles entre l'Allemagne des Hohenzollern et l'Autriche-Hongrie des Habsbourg. Un sujet à développer. Une question pour l'examen d'entrée à l'ENA !

Le premier tome de Paléologue s'achève le 2 juin 1915 sur un entretien avec Poutilov, le grand capitaliste russe qui, selon l'auteur, « possède à un très haut degré les qualités maîtresses d'un businessman américain : l'esprit d'initiative et de création, le goût des vastes entreprises, un sens exact du réel et du possible, des valeurs et des forces ». Les paroles de ce magnat de l'industrie russe ? Je les recopie.

« Les jours du tsarisme sont comptés ; il est perdu, irrémédiablement perdu ; or, le tsarisme est la charpente même de la Russie et le seul lien de son unité nationale. La révolution est désormais inévitable ; elle n'attend plus qu'une occasion pour éclater. Cette occasion sera une défaite militaire, une famine en province, une grève à Petrograd, une émeute à Moscou, un scandale ou un drame de palais, peu importe !... Mais la révolution n'est pas le pire malheur qui menace la Russie. Qu'est-ce qu'une révolution au sens exact du mot ? C'est la substitution violente d'un régime à un autre. Une révolution peut être un grand bienfait pour un peuple si, après avoir détruit, elle sait reconstruire. A ce point de vue, les révolutions d'Angleterre et de France semblent avoir été plutôt bienfaisantes. Chez nous, la révolution ne peut être que destructive parce que la classe instruite ne représente dans le pays qu'une minorité infime, sans organisation ni expérience politique, sans contact avec les masses. Voilà, selon moi, le plus grand crime du tsarisme : il n'a voulu admettre, en dehors de sa bureaucratie, aucun foyer de vie politique. Et il y a si bien réussi que le jour où les tchinovniki disparaîtront, c'est l'État russe tout entier qui se dissoudra. Ce sont sans doute les bourgeois, les intellectuels, les 'cadets' qui donneront le signal de la révolution, en croyant sauver la Russie. Mais, de la révolution bourgeoise, nous tomberons tout de suite dans la révolution ouvrière et bientôt après dans la révolution paysanne. Alors commencera une effroyable anarchie... dix ans d'anarchie !... On reverra l'époque de Pougatchev et peut-être pis encore ! ».

Double référendum à Chypre : les Grecs refusent à 75 % le plan de réunification proposé par l'ONU, les Turcs l'approuvent à 65 %. Qu'attendent les Turcs pour annexer la partie de l'île qu'ils contrôlent. Il y a des pays européens dont nous devrions apprendre à nous méfier, la Grèce, la Roumanie, la Serbie, la Pologne, parfois l'Italie, peut-être un jour la France... Notre romantisme historique nous pousse parfois à leur accorder un crédit qu'ils ne méritent pas.

Avril 2004

Paléologue : pour la première fois, je suis au jour le jour l'année 1915 avec sa conjonction de défaites militaires, d'influence grandissante de

Raspoutine, de tentatives de la société civile pour sauver le pays, de l'enfermement progressif du tsar et d'Alexandra, de la multiplication des pronostics de Cassandres lucides sur la marche à l'abîme. Le tsar se suicide en s'offrant en holocauste pour le salut de la Russie. Grandiose et pitoyable. Je commence à comprendre pourquoi l'église orthodoxe l'a canonisé récemment. J'imagine Shakespeare écrivant une pièce à quelques personnages, le tsar, la tsarine, Raspoutine, Madame Vyborowa, le tsarévitch, un ministre servile, un homme courageux qui parle vrai. Une autre version par Pouchkine et Moussorgsky ; à la Boris Godounov avec les chœurs, celui des moujiks qui prient pour le tsar et la victoire à l'ouverture, celui des révolutionnaires qui saluent l'assassinat des Romanov tandis qu'en sourdine la musique funèbre annonce le long martyre de la Russie.

Les peuples du début du XXe siècle sont hantés par la fausse parenté qu'ils déduisent des filiations linguistiques. Les Français traitent l'Italie de sœur latine, les Britanniques, avec plus de raison, insistent sur la solidarité anglo-saxonne, les Allemands sont corrompus par le pangermanisme. Les Russes se perçoivent comme les protecteurs de toutes les nations slaves, la trahison de la Bulgarie sera vécue par eux comme un drame familial.

Mai 2004

Hier, conférence de presse de Sarkozy. Il annonce une gestion draconienne des dépenses publiques. Dans l'intervalle, il se fait de l'argent de poche en vendant des immeubles, en privatisant et en écoulant une partie de l'or de la Banque de France... Les Français sont inconscients de l'état catastrophique des finances publiques. Une note de Jean Peyrelevade pour *le club des vigilants* commence par cet avertissement : « La IVe République s'est brisée sur la question algérienne. La Ve risque de se casser sur la question des finances publiques. »

La France est l'un des rares pays à afficher, lors de la décennie écoulée, une hausse de la part de la dépense publique dans le PIB de 47,9 % en 1991 à 49,4 en 2002. Les dépenses de l'État sont supérieures de 27 % à ses recettes. La dette publique de 20 % du PIB en 1981 est à 63 % aujourd'hui ! Le dérapage des dépenses de santé est dramatique. Quant aux effectifs des fonctions publiques, il a augmenté entre 1980 et 2000 de 10 % pour l'État, 15 % pour les hôpitaux et 35 % pour les collectivités locales ! A ce tableau dramatique, il faut ajouter une fiscalité plus lourde que celle de nos voisins pour le travail et une baisse du temps de travail... Le Titanic fonce sur l'iceberg. Mais aucune voix ne s'élève au plus haut niveau de l'État, comme on dit désormais dans les couloirs pour ne pas désigner Jacques Chirac. Ainsi parlait-on de Nicolas II à Petrograd en 1916. La différence ? Les Français d'aujourd'hui, complètement anesthésiés, n'ont pas conscience de la catastrophe qui les menace.

Enfin la Chine

Mai 2004

Dans trois jours, départ — enfin ! — pour la Chine. Après trois essais manqués. Le premier à cause de Tien-an-Men, le second à cause du SRAS, le troisième par manque de clients. Je me sens dans le peloton de queue. Qui, dans les élites, n'a pas encore fait le pèlerinage ? Pour le Japon, j'étais un précurseur. Cette fois, je ne peux être qu'un suiveur. Qu'importe ! La mode n'a jamais fait battre mon cœur.

Au contraire, mon âge me conduit à faire de ce voyage un achèvement (à mi-chemin entre le sens français et anglais de ce mot). J'appréhende la fatigue, les longues marches, les nuits courtes, les horaires tendus. J'imagine le périple comme une dernière étape dans la découverte du globe. Intellectuellement, je n'ai rien relu des nombreux textes sur la Chine qui ont ponctué ma vie, même si Odile et moi découvrons à voix haute le *Journal d'un homme seul* de Gao. Mais j'ai préparé mes bagages pour ne rien oublier d'essentiel tout en limitant la charge. Ferai-je des découvertes comme le Taj Mahal ou me bornerai-je à revoir les cartes postales des livres et de la télévision ?

Juin 2004

Enfin, j'ai vu la Chine et comblé mon ignorance d'un grand vide sur la carte. Si j'étais Mac Mahon je dirais : « que de Chinois », Marie-Chantal, « les yaourts y sont blindés », un commerçant « quelle magnifique pieuvre à aspirer les yuans ! ». Trêve de boutades. Mes impressions sont plus fortes et pas toujours conformes à mes attentes.

Pékin, c'est-à-dire Beijing : des fenêtres du minibus qui emmène le groupe de l'aéroport au centre-ville, je scrute les paysages à la recherche de l'étrangeté. Le contre-choc : une autoroute bien entretenue, des bords de verdure soignés, un terre-plein central garni d'herbe et de fleurs, puis, quelques minutes plus tard, les premiers gratte-ciels séparés les uns des autres par des arbres et des jardins et l'Avenue de la paix éternelle, droite sur des kilomètres et parcourue par un flot de voitures dense mais sans embouteillage. Une ville comme une autre. Rien de l'étonnement violent qui m'avait assailli en débarquant à Tokyo en 1956. Où est la couleur locale ? La place Tien-an-Men n'est pas démesurée comme je le croyais. Son sol que j'imaginais presque en terre battue est plat et propre et les quatre bâtiments qui l'entourent, la première porte de la cité interdite, l'Assemblée nationale, le musée de la révolution, le mausolée de Mao ne la dominent pas et n'en sont rapetissés. Des nuées de vendeurs, qui se dispersent à l'arrivée des policiers, proposent des cartes postales, des chapeaux, des pellicules photographiques (à quatre fois le prix). Les policiers marchent par deux, droits et maigres dans leur uniforme bien repassé. Beaucoup de touristes chinois, de couples donnant la main à un seul enfant, flânent et visitent, les femmes en tee-shirt et en jeans ou en pantalon noir, hanches minces, poitrine bien plantée, cheveux noirs, les hommes plus épais en chemise à manches courtes et pantalon sombre. Nulle uniformité pourtant. Nulle sévérité non plus. A un kiosque près de la place, j'achète un Coca-Cola quatre yuans. Ma première dépense. De dépaysement, aucun. Certes, il y a beaucoup de cyclistes sur les contre-allées, des cyclistes qui ne s'arrêtent pas pour vous laisser passer, mais ils ne constituent pas une vague infranchissable qui déferle sur vous comme en Inde.

Les jours suivants, l'impression se confirme. Le Temple du Ciel possède élégance et présence, il n'écrase pas le visiteur. Immense par sa superficie, la Cité Interdite se réduit en son cœur à trois parallélépipèdes rouges au toit de tuiles vernissées. Ils célèbrent tous les niveaux de la sérénité. Une grandeur moins impressionnante que les récits des ambassadeurs d'il y a deux siècles. Plus intimes et donc plus émouvants sont les appartements et les cours privés à l'arrière de l'ensemble. La pluie et le souvenir de la sauvagerie des Européens m'a gâché la visite du Palais d'été encombré de groupes de touristes chinois. J'ignorais la passion des Chinois pour les rocailles monumentales et informes. Mais le soleil doit humaniser et rendre charmantes ces cours, ces galeries et ces pièces ouvertes sur la nature.

Il existe un autre Pékin dont ne témoigneront bientôt que de vieux quartiers maintenus comme vestiges : des rues de la largeur d'une voiture, bordées de murs gris surmontés de tuiles et percés de portes hautes et massives derrière lesquelles se cache un labyrinthe de petites cours encombrées de vélos et d'ustensiles qui donnent accès aux maisons basses de multiples familles. Confort modeste, mais réfrigérateur, téléviseur, gaz butane...

Avec la visite aux tombeaux des Ming et à la grande muraille s'accomplit l'un des pèlerinages obligatoires dans toute visite en Extrême-Orient. Les photos ne laissent pas découvrir ce qu'elles laissent à la marge : la montée entre deux haies de boutiques multicolores qui proposent presque tout à un dollar, le téléférique qui permet d'accéder au sommet, le paysage des montagnes au milieu desquelles, montant et descendant comme une chenille, s'agrippent les fortifications. Les architectes ont suivi le terrain, incapables à leur époque d'araser les collines ou d'adoucir les pentes. J'ai contemplé ces murs en pensant qu'ils ont arrêté les escouades d'insectes mais laissé passer les hordes de guêpes (comme le limes romain).

Une impression de Pékin que le voyage confirmera : la révolution culturelle fut pour les Chinois un cauchemar (peut-être bien pire dans leur mémoire que l'Occupation pour les Français) et comme des adolescents pleins de vie, ils mordent à belles dents dans la tartine de la consommation. Pour dix à quinze ans, l'heure n'est pas à la contestation politique. Au-delà ?

De Pékin, un train de nuit moderne, équipé de « couchettes molles », nous conduit à X'ian. Au petit jour, j'observe le paysage compliqué des collines de loess dont le jaune apparaît dans les anfractuosités du relief. Une terre fertile et friable que la topographie rend sans doute difficile à cultiver. Avec ses rues commerçantes, X'ian donne l'image de l'opulence. La ville a gardé ses portes immenses et hautes au toit de tuiles et ses remparts. Au centre, la tour du Tambour que je contemple de mon hôtel. Pourquoi les Chinois ont-ils adopté ces toits à arêtes courbes qui surplombent leurs monuments ? Ils y sont si attachés que des toitures rappelant ces motifs coiffent beaucoup d'immeubles modernes.

Le musée de X'ian réunit une impressionnante collection de vases de bronze dont les formes si pures imposent la discrétion aux décorations déjà compliquées qui les ornent. Même sobriété dans les statues de terre cuite des Han et des Tang. Pourquoi au seizième siècle, pendant la deuxième moitié des Ming, la décoration va-t-elle s'émanciper et donner à l'art chinois cette exubérance maniérée qui annoncera son déclin ?

Cette question me conduit à une autre à laquelle je ne cesserai de penser pendant tout le voyage : c'est la Chine qui a fécondé le Japon, au point que les Japonais ont pendant des siècles écrit des poésies chinoises. Or, l'art japonais à sa maturité ne garde de l'art du continent que des éléments superficiels. Il opte pour la sobriété, la pureté, l'esthétisme, la délicatesse. Et à la joie de vivre chinoise oppose la réserve, l'introversion, j'allais écrire, mais je projette des notions occidentales, la culpabilité nippone.

Près de X'ian (mais, au fait, comment ce nom se prononce-t-il ? A cette question, les réponses sont diverses, au point que je me demande si l'importance accordée par le chinois aux tons n'autorise pas un certain flou dans la prononciation de l'équivalent de nos consonnes), se dresse à fleur de terre, sous des toits vastes comme ceux des hangars d'avion, l'armée fameuse des 8 000 guerriers de deux mètres de haut qui accompagnent le tombeau de Che Huang Ti. Ce paranoïaque qui avait unifié la Chine, voulait-il se protéger de ses ennemis ou continuer à impressionner les vivants par la pérennité de sa puissance ? L'idée d'une multitude anonyme était-elle déjà présente dans l'imaginaire chinois dès cette époque ? Les différences minimes qui séparent les guerriers manifestaient-elles la révolte inconsciente d'un individualisme sous-jacent ? Avec la foule de figurines plus petites, le musée de Wangli, proche de l'aéroport, offre un spectacle plus émouvant encore, humanisé par la présence de statues individuelles de servantes féminines. Je pensais à la grande statue qui s'élance sur la cheminée de notre salon parisien et dont je n'ai vu aucun spécimen pendant mon périple chinois.

Paris, les châteaux de la Loire, Chamonix, cet itinéraire français des touristes japonais a son équivalent pour les Français qui pérégrinent en Chine. Guilin est leur Chamonix. Un paysage pour cartes postales. Des montagnes en pains de sucre, boisées et rocailleuses plongent dans l'eau, claire et plane comme un miroir, de la rivière qui serpente. Nous la descendrons dans un bateau à deux ponts sur une quarantaine de kilomètres. Comment ne pas évoquer la peinture des Song, cette peinture dont les paysages paraissent étranges aux yeux français ?

A l'arrivée, trois kilomètres de bazars et au milieu, dans une vieille maison chinoise, l'hôtel qui nous accueille et que tient un Alsacien. Les chambres se répartissent autour du rez-de-chaussée d'une petite cour rectangulaire. Un minibus nous emmènera dans la campagne. Les rizières, les levées de terre, les lacs, quelques buffles, les maisons vieilles, les chemins boueux et, en toile de fond les pains de sucre, un bien maigre inventaire pour me permettre de reconstruire la vie de 60 % des Chinois.

L'étape suivante Suzhou à cent kilomètres à l'ouest de Shanghai. Une ville prospère de deux millions d'habitants, la ville des jardins, des jardins clos d'anciens mandarins s'étendant sur plusieurs hectares avec des pavillons, des lacs, des passerelles, des galeries, des arbustes, de la rocaille. Tout cela très étudié, mais avec une vitalité virile, un peu abrupte même. Un autre monde que celui de Katsura à Kyoto. La volonté s'y affirme au lieu de se cacher derrière les apparences. De Suzhou, descente du Grand Canal, cette immense construction des anciens empereurs qui, sur 1 800 kilomètres reliait Pékin à la vallée du Yang-Tsé. Aujourd'hui, près de la capitale, 500 kilomètres sont asséchés, mais les 1 300 kilomètres restant sont toujours en service. Le canal est large, ses rives bordées de pierre. Avait-il cette ampleur dans les temps jadis ? Trafic classique de société industrielle : trains de péniches ou lourdes barges isolées avec des chargements de bois, de ciment... je pense au canal Rhin-Rhône !

A Suzhou, nous avons visité un jardin d'enfants (plutôt une école maternelle). Des enfants vifs, gais, bien habillés, des dessins sur les murs comme chez nous. Je demande à une jeune et charmante institutrice combien elle gagne après quatre ans d'ancienneté, en m'excusant de l'indiscrétion. « *It's private* » me répond-elle, mais elle rajoute « *it's very small* ». Je lui dis que je ne suis pas surpris. Elle aime son métier et rayonne de bonheur. Je distribue des crayons aux enfants. Bien modeste cadeau qui agglutine autour de moi de jeunes têtes aux regards intenses où je distingue déjà les timides, les prédateurs, les sages, les patients, les obstinés. Pourquoi ai-je des relations si intenses avec les jeunes enfants ?

De Suzhou à Hang-zhou, arrêt à Wu Chen, un village restauré mais qui n'a rien perdu de son authenticité. Il s'élève de part et d'autre d'un canal de vingt mètres de large sillonné de barques. Les maisons basses sur les berges, des maisons de bois aux pièces spacieuses, s'ouvrent de l'autre côté sur des rues parallèles au canal, des rues bordées à leur tour d'une seconde série de maisons qui débouchent sur la campagne. Dans une pièce, un minuscule temple bouddhique avec un bouddha doré d'un mètre de haut, au ventre rebondi et riant de toutes ses dents. Première rencontre avec un bouddhisme vulgaire sur le sol chinois. La campagne de cette région est riche. L'eau y abonde.

Hang-zhou est aussi une ville prospère. En face de l'hôtel sur une grande rue commerçante, une *Pizza Hut* où nous irons un soir, Odile et moi, sevrés de dessert, boire un jus de pomme accompagné d'un *sundae*. Les Chinois traitent la cité de paradis et je les comprends. Un immense lac de l'Ouest, entouré de verdure et de quelques pagodes au loin. Nous en visiterons une, trapue et austère, émouvante dans sa simplicité altière. A ses pieds, une statue de pierre blanche qui évoque nos statues du XIXe siècle, représente un enfant qui selon la légende a repris au dieu du fleuve sa mère morte en jetant inlassablement des cailloux dans l'eau. Le conte est beau, la statue incongrue dans ce paysage vert.

Un grand temple bouddhique, l'un des plus anciens de Chine du Sud est au programme. Six immenses bâtiments à salle unique, s'étagent à flanc de colline. Dans le premier, quatre immenses statues bariolées des gardiens du temple dont le regard terrible et l'armement doivent décourager les dragons. Le second abrite une opulente statue dorée de Çakyamuni. A genoux, des fidèles s'inclinent les mains jointes, mais la majorité des visiteurs chinois passent plus curieux qu'inspirés. Dans une construction séparée, cinq cents statues grandeur nature et toutes différentes, des disciples de Bouddha. Une autre armée de X'ian dont je n'avais jamais entendu parler.

Entre ce temple et le bouddhisme d'origine, la distance est aussi grande qu'entre Saint-Pierre de Rome et l'Évangile. Mais la visite du musée de Shang-haï révèle la rupture en Chine même. Une aile du musée réunit des sculptures bouddhiques de Chine du Nord aux alentours du VIe siècle. Dans cette pièce couleur de sable, l'intensité intérieure du Bouddha fait vibrer les visages et la profondeur de la foi des sculpteurs enchaîne le spectateur. Des siècles plus tard, je ressens presque de la répulsion à la vue de l'esthétique grotesque du bouddhisme décadent, cette esthétique qui ravirait un prix à l'"art" saint-sulpicien. Peut-être la corruption était-elle inscrite dans le passage du Petit Véhicule au Mahayana lorsque les boddhisattvas arrêtèrent leur entrée dans le Nirvana pour aider d'autres humains. Le message initial du Bouddha était sévère. La compassion qui imprègne le Mahayana le rapproche d'une forme de christianisme non construite sur l'acte morbide de la crucifixion. Dans la foulée, Avalokiteçvara change de sexe et devient Kwan-Yin, cette demi Vierge Marie. A Shang-Haï aussi, nous visitons un temple bouddhique avec deux bouddhas en albâtre, l'un en majesté, l'autre couché.

A Hang-Zhou, un jeune maître en calligraphie, poli mais quelque peu dédaigneux, nous a donné une leçon d'écriture d'une heure, un aimable divertissement. Moins anecdotique fut la découverte d'une pharmacie chinoise créée vers 1860. Une immense pièce de bois sombre et à haut plafond. A l'extérieur, à l'usage de ceux qui ne pouvaient s'offrir les services d'un médecin une table de correspondance entre les symptômes et les remèdes. A l'intérieur, de multiples tiroirs le long des murs, des comptoirs, des pots, des balances. Je pense à François Guinot qui a créé une société franco-chinoise pour mettre au point des médicaments à partir des remèdes chinois.

Dernière étape : un train nous conduit en deux heures de Hang-Zhou à Shang-haï où nous arrivons à la nuit : une explosion de gratte-ciels, des lacets d'autoroutes, des traînées de néons, puis le Bund dont le guide énumère un par un les bâtiments. Shang-haï, la fille métisse que la Chine a eu de son mariage avec l'Occident. Curieusement, elle ne renie pas son père. Le lendemain, au pied des 259 mètres du dernier étage de la tour de la télévision, un musée raconte l'histoire de la ville depuis le début du XIXe siècle. Les personnages sont reproduits comme au musée Grévin et les scènes reconstituent la vie de ces deux siècles, avec autour d'elles des tramways et des automobiles de l'époque, des photos et des gravures. Il s'en dégage un sentiment de tendresse pour cette agglomération d'avant 1936. En sortant, dans la rue une femme chinoise très digne d'une cinquantaine d'années en tailleur occidental, veste noire et jupe au genou, couleur feuilles mortes. Je la regarde en me demandant : « A quelle Chine appartient cette femme ? ».

Shang-haï : après Amsterdam, Londres, New-York, Tokyo, c'est le pôle de l'économie mondiale. Celle de demain. Quatorze millions d'habitants, le nouvel aéroport conçu par Andreu à 50 kilomètres du centre. Quarante pour cent des échanges chinois passent par ce nœud. Moderne, le musée n'est consacré qu'à l'art chinois. Des pièces exceptionnelles. En extase, j'ai parcouru lentement les salles des bronzes, des sculptures, des céramiques. L'étage des peintures semblait en cours d'installation. Je découvre avec un étonnement tardif l'absence de rencontre au cours de ce voyage avec la peinture des Song. Un parcours du vieux quartier commerçant, un regard sur le petit immeuble de brique où s'est réuni le premier congrès de quelques membres du parti communiste chinois, une glace consommée dans le café d'une cour de l'ancienne concession française au milieu de bâtiments de brique rouge qui diffusent une atmosphère belge, une après-midi calfeutrée à l'hôtel alors qu'un orage tombant d'un ciel de métal jaune s'abat sur la ville achèveront le voyage.

Deux oublis, la boutique du musée avec ses tissus et ses reproductions nous a fait tourner la tête comme des joueurs devant une roulette. Des foulards, un pyjama, une statuette sont venus arrondir nos valises. Un soir, nous avons dîné avec Delphine Levy et son compagnon. Ils vivent à Shanghaï : elle comme chercheur et assistante de la directrice du grand hôpital de la ville, lui comme membre de la filiale du groupe Publicis. Elle se débrouille en chinois, lui le parle presque couramment et l'utilise comme langue de travail. Ils habitent dans l'ancienne concession française, à un quart d'heure de leurs bureaux et semblent parfaitement heureux.

Odile et moi sommes revenus de Chine avec des sentiments contrastés. J'ai aimé cette Chine qui s'était réveillés et fonçait vers le développement à l'allure d'une voiture de course. Une conduite dangereuse, mais qui répond à l'appel de vivre de vivre des deux cents millions d'habitants des provinces côtières. La croissance économique déboucherait-elle sur une forme de démocratie ? Progressivement ou par rupture ? Ce sont les grandes inconnues de la Chine de demain. Odile, au contraire, n'a pas été attirée par cette masse humaine en proie à un matérialisme consommatoire. L'influence sans doute de nos environnements professionnels.

Juin 2004

Vol de retour sans histoire. Et pourtant la fatigue nous a accablés une bonne semaine. Beaucoup de travail accompli sans appétence, car il a fallu se réhabituer à l'atmosphère polluée de la société française, à l'odeur délétère que dégagent les pages du *Monde*, aux niaiseries des journaux télévisés, aux manifestations de rues concernant l'EDF ou la Sécurité Sociale, aux gesticulations de Jacques Chirac, aux bêtises des commentateurs après les élections européennes. Des élections que tous les partis ont transformé en querelles politiciennes internes au mépris des grands défis du continent. Les pays de l'Europe occidentale sont comme ces fils de familles riches que rien ne menace en apparence et qui, insouciants et récriminateurs, dilapident leur avenir.

Certains des nouveaux pays arrivant dans l'Union, se révéleront des boulets. La Pologne par exemple, qui multiplie les demandes, pousse l'Ukraine vers l'Union Européenne et empoisonne la vie communautaire. Leur amour des Polonais fait oublier aux Français que ce pays n'a pas été que la victime douloureuse des pays qui l'entouraient, mais aussi un trouble-fête en maintes occasions.

Les chefs d'État se sont mis d'accord sur un projet de Constitution édulcoré qui marque la primauté de la coalition des petits pays sans ambition. Sera-t-il approuvé ? Faut-il substituer à l'Union une coopération renforcée franco-allemande ? L'Europe est comme une voûte. Elle est fragile tant que n'a pas été posée la clef.

Inquiétudes européennes

Juin 2004

« Enfin, c'est fait ». C'est sur ce mot désabusé que Jacques Chirac est sorti du dernier Conseil européen annonçant ainsi un accord des gouvernements sur le projet de Constitution européenne. L'humeur est morose. Les petits pays freinent car ils ont peur d'être dominés par les grands. C'est une Europe anglaise qui se prépare, plus qu'une Europe franco-allemande. Le texte est en retrait sur le projet de la Convention, mais il conserve l'essentiel. C'est mieux que rien. On verra à l'usage. Il entrera en vigueur en 2009 et on pourra le juger vers 2015. La suite, je ne la vivrai pas.

Le constat est clair : pour faire de l'Europe une entité politique dépassant la simple coagulation, il faut cent ans. Cinquante sont déjà passés depuis la CECA. Inutile de souligner que le monde de la fin du processus n'aura rien de commun avec celui du début : 9 à 10 milliards d'individus au lieu de 4, une Russie fort différente, une Chine et une Union indienne largement développées. Peut-être les démocraties aboulique d'Europe seront-elles en plein déclin, démographique et économique ? Et nos descendants considéreront-ils comme un âge d'or les décennies de notre vie ?

Cœur d'artichaut et analyste dur, anarchiste soumis, immergé constamment dans le passé et dans l'avenir, j'ai un faible pour les cérémonies commémoratives de réconciliation. Des fêtes anniversaires du 6 juin 1944, celle que je voulais voir était la réunion franco-allemande au mémorial de Caen. Qu'allaient dire Chirac et Schroeder pour trouver les mots justes et ne déraper ni dans la négation d'une histoire tragique ni dans l'atténuation de l'amitié présente. Tous deux furent honorables. Ce genre de déclaration convient assez à notre Président. Que ce soit dû à ses rédacteurs, qu'importe ! Nul ne lui demande d'avoir le talent de Charles de Gaulle.

Le tome II du livre que Philippe de Gaulle a consacré à son père est fascinant. Il faudrait citer nombre de réparties du Général. Sur Mitterrand : « Je le trouvais insaisissable, cynique, mais aussi astucieux et séducteur. Ce qui m'a surtout frappé, c'est son manque de sincérité et le mépris qu'il avait de ses interlocuteurs. Il ne croyait à rien qu'en lui-même et n'avait d'ambition que pour lui-même ». Sur Léon Blum : « Léon Blum, c'est toujours : 'Je suis déçu. Je suis profondément troublé... C'est avec une désolation confondue que ... Je déplore de ne pouvoir ... Je ne saurai dire... Je suis navré de n'avoir pas mieux compris' »... Sur Giscard : « Le problème de Giscard, c'est le peuple... Il dépasse tout le monde de cent coudées, mais il le fait trop voir. Quand on a une pareille envergure, il faut toujours donner aux autres l'illusion qu'ils sont au moins aussi intelligents que vous ».

A la fin du livre, le lecteur a l'impression de si bien connaître le couple de Gaulle qu'il anticipe ses réactions quel que soit le sujet abordé. Illusion peut-être, mais l'image est crédible.

Juillet 2004

Une forme physique déficiente en ce début de juillet. Heureusement, il y a l'emploi du temps et les horaires, le squelette et les os de mon personnage. Être en retard, ne pas respecter un engagement seraient pour moi le déshonneur. Ce corset me fait mouvoir de bureau en bureau, de sujet en sujet, d'obligation en obligation. Une fois assis pour le temps de la réunion, j'oublie mon corps et mes neurones en apesanteur fonctionnent comme à l'ordinaire, mais quand s'offrent deux heures libres, ne sourd aucun désir de faire et je me laisse envahir par le sommeil, quelques pages d'un polar ou un morceau de feuilleton télévisé.

Rêve curieux, il y a deux nuits. Je suis dans la petite salle à manger de la Rochelle, assis à la table ovale, le dos à la fenêtre. A ma gauche, Odile, assise également, mais dont je veille à ce qu'elle n'interfère pas avec la scène. En face de moi, un étudiant noir, de trente à quarante ans, accompagné de son professeur, passe un examen. Derrière lui, à demi caché dans le coin que j'occupais dans mon enfance, un garçonnet de huit à neuf ans regarde sans bouger. Renaud ou Basile ? J'ai dans les mains le mémoire du candidat, les notes qu'il a reçues — excellentes —, la liste des thèmes qu'il faut évoquer avec lui. Des réponses parfaites. L'impression est très favorable. Je réfléchis à la note très haute que je vais lui donner. Il ne reste plus que deux sujets à évoquer. La géographie d'abord. A ce mot, le candidat se lève, annonce qu'il n'a pas révisé la géographie et commence à partir. Je le raisonne, souligne qu'au vue de ses réponses précédentes, son comportement est absurde, promet des questions faciles. Il se rassied. « Quelle est la capitale de la Russie ? » — Moscou. Me voilà rassuré. « De l'Allemagne ? » — Colmar. « Et Rome ? De quel pays est-ce la capitale ? ». Le candidat est muet. Je suis atterré. Et avec ce malaise, le rêve se décompose.

Étais-je le candidat jugé par ses parents ?

Juillet 2004

Entre deux livres de littérature, Odile et moi lisons un supplément de huit pages du *Monde* sur Israël. Le titre : *Portrait d'une société en fusion*.

J'ignore si le choix des interlocuteurs des journalistes est équilibré, mais cette question m'importe peu, car ce texte est avant tout pour moi une occasion de réfléchir à la nature d'Israël. A cette question, un étudiant européen, pas très futé dans les subtilités de l'histoire répondrait : « Un État laïque indépendant dont la majorité des citoyens est de religion judaïque ».

Dès lors, rien de plus facile pour lui que d'être pour la sécurité d'Israël sans être favorable à la politique de son gouvernement et de professer des sentiments anti-Sharon tout en récusant l'antisémitisme. Pourtant, cet étudiant auquel je ressemble a tout faux, car le projet israélien est l'ambiguïté même.

D'ailleurs, je suis incapable de répondre à beaucoup de questions : comment devient-on juif ? En naissant d'une mère juive ou d'une famille juive ? Peut-on se convertir ? Comment cesse-t-on de l'être ? Il ne suffit pas d'abandonner toute pratique, de renier toute croyance, il faut se détacher d'une communauté, s'immerger dans une autre. Communauté dispersée dans l'ensemble de l'humanité, à la fois élue de Dieu, en attente du Messie et dans le présent, souvent humiliée par le reste de la société, mais dont émane un incroyable pourcentage de personnalités exceptionnelles, artistes, scientifiques, philosophes, écrivains, hommes d'État. D'où cette distinction qui cache d'infinies nuances : juifs de France et juifs en France.

Au XIXe siècle, il s'agit de créer un « foyer national juif » quelque part dans le monde. Qu'entend-on par là ? Un territoire géographique quelconque où les juifs seraient seuls et s'organiseraient comme ils l'entendent. Mais ne viendraient que ceux qui le souhaitent. Une minorité. Et s'instaureraient alors des relations spéciales entre les habitants de ce foyer et le reste de la communauté. Et le foyer serait construit, comme l'ont fait beaucoup de groupes lors de la colonisation de l'Amérique du nord, sur deux appartenances censées se recouvrir, l'appartenance à la religion et l'appartenance à la communauté. Le choix sera fait d'un État laïque, avec une religion quasi-unique quoiqu'éclatée en un éventail de tendances allant de l'intégrisme à la plus vaste tolérance. Laïcité et religion, premier clivage.

Quant au choix du lieu, il ne fut pas neutre. Pas un désert quelconque et vide, sans habitants, mais la terre historique de la Bible occupée depuis près de 2 000 ans par d'autres populations. Des populations qui, dès lors, ne pouvaient être que niées et dévalorisées. Et va naître alors le deuxième clivage, déclenché et renforcé par les erreurs des États arabes, un clivage portant sur l'attitude à l'égard des frontières : un territoire restreint et sûr, mais laissant à l'extérieur des souvenirs historiques ou l'espace plus vaste du Grand Israël qui ne peut qu'être durement disputé par d'autres occupants. Le dilemme n'a jamais été tranché. Tous les gouvernements ont laissé se développer la colonisation. Et le couple colonisation-deuxième Intifada a détruit l'espoir des accords d'Oslo. A Camp David, Clinton aurait pu réussir, mais un Yasser Arafat, usé par des décennies de lutte, a été incapable de saisir ce qu'Ehud Barak était près d'accepter. Et aujourd'hui, la paix s'est éloignée.

La société israélienne se déchire, le culte de la force y grandit, le respect des droits s'y effrite tandis que les États-Unis, de protecteur de la survie d'Israël, sont devenus des mercenaires à la solde du gouvernement israélien. La société palestinienne de son côté est dominée par des sectes terroristes sur lesquelles aucun modéré n'a d'autorité tandis que la masse de la population, refermée sur sa haine et courbée dans son humiliation survit au jour le jour, sans pouvoir accepter le grignotage et le quadrillage de son territoire par les empiétements israéliens.

Tristes perspectives, engendrées aussi par l'antisémitisme russo-polonais, par les problèmes de l'empire des Habsbourg, par la Shoah nazie, par le choc de la découverte des fours crématoires, par la pitié des alliés après la guerre, par la pression électorale de la communauté juive américaine. Aussi, chaque fois qu'une solution était possible, le système israëlo-palestinien n'a pu être stabilisé. Il faudra sans doute de longues épreuves avant que la paix règne dans cette partie du monde.

Juillet 2004

16 juillet. Une journée sans rendez-vous. Je pense à ces débuts de vacances d'après-guerre, de la première à la sortie de Polytechnique où je me sentais déchargé de fardeau, libre de soucis, sans autre responsabilité que celle de mon corps. Je voudrais retrouver ne serait-ce que quelques jours cette innocence qui arrête les horloges, assourdit les bruits du monde, plonge le cerveau hors de l'actualité. Mais les brumes et les fantômes ne s'estompent pas sur commande.

Pourquoi dans ce journal, contrairement aux pages d'*Un homme de notre siècle*, il est deux forteresses que je n'ose attaquer, celle de mes activités professionnelles, celle de ma famille. Dans les deux cas, l'aventure semble au-dessus de mes forces. Ma réserve d'énergie est déficiente. Elle n'est pas à la hauteur de ce qu'il faudrait pour dégager les obstacles, progresser dans les labyrinthes, franchir les enceintes, aborder les donjons.

Je veux essayer pourtant en commençant par les avant-postes qui offrent moins de résistance.

Les petits-enfants ? Une adorable tribu dont les parents nous séparent et nous déchargent. La phrase est simple, lourde de signification pourtant. J'aime les voir en groupe, assis autour de la table pour un repas ou courant ensemble sur le gravier du Bizot. Mais je suis frustré de les voir rarement en tête à tête quand, de part et d'autre, nous sommes disponibles. La satisfaction suprême est d'aller avec Basile visiter un musée en lui donnant quelques explications. Certes, je suis conscient de l'ambiguïté de ce rôle de professeur, mais je me laisse aller à la découverte progressive de sa personnalité, et à la résurgence spontanée de l'intimité qui nous rapproche depuis sa naissance. Néanmoins, Justine veille. Interdictrice. Elle ne tolère aucun témoignage dont ne bénéficieraient pas ses filles. Est-ce parce que nous étions si proches lorsqu'elle avait deux ans. Mirabelle me déroute. Elle explose de vitalité, déborde d'exubérance affectueuse, virevolte d'un sujet à l'autre comme un papillon, boude à la moindre déconvenue et je me demande ce que cache ses jeux et ses voiles. Un élément de réponse : elle travaille bien à l'école, signe qu'elle peut s'ancrer et trouver dans l'éducation un fil conducteur.

En secret, j'ai lu à Basile quelques pages sur mon grand-père tirées de mes Mémoires. Deviendra-t-il un écrivain ? Pour le dernier Noël, il a, en une dizaine de pages, esquissé un conte original. Pourquoi chez moi ce désir de me réincarner dans ma descendance mâle ? Mon intellect me juge sévèrement, mais il ne peut rien contre des forces qui lui échappent.

Clémentine a d'abord été éclipsée par ses aînés. Elle fut longue à parler, puis acquit rapidement la maîtrise du langage, commença à colorier et se mit à jouer tranquillement dans sa chambre avec ses figurines de chevaux. Vint ensuite le temps du dialogue. « Je serai la maman, tu seras l'enfant... ou le docteur ... ou l'amie qui vient à la fête ». Les relations à la mère, au médecin avec ce qu'il apporte d'espérance et d'effroi, aux autres enfants, à l'environnement qu'incarne le livre, le dessin animé ou la peinture. A cinq ans, la voilà devenue un adulte en réduction, une petite personne, sûre d'elle-même, autonome et active, affectueuse, mais discrète, heureuse dans sa fratrie. La semaine dernière, au Luxembourg, sa main, sagement dans la mienne, nous avons parcouru à deux, l'itinéraire habituel : les poneys, le manège, la balançoire et sommes revenus rue de Vaugirard accueillir Odile et les deux grands partis faire des achats.

Si le bonheur a une définition, il faut admettre qu'elle s'applique à la famille Fernandez : Ramon, discret et enjoué, parcourt le monde avec maîtrise pour représenter la France dans les relations financières internationales, le ciel de Justine est plus agité : elle n'aime pas l'hypocrisie des grandes organisations, n'y trouve pas un climat pour son épanouissement professionnel, rêve d'un bénévolat utile à la société, enveloppe ses enfants de tendresse et de surveillance, se préoccupe des mille détails de la vie quotidienne, peine à domestiquer un stress prêt à renaître, pleine d'amour pour nous et toujours prête à piquer comme un scorpion. Un ménage uni et solide qui nous fait honneur. Expression absurde puisque l'éducation et la distribution des gènes ne suffisent pas à faire des enfants le produit des parents.

Renaud, malgré son âge, n'est pas encore installé dans la vie. Il passera sa thèse en novembre, se prépare à un « post-doc » aux National Institutes of Health à Washington. Un séjour de quelques années au moins aux États-Unis qui l'inquiète mais pourrait lui permettre de se stabiliser. Il devra écrire pendant tout l'été en espérant voir publier son dernier article pour lequel un *referee* a demandé une expérience supplémentaire qu'il n'a plus le temps de monter. Il connaît la souffrance, le doute, l'inquiétude, le souffle de la dépression, mais aime la recherche, raisonne juste. Nous aimons partager l'intimité de repas en tête à tête quand chacun se livre à l'autre, avec franchise et sans déballage. Je le verrai partir aux États-Unis avec tristesse.

Catherine reste pour Odile et pour moi la source d'une inquiétude enveloppée de culpabilité. Tous les jours ou presque, je monte la voir dans ce morceau de cinquième étage qu'elle occupe et que je cherche à agrandir par quelques achats de mètres carrés. Toutes les semaines, elle modifie la place des meubles, incapable de se décider, de choisir, d'oser ses préférences. Elle ne répond pas toujours au téléphone, vit cloîtrée avec son chat qu'elle laisse pourtant descendre au second étage dans la journée, regarde la télévision, fait quelques courses, lit quelques pages et s'ennuie... J'espère lentement la laisser soigner ses blessures, se réconcilier avec Odile, reprendre une vie normale. J'avance centimètre par centimètre en évitant la moindre erreur qui fait perdre des mètres. Cette forme d'alpinisme est-elle la bonne tactique ? Je le crois.

Ces réflexions se mêlent aujourd'hui aux impressions que je tire de la lecture des derniers chapitres du second tome du de Gaulle par son fils. Je ne savais pas que le général attachait tant d'importance à ses *Mémoires* et à l'écriture et qu'après le référendum perdu, il s'attelait chaque jour à leur rédaction, en lisant de temps en temps des passages à son fils. Émouvant récit de la mort du général et de la peur de la famille que ne soit accepté le refus de funérailles nationales. Beaucoup de dignité, presque de hauteur dans cette famille. J'ai envie d'écrire : le plus étonnant dans Charles de Gaulle, c'est la colonne vertébrale.

Juillet 2004

Pour quelques jours, Futuris est en hibernation. Depuis février 2003, c'est l'aventure de ma vie. Le projet m'a tenté dès l'origine mais, au départ, il fallait jouer serré. Je n'étais que l'un des vingt à vingt-cinq membres du Comité de pilotage et pas l'un des plus prestigieux. C'est en contribuant à forger le programme de travail et en acceptant d'ailleurs certaines de ses imperfections, que je suis naturellement devenu le Président du Comité d'orientation. En plus de Rémi Barré, efficace et travailleur, associé dès l'origine, j'y ai fait venir Wolfgang Michalski, mon vieux complice d'Interfuturs pour introduire la vision d'un européen. Le choix du directeur, Alain Bravo par Denis Randet, le délégué général de l'ANRT, fut exceptionnellement heureux. Le plus remarquable meneur de projet que j'ai rencontré dans ma carrière. Lui et moi devînmes aussi complémentaires que deux pièces adjacentes d'un puzzle.

Au départ, la recherche et l'innovation n'étaient qu'une soupe froide, mais le feu était allumé sous la marmite sociale, même si celle-ci ne contenait encore que les problèmes des retraités et de l'organisation de l'enseignement. Juste le temps qu'il fallait pour que nous ayons l'avance indispensable, car les grands projets comme les armées en campagne demandent des semaines pour s'ébranler. Sous le fouet d'Alain Bravo, qui leur imposait une cadence d'enfer, les groupes de travail avançaient, mais je découvris vite qu'il fallait que j'assume la rédaction des synthèses. Deux notes : « Pourquoi et comment Futuris », « L'état actuel du système français de recherche et d'innovation », ont contribué à recentrer le projet.

Nous avons eu juste le temps d'être prêts. Le point d'ébullition était atteint, car à court d'argent, le gouvernement a rogné sur les crédits de fonctionnement de la recherche publique puisque c'est le seul poste qu'il pouvait restreindre et a annoncé une baisse des recrutements pour l'année suivante, provoquant l'inquiétude des thésards ne concevant que la fonction publique comme débouché. Les directeurs de laboratoire ont prévenu qu'ils allaient démissionner de leurs fonctions (non de leurs postes !). Et, en quelques semaines, le système est entré en transes. Kourilsky a proposé des campus. Beaulieu a présidé une commission d'information et de propositions. Les anciens directeurs du CNRS, l'Académie des Sciences, l'Académie des Technologies ont voté des avis. Les quotidiens ont consacré des articles au sujet. Le bruit a succédé au silence.

J'ai rédigé le document final de Futuris qui sera largement diffusé. Il se termine par une liste de questions essentielles. L'ensemble des documents va donner naissance à un livre qui paraîtra en septembre à *La Documentation française*.

Dans la foulée, nous sommes passés de Futuris I à Futuris II. Les changements du programme, la substitution à Alain Bravo de Thierry Weill, mes voyages en Chine et au Brésil, la nécessité d'écrire des propositions avant le 8 juillet, date du déjeuner annuel de l'ANRT, se sont superposés. J'ai dû rédiger sans soutien la note prévue sur nos propositions et, au moment où je la croyais au point, Thierry Weill m'a fait part de son malaise et des remarques de ses troupes. Un peu énervé, j'ai intégré les corrections qui me semblaient pertinentes et, pour couper les objections à la racine, diffusé la note comme le demandait le Comité de pilotage en la signant de mon nom. Jean-François Dehecq s'en est largement inspiré dans son discours et J.-P. Raffarin a rendu hommage à Futuris dans sa réponse. Le prochain rendez-vous, début octobre. Il va falloir lutter pour que la loi, tirée à hue et à dia, ne trahisse pas nos préoccupations fondamentales.

Juillet 2004

La photo et le cinéma d'actualités nous ont-ils rapprochés du passé ? Voyons-nous la guerre de Sécession autrement que les batailles napoléoniennes ? Oui et non. Impossible de nier que le daguerréotype ou l'image accélérée des premiers films structurent notre vision du deuxième dix-neuvième siècle et facilitent le travail de l'imagination. Pourtant, simultanément, elles enferment nos aïeux dans la technologie des reproductions de leur époque. Elles datent leurs visages, leur relation à la lumière et à l'ombre et rendent leurs silhouettes presque plus lointaines que celles que nous offrent les peintres de genre du XVIIIe. Dans cette lutte entre la vie et la mort, le progrès technologique sauve le passé, mais le rend plus obsolète.

Ce matin, en descendant la rue Soufflot, je me suis soudain demandé si mon apport, au lieu d'être dans l'avenir comme je veux toujours l'imaginer, ne réside pas plus modestement dans le passé et dans la joie qu'ont apportée à mes parents et mes grands-parents les succès superficiels de mon existence. Eux, n'ont pas été floués et en dépit des petites tristesses causées par mon éloignement, ont trouvé que ma trajectoire donnait un sens à leur vie. Mon avenir supposé a illuminé leur présent.

Juillet 2004

Les propos récents d'Ariel Sharon conseillant (ou intimant) aux juifs français d'émigrer immédiatement en Israël à cause de l'antisémitisme en France m'ont heurté, meurtri, enflammé de rage. Inadmissible. Cet homme cherche-t-il inconsciemment à ce que les Juifs soient isolés et rejetés dans les sociétés européennes dont ils sont membres comme les autres citoyens. Un autre propos significatif : après le vote de l'Assemblée des Nations-Unies condamnant l'érection du mur, l'ambassadeur d'Israël déclare : « Je remercie Dieu que le sort d'Israël et du peuple juif ne soit pas décidé dans cette enceinte ». La confusion, toujours la confusion !

Si nous connaissions d'avance ceux de nos contemporains — écrivains, artistes et scientifiques — qui deviendront célèbres et seront reconnus par l'histoire, le panorama du présent s'éclaircirait. Les élites se concentreraient sur les œuvres de ces hérauts et délaisseraient ceux que le futur traiterait de petits maîtres. Mais ces coupes claires dans la forêt, en éliminant les pousses avortées et en détruisant les rejets qui auraient pu donner naissance à des résurgences une ou deux générations plus tard, accéléreront les évolutions dans un premier temps, puis les appauvriront et les scléroseront. Le buisson désordonné de la vie sociale rend le monde plus difficile à décrypter pour les contemporains mais maintient la vitalité créatrice et protège du gouffre du déterminisme.

Une anecdote de plus sur l'informatique : Robert Dautray vient me voir, ravi de disposer d'un nouvel ordinateur capable de remplir les plus multiples tâches. Une seule difficulté : impossible d'interpréter les réponses. Vérification faite, l'ordinateur a été programmé pour répondre en chinois. Une simple manipulation et il s'est mis à répondre en français...

Vacances et Jeux Olympiques

Juillet 2004

En vacance au Bizot. Un long mois devant moi.

La nuit dernière, j'ai brassé. Le verbe n'est pas, avec ce sens-là, dans le Littré, le Larousse ou le Robert. Je le définirais ainsi : passer en revue, dans un demi-sommeil, des souvenirs, des images, des idées, des fantasmes dans une atmosphère de désordre, d'incohérence, d'excitation inquiète, de tristesse et même de honte... attaque de l'armée allemande pendant la guerre, participation à un match de tennismen professionnels, présence sur le terrain de football pendant un match, rappel d'une erreur commise dans une composition de mathématiques, jugement sévère sur un de mes livres, vision de Catherine en pleurs, inquiétudes sur la thèse de Renaud... Le cancer va-t-il réapparaître ? Qui de nous deux mourra le premier ? Que deviendra l'autre ? Les tâches matérielles m'écrasent. La moindre action m'épuise. Il faut oublier. Dormir.

Août 2004

De la variété de mes lectures, un roman policier sur les bas-fonds de Barcelone, le volume d'iconographies de Diderot dans la Pléiade, le roman *Love* de Toni Morrisson[87], émergent des pensées qui parfois pourtant se complètent.

Un passage de Diderot sur le commerce international pourrait être signé par un altermondialiste d'aujourd'hui. Sa diatribe contre les sociétés qui exploitent le futur Tiers-monde, son hostilité au libre commerce des blés prouvent la continuité de la pensée française depuis 1750. La lenteur de l'évolution à long terme dans l'approche des problèmes me stupéfie. Comment ne pas rêver d'une histoire de la pensée qui dégagerait ces continuités et montrerait les fissures qui s'élargissent en ruptures. Une géologie de la pensée opposerait la rigidité de ces socles granitiques aux transformations plus superficielles des couches sédimentaires. En surface, la végétation de la Restauration n'a rien de commun avec celle des Lumières. Les Jésuites éclairés sont devenus des bigots. Mais la roche dure affleure dans le voltairianisme, le réformisme, le socialisme, donnant à la géographie des idées sa morphologie de retournements et d'amples vallonnements.

A l'opposé, le livre de Morrisson sur une famille noire des bords de l'Atlantique en Géorgie, dans les décennies 1920-1970, me frappe par sa dureté, sa sécheresse et consolide mon préjugé que la littérature américaine moderne dans sa brutalité est un rameau de la culture occidentale distinct du

---

[87] T. Morrisson, *Love*, Christian Bourgeois, 2004

rameau européen. L'accent mis sur une liberté qui laisse les individus livrés à leurs batailles change le regard sur l'injustice et le rôle régulateur des institutions collectives. Aussi, l'histoire bien écrite par Toni Morrisson, ne me touche-t-elle pas et je me sens dans ce milieu moins à l'aise que dans la famille indienne de M. Biswas de Naipaul ou la famille cairote de Mahfouz. Serais-je déformé par l'antiaméricanisme primaire que l'administration Bush a développé en France ? Faudrait-il écrire l'histoire de l'Amérique comme une histoire autonome qui n'a été influencée par l'Europe qu'au temps des Lumières puis, à cause de l'immigration des intellectuels européens fuyant le nazisme aux alentours de la seconde guerre mondiale ? La lignée spécifiquement américaine serait celle du protestantisme sévère des presbytériens, de Lincoln et de Wilson. Cette thèse peut séduire, mais je me sentirais incapable de la défendre devant des historiens compétents.

Le Bizot prend une allure vieillissante. Le gravier de l'allée découvre des plaques sous-jacentes. Les haies ont repoussé irrégulièrement depuis la dernière taille. Les arbres s'alourdissent de n'être pas élagués. L'herbe jaunit de jour en jour et laisse apparaître des aires de terre dure et blanchâtre. Mais la végétation reste encore opulente comme ces femmes mûres ne contrôlant plus leurs chairs. Pourtant, je me sens bien en ce lieu de silence, même si je n'ai plus la force d'infléchir le cours des choses.

Hier, en relisant les épreuves du livre de Futuris, j'ai été saisi de découragement. Les pages égrenaient les organismes, les procédures, les formes d'aide qui intervenaient dans les interactions de l'État et des régions avec la recherche et l'innovation. Quelle complexité ! Quel réseau de toile d'araignées ! Avec en son noyau des corpus juridiques inentamables comme le statut des fonctionnaires ou les principes du droit fiscal. Tout ce que les lois prévoient et qui n'est pas dans la philosophie du cœur est reconquis par la jungle et tombe en désuétude avant même d'avoir été essayé. Les gouvernements et même le Parlement flottent à la surface de cet écosystème où opèrent les mille espèces de fourmis que sont les corps de fonctionnaires. Inutile d'écrire, de se battre, de proposer, de conseiller. Jamais l'État français ne se réformera. Il pourrira sur place. Heureusement que les ministres n'en ont pas tous conscience. Ils n'iraient même pas à leur bureau. Et pourtant, que de ténacité il leur faut pour, comme en 14-18, enlever deux kilomètres de tranchées.

Août 2004

Le premier de mes devoirs de vacances — la mise au point et la correction des épreuves du livre de Futuris est terminé ! Reste le second, la préparation de la version finale de l'avis de l'Académie des Technologies sur l'enseignement des technologies demandé par Claude Thélot au nom du débat national sur l'école. Je m'y attelle cet après-midi.

Dialogue, débat, consultation, notre démocratie n'a que ces mots à la bouche . Faux-semblants dont le seul effet est peut-être de rogner les griffes des opposants et d'endormir les inquiets. Bientôt, aucune réforme ne sera menée sans ces processus incantatoires. Pour les retraites, les cérémonies ont duré dix ans. Quelle aurait été la trajectoire si un gouvernement, après des études sérieuses, avait franchi, sans attendre, le Rubicon ? Avec ces tactiques dilatoires, les gouvernements espèrent user les adversaires. Mais ils oublient souvent de faire effectuer les études qui leur permettraient de préparer plus sérieusement le texte des lois.

Dans quelques jours, l'ouverture des jeux olympiques à Athènes. La Grèce a fait des efforts héroïques pour que ces jeux soient un succès. Cet événement me donne l'occasion de souligner un aspect essentiel de la dynamique européenne. Un ministre polonais a dit un jour que l'élargissement de l'UE de 15 à 25 membres n'était pas une extension de l'Europe, mais une réunification de l'Europe. Une proposition vraie et fausse à la fois. Vraie historiquement et culturellement, du moins à l'intérieur de certaines limites. Prague, Cracovie et Budapest ont toujours appartenu à la culture européenne. La Grèce qui en était à l'origine s'en est détachée religieusement avec l'orthodoxie et politiquement avec la conquête turque. Certains diraient que Saint-Petersbourg, à l'inverse, a été une enclave européenne en Russie. Mais où le ministre polonais a tort, c'est lorsqu'il nie la culture moderne, économique, administrative, sociale et politique qu'a engendré la création de la Communauté, puis de l'Union Européenne. Cette culture ne s'est pas faite en un jour, elle s'est construite à partir de la réconciliation franco-allemande par l'apprentissage progressif par les élites de la coopération et du compromis. Pendant longtemps, les Grecs ont été étrangers à cette culture, cherchant seulement, en bons commerçants, à extirper de Bruxelles le maximum d'avantages. Les Polonais en sont encore là et n'ont pas intériorisé la dynamique communautaire. Il leur faudra du temps pour assimiler cette culture. Mais, s'il y a une tendance lourde dans l'unification de l'Europe, c'est que les petits pays, en retard de développement, gagnent plus que les grands par unification progressive des niveaux de vie par le haut. Ces petits pays devraient le comprendre plutôt que de chercher à défendre leurs intérêts étroits en s'efforçant d'être surreprésentés dans les institutions de l'Union. Déjà, la Grèce a commencé à apprendre. On gagnerait du temps si elle pouvait annexer la partie grecque de Chypre !

Les siècles, ce découpage arbitraire que l'homme a introduit dans le calendrier, structurent notre vision du passé et de l'avenir. Depuis que l'an 2000 est entré dans nos automatismes, la Grande Guerre s'enfonce dans le lointain et la référence saute de 1900 à 1950, franchissant un demi-siècle en catimini.

Après *Love*, nous avons entrepris la lecture de *Beloved* de Toni Morrison[88]. Un grand livre. Âpre. Dur. Qui, à partir de quelques personnages, permet d'intérioriser la vie des noirs américains au milieu du XIXe siècle. Le mélange de réalisme et de fantastique, le retour par bouffées d'un passé refoulé, la précision des images, la fuite des sentiments, le poids toujours présent de l'esclavage créent un univers qui envoûte et obsède. Et l'on mesure ce que le souvenir de cet esclavage fait subir aux États-Unis. La France métropolitaine a eu cette chance d'y échapper, mais comment oublier que les vaisseaux nantais et bordelais ont contribué à la traite des noirs. Et les questions abondent : comment concilier les manières raffinées de la société des planteurs du Sud et la brutalité de leurs pratiques envers les noirs ? Que serait devenue la Confédération si la guerre de sécession s'était achevée sur un partage des États-Unis en deux États ? Le Sud serait-il devenu une sorte de Brésil au métissage abondant ? Difficile de le croire tant la morale religieuse et les mœurs sexuelles différaient entre les deux régions. Il a fallu cent cinquante ans de lutte aux Blancs du Nord pour vaincre le racisme de leurs frères du Sud et la lutte n'est pas finie. Le XXe siècle a rappelé aussi que le raffinement et le sadisme peuvent coexister dans les sociétés les plus cultivées. En Histoire, les images simples sont rarement exactes.

En ce milieu d'août, nous sommes trois à occuper le Bizot, Odile, Renaud et moi. Chacun écrit en souffrant dans son coin : Odile, au premier, dans la pièce à côté de notre chambre, peine sur le chapitre théorique de son livre sur les addictions, Renaud dans la chambre dite de « Justine » avance péniblement sa thèse, entouré de piles de photocopies d'articles et moi, dans le calme du second, je cherche à me retrouver dans ce journal après avoir achevé mes devoirs de vacances. Lentement, le mois de septembre se rapproche comme une ombre traînant son cortège de contraintes, d'obligations et de déplacements. Une tension qui m'aide à survivre, mais qui n'empêche pas mon désir d'action de s'émousser. Autour de moi, je regarde le monde désabusé, sachant que je ne peux plus l'influencer même sur ses marges et qu'il ne me reste qu'à constater autour de moi le désarroi de ceux qui manquent d'éléments pour en pénétrer la complexité.

Aussi, je me concentre sur le chemin rugueux de mes enfants : Catherine, si fragile et à qui je téléphone pour ne pas rompre le fil ténu qui nous unit, Renaud à qui je ne peux offrir qu'un environnement calme, Justine que dévore son amour pour ses enfants mais que mine en permanence l'inquiétude.

---

[88] T. Morrisson, *Beloved*, Christian Bourgeois, 1989

Août 2004

Hier soir, cérémonie d'ouverture des Jeux Olympiques. J'ai observé une partie du défilé des athlètes. Sans doute la seule occasion de voir tous les pays du monde, les trois Chine (Beijing, Hong-Kong et Taipeh), les deux Corée dont les chefs de délégation se tenaient la main, les micro-États comme le Lichtenstein, dans une danse moins formelle que les assemblées des Nations-Unies. Une forme de mondialisation, le commentateur mentionnant au passage les paradis fiscaux. Mais j'avais l'œil braqué sur les têtes de ces hommes et de ces femmes et constatais combien les images changeaient dans la durée. Dans ma jeunesse, l'évocation d'une femme noire faisait apparaître des formes rondes et lourdes, des lèvres épaisses, une chevelure ébouriffée. Dans ce défilé, les africaines irradiaient leur beauté, grandes et minces comme les maliennes et les somaliennes, plus petites comme les congolaises et les ivoiriennes. Quant aux hommes noirs, je savais déjà qu'ils allaient rafler tout un stock de médailles. Par différence, la peau des blanches semblait fade sauf quand elle était relevée par des coiffures d'or.

Quelle différence d'images aussi, entre ces annamites de 1940 que les officiers français considéraient comme de mauvais soldats et les combattants de Giap dans la guerre d'Indochine, entre les Japonais copieurs de montres qui tombaient en panne et les fabricants de magnétoscopes de 1980 que Jobert faisait dédouaner à Poitiers, entre les GIs aux uniformes légers de 1944 et les Marines bardés d'équipements de protection patrouillant aujourd'hui dans les sables d'Irak. Les langues parlées renforcent ces changements d'images. L'allemand condescendant, guttural et chantant des années 30 n'a pas les mêmes sonorités que celui de la fin du siècle. Le ton des samouraïs de l'Empire nippon s'est adouci dans la bouche des entrepreneurs contemporains. L'américain de 1944 qui semblait une simple variante de l'anglais s'est mué en un parler créateur de mots, à la fois efficace et relâché. Quant au français qui s'était unifié, il voit croître en son sein une langue aux sonorités maghrébines plus éloignée de celle du XVIIe siècle que la langue entretenue par les instituteurs tout au long de décennies.

Août 2004

La démocratie impossible. Voilà un thème que j'aurais dû développer avec brutalité dans *Démocratie, marché, gouvernance*. Les citoyens d'aujourd'hui ne reconnaissent plus la démocratie représentative. Ils s'abstiennent aux élections, considèrent que l'Europe n'est pas « démocratique », bien que tous les pouvoirs procèdent de scrutins. En fait, ils veulent intervenir eux-mêmes sur toutes les décisions qui les concernent et rêvent d'un système politique où ils ne délègueraient pas. S'inclineraient-ils devant la démocratie directe ? Je n'en suis pas sûr, car ils soutiendraient que leur voix devrait avoir un coefficient plus fort quand le sujet débattu porte sur leurs intérêts. Aussi, reportent-ils leurs activités des partis politiques aux associations, aux groupes d'action directe. Quand cette attitude est poussée à l'extrême, la société devient ingouvernable. Les deux grands principes de la démocratie traditionnelle : la représentation et l'acceptation collective de ne pas toucher aux intérêts fondamentaux de groupes sociaux significatifs ne suffisent plus à la société mosaïque, cette société quasiment sans classes, éclatée en une multitude de cellules comme un tissu vivant. Je suis un soixante-millionième de la population française, un six-milliardième de l'humanité et je veux, non seulement que mes droits soient protégés (c'est ma demande passive), mais que je puisse influencer l'ensemble quand il s'agit de thèmes me tenant à cœur (c'est ma demande active). Un système capable de répondre approximativement à ces enchevêtrements de demandes est-il concevable ? Je ne sais.

A propos des jeux olympiques et des 900 médailles qui seront distribuées, j'ai fait le calcul suivant : la France regroupe 1 % de la population mondiale et pas loin de 5 % du PIB de la planète. Moyenne 3 %. Si ces deux variables ont le même poids dans l'obtention des médailles, notre sélection en recueillerait 27. Si nous en obtenons 35, cela veut dire soit que nous faisons mieux que la moyenne soit que la seconde variable est plus importante. Cela vaudrait la peine d'étudier la corrélation entre le nombre des médailles d'un pays et les deux autres données.

Hier, dialogue avec Clémentine : « Quand tu seras grande... — Tu seras mort... ou tu seras mon arrière grand-père — Non, ma chérie, ton arrière grand-père, c'est (j'hésite entre le présent et l'imparfait) mon père. — Ah !

Journal d'un chat. Elle (Catherine) m'a appelé Giacometti. Peut-être que mes griffures lui rappelaient quelqu'un... Mais mon nom se décline : Giac ! sur un ton sec et il vaut mieux que je descende ou cesse de m'acharner sur le dos d'un fauteuil. Giac... sur une note douce accompagnée d'un petit tapotement sur le lit ou le canapé et c'est une invitation à venir me lover sur des genoux. La nuit, je dors sur son lit et dans la journée je me réchauffe au soleil, m'enroule dans un endroit caché ou m'allonge tranquillement sur un siège confortable. Mais lorsqu'approche l'heure des croquettes, je fonce vers la cuisine dès qu'un humain s'y dirige. Je ne sais que miauler, mais en utilisant mes miaulements à bon escient, je me fais ouvrir les portes et reçois parfois une gâterie. Mes ronronnements sont faibles et je n'aurais pu figurer dans *le duo des chats,* mais il est une qualité que je me reconnais : le sens de l'orientation. Je me suis accommodé de plusieurs appartements, de propriétés à la campagne, d'une séparation de mon habitat entre le deuxième et le cinquième. Et en d'autres temps, j'eus pu être un chasseur remarquable : dans ce lieu qu'ils semblent appeler le Bizot, les souris abondent dans la grande pelouse. En prendre dix ou vingt chaque jour, jouer avec, les lui apporter à moitié mortes en guise d'hommage, puis les manger, occupe toute ma journée. Apprécie-t-elle ? Je ne sais trop, car hier, après avoir reçu trois cadeaux en une heure, elle a fermé la porte et m'a contraint à rester dans la chambre. Il n'empêche, j'aime bien voyager car je ne suis malade ni en train, ni en voiture ...

Août 2004

Jacques Chirac a décerné la Légion d'Honneur à la ville d'Alger au titre d'ancienne capitale de la France combattante. Que les Algériens l'ait accepté est une sorte de réconciliation. En ressuscitant cette période occultée, Français et Algériens semblent, de part et d'autre, admettre le passé et s'autoriser un véritable rapprochement dans l'avenir.

Robert Dautray me cite au téléphone une phrase d'un grand physicien contemporain : « En physique, il n'y a pas d'objet, il n'y a que des processus ». Une phrase lumineuse et qui éclaire bien des paradoxes, même si les incultes comme moi continuent à penser en termes de particules. Et j'en viens à me demander : le propos s'applique-t-il à la science économique ? En apparence, non, une quantité, un prix d'achat, une entreprise sont des objets, mais est-ce cela l'essentiel ? Un prix de marché est l'aboutissement instantané et variable d'un processus d'interaction, les préférences d'un individu, le compromis transitoire de processus d'information et d'apprentissage. Le passage de la microéconomie classique à la microéconomie évolutionniste ne peut-il s'interpréter comme le déplacement de l'accent des objets vers des processus ?

J'ai devant les yeux le gros livre de Bill Clinton, *Ma vie*[89], mais je n'arrive pas à décider de l'ouvrir. Aussi, sur la suggestion d'Odile, j'ai commencé *Les âmes grises*[90], un roman publié récemment sur un petit village proche du front en 1914-15. Un style enlevé, qui n'est pas dénué d'humour, mais je n'aime pas le ton de l'auteur lorsqu'il parle de la guerre. Des images d'Épinal à l'envers où il n'est question que de boucheries et de comportements stupides. Que les jeunes générations tout à la construction de l'Europe ne comprennent pas les générations de mon grand-père et de mon père, je l'admets, mais qu'elles n'éprouvent à leur égard aucune empathie et caricaturent leurs valeurs me plonge dans le malaise. Sont-elles à ce point aveugles à leur propre naïveté ? Elles semblent se croire sorties d'un bain de pureté comme la Venus de Botticelli émergeant de l'Océan. Aussi, en dépit des nombreux détails « typiques », le livre me semble faux et artificiel. Il n'y a pas que les traducteurs pour être traîtres. Les descendants le sont aussi.

---

[89] B. Clinton, *Ma vie*, Odile Jacob, 2004
[90] P. Claudel, *Les âmes grises*.

Le Guide Michelin rouge a ajouté à son édition de l'année un fascicule sur son histoire depuis 1900. Un texte fascinant, une leçon de management et de technologie, un manuel si j'avais à enseigner la matière. Un effort d'adaptation permanent, à la fois sur les traces du marché et le précédant. Avec des trouvailles comme les signes ou Bibendum. Avec une contribution à l'image de marque de la firme industrielle tout en construisant la propre image du guide. Avec des initiatives constantes dont certaines échouent et dont quelques-unes s'incrustent et infléchissent le contenu des éditions futures. En complément, les produits dérivés comme les guides des champs de bataille, les guides d'itinéraires, les guides des grandes villes européennes. Et quelle réactivité ! Le premier guide d'après-guerre publié en mai 1945 dans une France de ponts coupés, d'hôtels détruits ou réquisitionnés. J'aurais aimé pourtant de plus longs développements sur la bifurcation qui fait naître la série verte, cette série qui va enfanter ses propres initiatives tout en conservant l'image et sans trahir les choix fondamentaux.

Dans *Le Monde* d'hier, j'ai regardé le nombre total de médailles par pays. Deux remarques : le pays hors normes est l'Australie, sans doute à cause de ses nageurs. La Chine et les États-Unis se tiennent, mais l'UE à quinze remporte la palme si l'on additionne les médailles des pays-membres. Ce résultat s'explique sans doute par la surreprésentation qu'engendre la fragmentation européenne (j'ignore s'il y a des règles pour les quotas de places). Le résultat n'en reste pas moins significatif. Mais aucun commentateur ne le remarque tant est immense le chauvinisme primaire des journalistes sportifs.

De Simon Leys à Bill Clinton, de Laurent Fabius à George Bush

Qui est Simon Leys ? Le nom connu depuis longtemps d'un écrivain spécialiste de la Chine. J'en faisais un frère jumeau de Victor Segalen. Je découvre en regardant les premières pages du livre de la collection « Bouquins »[91], prêté par Diane de Margerie, qu'il vivait encore en 1998... Odile et moi venons de commencer la lecture du premier essai sur *Les habits neufs du président Mao*. Les prochaines pages de ce journal ont de fortes chances de lui être consacrées.

Le propre des bonnes analyses historiques est moins de révéler des informations décisives que de cristalliser en quelques idées simples et indiscutables des interprétations floues que l'on peinait à formuler. Simon Leys m'a rapidement convaincu de quelques vérités que je percevais mal : avec son tempérament d'artiste, se méfiant des experts, Mao était persuadé que la volonté créatrice pouvait déplacer les montagnes quelle que soit la réalité. Il imagina le Grand Bond en avant et lança la Chine dans une

---

[91] S. Leys, *Essais sur la Chine*, Robert Laffont, 1999

catastrophe qui mena le régime au bord du gouffre. Aussi, le Parti le mit-il discrètement à l'ombre. Humilié, il perdit son pouvoir et rumina sa vengeance contre l'appareil bureaucratique du pays. La révolution culturelle ne fut rien d'autre qu'une lutte déclenchée par Mao pour reconquérir sa puissance. Avec l'aide de son séide Lin Biao, il s'appuya sur l'armée pour réussir à Pékin le Coup d'État qui abattit Liu Shao Qi (et accessoirement Deng Xiao Ping), mais l'opposition resta maître des provinces. Alors, il lança contre elle les gardes rouges, ces bandes anarchiques d'idéologues qui se faisaient concurrence au nom du Président Mao, déboulonnaient les cadres ou défendaient les gens en place, sans trop savoir qui les manipulaient et effrayaient l'armée soucieuse avant tout d'ordre. Aussi Mao, s'appuyant sur l'armée devra-t-il éliminer son extrême gauche et liquider le mouvement des gardes rouges.

Dans le même temps, on reconstruit le passé et on accuse Liu Shao Qi et Den Xiao Ping (de parfaits staliniens) d'avoir, par préférence pour le capitalisme, arrêté le Grand Bond en avant au bord du succès alors qu'ils ont freiné le navire par nécessité à quelques encablures de l'iceberg. Une lutte pour le pouvoir personnel est ainsi travestie en une opposition religieuse. Et la pensée d'un Mao Ze Dong pratiquement déifié commence à jouer le rôle du Saint-Esprit dans la Trinité chrétienne... Ultime avatar d'un marxisme présenté au XIXe siècle comme scientifique.

Reste un mystère : comment Chou En Lai a-t-il réussi à franchir intact cette période, lui qui plus que Liu Shao Qi a incarné la primauté du réalisme sur les doctrines fantasmatiques de Mao. Quel couple bizarre a-t-il formé avec Lin Biao dans leur soutien commun à Mao !

Longtemps les arbres du Bizot m'ont paru chétifs. La comparaison avec les charmes, les chênes et les tilleuls du Coisel[92] les rapetissait encore. Depuis quelques années, il n'en est plus ainsi. J'étais aveugle, je ne les regardais pas, d'autant plus qu'ils se cachaient les uns derrière les autres. Or la réalité est tout autre. Le houx porte fièrement sa demi-sphère de feuilles piquantes vert foncé. Le saule pleureur au bord de la mare a pris de la hauteur et balance aux alentours sa jupe froncée de lignes vert-clair. Le long de l'allée quelques chênes au tronc épais et vertical fragmentent les rayons du soleil tout en haut de leurs frondaisons. En face de la maison, les trois tilleuls que nous avons plantés et qui ont démarré si lentement impriment sur la pelouse leur grâce opulente et féminine. Les platanes, à gauche de la grande porte et qui me rappellent toujours les cours d'école de Bordeaux ont relevé le défi lancé à leurs côtés par un cèdre du Liban. Dans le coin où, année après année, ont été plantés, avec des succès divers, les arbres de Noël, prospèrent des conifères aux profils variés. Parmi eux, un autre cèdre

---

[92] La propriété de la famille d'Odile en Normandie.

qui faisait moins de dix centimètres quand nous l'avons reçu comme cadeau d'un distributeur de fioul. Deux échecs pourtant : plantés trop près les uns des autres, dans une terre plutôt sèche, les peupliers qui bordent une partie de la propriété n'arrivent pas à épaissir et le verger que le gardien rechigne à bien entretenir contient des arbres malades aux récoltes incertaines. Au total, les arbres peuvent plaider non coupables. C'est le plan de la propriété qui ne les met pas en valeur.

Août 2004

Partager, dans la tranquillité de la campagne, la vie quotidienne de mes petits-enfants me permet de mieux les connaître. Mirabelle toujours souriante, courant, sautant, bondissant, passant comme une flèche à bicyclette est une source inépuisable d'énergie qu'elle projette vers l'extérieur. Clémentine découvre les hommes, papa, pops, multiplie les gestes de tendresse, mais s'adonne à des activités tranquilles, solitaire ou en duo. Basile suit avec attention les Jeux olympiques à la télévision ou lit Harry Potter III. Sans être renfermé, il vit déjà dans l'intériorité et nos échanges sont faits de regards et de connivences verbales.

En écrivant, j'éprouve parfois des surprises heureuses lorsque tombe de manière inattendue une formule sèche comme un coup de fouet ou une idée qui change l'éclairage d'un problème. Mais, le plus souvent, je bute sur mes limites. D'activité ou d'intelligence. Soit que la force me manque pour analyser une personne, décrire une scène, développer un raisonnement. Soit que le projecteur à la disposition mes neurones voit ses rayons stoppés par un tissu mince et dense derrière lequel s'agitent des objets et des relations. Objets et relations dont je pressens l'existence sans pouvoir la cerner, alors que j'ai la certitude qu'elle me permettrait de creuser en profondeur. En ces instants, je me sens bête et décontenancé, n'ayant entre les mains qu'un foret dérisoire. Et je m'interroge : Proust et Freud ont-ils connu de telles barrières, le premier qui pouvait écrire des pages à partir d'un mot, d'une odeur, d'une image, le second qui, à partir d'une remarque anodine, enchaîne les questions et vous conduit sur une série d'étapes qui semblent évidentes en un lieu des plus inattendus ? Je ne suis pas un grand créateur ni comme l'écrivain qui répand à foison les fraîcheurs de style, ni comme le scientifique qui conçoit une synthèse générale des faits expérimentaux, mais je sais pourtant ce qu'est la création pour l'avoir vécue à mon échelle sous des formes diverses, en avoir ressenti l'étonnement, la certitude de sa vérité, la joie de sa nouveauté.

L'équipe de France de handball a échoué devant la Russie en quart de finale. Notre nombre de médailles stagne. Il sera plus près des 27 que j'avais estimé que du 35 prévu. Quel magnifique champ d'analyse pourrait constituer les Jeux Olympiques si les statisticiens s'en mêlaient. Quant à la télévision, elle ne transmet une fois de plus que le message tronqué sur les médailles françaises et les héros qui les ont remportées, héros extraits pour un jour de l'anonymat puisque ce sont souvent les obscurs qui triomphent alors que les favoris tombent comme des mouches. Les Chinois ne réussissent guère, me dit Odile à qui j'apprends, à son grand étonnement, que la Chine est le seul pays qui rivalise avec les États-Unis en nombre de médailles. En revanche, l'Inde est inexistante. Un indice de choix de civilisation.

Et brusquement, je découvre l'envers caché du décor. Derrière la poignée d'élus, la foule des vaincus qui ont travaillé quatre ans pour figurer et briller et échouent au pied du podium ou ratent une prestation ou se blessent malencontreusement ou s'effondrent nerveusement. Marqués pour la vie, ils sont trop âgés pour espérer revenir. Seuls ont fait un beau rêve ceux qui n'avaient jamais espéré aller au-delà de la participation, mais peut-on entrer dans cet ouragan avec une âme de dilettante ?

A Najdaf, les combats continuent et les informations se suivent, floues et contradictoires. D'un jour à l'autre, les marines sont à 800, 200, 400 mètres du mausolée. Les propos ressemblent aux communiqués allemands de septembre 1942 à Stalingrad... Plus significatif est peut-être que la convention irakienne de 1 200 membres ait réussi, en ne perdant que cent d'entre eux, à désigner un parlement intérimaire. Le gouvernement de Bagdad commencerait-il, en dépit des révoltes et des attentats, à être reconnu par les principaux notables et la majorité silencieuse de la population ?

A propos de quelques pages de Simon Leys sur la peinture et la poésie chinoise, je ressens comme deux mondes distincts : la Chine millénaire des origines à 1900 et la Chine nouvelle de 1950 à nos jours. Le communisme et la vague occidentale semblent avoir recouvert le passé d'une couche de sédiments. Une vision trop simpliste. Les roches plus anciennes ne manquent pas d'affleurer, transformées pourtant par l'explosion de la prospérité. Par association d'idées, ce constat apparent se transforme en interrogations sur les autres pays. Quels sont ceux qui offrent l'apparence de la continuité et de la rupture : la Russie de Poutine ne semble-t-elle pas continuer celle de Nicolas Ier ? La Grande Bretagne d'Élisabeth II, celle des Hanovriens ? Face à l'Allemagne, j'hésite : l'histoire me propose quatre images successives : l'image morcelée du réveil de la culture nationale au XVIIIe siècle, le tableau de l'Empire efficace et prospère des Hohenzollern, la toile sombre, orgiaque et brutale du IIIe Reich, le film démocrate et tranquille de l'Allemagne Fédérale, cette grosse Suisse d'Après-guerre qui semble retrouver, Prusse mise à part, l'atmosphère du pays de la jeunesse de Goethe. La continuité est à un niveau plus profond du pays, celui d'un mélange : l'ordre, l'honnêteté, la persévérance d'un côté, le désordre, l'imagination, les fantasmes de l'autre, cette sorte de *Yin* et de *Yang* à l'allemande où chaque élément joue successivement le premier rôle. Un autre cas difficile : celui de la France.

Quand j'ai lu vers 1960, *L'Ancien régime et la révolution*, ce livre écrit en 1860 sur la France de 1760, la modernité de l'œuvre m'a bouleversé et les rigidités de la France d'aujourd'hui ressemblent étrangement à celles qui ont conduit à la Révolution le pays des Bourbons. La trajectoire italienne soulève moins de questions. Tout est déjà écrit vers 1250 au siècle des conflits entre Frédéric II, le Pape et les villes du Nord.

Il est temps que je quitte cet amusement sans portée, distrayant car il permet de se mouvoir dans les siècles et dans l'espace, sans beaucoup de rigueur. Trop d'essayistes se sont complus à de tels exercices que l'approche systémique eût dû définitivement balayer.

Odile écrit dans la souffrance son livre sur les addictions. Depuis des mois, entassant relecture sur relecture, elle réfléchit aux failles qui peuvent se succéder dans la formation du Moi et à leur interférence avec les phénomènes d'addiction. Chaque jour, assise au bureau de la pièce qui jouxte notre chambre, elle passe des heures à remplir de sa large écriture des pages dans un bloc jaune aux lignes écartées. Elle avance, minée par le doute, en proie à des hésitations, toujours prête à rayer, couper coller, l'interrogation ne la quitte jamais, même la nuit, même au milieu des tâches ménagères, dans un effort surhumain pour franchir les obstacles que son besoin de rigueur érige sur sa route. J'ai lu des pages manuscrites de son travail d'été. Une base solide, même s'il reste la finition. Pourvu qu'elle puisse aller jusqu'au bout de cet ouvrage prometteur qu'elle porte en elle depuis des années et avance, malgré ses multiples activités, avec une persévérance irrégulière.

Septembre 2004

Retour à Paris depuis dimanche. Une semaine de transition. *Démocratie, marché et gouvernance* vient de paraître. Dès le lundi, j'ai participé, décontracté, à l'émission de Patricia Martin sur France-Inter. L'après-midi, j'ai commencé à dédicacer le livre. Même format que d'habitude, mais un titre en rouge et noir plus stimulant. L'ouvrage est austère, froid, intellectuel. Je n'en attends rien.

La grande affaire du moment concerne le sort des deux journalistes français retenus en otage et menacés d'exécution par un groupuscule d'islamistes intégristes en Irak qui demande à la France de renoncer à sa loi sur le port du voile ! Inacceptable, mais compréhensible puisque, pour ces hommes, rien n'existe au-dessus de l'Islam (tel qu'ils l'interprètent). Or, pour nous, la loi sur le voile est une loi de liberté religieuse qui, *de facto*, a la prééminence sur les règles de toutes les religions. Et le catholicisme a eu bien de la peine à admettre cet assujettissement. Branle-bas de combat en France et chez les modérés arabes. Une cérémonie émouvante à la mosquée de Paris. La Jordanie, l'Égypte, le Hamas même, les oulémas sunnites de

Bagdad nous soutiennent...Dans l'ombre, les services secrets s'agitent et coopèrent, dit-on. Attendons...

Deux jours plus tard : rien de nouveau. Les médias sont passés à un autre sujet. La prise en otage de 300 personnes dont les enfants d'une école en Ossétie du Nord. Une opération tchéchène. Les Européens ont le tournis : ils sont contre la violence terroriste et pour l'indépendance de la moindre peuplade.

Nous avons achevé le livre de Simon Leys qui se clôt par quelques commentaires après Tien-an-Men. Il annonce avec raison la mort du maoïsme, mais lui aussi a sa tache aveugle : il ne comprend pas qu'à cette époque le temps n'était peut-être pas venu d'une démocratie maîtrisable et que c'est la combinaison du marché et d'un régime autoritaire qui allait permettre l'explosion de l'économie chinoise et donner sans doute à terme naissance à la démocratie. Trop d'observateurs politiques ont une vision trop étroite de l'évolution sociale. Il n'empêche : Simon Leys est un polémiste brillant, bien informé et dont la culture chinoise mérite le respect. Sa pensée aurait gagné à une meilleure compréhension des phénomènes économiques.

Odile est partie ce matin pour une opération de la cataracte. J'irai la chercher cet après-midi.

Septembre 2004

L'opération de la cataracte s'est bien passée. J'ai retrouvé Odile l'œil droit bandé et sous une coquille transparente. Selon l'ophtalmologiste, l'intervention - en général bénigne mais les échecs peuvent être graves - est parfaitement réussie. Reste maintenant l'accoutumance et l'adaptation.

Plantu a eu un éclair de génie. Alors que *Le Monde* titre : « Alzheimer : dix mesures contre la maladie du siècle », il dessine Laurent Fabius assis en robe de chambre sur un lit de malade et ne sachant que répondre à un médecin qui lui demande : « Mais si, voyons ! Rappelle-toi ... Tu étais européen, ... Tu étais même de gauche! ... » Il faut avouer que je n'ai pas compris l'attitude de Laurent Fabius à l'égard de la Constitution Européenne. Annoncer qu'il va voter non parce qu'il n'y a rien contre le chômage est absurde, démagogique. Une constitution n'est pas une loi. Manœuvre politicienne pour gêner Hollande ou Chirac ? Si oui, elle rapetisse sincèrement un homme qui doit rêver de la Présidence de la République.

J'ai lu la moitié des trois volumes de Chauvel, *Commentaire, de Vienne à Alger, d'Alger à Berne, de Berne à Paris*[93]. Cette lecture comble un vide, car c'est l'histoire d'un diplomate que l'*Anschluss* trouve à Vienne, qui

---

[93] J. Chauvel, *Commentaires* (3 volumes), Fayard, 1972

dirige aux Affaires Étrangères le département d'Asie en juin 1940, suit son administration à Vichy jusqu'en Novembre 1942, rejoint Alger en 1943 ou 1944 à l'appel de Massigli, y devient Secrétaire Général du Ministère, poste qu'il retrouve à Paris à la Libération. Des pages admirables sur la panique du 16 mai 1940, quand il n'y a plus de troupes entre la Wehrmacht et Paris, de juin 1940 à Bordeaux avant la signature de l'armistice, de juillet 1940 à Vichy, du grenouillage d'Alger dans les mois précédant le débarquement en Normandie. Ni pétainiste, ni gaulliste, Chauvel décrit ces milieux de hauts fonctionnaires qui, sans que leur patriotisme soit en cause, se dispersèrent tout au long du conflit et évoluèrent en fonction de leur appréciation de la situation. De Gaulle ne l'aimait pas. Chauvel juge d'ailleurs durement le Général entre la Libération et sa démission, montrant que sa raideur a desservi les intérêts de la France tant sur la Syrie et le Liban que sur l'Allemagne. Or, il connaissait admirablement les deux sujets. Il m'a convaincu. Le voilà ensuite aux Nations-Unies, avant et pendant la guerre de Corée. Il en décrit l'atmosphère, la prépondérance impériale des USA qui, au nom de l'ONU, portent la guerre au-delà de la ligne de démarcation sans prévenir personne. Il suggère à Paris la reconnaissance de Pékin, initiative tombée à l'eau lorsque Mao reconnaît le gouvernement de Ho-Chi-Minh.

Mardi soir, alerte : Odile n'y voit plus de l'œil opéré. Le lendemain matin, visite d'urgence à l'ophtalmo. La cause ? Une forte tension due semble-t-il à des gouttes arrêtées pour l'opération et non reprises.

Hier à l'Isupe, une courte présentation nous est faite de la composition de la Commission Européenne et du profil des principaux commissaires. L'augmentation du nombre de pays, qui économiquement est secondaire, bouleverse la construction européenne. Les petits pays balaient les grands, l'atlantisme domine, la bureaucratie s'émiette en une répartition de fonctions entre commissaires qui prend des allures de puzzle. Avec les transports, Jacques Barrot n'a que des fonctions secondaires. A moyen terme, rien à attendre de cette Europe, il faudra dix ans pour que le vieux socle acculture les nouveaux entrants alors que l'élargissement sur le plan économique n'est que marginal. Mais à long terme, l'indigestion peut se résorber, le système se remettra à fonctionner et des pratiques communes se forgeront à nouveau. Ce ne sera pas de mon temps. A l'égard de l'Europe, il faut une longue patience, et ne pas se laisser aller au désespoir. Les délais européens ont toujours dépassé les estimations des analystes. Déjà cinquante trois ans depuis le traité de la CECA ! Et nous savons déjà que dans dix ans, nous atteindrons au mieux l'état défini par le projet actuel de Constitution. Ajoutons vingt ans pour assimiler la Turquie (C'est optimiste). Au total c'est vers 2050-2060 que prendra forme quasi-définitive une Fédération Européenne. Un siècle ! Mais avoir évité pendant ces cent ans une guerre intra-européenne ne serait pas un résultat si médiocre.

Il n'est toujours pas facile, dans deux contextes historiques différents, de découvrir le modèle commun sous-jacent. Ainsi, il ne me semble pas avoir lu que l'offensive allemande de mai 1940 reproduisait la manœuvre d'Austerlitz, la poussée à travers les Ardennes correspondant à la montée vers le plateau de Pratzen et l'entrée des Alliés en Belgique à la descente des Autrichiens vers l'aile droite française. Même la ligne Maginot avait pour équivalent le corps de Bagration. La bataille de Cannes a eu plus de succès car son modèle se reconnaît aisément.

Odile à une réunion de psychanalystes, Catherine en garde d'enfants, Justine et sa famille dans son lointain Fontenay, Renaud pris par les affres de sa thèse, je me retrouve seul rue de Vaugirard dans la tranquillité voilée de mes anciennes solitudes entre mon journal, Chauvel et Clinton. L'avant-dernier Président des États-Unis a écrit un livre lourd de 1 000 pages que je consomme à petites doses. Un récit régulier, au ton plat, accumulant les lieux et les noms et qui respire l'honnêteté, la bonne foi, une certaine dose de naïveté, la persévérance. Mais dans l'homme que l'on sent proche, ce qui me fascine, c'est la société américaine et la politique intérieure américaine. Cette politique qui exige de tisser des réseaux pendant des années, de s'entourer d'innombrables amis, de connaître tous les groupuscules dont sont composées les circonscriptions, d'accepter ces campagnes incessantes qui entourent la moindre élection, de pénétrer les communautés religieuses et ethniques diverses, avec le risque de se dissoudre, d'abandonner ses convictions pour une liste de propositions de circonstances faisant gagner quelques voix. Je me sens étranger dans ce monde, comme sans doute se sentiraient beaucoup de nos ENA tentés par la politique, mais qui y arrivent en France par des cheminements privilégiés.

Par un ciel doux de septembre, le Luxembourg m'attire. Un jardin opulent, surpeuplé, encombré, déjà pollué par cette volonté de « faire vivre les espaces » qui est l'une des modes d'aujourd'hui. Peut-être la dernière fonction de ce jardin serait-elle pour moi, au bout de cinquante ans, d'abriter les pas tranquilles du vieillard après que le dernier des petits-enfants ait fini de se passionner pour les poneys, la balançoire ou le manège. Où est le Luxembourg de la guerre que je n'ai pas connu, qui n'abritait dans la solitude que de rares passants mal vêtus et qui connut à ses portes, en août 1944, quelques-unes des escarmouches douloureuses de la libération de Paris.

L'œil d'Odile est sujet de préoccupation. Un violent mal de tête du côté droit du crâne. Une vision instable, parfois toute brouillée. Supprimées les gouttes avec de la cortisone. Renforcé un autre médicament. Modifié le verre. Nouveau rendez-vous dans deux jours.

Septembre 2004

La journée d'hier a peut-être été celle de ma dernière participation à une manifestation scientifique. Au château de Gif-sur-Yvette, dans une atmosphère très XVIIIe siècle, j'assistais à un colloque sur l'économie cognitive monté par mon ami, l'économiste Bernard Walliser. Une cinquantaine de participants. Un sujet que je connaissais bien. Mais, même au premier rang, je lisais difficilement les projections tandis que mes oreilles n'arrivaient pas à décrypter l'effroyable anglais des jeunes présentateurs. Mon cerveau, quoiqu'embrumé par une méchante grippe, fonctionnait mais était handicapé comme un ordinateur mal couplé sur les entrées et sorties. Le désespoir n'était pas au rendez-vous. Une page était simplement tournée. Et je suis revenu avec deux théorèmes dans ma besace à propos de la découverte progressive d'un équilibre de Nash par des joueurs. Le premier dû à Laslier et Walliser pour un jeu sous forme extensive n'ayant qu'un équilibre parfait en sous-jeux, l'autre dû à P. Young où des processus mêlant exploration et exploitation conduisent les joueurs à être progressivement, pendant la plus grande partie du temps, infiniment proches d'un équilibre de Nash. Et voilà que se construit, pour l'économie évolutionniste, le deuxième pilier à côté de celui que j'avais développé, il y a longtemps, sur la formation endogène des prix. Ces joies intellectuelles peuvent paraître mesquines au profane. Toute autre est l'émotion du spécialiste qui pressent dans cette percée l'élargissement de la brèche qui annonce une nouvelle synthèse, même s'il ne la verra pas lui-même.

Pour Odile, les suites de l'opération de la cataracte sont incompréhensibles. Vendredi, la tension oculaire avait baissé et une simple prolongation du traitement devait conduire, semble-t-il, à une normalisation en une dizaine de jours. Aujourd'hui, mercredi, Odile ne voyait que du blanc le matin ; en fin d'après-midi, elle distinguait mieux et a perçu une nette amélioration avec ses lunettes... Il n'est pas facile aux médecins d'interpréter des éléments aussi variables.

Septembre 2004

Le Monde d'hier publie l'état des dignitaires socialistes hostiles à la Constitution européenne. Une catastrophe : 53 députés sur 131, 10 députés européens sur 30, 10 présidents de conseil général, 8 présidents de conseil régional, 37 membres du bureau national sur 72 ! Les oui sont en moyenne autour de 50 %. Le courant socialiste qui n'a cessé d'être pro-européen devient une masse informe d'invertébrés de tous bords... Je ne reconnais plus mon pays, cette France sans projets, sans ambition, ce quasi-cadavre dont le reste de vie se concentre dans les vers qui s'agitent à sa surface. Et la galerie des hommes politiques défile devant mes yeux dans une sarabande cruelle : Chirac le matamore, Raffarin le brave homme, Sarkozy le prestidigitateur,

Le Pen le vieillard Pantalon, Pasqua le traficoteur, de Villiers et Chevènement, les frères jumeaux du nationalisme, Hollande, l'honnête homme dépassé par les événements, Fabius le retors... Mesurent-ils ce qu'il a fallu d'efforts pour aboutir au compromis que représente le projet de Constitution, les avancées qu'il contient sans compter les possibilités d'améliorations futures qu'il autorise. Le rejeter porterait à notre avenir un coup fatal. L'œuvre de deux générations serait compromise.

Les démocraties sont rarement belliqueuses, même s'il n'en est pas toujours ainsi. La raison en est simple : leurs hommes politiques sont absorbés par les luttes internes, la politique étrangère n'étant qu'une petite enclave où peuvent opérer des spécialistes.

Octobre 2004

Avant-hier, a été achevée la mise au point de la note de propositions Futuris II. Elle sera présentée avec le livre à une conférence de presse mardi à l'École des Mines.

Je mûris un article sur les problèmes européens. Il ne verra sans doute pas le jour comme nombre d'articles que j'imagine. L'urgence, le faible délai entre l'écrit et la parution me stérilisent le plus souvent. Le livre au contraire permet de se cacher, il donne du temps, de l'ampleur, du recul et à la fin, se jette à la mer comme une bouteille, rendant les propos plus anonymes qu'un débat.

Le titre de l'article sur l'Europe : « *Le temps des ténèbres* », ou « *La triple équation européenne* ».

L'élargissement d'abord, car je persiste à récuser le terme de « réunification européenne ». L'Union Européenne est née en Europe occidentale et s'est forgée dans un long processus vieux déjà d'un demi-siècle. Et il lui a fallu chaque fois du temps pour assimiler les nouveaux entrants. Grèce et Irlande ont demandé des décennies, le Royaume-Uni est toujours un problème, les pays nordiques en sont encore au stade de l'interrogation. Parmi les nouveaux entrants, il y a beaucoup de mauvais élèves potentiels ou de petits pays aux horizons bornés. Le traité de Nice est une calamité, il n'est qu'à regarder la composition de la nouvelle Commission. On en est à espérer qu'aucune décision importante ne soit prise pendant dix ans. On retrouve les trois dimensions de l'élargissement : un détail sur le plan économique car les firmes d'Europe de l'Ouest ont déjà revivifié le tissu des nouveaux entrants, un casse-tête sur le budget qui, en étant plafonné et largement utilisé pour adoucir les problèmes d'hier, ne pourra préparer l'avenir, une catastrophe sur le plan politique par l'apparition de divergences et l'alourdissement des structures.

Vient ensuite la Constitution. Un net progrès et un texte qu'il suffirait de modifier dans quelques-uns de ses articles pour le rendre excellent. Mais sera-t-elle approuvée par vingt-cinq pays ? Déjà en France, les Astérix sans potion, Fabius en tête, sont partis en campagne, oubliant qu'au niveau de l'Europe, il faut avoir la modestie d'accepter des compromis. VGE, en faisant accepter ce projet a fait œuvre admirable. Un rejet par la France ne peut que détruire et faire perdre quinze ans à l'Union Européenne. Derrière la semi-prospérité apparente, la France est devenue un corps sans âme, ne sachant où elle veut aller, sans ambitions, sans espérances, tout juste bonne à réparer ses clochers ou protéger ses arbres et à se lamenter de l'existence en son sein de pédophiles, de violeurs, de corrompus et d'assassins.

Enfin, au milieu de ce jeu déjà complexe s'invite le problème turc. Un problème que j'avais perçu dès l'entrée de la Grèce, que les Chefs d'État européens ont géré comme des incapables. Alors qu'il eut fallu d'emblée proposer à la Turquie une association, ils ont répandu l'ambiguïté ou pire encore, comme Jacques Chirac, (qui n'a de conviction sur rien à part peut-être sur les droits de l'homme) tenu des propos engageants. Je crois que le sort est joué, mais si la Turquie entre en 2015, il faudra bien trente ans pour commencer à en faire un pays européen. Dans l'intervalle, il vaut mieux mettre le problème à part et calmer l'opinion en lui promettant un référendum sur le sujet.

Au total, si je fais les comptes, l'Union européenne reprendra consistance vers 2050, un siècle après le lancement de la CECA.

Octobre 2004

Temps calme et ensoleillé en cette fin de matinée de lundi. Odile et moi, sommes assoupis après la visite de contrôle du nouvel ophtalmo auquel nous a adressé la précédente. Deux problèmes pour l'œil opéré : maîtriser la tension oculaire pour contenir le glaucome, combattre l'inflammation à l'œil, mais faire une analyse pour comprendre les causes de cette inflammation. Un long chemin encore. Odile supporte sans se plaindre.

Critique dithyrambique de *Démocratie, marché et gouvernance* dans *Les Échos*. Rien encore dans *Le Monde*.

Mardi soir, conférence de presse de Futuris à l'École des Mines à l'occasion de la présentation du livre *Avenirs de la recherche et de l'innovation en France*. Une centaine de présents. La fenêtre de tir était bien choisie. Il fallait s'exprimer avant les États Généraux organisés par les chercheurs de Grenoble à la fin du mois pour tracer le chemin sans entamer la polémique avec quiconque. La presse a fait écho à notre texte, notamment *Le Figaro* et *La Tribune*.

Pour Odile et moi, *La chronique de Travnik*[94] fait désormais partie de notre passé. La famille Daville, Von Mitterer et sa femme hystérique, le froid Von Paulitsch, les trois vizirs qui se succèdent en sept ans, les moines du couvent voisin, le vieux juif, les médecins plus ou moins diplômés, les intermédiaires comme d'Avenat, les gavaz, les begs forment une société à laquelle nous appartenons, avec les zones d'ombre des enfants qui crachent sur les étrangers, des femmes qui se cachent derrière les moucharabiehs. Et l'on pense à l'histoire compliquée de la Bosnie depuis son annexion comme territoire austro-hongrois ne dépendant ni de l'Autriche, ni de la Hongrie, mais de l'Empereur, jusqu'à sa partition récente entre une république serbe et une fédération croato-musulmane. Au cours de cette période, Travnik a été oublié et Sarajevo est devenu le symbole de cette terre violente et meurtrie.

Les systèmes complexes ne sont jamais synchronisés. Avancées et retards y coexistent constamment. A cet égard, quel merveilleux kaléidoscope que la France d'aujourd'hui. Nos contemporains consultent des brochures qui leur offrent des séjours dans des hôtels de charme aux quatre coins du monde, mais l'essentiel de leurs activités télévisées est consacré aux accidents et aux crimes dans les campagnes reculées de l'Hexagone ou de la Corse. José Bové et ses sbires partent à l'assaut de champs d'expérimentation de cultures transgéniques tandis que les firmes américaines acquièrent lentement le contrôle du marché mondial des semences. Nous croyons encore que ce que la France décidera s'étendra à l'ensemble de la planète. Un pour cent de la population mondiale, cinq pour cent du produit brut, voilà ce que nous sommes, ni plus ni moins. Et cette société cocardière qui n'a pas de projets, tantôt se replie sur elle-même, frileuse derrière ses murs, tantôt poursuit ses rêves de magistère intellectuel faisant la leçon à l'humanité. Non seulement nos contemporains ont des visions ancrées à des dates différentes, mais chacun de nous est un pantin désarticulé dont les zones nerveuses travaillent avec des références désynchronisées. D'où l'incroyable mélange de nos peurs, de nos illusions, de nos archaïsmes, de nos décalages. A douze heures trente, nous sommes dans *Clochemerle*, à quinze heures à Wall Street, à vingt heures dans un restaurant chinois, nous lamentant sur les délocalisations tout en trouvant normal que la Chine achète nos produits et nos équipements. Pauvres têtes éclatées incapables d'intérioriser un modèle du monde plausible et opératoire.

Peut-être mon dernier livre, dont les premiers échos sont favorables, aidera-t-il quelques-uns des lecteurs à se forger un cadre qui rendra moins incohérentes leurs pensées.

Odile et moi discutons du lieu où nous passerons, autour du 1er janvier, quelques jours de repos au soleil et au chaud. A cette occasion, je

---

[94] J. Andritch, *La chronique de Travnik*, Plon, 1962

parcours les brochures de Clio, d'Intermède et d'Ikhar, moins pour résoudre ce problème que pour rêver. Rêver à des monuments connus, à des pays déjà visités, à des sites qui figureront peut-être dans les derniers voyages que nous ferons encore, à des lieux auxquels il nous faut d'ores et déjà renoncer. Heureux de disposer de repères permettant à notre imagination de voyager au fil des pages, comme si nous possédions le monde, avec au fond du cœur le voile de tristesse qui rappelle que ce festin n'est pas pour les seniors que nous sommes. Un mélange de joie et de nostalgie comme lorsque je contemple dans la rue ou dans l'autobus les jeunes femmes pimpantes, élégantes et légères dans l'éclat de leur beauté.

Octobre 2004

Deux pavés ont cassé le miroir de notre scène politique : la consultation interne sur la Constitution européenne déchire le parti socialiste et, de façon moins bruyante, l'UMP. L'ouverture de négociations de l'UE avec la Turquie a déclenché une révolte à l'Assemblée. Un Président et un Premier ministre en perte de vitesse tentent de calmer le jeu, le Président en annonçant qu'une réforme constitutionnelle prévoira l'obligation d'un accord par référendum avant l'acceptation d'Ankara comme pays-membre, le Premier ministre en autorisant un débat sans vote sur le sujet après le Conseil Européen qui prendra la décision. Cette conjonction de chocs menace l'approbation du texte européen. Pourvu que, dans l'intervalle, les électeurs ne réalisent pas le tremblement de terre de l'arrivée à Bruxelles de dix nouveaux commissaires au titre du traité de Nice !

« Retomber en enfance ». Comme beaucoup de ses sœurs, cette expression populaire est à la fois vraie, fausse et ambiguë. Vraie, parce qu'avec la vieillesse, les gestes se font hésitants, l'horizon se restreint, les souvenirs de la prime jeunesse remontent à la conscience, des tics recouverts par l'éducation affleurent à nouveau ; fausse pourtant, car les anciens portent le poids d'un siècle d'histoire, sont encombrés de leurs erreurs et de leurs fautes, voient s'émousser leur pouvoir d'invention et leur désir de conquête ; ambiguë parce qu'il y a des multitudes d'enfances et bien des étapes dans le troisième âge. Peut-être l'expression a-t-elle une autre signification : elle fait allusion à l'absence de responsabilité, au manque de bâton de commandement qu'ont en commun les très jeunes et les très vieux.

Un sondage plutôt prometteur : 62 % des Français voteraient oui à un référendum sur la Constitution européenne ; le même pourcentage refuserait l'entrée de la Turquie... Mais, pour le moment, seule compte la première décision. La seconde viendra en son temps. Elle est malheureusement prévisible. Pour n'avoir pas su en temps utile imaginer une forme d'association avec la Turquie, les Européens se sont mis sur une trajectoire où l'entrée d'Ankara deviendra une meilleure solution que son rejet. Nos parlementaires sont touchants, mais ils se réveillent trop tard.

Octobre 2004

Fin de la lecture avec Odile de *La bête se meurt*[95], un roman de 138 pages de Philip Roth, l'histoire d'une liaison de dix-huit mois entre un professeur sexagénaire et une de ses élèves de vingt quatre ans. L'homme est dominé par le désir sexuel et la peur du vieillissement. Huit ans plus tard, atteinte d'un cancer du sein, la fille fera appel à lui et il ira à son secours. Peut-être la mort qui les rapproche le rend-elle disponible pour la tendresse. Aussi j'interprète le titre sans doute autrement que l'auteur : l'affaiblissement de la violence érotique permet d'accéder à l'empathie.

La nuit dernière, rêve sur La Rochelle. J'arrive dans l'appartement de mon enfance, vide et en pleine réfection. Murs blancs et parois mates. On n'accède à la salle à manger que par la chambre. Ma mère et mon père (?) m'accueillent, m'expliquent les travaux. Derrière eux, ma grand-mère et ma tante. Bizarrement, je calcule leur âge, 124 et 122 ans. Pour ma mère, juste cent ans. A la nuit tombante, j'observe la place de la Caille. Première impression : rien de changé, mais je découvre vite que, de l'autre côté de la place, la maison de l'hôtel a disparu sans être remplacée. Dans la rue de l'Hôtel de ville, je tourne à droite en sortant et doit m'arrêter au bord d'un immense vallon aux flancs vertigineux et rocailleux garnis de verdure. C'est vrai, me dis-je, La Rochelle est bâtie sur du roc, mais je n'avais pas le souvenir de la position de ma maison : si la partie avant, la mienne, est ancrée dans la pierre, le corps arrière du bâtiment repose sur des constructions appuyées sur le ravin qui me semblent très fragiles. Le reste de la ville me déconcerte. Les archéologues sont passés par là, ont exhumé les restes d'un château fort et remonté des tours. Je suis plus étonné que furieux, comme si ces variations entre le passé et l'avenir ne suscitaient plus les émotions violentes d'autrefois.

Octobre 2004

Pub, Educ, Sec Soc, Dircom, Dircab. L'usage se répand en français de couper les mots longs et de mettre à la poubelle les deuxièmes parties. Quel peut bien être le sort de ces moignons : -licité, -ation, urité, iale, ecteur, munication, inet... Faut-il en faire un dictionnaire qui serait pour eux l'équivalent d'un cimetière où seraient enterrés les membres des mutilés ? Faut-il les réinsérer sous peine d'amende dans le langage écrit, créer une association de défense des exclus, trouver des mots nouveaux d'origine anglo-saxonne dont ils constitueraient en les francisant la deuxième moitié

---

[95] P. Roth, *La bête qui meurt*, Gallimard, 2004

du couple... Beau programme pour un chargé de mission. Autre solution : se contenter d'un mémorial où l'on graverait d'année en année l'intitulé des morts de cette guerre linguistique ? Pour ma part, je me contente de les maintenir en vie en refusant avec entêtement de tronquer les termes de notre vocabulaire traditionnel.

On annonce le rapport Camdessus sur l'économie française. Dans un débat à LCI, le journaliste demande à deux députés, l'un de l'UMP, l'autre du PS, leur avis sur ce rapport ultralibéral. Le mot est lâché, on est en France libéral ou social, alors que le problème est de trouver les moyens de répondre efficacement aux besoins de la société. Nous sommes un pays de cerveaux pourris.

Histoire burlesque : un Chinois demande : « Où est la France ! », un autre Chinois lui répond : « Vous devriez savoir, c'est en Europe le petit pays qui est à côté de Monaco ».

Hier, samedi, Odile et moi sommes partis à Metz voir à l'Arsenal l'exposition de son frère Claude. Une exposition magnifique dans une grande salle bien éclairée, les toiles étant présentées par familles sur de grandes cloisons dont la couleur les mettait en valeur. Mystère de la création de cette calligraphie obsessionnelle et imaginative, régulière et diverse. Une œuvre commencée quand il avait environ quarante ans et dont on ne retrouve aucune caractéristique dans son physique massif de tête ronde, de corps sphérique, de doigts boudinés. Des doigts que l'on n'envisage pas tracer des faisceaux de courbes fines et minces et des arches qui s'élancent comme des flèches d'offensive traversant des portées. J'ai découvert les ex-voto qui, sur des fonds graphiques évocateurs d'écritures diverses, plaquent des objets frêles issus de la même culture.

Dans *Le Monde* d'hier, deux articles qui mettent en évidence l'état pitoyable de nos processus de décision : l'un d'Eric Le Boucher sur l'enterrement du rapport Camdessus jugé ultralibéral avant d'avoir été lu, l'autre de Balibar, Pomeau et Treines sur l'ITER. Clair, compétent, exempt de polémiques, leur texte montre bien l'ampleur, les aléas et l'horizon de ce programme, par ailleurs partiel. J'ajoute : et décidé sans examen des conséquences sur les réductions de crédits dans d'autres domaines.

Samedi 30 octobre, invitation à France-Culture au lendemain des États-Généraux de la recherche. Débats de 15 à 17 heures en deux tables rondes de quatre à six personnes chacune. Les conclusions de Grenoble ne sont pas trop éloignées des nôtres. Aussi, le ton reste-t-il raisonnable. Seul déraille un jeune Polytechnicien physicien, qui se plaint de l'insécurité des chercheurs et demande une augmentation forte des impôts pour financer la recherche publique quelles que soient les autres demandes sociales. Un ange est passé. Dans le détail, il reste pourtant, entre Futuris et les États Généraux, bien des points obscurs. La réforme est gangrenée par la proposition faite à la légère par le premier ministre d'une Agence pour la Recherche au lendemain de la révolte des chercheurs. Cette idée ruine notre suggestion de séparer éventuellement, au sein des organismes, la gestion des laboratoires et la programmation des dotations budgétaires et des fonds incitatifs.

Renaud a fini d'écrire sa thèse qu'il diffuse mercredi. Sa joie et son soulagement perçaient au téléphone. Le 7 décembre approche. Ce jour-là, mon fils deviendra un adulte. Quelle remontée depuis l'adolescence quand je travaillais avec lui sur les quelques textes d'une page dont le commentaire était exigé à l'épreuve de français du baccalauréat.

Le temps a basculé. De la douceur lumineuse d'un samedi parisien à l'humidité brumeuse du Perche. Le climat s'harmonise in extremis avec la tristesse de la Toussaint.

Novembre 2004

Demain, le vote aux États-Unis. La frénésie s'est emparée des deux camps. Les deux gladiateurs jettent leurs dernières forces dans la bataille. Comment tiennent-ils encore debout, gardent-ils une voix, savent-ils qu'ils sont en Ohio ou en Floride, mannequins ballottés d'un avion dans l'autre, conditionnés pour saluer, serrer des mains, sourire, prononcer quelques mots et repartir... Spectacles, jeux du cirque, corridas, mais derrière cette mascarade se profilent deux Amériques, l'une imprégnée de fondamentalisme religieux et xénophobe et qui, faute de pouvoir être isolationniste, cherche sa solitude en imposant sa loi, l'autre plus proche des valeurs européennes et acceptant la diversité du monde... S'il me fallait parier sur l'issue du scrutin, je parierais pour Bush car son absence de doutes et son credo d'idées simples rassurent les électeurs à la recherche d'une foi de charbonnier.

Le traité sur la Constitution Européenne a été signé à Rome. Ce sera une date historique s'il est ratifié par les vingt-cinq pays. La probabilité d'un échec est loin d'être nulle. Vivement que soit reconstruit un noyau dur à quelques-uns.

Un pont sur la Drina[96] succède dans nos lectures à *La chronique de Travnik*. Peut-on lire de meilleures preuves du fossé historique entre la civilisation européenne et l'empire ottoman. Le mélange de tolérance et de brutalité féroce qui régnait dans cette société a créé une faille plus profonde que la seule distance entre le christianisme et l'Islam. Certes, le génie politique que fut Atatürk a régénéré la Turquie, mais efface-t-on en cent ans des siècles d'histoire ? Pourtant si l'Union Européenne rejette la Turquie, comment consolider l'avenir de ce pays ? La myopie des classes dirigeantes

---
[96] J. Andritch, *Un pont sur la Drina*, Belfond, 1994

d'Europe occidentales et notamment française, cette myopie qui se manifeste à chaque étape de l'élargissement va nous placer dans dix ans devant un insoluble dilemme.

Quelle incroyable histoire que celle de la Russie de Eltsine ! En la racontant en détail, le livre de Sokolov[97] permet d'en dégager quelques constantes : une liberté d'expression, tant des journalistes que des élites, qui n'exclut ni la verdeur ni la violence ; une instabilité ministérielle à faire pâlir la IVe République à l'aube de sa fin ; des ministres remerciés, humiliés, renommés, changés de poste ; une politique en dents de scie, mais qui préserve toujours les réformes ; des mesures structurelles d'une brutalité inouïe parfois changées avant qu'elles aient pu produire le moindre effet ; une lutte sauvage contre l'inflation ; des oligarques, héritiers des grands capitaines d'industrie du passé qui s'arrogent des fonctions publiques ; un Eltsine cyclothymique qui alterne phases d'assoupissement et coups de bélier massifs, une population divisée et souffrante mais qui ne veut pas revivre les horreurs du passé ; un Occident ambigu, prêt à aider avec prudence la Russie tout en cherchant à la contrôler... Mais en échange, que de courage, que d'aspiration au professionnalisme, que d'amour du pays, chez beaucoup des personnalités exceptionnelles qui se croisent et se recroisent dans les allées du pouvoir. L'Histoire reconnaîtra peut-être qu'en dépit de leurs erreurs et de l'environnement difficile auxquels ils auront dû faire face, ils ont consolidé en Russie la démocratie et l'économie de marché. Les deux à la sauce locale naturellement.

Dois-je avouer mes rêves : je voudrais que se reconstitue une Fédération d'Europe orientale à partir de la Russie, de la Biélorussie, de l'Ukraine, du Kazakhstan. Elle barrerait à l'Est l'Union Européenne et pourrait lentement redevenir un pôle de la géographie mondiale, évitant d'ailleurs que les États-Unis ne continuent leur infiltration à l'intérieur de toutes les zones en déshérence de l'Eurasie.

Quelques lignes plus haut, j'aurais dû ajouter que le coût humain — Tchétchénie mise à part — des bouleversements russes de 1984 à 2004 a été des plus faibles. Les peuples qui ont vu leur sang couler à flot traversent ensuite des périodes où les dirigeants et l'opinion répugnent aux massacres.

Cette nuit, je me suis levé un instant à 4 heures 30 pour connaître le résultat des élections américaines. A mon réveil à 8 heures, tout était joué, Bush ayant remporté l'Ohio, mais aux dernières nouvelles il y a contestation dans cet État. Toutefois, Bush a trois millions de voix de plus au niveau de l'ensemble du pays. Cela nous promet quatre années difficiles. Quant au nom de Kerry, il disparaîtra des mémoires comme tous ceux des candidats à la

---

[97] Sokolov, *La métamorphose de la Russie 1984-2004*, Fayard, 2003

Présidence battus ou des vice-présidents qui n'ont pas bénéficié de la mort de leur numéro un.

La thèse de mon fils

Novembre 2004

Renaud a déposé sa thèse et son dernier article a été accepté dans le *Journal of Immunology*. Le 7 décembre, jour de la soutenance, je me ferai tout petit dans la salle, heureux et inquiet, me rappelant les frayeurs causées par son adolescence. Un deuxième oiseau de la nichée sera enfin sur orbite, cette orbite qui, dans un premier temps, le conduira à Washington avec Lydie. J'irai le voir avec Odile, dans cette Amérique si proche et si lointaine.

Reste le troisième oiseau, Catherine. Souvent dans la journée ou le soir, lorsque je me trouve dans la cuisine, je lève les yeux vers le dernier étage de l'autre aile du bâtiment. Les rideaux sont-ils tirés ? Signe qu'elle est réveillée. La lumière est-elle allumée ? Indice qu'elle est présente et regarde sans doute la télévision. Et me voilà saisi d'un sentiment d'apaisement, d'affection, de douleur et d'impuissance. Espoir d'une issue heureuse à ce long chemin de croix, montée d'amour vers ma fille solitaire, souffrance qui partage la sienne tout en étant désorientée par l'absurdité de la situation, désarroi devant une culpabilité qu'accentue mon incapacité à définir une stratégie bénéfique pour elle. Je sens approcher le jour où je n'aurai plus la force d'assumer mes responsabilités.

En décrivant sa lutte pour faire approuver son premier budget, Clinton introduit ce commentaire dû à un de ses amis : « Il y a deux choses à la fabrication desquelles les gens ne devraient jamais assister : les saucisses et les lois ». Fascinante sa description des voix qu'il lui fallut gagner, une à une, à la Chambre des Représentants et au Sénat pour obtenir un vote positif. Au Sénat, seule la voix du vice-président Al Gore a réussi à faire pencher la balance. Quelle différence avec la démocratie française où les députés votent par parti sans trop se préoccuper des réactions particulières de leur circonscription.

Samedi de solitude assumée rue de Vaugirard. Je me suis réveillé dans mon lit et coucherai dans mon lit. Hier soir, un peu fatigué du Clinton, j'avais recherché un des Simenon de la Pléiade et découvert *Maigret et les braves gens* que je ne connaissais pas. Sa lecture m'a occupé après le petit déjeuner. Aucun horaire pour une fois. Des lieder de Schumann par Margaret Price. Une séance chez le coiffeur. De retour assis à mon bureau, j'ai parcouru un excellent papier de Futuris sur la microélectronique. Les nouvelles à la télévision : je me désintéresse de la succession de Yasser Arafat ; la mort des symboles ouvre une période d'incertitude et l'avenir prend son temps pour s'esquisser. Nul doute que Yasser Arafat aura créé une nation mais il n'aura pas osé signer le compromis qui aurait donné un État à la Palestine. L'Irak ne retient pas mon attention. Ce qui s'y passe, jour après jour, ne constitue pas des événements au sens de Prigogine. Il faut attendre. Le pays sur lequel je voudrais en savoir davantage est la Côte d'Ivoire, cette Côte d'Ivoire dans laquelle des ingénieurs de mon groupe ont travaillé -et bien travaillé- pendant des années. Quelle a été la genèse de la crise ? Le gouvernement français a-t-il commis des erreurs ? D'où venait la haine contre les Français ? Quel a été le rôle de Gbagbo, l'actuel Président ? Télévision et presse sont muets sur les explications. Au départ de telles secousses, c'est le désarroi qui l'emporte car la plupart des observateurs ignorent la situation de départ. Que l'on pense à la Yougoslavie et à François Mitterrand - qui n'était pourtant pas un analphabète en histoire - avouant à un Clinton nouvellement élu son préjugé favorable à l'égard des Serbes ! Il ne faut pas attendre de l'histoire qu'elle nous aide à prendre de bonnes décisions, mais que d'erreurs pourrait nous éviter sa connaissance.

Novembre 2004

Sympathique déjeuner au Balzac avec MD. Indjoudjian. Il me parle de son fils, marié à une Kazakhe, auteur du premier dictionnaire français-kazakh, ancien membre de la mission des Nations-Unis en Géorgie et Abkhazie qui, à la fin de son contrat, est réintégré à 59 ans par l'Éducation nationale comme professeur dans un collège de la région parisienne. Je connais MDI depuis quarante-cinq ans. Droit et mince, il n'a pas changé et a conservé son allure de prince. Nous avons parlé de mon livre dont il va faire la critique pour *La Rouge et la Jaune*. Il conteste le terme de gouvernance et eut préféré l'ordre mondial. Je m'insurge : le mot est trop fort, trop strict... Andrée Walliser, dans une lettre, voulait de même remplacer société par nation. Je lui ai fait la même réponse en expliquant pourquoi j'avais exclu ce terme, tout comme ethnie. Pour MDI, l'un des problèmes des démocraties modernes résulte des changements dans les repères de temps et d'espace. Une remarque à approfondir. A ce sujet, MDI m'a révélé cette phrase de Churchill que, comme prospectiviste, je citerai : « *The further you look backward, the further you see forward* ».

Le projet de loi de Clinton sur la santé faisait 1 312 pages. Selon lui, d'autres projets avaient déjà dépassé les 1 000 pages. La raison pourrait-elle être l'absence aux États-Unis de ces décrets d'application qui, en France, mettent de l'ordre dans les lois tout en fermant les fenêtres des ouvertures introduites par les députés ? Ce projet, comme on le sait, ne fut pas voté, car le Président n'a pas eu la majorité au Sénat pour une loi de ce genre. Hillary Clinton le ressuscitera-t-elle si elle devient après Bush la première femme présidente des États-Unis ?

Michel Crozier m'a envoyé le deuxième tome de ses mémoires : *A contre-courant, 1969-2000*. Il évoque dans sa dédicace « le long combat pour changer le mode de raisonnement des élites ». Est-ce que je me retrouve dans ce titre ? Non, s'il s'agit de l'ensemble de ma vie. Jusque vers 1980, j'ai eu plutôt l'impression de précéder les élites et de les entraîner. C'est après cette date que tout a commencé à se brouiller. Les vieilles idées renaissaient, superficiellement repeintes aux couleurs de l'époque, le conservatisme grippait les mécanismes d'action, la rouille envahissait les engrenages de la société française et deux de mes livres, *Vérités et mensonges sur le chômage, Le modèle français, grandeur et décadence*, seront à contre-courant, mais peut-on employer ce terme quand on lutte contre la sclérose ? Et peut-être que Crozier et moi sommes victimes de la même illusion : les hommes que nous sommes ne sont plus chez eux dans cette société française qui a perdu le dynamisme de celle de leur jeunesse.

Mes yeux se fatiguent. Au delà de vingt centimètres, je ne distingue plus les titres des livres, les intitulés des documents épars sur mon bureau. La lecture des mails (je doute que l'excellent courriel prenne racine) demande un effort. Au bout de quelques pages de parcours d'un texte tapé à la machine, mon attention s'effrite. Déchiffrer et faire un numéro de téléphone me demande du soin. Les pages des livres de poche alignent des caractères gris sur un fond à peine plus clair.

Odile, très calme, a rapporté deux toiles attachantes de son stage de peinture à la Ferté-Milon, des orchidées blanches sur fond vert pâle et des pots de matières diverses sur une table bleue. Notre galerie de tableaux s'enrichit.

Novembre 2004

Une bonne histoire racontée lors d'un séminaire de l'Académie des Technologies : au cours d'un débat sur l'eau dans une agglomération, un expert rend compte de la qualité de l'eau distribuée et mentionne un P_H autour de 7. Une voix dans la salle : « Nous ne voulons pas un PH de 7, mais un PH nul ! »

Avec les recrutements récents, l'Académie réunit une extraordinaire palette de personnalités. Mais transformer ces talents individuels en « intelligence collective » est un autre problème.

J'ai été incomplet il y a quelques semaines lorsque j'ai évoqué le raccourcissement des mots en français. J'aurais dû mentionner le mouvement inverse : l'introduction de mots longs : tendance d'une part à compléter les familles pour qu'à chaque substantif corresponde un verbe et vice-versa alors même que le terme existe déjà mais transformé par un long usage (ainsi, le lourd solutionner s'acoquine avec solution alors qu'existe déjà résoudre) ;

désir d'autre part de pouvoir mieux introduire le méta-langage (problématiser, problématique, questionnement, encombrent toutes les thèses de sciences humaines). Ainsi une langue épaisse à la Trissotin vient à une aile s'ajouter aux articulations monosyllabiques qui fleurissent à l'autre bord. S'y ajoutent comme épices, distribués sur l'ensemble du plat, ces mots anglais retraduits en français, des immigrés qui coexistent avec leurs vieux cousins qui n'ont pas quitté la terre française (générer à côté d'engendrer, allouer à côté d'attribuer) ou mots américains acceptés comme tels et auxquels on oppose avec peu de succès des anticorps bien de chez nous (télécopie contre fax, mercatique contre marketing, courriel contre mail). Nous comprenons encore Molière, mais s'il revenait, nous comprendrait-il ?

Nulle révolte dans mes propos. Les langues évoluent vite au cours de l'histoire. Les Américains haïssent l'anglais d'origine. Ils commencent à s'en libérer. Et ne parlons pas des accents qui transforment un langage en apparence inchangé. Que reste-t-il dans l'allemand actuel des sons gutturaux de celui du troisième Reich ?

Novembre 2004

La nuit dernière, pensant au Christianisme et à l'Islam, j'ai redécouvert une évidence : l'humanisme chrétien et son dogme rocambolesque sont inséparables. Si le Christ est Dieu et que les humains l'ont mis à mort, il faut avoir des scrupules à trucider son prochain. Mais, pendant que Jésus arpentait les collines de Palestine, il lui fallait bien un Régent pour s'occuper du monde et pourquoi pas un père. Et rien n'empêche, puisque l'on a déjà deux personnes de rajouter un petit dernier, le Saint-Esprit dont on aurait pu aisément se passer. Mais comment sortir de cette impasse trinitaire lorsqu'on est convaincu que le divin ne peut qu'être unique ? Élémentaire : on invente un Dieu en trois personnes. La métaphysique est déplorable, mais l'humanisme est étayé. Pour l'Islam, c'est le contraire. Le dogme est limpide comme un diamant. Allah est grand. Mais, de ce fait, les barrières contre les dérives deviennent fragiles. Au nom de ce Dieu vraisemblable, la poursuite des infidèles prend un sens chez ceux qui trouvent second le message humaniste de l'Islam. Conclusion : il n'est pas facile d'ancrer la morale dans une foi convenable !

Novembre 2004

Après-midi dans l'immeuble de la Caisse des Dépôts avenue Pierre Mendès-France. Un long hall qui s'élance du rez-de-chaussée au sixième étage entre des parois de métal et de verre. Brusquement, ma mémoire évoque le bâtiment de la Société Générale de Belgique à Bruxelles avec ses colonnes de porphyre rouge. Et j'imagine un livre sur l'architecture de la puissance financière depuis le milieu du XIXe siècle avec des photographies de Glasgow, Londres, Chicago, Paris, New-York, Madrid. Une architecture de la démesure, de l'opulence, de la force où le génie des constructeurs est toujours perverti par l'orgueil de la réussite des propriétaires. Modernes tours de San Gimignano gâtées par la profusion des moyens mis en œuvre. Et lorsque l'évolution de l'économie conduit à la mort ces dinosaures, les employés de leurs successeurs se meuvent avec discrétion dans ces espaces trop grands pour eux.

Hier dans une ambiance très sympathique, je présente mon dernier livre au groupe Albert-Milleron dont je fais partie. Michel Albert cite ma phrase sur la croissance du bonheur global de l'humanité au XXe siècle. Stasse conteste : « Je suis en total désaccord, pour moi Auschwitz est le mal absolu ». Je lui rétorque : « Et Tamerlan qui imposait aux prisonniers de se tuer eux-mêmes deux par deux ? » Il me répond : « les normes morales n'étaient pas les mêmes — D'accord, mais vous vous référez à un autre critère : la différence entre le bonheur qu'auraient permis les valeurs morales généralement acceptées à une époque et le bonheur global effectivement constaté. » Cette précision, nous en convenons, supprime notre différend.

Novembre 2004

Dangereuse Ukraine. Le candidat pro-russe prétend avoir gagné les élections, ce que conteste le candidat pro-occidental. Les États-Unis et l'Union Européenne ne reconnaissent pas le résultat du vote que Poutine considère comme transparent. Des dizaines de milliers de personnes manifestent en permanence dans le centre de Kiev.

A moyen ou long terme, ces événements sont d'une extrême gravité. Le dynamisme occidental risque, par contrecoup, de ressusciter le nationalisme en Russie. Moscou a vu l'Europe du centre rejoindre l'OTAN, les pays baltes adhérer à l'Union Européenne. Or, le cœur de la civilisation russe comprend la Russie, la Biélorussie et l'Ukraine.

Or que savent les hommes politiques européens de la complexité de l'Ukraine, de son histoire, des guerres à ses frontières de l'ouest. Aujourd'hui, il y a trois Ukraine : celle de l'Ouest avec Lviv qui fut austro-hongroise (la Galicie) et polonaise, celle du centre avec Kiev qui constitua l'éphémère république formée par les Allemands après le traité de Brest Litowsk en 1918, celle autour de Kharkov incluant le cœur du Donetz et la Crimée cédées tardivement par la République Fédérative de Russie... et où les populations sont russophones. Or, les résultats des élections, vrais ou faux, donnent la majorité aux pro-européens dans les deux premières Ukraine, aux pro-russes dans la troisième. Il faut que l'UE soit sensible aux réactions de Poutine et ne laisse pas les Polonais s'ingérer comme ils l'ont fait pendant des siècles dans les affaires de leur voisin.

J'ai presque achevé le *Vingt ans de vie politique* de Georges Bonnet[98]. On chercherait en vain dans ce livre une vision quelconque de l'Europe d'entre les deux guerres. Comme l'a écrit Dusoselle, l'homme est un opportuniste, un habile diplomate sans colonne vertébrale, beaucoup trop sensible à la conjoncture de l'instant. Bien que le récit en ait été fait maintes fois, la description de la vie parlementaire de l'époque est atterrante. Nécessaires à l'expression de la volonté populaire, les parlementaires n'en sont pas moins des fauves et il faut les tenir en laisse derrière des barreaux qui limitent strictement leur pouvoir. Brillants, rusés, manipulateurs, vaniteux, plus dominés par le verbe que par la pensée, purs professionnels, les leaders de cette époque apparaissent, avec le recul, minuscules d'autant plus que le système les rapetisse au dessous de ce qu'aurait été leur taille dans d'autres circonstances. Qui écrira un livre intitulé : *Deux périodes de déclin* 1930-40 et 1995-2005 ? Nous connaissons l'issue de la première. Nous ignorons encore l'issue de la seconde.

Alors que je m'interrogeais sur le parallélisme de la prime enfance et de la sénilité, Robert Dautray m'a spontanément lu un texte de Marguerite Yourcenar que sa femme avait copié. Il exprime si précisément ma pensée que je le cite : « L'enfance et la vieillesse non seulement se rejoignent mais encore sont les deux états les plus profonds qu'il nous soit donné de vivre, les yeux de l'enfant et ceux du vieillard regardent avec la tranquille candeur de celui qui n'est pas encore entré dans le bal masqué ou en est déjà sorti et tout l'intervalle semble un tumulte vain, une agitation à vide, un chaos inutile par lequel, on se demande pourquoi, on a dû passer ».

Décembre 2004

Le 7 a été un grand jour. Renaud soutenait sa thèse dans une salle de l'Institut Pasteur. Rasé de frais, le veston ouvert sur une élégante chemise à bandes verticales noires et brunes, il a parlé, très sûr de lui quarante minutes en s'aidant de projections dans une synchronisation parfaite, puis soutenu le débat d'égal à égal avec des membres du jury plutôt bienveillants. Marc Daéron, son directeur de thèse, a terminé la soutenance par quelques mots bienveillants. Résultat : mention très honorable avec félicitations du jury. Odile, découvrant un homme à la place de son enfant, émerveillée de cette métamorphose si soudaine, était au bord des larmes. Heureux comme Odile, je l'étais, mais notre familiarité de père et fils dans les dernières années m'avait aidé à prendre conscience du mûrissement de Renaud et mon étonnement était moindre.

Je me souvenais comment je lui avais réappris à lire, comment nous avions travaillé ensemble l'épreuve de français du baccalauréat. Je pensais

---

[98] G. Bonnet, *Vingt ans de vie politique*, Fayard, 1969

aussi au miel qu'avait été pour nous l'assurance du professeur de Joinville nous annonçant, quelques mois après sa seconde fugue, qu'il aurait au moins son baccalauréat.

Totalement dépaysé par le vocabulaire, j'ai vaguement suivi l'exposé m'attachant seulement, comme si le conférencier parlait une langue étrangère, à repérer les étapes de la progression de la pensée.

Le Monde annonce une histoire du journal en quatre volumes, la naissance, l'expansion, les crises (le tome s'achève en 1994), le renouveau. Ce tome paraîtra au moment où commence le cinquième volume qui sera de couleur noire : diffusion en baisse, désaffection d'une partie du lectorat, démission d'Edwy Plenel, pertes financières, nécessité d'augmenter le capital, mais cette fois, la hauteur des besoins est, dit-on, très supérieure à celle de 1992. Les bénévolats seront plus difficiles à attirer. Certains me disent : « Cela doit vous amuser ». Certes, j'ai souffert de la falsification par mes successeurs de ma direction du journal, mais de là à ruminer avec une joie mauvaise les malheurs du *Monde*, il y a un immense fossé.

Dimanche, j'ai accompagné Basile à une compétition de ping-pong salle Carpentier de 11 heures à 16 heures. Hall immense. Une dizaine d'allées de tables. Une multitude de jeunes s'entraînent ou jouent des matchs. Longues attentes entre deux tours. Basile, comme possédé, s'absorbe dans la compétition. Il termine premier de sa poule, passe deux tours, échoue en quart de finale, se rhabille au bord des larmes et renfermé en lui-même. Deux jours après, je l'appelle au téléphone et lui explique que sur 128 candidats environ, il s'est classé entre 4 et 8, ce qui n'est pas si mal. Il me remercie du calcul et ajoute qu'il aurait pu être premier s'il avait bien joué. Sa volonté de vaincre est indéniable, mais l'adversité le rend trop agressif et lui fait commettre des erreurs.

Michel Camdessus nous a raconté hier au déjeuner la genèse de son rapport. Le groupe qu'il avait constitué comprenait des membres proches d'Emmaüs, de la CGT et du CAC 40. Tous ont signé. Preuve qu'il y a une attente en France, Mais le politique a peur. Il s'effraie dès que deux cents personnes agitent des banderoles rue de Rivoli. Que faire ? Oublier la classe politique ; créer un club en dehors des partis, attendre que change le président de la République ? On cite PMF, mais est-il sain de mettre son espérance dans un homme providentiel ?

Après le séminaire du CEPII sur la Turquie, je me trouve entouré de quelques jeunes Anatoliens qui s'étonnent de la violence de l'hostilité française à l'entrée de leur pays dans l'Union Européenne. Sans doute, pensent-ils à l'alliance entre Soliman le magnifique et François Ier, au mutisme de Louis XIV quand les Turcs assiègent Vienne au XVIIe siècle ou à la guerre de Crimée. Je leur explique pourquoi j'ai cherché à apprendre le turc, mais comment pourrais-je leur énumérer les images qui restent dans la mémoire collective : la chute de Constantinople et de l'empire romain d'Orient, la razzia des enfants chrétiens pour en faire des janissaires, les sièges de Vienne, les assassinats dans les familles des sultans, la bataille de Lépante, les massacres de Chio, le génocide arménien,... Certes, la transformation de la société turque par l'extraordinaire personnage que fut Kemal Atatürk a beaucoup rapproché la Turquie de l'Europe, mais au-delà des élites, quelles sont les profondes références culturelles de la population ? Il faut que les uns et les autres, nous travaillions sur nos mémoires.

Décembre 2004

La vie familiale officielle accumule les événements. Le vendredi 17, soixante-dix personnes rue de Vaugirard pour fêter la thèse de Renaud et le prochain départ de Renaud et de Lydie à Washington. (La France a payé la formation de chercheurs américains). Assistance hétérogène : la famille d'Odile, quelques vieux amis forment le camp des septuagénaires ; en face, les jeunes du laboratoire et quelques camarades de Renaud ; peu de quadras, Justine et Marc Daëron, le directeur de thèse de Renaud ; enfin, se faufilant au milieu des groupes Basile, Mirabelle et Clémentine. Mais les populations se sont bien mélangées et le buffet, somptueux, a dissipé mes craintes d'insuffisance.

Les langues anglaise et américaine s'éloignent l'une de l'autre. J'imagine un Texan prenant la parole dans une conférence internationale à qui l'on fait remarquer dès sa première phrase : « *Sorry, Sir, but in this organization, only English is accepted as an official language.* »

A la séance commune de l'Académie des Sciences et de l'Académie des Technologies sur l'emploi des docteurs, j'ai fait remarquer combien, à l'époque où les Basses-Pyrénées sont devenues les Pyrénées atlantiques, les aveugles des malvoyants, les bonnes des employées de maison, le terme de « post-doc » est dévalorisant puisqu'il évoque le passé et le déclin alors que ces jeunes chercheurs font souvent l'essentiel du travail et permettent à leurs aînés de siéger dans les commissions de la bureaucratie de la recherche.

Pour la recherche, la réforme essentielle, mais est-elle possible, serait de ne plus soumettre à la comptabilité publique une grande partie des organismes périphériques de l'État. Ils devraient tenir une comptabilité privée comme les entreprises et les associations, quitte à ce que qu'un compte séparé enregistre les apports de l'État en personnel et locaux. Mais je connais mal la forteresse de la Direction de la Comptabilité Publique. Elle doit être entourée, comme la cité de Carcassonne, de plusieurs enceintes de murs et de tours.

Le Conseil européen de Bruxelles a officiellement donné son accord pour ouvrir en 2005 des négociations avec la Turquie en vue de l'adhésion. Parmi les conditions, la reconnaissance de la république de Chypre et, dans le travail de mémoire, celle du génocide arménien. Jacques Chirac s'est tiré de ses promesses prématurées par une pirouette : l'adhésion de la Turquie devra être acceptée par référendum. « D'ici là, a écrit La Fontaine, l'âne, le roi ou moi seront morts. »

Au *Monde* d'aujourd'hui est joint un fac-similé du premier numéro du journal, le 19 décembre 1944. En gros titres, « La France et l'URSS ont conclu un traité d'alliance et d'assistance mutuelle pour une durée de vingt ans ». Le bulletin de la colonne de gauche est éloquent : « Alors que le pacte du 2 mai 1935 ne comportait que des clauses conditionnelles et vagues,... le traité du 10 décembre 1944 contient huit articles d'une concision lapidaire et dont les termes frappent comme des balles.... C'est justement en effet dans vingt ans que le Reich, redevenu puissant, sera probablement de nouveau dangereux. C'est à ce moment que l'alliance franco-soviétique prendra sa vraie valeur. Il dépend des Russes et de nous de faire de ce traité une réalité vivante. » Comme ces conjectures sont loin des réalités de 1964 !

En haut à droite, en italique, *A nos lecteurs* : « Un nouveau journal paraît, le Monde. Sa première ambition est d'assurer au lecteur des informations claires, vraies et dans toute la mesure du possible, complètes. » Soixante ans après, ce programme a-t-il été rempli ? On peut en douter dans ces dernières années.

En première page aussi, la contre-attaque allemande aux confins belgo-luxembourgeois, mais peu de précisions.

Le livre de Coetzee, *En attendant les barbares*[99], est notre dernière lecture. Un livre sur le pouvoir, la colonisation, la police, la torture, la peur des autres. Dans une ville d'avant-poste, à l'orée d'un désert où vivent des barbares, un magistrat de l'Empire s'interroge sur la justice et le droit et pour avoir ramené chez les siens une jeune fille barbare faite prisonnière et torturée, sera considéré comme traître et à son tour humilié et torturé. Laissé enfin en liberté, il errera comme un mendiant et assistera à la défaite de l'armée impériale et à la fuite des habitants vers le cœur du pays. En contrepoint, le livre murmure une autre histoire, celle du magistrat, un homme à la recherche de lui-même, incertain, au-delà du noyau dur de ses valeurs, de ses raisons de vivre, de ses projets d'avenir, de sa capacité d'aimer.

Un titre possible pour un prochain livre : « L'avenir n'aime pas la pensée unique ». Une autre idée : « L'avenir refuse la simplicité ».

---

[99] J.M. Coetzee, *En attendant les barbares*, Le Seuil, 1987

Michel Godet m'a fait remarquer un jour que nous ignorons le passé comme l'avenir. Ce n'est pas une boutade. Certes, l'historien dispose de documents. Il peut dater et décrire des événements exacts, mais il ne peut sonder les reins et les cœurs. Il trie, choisit, postule et élabore ainsi des scénarios du passé, des scénarios simplement soumis aux contraintes du noyau dur indiscuté. L'histoire de la France, de 1940 à 1945, est ainsi réécrite à chaque génération et certains de ces récits distordent les images que je me suis faites d'une réalité dont j'ai été le contemporain. Comment dénommer ce regard sur la pluralité des passés ?

Décembre 2004

Au Coisel, dans la chambre rose à la nuit tombante, après un voyage dans un train surpeuplé. La famille d'Odile est accueillante, mais ensemble, ils forment une tribu et, malgré leur gentillesse, je me sens parfois comme un immigré à moitié assimilé.

Dans le train, j'ai pensé à ce qu'était le monde quand sont parus *Les mille sentiers de l'avenir*. Quelques mois après, Mitterrand arrive à l'Élysée porté par les espoirs d'une gauche triomphante. L'URSS existe encore. L'Inde et la Chine en sont aux premiers frémissements. Les dirigeants d'entreprise, comme des chenilles processionnaires, visitent le Japon. Les Français commencent à peine à découvrir le monde. Les militants de la gauche croient à un socialisme qui n'est pas social-démocrate. Ils nationalisent le cœur léger, créent une fonction publique territoriale, transforment les chercheurs en fonctionnaires... Ils sont persuadés de relancer une croissance en s'inspirant des principes qui leur ont paru réussir après la seconde guerre. Que reste-t-il de ce mirage ? Rarement la France a été plus à contre courant. Certes, on ne peut gommer la loi Defferre sur la décentralisation et quelques avancées sociales, mais la voie choisie était une impasse et il a fallu abandonner les ruines de ce que l'on avait édifié.

Regardée avec du recul, l'évolution de la France depuis la veille de la Révolution a toujours été celle d'un pays qui, malgré quelques réussites exceptionnelles a été en retard sur son temps.

Retard de l'agriculture, du commerce, du système fiscal, des relations sociales dans les décennies qui précèdent la grande crise de 1789. Que l'on pense au célèbre voyage d'un Anglais à travers nos provinces ! Certes en libérant l'État français de ses anachronismes, la Révolution lui a donné le pouvoir de mieux gérer la société, mais il a fallu ensuite une centaine d'années pour que la démocratie se stabilise... Quant à l'économie, elle n'est véritablement devenue industrielle que du temps de Georges Pompidou, malgré les prouesses des PME pendant là, guerre de 1914. L'agriculture française ? Elle est avant-dernière, avant l'Espagnole à la veille du deuxième conflit mondial. L'histoire de France depuis 1750 ? Celle d'un pays toujours en mal de réformes, sauf pendant de courtes périodes où la nation unie derrière l'État fait des prodiges. Considérée en longue période, la langueur actuelle apparaît normale. Que de choses on découvre quand on décape le vernis de l'histoire enjolivée que nous nous racontons tous les jours.

Au Coisel, je contemple cette propriété accueillante qui vit ses dernières années avant sa chute. La tribu s'y survit dans l'indivision, aucun des enfants ne parvenant à assumer sa reprise. J'imagine que les livres aux belles reliures, serrés les uns contre les autres, des œuvres complètes de Barbey d'Aurevilly à la collection de l'Illustration pendant cent ans s'inquiètent déjà de leur avenir. Quant aux livres de poche, ils s'imaginent dans les caisses poussiéreuses des brocanteurs de dernière classe.

Mon âge m'apporte quelques révélations sur le fonctionnement de la mémoire. Les défaillances commencent avec les panneaux « noms propres introuvables » qui apparaissent inopinément sur les voies de communication puis soudain se dérobent. Puis viennent les surprises de l'immédiateté : on part de son bureau à la recherche d'un objet puis dix mètres plus loin on oublie son projet et on repart avec un autre but en tête. Quant à la mémoire longue, la meilleure, elle se concentre sur des images et des atmosphères, perdant la précision des années et des mois. Le papier de ce journal devient un instrument essentiel de ma pensée, car il l'asservit à un discours linéaire qui ordonne les idées fugaces que les associations engendrent.

Décembre 2004

Saly, Sénégal. Nous arrivons avec Renaud dans ce lieu artificiel, le *Lamantin Beach*, après douze heures de voyage, depuis le taxi de la rue de Vaugirard en pleine nuit. Gestes ralentis, regards brouillés, oreilles incertaines, je me meus avec la lenteur d'un paresseux. Présent et absent. Des bungalows ronds comme des grosses cloques brunes se dressent autour d'une piscine au bord de la côte. De jeunes noires, grandes et minces, enveloppées dans un tissu vert bariolé qui les moule, font le service. Prison de luxe, sans rapport avec le Sénégal que nous avons entr'aperçu du car parcourant les quatre-vingts kilomètres de l'aéroport à l'hôtel. Un sol jaune pâle sur lequel s'agrippaient des plaques d'herbes rases, des arbres chétifs aux feuilles blanchies par la poussière, des cubes blancs et gris, des stations-service opulentes de taille et de couleur, arborant triomphalement leur marque, de misérables boutiques de pièces détachées, d'électronique, de tissus et sur la route à contre-courant une file interminable de véhicules automobiles roue dans roue avec des autobus blancs de toute taille au toit garni de bagages amoncelés. Le soir, ma fatigue était extrême.

Les petits riens. Ce vague titre d'une composition musicale du XVIIIe siècle m'obsède. J'imagine de prendre des faits minuscules de ma quotidienneté et de les analyser en les vissant en moi pour découvrir ce que révèle leur poussière. Pourquoi, par exemple, lorsque je rase ma joue gauche et que la lame glisse sur ma peau plate, je pense aux divisions blindées allemandes filant vers la côte en mai 1940 ? Reproduction de l'exploit d'un adversaire ? Admiration de la force ? Reconnaissance d'une défaite qui me marquera à vie ? En revanche, la joue droite n'évoque rien car la lame hésite entre la patte en haut et la partie du menton encore recouverte de barbe en bas. Simple opération de nettoyage... De ces petits riens, il y a une multitude.

Ce matin, excursion à la réserve de Bandia. Nous sommes une quinzaine dans un gros 6x6 jaune dont les fenêtres sans vitres laissent passer le vent et des branches qui claquent. Découverte des baobabs, ces arbres à la peau d'éléphant, au ventre parfois obèse et dont les formes bizarres s'achèvent par des membres lourds et des doigts boudinés. Ils ont besoin d'espace pour exhiber leur personnalité tranquille entourée d'une cour d'acacias verts. Le sol de la réserve, poussiéreux, sec et bosselé, fait tressauter notre engin, mais aux détours de la piste apparaissent des antilopes-cheval, des impalas, un phacochère, un groupe de jeunes girafes, un rhinocéros avachi pointant sa corne, des buffles accroupis. Spectacle paisible puisque la réserve ne contient pas de carnivores, aux chacals près qui, autant qu'il m'en souvienne, ne s'intéressent qu'aux cadavres.

Les pauvres villages traversés sont parsemés d'ébauches de construction de parpaings gris que leurs propriétaires, saignés par les sangsues des familles élargies, n'ont pas les moyens d'achever.

Renaud est un compagnon délicieux. Il se passionne pour *Trois fermiers s'en vont au bal* de Richard Powers qui, pense-t-il, sera l'un des grands livres du siècle. Nous le lirons.

Il y a quatre ou cinq jours a eu lieu le Tsunami qui a balayé l'Océan Indien de l'Inde à Sumatra. Plus que le nombre de morts, 160 000 dit-on, ce qui frappe, c'est l'étendue de la surface couverte, la multiplicité des pays atteints, les origines diverses des morts, autochtones et touristes, la soudaineté des événements captés par les caméras des amateurs, les sélections brutales au sein des familles. Une catastrophe de l'ère de la mondialisation. La terre paraît soudain plus petite et plus fragile dans l'immensité du cosmos.

Année 2005

Tristesse sur trois fronts : Bush, la France et le Moyen-Orient

Janvier 2005

Hier, en fin d'après-midi, en attendant Odile et Renaud partis dans la région de Salloum, je me suis assis près de la piscine, à l'ombre et dans une brise légère, regardant la préparation de la fête du soir et pensant à la description bigarrée et un peu besogneuse qu'en aurait faite un écrivain moyennement doué du XIXe siècle. Fascination de ces corps, grands et minces, à la peau noire et mate, aux dents blanches toujours prêtes à sourire, se mouvant sans bruit, sans hâte excessive, sans ordre apparent : gardes nonchalants avec casquette, chemise blanche, et pantalon bleu avec une bande, jeunes caméristes en boubou jaune pâle tournant avec des gestes gracieux autour des bungalows, hôtesses d'accueil aux robes vertes bariolées enserrant du cou aux chevilles leurs formes frêles et bien marquées, maîtres d'hôtel en chemise bleue pâle et pantalon noir, serveurs, garçons et filles en chemise orange tombant sur le pantalon sombre, cuisiniers et cuisinières en costumes, pantalons blancs et toques blanches, ouvriers plus discrets aux uniformes gris portant inscrit sur le dos équipement ou maintenance.

Vers 21 heures, j'ai appelé au téléphone une Catherine semble-t-il apaisée qui avait acheté pour la soirée deux tranches de — bon — foie gras, l'un d'oie, l'autre de canard et qui s'apprêtait à les consommer avec une bouteille de vin. Des paroles qui furent pour moi une sorte d'élixir, tant j'ai besoin de sentir autour de moi, vivants et heureux, mes descendants. D'ailleurs, j'imagine toujours ce tableau de ma mort : je suis allongé à moitié conscient sur un lit au drap blanc ; autour de moi, Odile, les enfants, les petits enfants, auxquels je tiens un discours banal, la nécessité de la mort, les souvenirs qu'ils garderont, la joie qu'ils m'ont donnée. Moins paisibles, les élucubrations de mes nuits. Rêves, souvenirs, ressassement des travaux à faire. Du gris, du gris, encore du gris et des échecs. Une vie que je ne peux plus sauver. Inutile de rêver à Boroboudour, Angkor ou l'Inde du Sud. Inutile d'envisager la rédaction d'un livre qui fasse date. Le temps approche d'un repli sur la rue de Vaugirard, les honneurs n'ayant plus de sens, Odile me poussant et me tirant dans l'espoir de ressusciter ma vitalité perdue.

Janvier 2005

Les non-dits : écrits, ils couvriraient les murs des grandes bibliothèques. Non-dits au sein de couples qui partagent pourtant l'essentiel de leur quotidien. Non-dits des adolescents qui veulent cacher à leurs parents leurs troubles intérieurs. Non-dits des hommes politiques qui masquent leurs ambitions. Non-dits des chefs qui, face à leurs subordonnés, taisent leurs inquiétudes. Dans ces bibliothèques, certains figureraient par des volumes minces, témoignage de la sècheresse de leur vie intérieure ou de leur incapacité à fermer les portes de leur intimité ; d'autres occuperaient des rayons entiers de gros livres prolixes pleins de colère, de rage, d'obsessions, de rêves. Au cours de leur formation, les psychanalystes passeraient des jours et des nuits à lire et relire. Plus aucun critique, plus aucun biographe n'oserait écrire une ligne de crainte d'être contredit. Les descendants demanderaient avec un respect plein de terreur les ouvrages de leurs parents. Quant aux gouvernements, ils veilleraient à ce que les non-dits, comme les autres archives, ne puissent être consultés avant cinquante ans. Mais les êtres humains sachant que les non-dits sont conservés quelque part, essaieraient-ils de faire appel à une deuxième catégorie de non-dits, biodégradables, disparaissant avec eux-mêmes. Fantasmes absurdes puisque la mort, ce détergent suprême, détruit tous les non-dits.

Que reste-t-il à l'ancien qui n'a plus en main de sceptre du pouvoir ? La dérision, l'ironie, le cynisme. Une arme légère pour laquelle il dispose de l'ensemble des restes de la brocante de son passé qu'il peut rapprocher des traits du présent.

Brusquement, ce matin, je me suis demandé : et si je croyais à la survie au-delà de la mort, quels objets je choisirais, tel un pharaon égyptien, pour m'accompagner ? J'élimine les êtres vivants : l'idée que l'on tue un chat ou un chien pour me les donner comme compagnons me fait horreur. Restent les choses : la tête de Bouddha de mon bureau, les deux mains de Bouddha dont les doigts invitent à la méditation, la grande statuette chinoise de la cheminée du salon, le tableau d'Odile à gauche de cette cheminée, le dessin de Basile avec nos deux têtes dans un ovale, la peinture abstraite de Catherine dans les couleurs marrons et grises avec une touche de vert, la photographie de Justine et de ses enfants à côté d'Odile et de moi, la photographie de Renaud à l'occasion de la parution des *Mille sentiers*, mon blaireau véritable que j'utilise chaque jour depuis près de cinquante ans, enfin quelques livres qui m'ont marqué et les meilleurs des miens. Un bien léger bagage par rapport au bric-à-brac du tombeau de Toutankhamon.

Comment j'aménagerais ma tombe de mort (chambre et bureau) ? La salle de bain ? Inutile. Un lit, une table de nuit, une lampe (difficile de renoncer à l'alternance du jour et de la nuit), un bureau, un fauteuil, quelques objets d'art, des livres. Aurais-je un téléphone pour communiquer avec les autres morts ? Ce serait vraiment intéressant si je pouvais m'entretenir avec des aïeux et des personnages historiques ! Une télévision suivant les événements terrestres serait-elle autorisée ? Et par qui ? Je m'arrête, je vais déraper de *Huis clos* dans la métaphysique.

Vers l'âge d'homme[100] : j'ai apprécié chaque paragraphe de ce livre de Coetzee. Un livre sombre sur la solitude d'un jeune adulte qui veut croire dans son avenir de poète et que sa timidité enferme dans la médiocrité de sa vie quotidienne. Sud-africain, il se sent étranger en Angleterre ; intellectuel, il se sent mal à l'aise chez IBM ; incapable de se faire des amis, il se sent proche de la mort lente à Cambridge et Bracknell chez International Computers. J'ai retrouvé quelques-uns des états d'âme de mes jeunes années après l'École Polytechnique.

Janvier 2005

Hier soir, dîner à sept — oui sept, tous les descendants de la première génération — au Train bleu, dans ce décor doré, pompier, de 1901, devenu touchant un siècle plus tard. L'occasion ? L'anniversaire de Renaud et son départ pour Washington le 27 de ce mois (il reviendra trois semaines plus tard pour un départ définitif entre mars et mai). Ce jour-là, je le verrai partir avec tristesse.

J'ai rédigé pour *Le Débat* à leur demande — mais le publieront-ils ? — un article de huit pages sur *La France et la réforme*, un modèle de concision, l'esquisse d'un livre. Toutes mes idées, concentrées, s'y retrouvent.

Le ministère de la Recherche fait circuler un document de quatre-vingt-huit pages qui pourrait être la trame du projet de loi sur la recherche et l'innovation. S'il aboutissait tel quel, nous n'aurions pas perdu notre temps, mais quelle allure aura-t-il au sortir du broyeur des services de Bercy ? Hier, j'ai parlé à la Commission des Affaires Culturelles du Sénat présidée par Pierre Laffitte pour présenter une fois de plus les idées de Futuris …

Janvier 2005

Ce matin, au Bizot, j'observe de mon lit le paysage devant la maison : un soleil rond argenté émerge entre des traînées de ciel gris bordées plus à gauche de gouttelettes d'une lumière éblouissante et dorée. Plus bas un ciel uniforme et brumeux baigne les pointes des thuyas de la haie, parsemées çà et là de touffes de gelée blanche tandis qu'en avant s'étend le tapis immaculé de la neige sur la pelouse.

En écrivant, j'écoute *Lucio Sulla*, cet *opera seria* composé par Mozart à seize ans et demi. Une maîtrise déjà totale de la musique et du chant, mais affadie par le rythme compassé du lien entre les paroles et les notes. Ce qui distingue le chef-d'œuvre, c'est le souffle d'ensemble qui emporte du premier mot au dernier. Or, l'auteur, qui écrit ligne à ligne, maîtrise la

---

[100] J.M. Coetzee, *Vers l'âge d'homme*, Le Seuil, 2003

qualité du style, mais n'a pas directement accès au mouvement qui emporte l'œuvre et ne le découvre, avec joie ou malaise, qu'en relisant son texte à la manière d'un étranger. Il ne suffit pas d'un plan logique, de parties équilibrées, d'un récit bien mené. Ces éléments statiques assurent la solidité de la construction. Ils ne donnent pas le mouvement, le dynamisme qui permet à l'œuvre de vous étreindre. C'est ce que Mozart a réussi quatre ou cinq fois après *L'enlèvement au sérail*, Beethoven dans la septième symphonie et Stendhal dans *Le rouge et le noir*.

Je lis *Le deuxième bureau au travail* (1935-1939) du Général Gaucher[101]. Autant le chapitre sur « La politique d'agression de l'Allemagne » n'apporte rien, autant celui sur le renseignement militaire est passionnant. De 1928 à 1932, on y voit naître en Allemagne des conceptions militaires modernes alors que sont encore respectées les clauses du traité de Versailles. Ce qui est fascinant ensuite — de 1933 à 1939 — (en dehors des facilités que donne une dictature), c'est la qualité de la conception du modèle d'armée, la logique de l'organisation, la maîtrise de la planification, qu'il s'agisse de la construction du matériel ou de l'instruction des diverses classes d'âge. Aussi extraordinaire que la création, de 1941 à 1944, des forces armées américaines. L'armée et l'administration française sont à des années lumière de ces possibilités. A la sclérose des idées s'ajoutent la lourdeur et les incohérences de l'exécution. Résultat : alors qu'en 1932, l'armée française jouit d'une supériorité incontournable sur sa rivale allemande, six ans plus tard, le rapport est inversé. Déjà à mi-parcours, en 1936, l'armée française est incapable de réagir rapidement à la remilitarisation de la Rhénanie.

Du livre du général Gaucher, je retiens ces lignes : « Dans l'après-midi du 1er septembre (1939), j'eus avec le Chef d'État-major de l'armée et le sous-chef chargé des questions de renseignements, un long entretien... Je reviens une fois de plus sur les éléments de supériorité de l'armée allemande... Je conclus que l'armée française ne pouvait sur aucun point se prévaloir d'une supériorité si faible qu'elle fût... Jamais à aucune période de son histoire, la France ne s'est engagée dans une guerre dans des conditions aussi défavorables. Le chef d'état-major de l'armée s'exprima alors ainsi : Mon pauvre ami, tout ce que vous venez de nous dire, nous le savons ... »

Il serait intéressant de comparer les coûts de la ligne Maginot et de la ligne Siegfried. Cette dernière était jugée par le deuxième bureau difficilement franchissable par l'armée française en 1939 !

Comme je crains qu'elle ressemble à cette France d'hier, la France d'aujourd'hui.

---

[101] Général Gaucher, *Le deuxième bureau au travail (1935-1940)*, Amiot-Dumont, 1953

Janvier 2005

Après demain, Renaud et Lydie prennent l'avion pour Washington. Renaud revient dans trois semaines ; pour Lydie, inquiète, c'est le grand départ. Ils sont venus nous dire adieu lundi soir. Dîner à quatre dans la cuisine. Renaud : « Quelle famille nous pourrions faire avec les personnalités vivantes et pleines d'humour qui la composent. Quel dommage que chacun d'entre nous soit si fragile ». Je suis heureux de le voir mener sa vie, mais je souffre à l'idée d'être privé de sa présence et de pouvoir mourir sans doute avant qu'il ait pu s'installer en France. Certes il y a le téléphone et l'avion. Sera-ce suffisant pour garder le contact des confidences échangées lors de nos déjeuners en tête à tête ? Il y a deux jours, j'ai rêvé que leur avion s'effondrait en pleine lumière dans l'Atlantique. Pourquoi cette lumière ? Parce que le souvenir de sa présence m'inonde de joie ?

Si j'en crois une enquête citée par *Futuribles*, je fais partie des 4,3 % de Français qui ne croient en rien : ni en Dieu, ni à la métempsychose, ni à la vie après la mort, ni aux phénomènes paranormaux. Le paradoxe est que la chute de la foi dans les religions traditionnelles s'accompagne d'un regain des formes les plus variées de religiosité, chacun se préparant son cocktail personnel.

Moins étonnante est la remontée des valeurs traditionnelles.

Remarquable document de *Futuribles* sur *L'environnement stratégique des entreprises à l'horizon 2010-2020*. (Alors que j'écris cette phrase vers 18 heures sonnent les cloches de Saint-Sulpice. Ces cloches du soir me plongent toujours dans un mélange de nostalgie, de repli dans la sécurité de la pièce où je vis et d'inquiétude du lendemain. Des sentiments qui font revivre un lointain passé. A La Rochelle peut-être ?). La seule faiblesse, fréquente dans les travaux de prospective, est de ne pas s'interroger suffisamment sur les régulations, sans lesquelles les systèmes complexes ne survivraient pas. Je devrais écrire un article à ce sujet.

Janvier 2005

Nuit éprouvante. Deux de ces rêves gris dont je suis coutumier. Le premier : réception à la SEMA du chef d'état-major de la marine et de ses collaborateurs. J'arrive en retard. On m'attend. Rien n'est préparé. Plus tard, j'emmène l'Amiral vers le deuxième immeuble de l'entreprise. Il n'est pas terminé, à moitié en ruine et semi abandonné. Je fais semblant de ne pas perdre la face et reviens avec mon hôte au point de départ.

Le second à l'OCDE où je suis invité pendant deux jours à deux conférences simultanées, l'une sur l'énergie, l'autre sur la prospective mondiale. La délégation américaine vient les mains vides, négligence ou tactique. Je n'apprends rien et je m'ennuie. Le deuxième jour, une voiture m'emmène dans une propriété proche de Paris. Affalé dans la voiture, terrassé par une extrême fatigue qui m'empêche, malgré ma honte, de me redresser dignement face à deux compagnons anglo-saxons, une jeune femme et un homme. A l'arrivée, des adolescents en train de jouer nous entourent et le récit s'arrête.

Réveil dur, mais la journée, aussi triste soit-elle, dissipera les miasmes de la nuit.

Février 2005

Depuis que les femmes sont en passe de prendre le pouvoir, elles sont tentées par les uniformes qui étaient jadis la règle chez les militaires : il y a les « fantassines » en vestes noires longues, en jeans droits ou pantalons noirs avec des souliers à talons bas et les « cavalières » à justaucorps noirs et cintrés, jeans étroits et chaussures à talons hauts. S'y ajoutent naturellement quelques variations comme dans l'armée austro-hongroise.

Longue conversation avec Robert Dautray hier. A propos de son père et de sa sœur. Révolté par l'emprise des religieux dans son village natal d'Ukraine occidentale, son père s'enfuit à quinze ans en 1905 et atterrit en France où sa connaissance du traitement des fourrures lui permet de trouver un travail à l'arrivée. Il ne parle que le yiddish et l'allemand. Grand admirateur des soviets, plus que des communistes français qu'il trouve trop tièdes, il écoute à Paris « Ici Moscou ». Son univers s'effondrera lorsque sera signé le pacte germano-soviétique et ne se reconstituera qu'en juin 41. « Même s'il m'a emmené au cinéma, il ne m'a jamais parlé. Quand il discutait avec ma mère et ne souhaitait pas que nous comprenions, ma sœur et moi, il s'exprimait en yiddish ». La famille de son père a disparu dans les camps, sauf une sœur qui, libérée en 1945, s'enfuira à Vancouver et ne donnera plus de ses nouvelles.

Avec Robert, je plonge dans les tourbillons troubles et tragiques qui ont brassé autour de l'Allemagne nazie les peuples européens.

Dans l'excellent document de *Futuribles*, *L'environnement stratégique des entreprises à l'horizon 2010 et 2020*, il est écrit plusieurs fois que la planète est une poudrière. Faux ! L'expression s'applique à 1914 lorsqu'un détonateur pouvait allumer la poudre de tous les conflits potentiels entre puissances européennes. Rien de tel aujourd'hui : les détonateurs sont multiples et localement inquiétants, mais aucun conflit vital n'existe entre deux ou plusieurs des grands pays : États-Unis, Canada, Brésil, Union Européenne, Russie, Inde, Japon, Chine… A-t-on souvent vu dans l'Histoire des configurations de ce genre ?

La situation de la France m'obsède. Ne devrais-je pas organiser à *Futuribles* une séance de réflexion sur les genèses possibles d'une révolution en France ?

Je caresse l'idée d'écrire un pamphlet : *Rage et impuissance*. En attendant je rédige deux pages sur *Tiepolo premier ministre*.

TIEPOLO, PREMIER MINISTRE

Il fut un temps où la peinture italienne s'illustra dans le trompe-l'œil. Le visiteur qui entrait dans l'église ou dans la villa découvrait, ébloui, d'admirables reliefs d'arcs, de voûtes et de colonnes ouvrant sur le ciel et au milieu desquels voletaient des chérubins, puis mettait quelque temps pour constater que ces somptueuses architectures n'étaient que des peintures sur des surfaces lisses.

Depuis quelques années, le gouvernement français, sans en avoir totalement conscience, pratique l'art du trompe-l'œil. Réformez, lui enjoint le Président de la République, mais l'opinion publique est un dragon à la peau sensible, aussi agissez en douceur, sans heurter personne, gommez les aspérités, évitez les arêtes, bref donnez l'impression de transformation sans douleur.

Rivaliser avec Tiepolo n'est pas une mince affaire, surtout lorsque les sujets traités relèvent de plusieurs ministères. Aucune difficulté dans les premières étapes : des explications de haut niveau, des arguments rassurants. Certes, dans l'ombre, les corporatismes veillent, mais ils se taisent, bronchent ou annoncent qu'ils seront vigilants. Puis commencent les consultations. Chacun y va de ses propositions accueillies avec bienveillance, qu'elles aient pris la forme de déclarations, de notes écrites ou d'articles de presse. Alors, dans le plus grand désordre, les fonctionnaires se mettent au travail, rédigent des bouts de textes, des projets d'articles, des esquisses de déclaration d'intention. Une certaine hardiesse n'en est pas absente car le budget, la comptabilité publique, les juristes ne sont pas encore entrés dans la danse. Le cirque commence avec les échanges interministériels. On ne sait plus qui fait quoi. Des rumeurs contradictoires circulent. L'axe des réformes oscille vers la droite, vers la gauche ou se fragmente. Pour les cercles extérieurs, le brouillard règne. Enfin sont dévoilées les grandes lignes du projet. La fête commence. Vifs comme des leucocytes, les groupes de pression repèrent vite les points qu'ils croient nuire à leurs intérêts immédiats et commencent l'attaque mezzo voce en parant leurs arguments des plus nobles idéaux. On les reçoit, on discute, le ministre en charge tient bon. Les opposants préparent une grève. Elle réunit cinq cents personnes ou plusieurs dizaines de milliers. Inquiet, le Président intime au gouvernement l'ordre de se replier. Ce dernier, dans les cas graves, retire le texte. Tiepolo ne peindra pas sa fresque, mais le plus souvent, on enlève les articles qui étaient au cœur de la réforme et l'on présente à l'Assemblée un projet en trompe-l'œil où les grandes intentions annoncées sont réduites à des mesures anodines. Il y a même des ministres qui ont dû deux ou trois fois se comporter ainsi. Ils sont devenus des spécialistes de l'aller-retour et le gouvernement peut mettre à son palmarès une réforme de plus comme ces combats à moitié perdus dont le nom figure sur l'arc de Triomphe de l'Étoile, entremêlés à ceux des véritables victoires.

Face à ces peintures, les réactions sont diverses : si le grand public salue ou se gausse par un réflexe conditionné par ses choix politiques, les initiés haussent les épaules avec regret, reconnaissent les petits progrès, ou se réjouissent d'avoir sauvé l'essentiel des « droits acquis ».

Février 2005

Ce journal doit garder trace des élections en Irak. On annonce 60 % de participation, avec des scores élevés chez les Kurdes et les chiites, beaucoup plus faibles chez les sunnites. Cela confirme ce que j'avais pressenti à partir des travaux de l'assemblée. Toutefois, ce n'est qu'un petit pas vers la démocratie et la paix. La démocratie suppose que les groupes s'acceptent. Une élection n'a jamais suffi. Que la majorité aspire à la tranquillité n'empêchera pas quelques pour cents d'irréductibles de mettre le pays à feu et à sang.

La mort d'Arafat débloque la situation israélo-palestinienne, les élections ont montré ici aussi que la population palestinienne est à bout, mais dans quelle mesure le président palestinien pourra-t-il contrôler ses extrémistes ? En face, Sharon a eu besoin du renfort des socialistes, mais osera-t-il briser la révolte des colons ?

Contre Bernard Thibaut, la CGT manipulée par les durs dans le style démocratique qu'elle connaît bien, a décidé de recommander le non au référendum sur la constitution européenne. Le PC est quasi mort, mais il reste un noyau de vieux staliniens parmi les cadres de la CGT. Le futur référendum s'annonce difficile. Un échec en France serait catastrophique. Récemment à l'IFRI, Mario Monti mentionnait un calcul intéressant : si la probabilité d'un succès au référendum était de 90 % dans chaque pays — et si les résultats étaient indépendants — la probabilité d'une adoption du traité à l'unanimité comme il se doit, serait de 35 % seulement. Il proposait que le Conseil européen décide, dès maintenant, que tous les pays ayant voté non se voient donner une seconde chance dans deux ans étant entendu qu'ils s'engageraient à quitter l'Union s'ils votaient à nouveau non… Une idée ingénieuse, mais une hypothèse peu vraisemblable.

Février 2005

Premières élections en Arabie Saoudite. Des nano-élections. Quatorze membres au conseil municipal de Ryad, sept nommés, sept élus. Est-ce d'ailleurs si sage de faire pression sur la forteresse d'argile cuite qu'est le royaume ? Les États-Unis devraient avoir la prudence d'un archéologue en face d'une momie égyptienne. Ils ont facilité l'accession des mollahs en Iran alors que le Shah était leur allié. L'ouverture des régimes totalitaires est toujours une manœuvre politique à hauts risques, sauf quand la société est mûre comme en Espagne à la mort de Franco, mais Téhéran (et Ryad) ne ressemblent pas à Madrid.

Sur quels paysages vont déboucher les élections irakiennes ? Rien n'assure l'émergence de leaders prêts à des compromis. Le désir d'indépendance des Kurdes fait peur aux Turcs. Certains chiites annoncent que seule la Charia peut servir de fondement à la Constitution.

En Palestine, l'élection de Mahmoud Abbas (et la mort d'Arafat), l'entrée des travaillistes dans le gouvernement israélien, la fatigue évidente des deux peuples a permis la proclamation de part et d'autre d'un cessez-le-feu. Du bout des lèvres pour le Hamas. Je pense à l'éditorial relativement optimiste que j'avais signé dans *Le Monde* lors des accords d'Oslo. Construire des scénarios ? Pourquoi pas, mais de part et d'autre, comment briser la puissance des minorités extrémistes ?

Les USA ont aussi leurs extrémistes religieux. D'après certaines sources, la moitié des Américains ne croient pas à la théorie de l'évolution des espèces. Un pourcentage sans doute trop élevé, mais qui révèle la profondeur du messianisme d'outre-Atlantique. Jésus contre Allah ? Un hindou penserait que se sont des avatars du même personnage. Une guerre intra-familiale de religions dont l'humanité risque de souffrir.

Raffarin et Fillon enterrent la réforme du baccalauréat. Plantu imagine que Fillon reçoit un diplôme de la réforme suspendue par un jury où figurent Devaquet (projet retiré en 1986), Balladur (projet retiré en 1994), Ferry (projet retiré en 2003). J'avais imaginé d'autres dessins : un ministre, face à deux collaborateurs, dit au premier : « Rédigez-moi un projet de loi » et au second : « Préparez le communiqué de retrait » ; un quidam qui interroge un lycéen dans la rue : « Qu'est-ce qui vous déplait dans le projet de loi ? — Je ne sais pas, mais il ose parler de nous... ».

Qu'adviendra-t-il de la loi sur la recherche et l'innovation ? Les dates prévues glissent. Aux dernières nouvelles, présentation au Conseil des ministres en juin, première lecture dans une assemblée en Juillet... Qui vivra verra.

En relisant mon journal, je n'y ai trouvé nulle trace du souffle qui me fait vivre et que le vieillissement n'a pas encore éteint : l'excitation qu'éveille en moi la confrontation avec un nouveau champ de réflexion. C'est ce qui me transportait de joie du temps de la SEMA lorsqu'une administration ou une entreprise nous demandait : quel paquebot construire ? Faut-il un pont entre l'île de Ré et le continent ? Quelle infrastructure de transport pour le Poitou-Charente ? Quel pourra être le trafic sur l'autoroute des fleurs (en Italie) ? Quel programme informatique pour le quittancement à l'EDF ? Plus tard, j'ai eu à m'interroger sur les relations entre les pays industriels et le monde en développement, sur les défis du système éducatif français. Aujourd'hui, je travaille sur le système de recherche et d'innovation. Toujours la même lumière s'allume. Les neurones entrent en transe, s'attaquent à la description de l'ensemble du panorama, avec la même avidité de découverte, de prise en compte de l'ensemble du champ, de synthèse. Lorsque cette soif s'apaisera, je saurai que mon aventure est achevée.

Février 2005

Je poursuis quatre livres à la fois : le *Journal,* les *Leçons de choses à deux voies* avec Robert, *Les mille sentiers de l'avenir II, La rage et l'impuissance.* Absurde.

Quand j'assiste à un récital de piano, j'observe toujours le comportement du soliste avant la première frappe. Il y a ceux qui avancent ou reculent, montent ou descendent le tabouret pour évacuer leur angoisse, il y a ceux qui se concentrent sans bouger, baissent la tête et posent sur leurs genoux leurs mains immobiles, il y a ceux qui regardent vers le plafond comme cherchant une inspiration venue du ciel. Puis vient brusquement l'attaque, sans hésitation, fortissimo ou pianissimo selon l'œuvre. J'ai vécu ces secondes comme pianiste, beaucoup moins comme conférencier. Hélène Grimaud que j'ai entendue en concert la semaine dernière supprime ce court intervalle. Elle est encore en train de s'asseoir que ses mains s'étendent sur le clavier et plaquent le premier accord. Elle semble ne pas connaître la peur comme si ses doigts jouaient et interprétaient la musique sans avoir à en référer au néo-cortex. Ce sont ses doigts qui choisissent les temps, les nuances, la valeur de chaque note.

Février 2005

Je reprends les mémoires de Clinton à la défaite électorale à mi-mandat de 1994. La férocité de la lutte entre le Président et un Congrès où les Républicains ont, dans les deux chambres, la majorité est à couper le souffle. Le législatif ne peut renverser le veto de l'exécutif et ce dernier ne peut obtenir l'accord du législatif. La partie de bras de fer va jusqu'à arrêter l'administration fédérale faute de budget approuvant les dépenses...Des centaines de milliers de fonctionnaires renvoyés chez eux... Ceux qui prônent une Constitution avec séparation des pouvoirs feraient bien d'imaginer un tel scénario en France. Il y aurait du *happening* en perspective ! Autre turpitude : la gestion par Kenneth Starr de l'affaire Whitewater...

Au groupe Michel Albert hier, exposé de Mordacq sur la LOLF[102], une quarantaine de missions, cent cinquante programmes, une dizaine d'indicateurs d'efficacité par programme. Pour les dépenses de personnel, les gestionnaires de programmes (80 environ) ont une enveloppe comprenant salaires et charges sociales qu'ils ne peuvent dépasser à laquelle correspond un nombre de postes « moyens ». L'enveloppe peut être remplie par des fonctionnaires, des contractuels, des consultants. Si elle n'est pas utilisée, on peut dépenser les sommes autrement. Une bouffée d'air pur, mais il faudra veiller aux risques de sabotages, conscients ou inconscients à différents niveaux. Si la tentative aboutit, ce sera la seule réforme réelle avec les privatisations. Il semble actuellement qu'il y ait consensus entre la majorité et l'opposition. Je rêve.

La situation des hommes politiques est bouleversée par la présence des médias. En démocratie, leur réponse a été de se placer en suiveurs, en dominés. C'était la réponse la plus facile. Elle présente à l'usage bien des inconvénients. Est-ce la seule voie possible ? Chefs de gouvernements et de partis ne peuvent-ils inventer d'autres manières de faire de la politique afin de reprendre l'ascendant ?

Février 2005

Les mille pages de Clinton sont presque lues. Je ne regrette pas ma persévérance. Dans sa candeur, ses convictions, sa faiblesse, ses mensonges, sa contrition, le personnage ressemble à un grand enfant courageux qui, dans un moment d'aberration, a fauté. Une version masculine de la fille séduite des romanciers du XIXe siècle, mais une version américaine. L'Europe actuelle n'a plus de ces héros. Imagine-t-on Mitterrand aller avec sa femme voir un conseiller conjugal et s'entretenir régulièrement avec trois prêtres pour réfléchir à ses erreurs et, par ailleurs, les raconter dans ses *Mémoires* ! L'Amérique vit dans un bain de religiosité, grouille de sectes, fourmille de pasteurs. Tout y est affaire de morale. *In God we trust*. Pourtant, Dieu autorise la boxe, les crocs-en-jambe, les coups bas, la calomnie. On imagine difficilement un Keneth Starr faire carrière en France. Nous sommes plus cyniques, plus désabusés, moins méchants.

---

[102] Loi sur l'Organisation des Lois de Finance

Malgré ses déboires, Clinton nous offre ce qu'il y a de mieux dans un Président américain. Nul plus que lui ne s'est honnêtement attaqué à la résolution du conflit israélo-palestinien. Il aurait réussi sans l'incapacité d'Arafat à faire la paix au dernier moment. Usé, le vieux leader n'arrivait plus à faire le sacrifice de ses rêves, et s'est buté sur le dernier obstacle. Vis-à-vis de l'Europe, de la Russie, de la Chine, du Japon, de l'Afrique, du Moyen-Orient, du Mexique, la politique étrangère de Clinton a été un modèle de mesure et de fermeté.

Mais, dans ce livre, on voit déjà poindre la montée de Bush et des néo-conservateurs. Pour imposer leurs vues budgétaires, leur désir de limiter les dépenses sociales, ils n'hésiteront pas à aller jusqu'à l'extrême : arrêter le fonctionnement du gouvernement américain, huit cent mille fonctionnaires restant chez eux car les crédits n'ont pas été votés. Le paradoxe est qu'ils hériteront de Clinton des comptes fédéraux équilibrés et qu'ils les transformeront en un déficit abyssal.

L'ère Clinton marquera aussi l'arrivée à des postes de commande de représentants de la minorité afro-américaine.

Difficile de ne pas avoir une pensée pour Al Gore qui fut un vice-président de premier ordre et eut été peut-être un grand successeur.

Robert Dautray et moi avons parlé d'ITER. Initialement, un projet de 10-12 milliards de dollars à partager entre États-Unis, Europe et Japon, les équipes les plus avancées étant américaines et nippones. Faute de subventions, l'ambition a été réduite à quatre ou cinq milliards. Nouveau blocage. La France, en matamore, le veut pour Cadarache, propose 900 millions sur les 2,5 milliards qu'apporterait l'Europe. Prudents, les USA ne veulent plus mettre que 500 millions. Compte tenu de son avance, Tokyo tient à un site dans l'archipel. Est-ce le meilleur usage de nos rares ressources !

N'avons-nous pas eu tort en revanche d'abandonner le RNR de Creys-Malville, une fois l'investissement fait ? Recettes et dépenses futures se seraient équilibrées. Et dans vingt ans, nous nous serions congratulés de notre sagesse. Incroyable est le pourcentage de décisions erronées que sécrète un système sociopolitique « normal ».

Journée froide et claire de février. Le soleil fait reluire les plaques de neige du jardin du Luxembourg. J'écoute un Gieseking impérial interpréter les trois dernières sonates pour piano de Beethoven et la conscience m'envahit de l'inépuisable potentiel d'invention que renferme tout grand créateur et dont seule une infime partie affleurera à la surface.

Une idée de la matinée : si chaque humain était enseveli avec ses non-dits, certains cercueils seraient volumineux et lourds, d'autres plats et légers.

Mars 2005

A nos pieds, depuis plusieurs jours, un Luxembourg blanc de neige et hérissé d'arbres noirs.

Le 29 mai, référendum sur l'Europe. Philippe de Villiers rappelle que c'est la date anniversaire de la prise de Constantinople par les Turcs et se sert de l'anecdote pour justifier son refus de la Constitution. Emmanuelli annonce qu'il fera campagne pour le non. Qu'attendre d'autre de ce cerveau rouillé ? Ma rage me fait écrire quelques pages.

AVANT LE RÉFÉRENDUM EUROPÉEN

Dans dix-sept jours, le référendum décidera du sort du traité constitutionnel. Sans doute, le résultat se jouera-t-il à quelques dixièmes de pourcent.

Pourquoi Jacques Chirac a-t-il joué à la roulette russe alors que le Parlement, sans problème et à une large majorité, aurait approuvé le texte ? Chacun peut énoncer les raisons officielles : la foi en la démocratie, en la « sagesse » du peuple français, la nécessité d'une décision engageant la nation toute entière, le rôle formateur d'un débat collectif,... Des arguments légers qui m'évoquent la phrase célèbre : « Il fallait un calculateur, ce fut un danseur qui l'obtint ». Sans doute, notre Président appartient-il à cette catégorie, car je n'arrive pas à découvrir des raisons cachées.

Pourtant, le référendum était d'emblée d'autant plus délicat que l'image du Président et du gouvernement était désastreuse dans l'opinion et que l'adjonction du titre III à la Constitution rendait le texte illisible pour les non-initiés et ajoutait des pages inutiles pour les autres puisque déjà comprises dans les traités ratifiés. Le pouvoir risque de payer cher ses erreurs tactiques.

Beaucoup plus fascinante est l'analyse du cartel des non. A droite et à gauche, on retrouve les opposants à la Communauté du Charbon et de l'Acier. A cinquante ans de distance, rien n'a changé. Le Pen, de Villiers et leurs partisans ont pris la suite du mélange de gaullistes et de vichyssois hostiles en 1951. Ils incarnent cette image nationaliste de la France, village d'Astérix qui ne se reconnaît aucune famille. En face, le phénomène est plus curieux : l'opposition du parti communiste dans les années 50 se comprenait, la construction européenne était hostile à l'URSS et le parti espérait toujours voir s'instaurer en France une économie planifiée. Aucune de ces raisons n'est valable aujourd'hui : l'empire soviétique a explosé, le PCF est devenu marginal, tous les observateurs étrangers reconnaissent l'existence d'un modèle social européen... D'où peut venir l'opposition qui subsiste : croient-ils la France capable de s'isoler du monde et de construire seule le « petit socialisme à visage humain » dont ils rêvent ? Ont-ils l'impression de fouler des lieux qui bafouent les droits de l'homme lorsqu'ils passent leurs vacances à Rome ou en Espagne ? Ne savent-ils pas qu'une Constitution ne propose pas une politique mais une architecture du pouvoir ? Étonnante pérennité des attitudes en dépit du changement de l'environnement et des institutions.

Entre les deux extrêmes, le centre et le marais. J'y distingue aisément plusieurs groupes : au sein de la classe politique, les stratèges qui, indépendamment de toute conviction, poursuivent des buts de politique intérieure (Laurent Fabius a certainement vu dans le non un moyen d'abattre François Hollande) forment un premier clan, faible en nombre, mais influent. Viennent ensuite ceux qui ne pardonnent pas à Jacques Chirac d'avoir dû voter pour lui au deuxième tour des présidentielles et qui ne cessent de remâcher leur hostilité à l'action du Président, de son gouvernement et de l'UMP. Un troisième groupe m'évoque des sentiments violents, car il incarne les qualités, mais aussi les défauts des Français. Son discours à des variantes près : « Moi, je suis intelligent. On ne me la fait pas. On ne me manipule pas. Que des centaines d'Européens aient participé à la rédaction de la Constitution ne m'impressionne pas. Je suis contre plusieurs articles et d'ailleurs puisque beaucoup de leaders m'invitent à voter oui, je voterai non, rien que pour affirmer mon importance ». Têtus comme des Bretons d'hier, connaissant mal l'histoire de la construction européenne, ils font jouer leur jugement sur un thème dont ils ignorent la complexité et se rengorgent de risquer un cataclysme auquel ils ne croient pas. Ce sont les descendants de ces Français des années 30 insensibles aux dangers qui s'amoncelaient. Enfin, reste la troupe des perdus, s'intéressant peu à la politique, confondant les institutions, sensibles aux symboles, aux rumeurs, peu sûrs de leur intention de vote.

Il eut fallu choisir pour thème : « Voter non, c'est voter pour Bush », un slogan primaire qui contient pourtant sa part de vérité car, face au nouveau nationalisme américain, mélange du credo initial du pays et du fondamentalisme des néo-conservateurs, l'Europe peut opposer une vision du monde plus ouverte aux autres civilisations, plus sensible aux inégalités et pourrait arrimer autour d'elle, dans des relations n'ayant pas la moindre trace d'impérialisme, une Russie qui n'est pas totalement étrangère, un monde arabe déjà profondément influencé.

Au regard de ces enjeux qu'importent les imperfections d'un texte de compromis que quelques modifications, aujourd'hui prématurées, pourraient rendre très convenable.

Une anecdote (fausse) : un quidam demande à un confrère : « Comment avez-vous été élu à l'Académie des Technologies ? » Réponse : « C'est très simple. J'ai écrit un livre sur la préparation du petit déjeuner en partant de critères de coût, de délai et de qualité : choix du boulanger en raison de la distance, du prix et de la nature du pain et des croissants, achat du plateau, des bols et des verres, disposition sur le plateau, quantité d'eau dans la bouilloire, ordonnancement des opérations de réchauffage des croissants, de grillage du pain, de versement du café, du thé et du jus de fruit, disposition du beurre, équilibrage du plateau... Mes confrères ont jugé que je pouvais parler de technologie... »

J'ai la nostalgie des repas d'antan réunissant le dimanche l'univers familial. Repas de La Rochelle avec mes parents et grands-parents et dont je suis le seul survivant. Ils commençaient par des huîtres ou des langoustines et, tapi à l'extrémité de la table, l'épaule droite calée contre le mur, j'observais le panthéon de mes proches. Repas de Bordeaux avec mes parents, Odile et mes deux filles. Ils étaient l'un des rares bonheurs de mon père et de ma mère, mais restaient pour moi voilés de tristesse. Repas des années postérieures à mon mariage chez les parents d'Odile, à Paris rue du Louvre ou au Coisel en Normandie. Je siégeais à droite de la maîtresse de maison tandis que mon beau-père veillait à l'unité d'une conversation qui portait souvent sur les voyages des uns et des autres. Repas au Bizot autour de la longue table de bois sombre du rez-de-chaussée avec la famille Fernandez, Basile à ma droite, Mirabelle en face et Clémentine sur une chaise haute en bout de table. Un moment de sérénité. Après ma mort, resteront-ils comme un instant de lumière dans les souvenirs de mes petits-enfants ?

La tragédie européenne et la comédie des JO

Mars 2005

Un matin, je découvre les autobus parisiens avec des drapeaux blancs. Avons-nous capitulé ? Mais nous ne sommes pas en guerre. Est-ce en l'honneur de la Vierge Marie, du Pape ou des Bourbons ? Erreur : ce sont des drapeaux de propagande pour influencer le CIO en visite à Paris pour examiner la candidature de la ville aux JO de 2012. *Panem et circences*. Comme s'il n'y avait pas de meilleur emploi de nos ressources rares. Mais ce slogan me suggère un début d'article.

PANEM ET CIRCENSES

Jadis, le moindre potache de lycée ou de collège connaissait cette formule latine qui symbolisait le déclin de l'empire. Leurs descendants d'aujourd'hui l'ignorent probablement. Oubli regrettable puisqu'elle décrit une réalité contemporaine.

Qu'on me comprenne : je ne réagis pas en vieux barbon. En écrivant ces lignes, je ne veux ni chasser de la société la fête collective, ni proclamer mon indifférence à l'égard des déshérités. C'est une double attitude que je veux dénoncer, mais pour donner à ma rage un contenu précis, quelques exemples vont servir de support à mon propos.

La manière dont les jeux sont pervertis commence à l'échelle du monde. Une farouche campagne de publicité avec affiches, films, déclarations de chefs d'État alimente la féroce concurrence que se livrent les grandes villes dans le concours de beauté du choix du site des Jeux Olympiques. On vante les équipements qui seront construits, les emplois qui seront créés, les achats des touristes qui tomberont comme une manne. On prépare des spectacles grandioses, des illuminations, des feux d'artifice que la télévision diffusera sur tous les continents. Progressivement, on oublie les performances des athlètes, dopés ou non, en se bornant à compter les médailles par pays (le Kenya a fait mieux que le Brésil). Et l'on se tait sur la gueule de bois du lendemain lorsqu'on constatera le montant des dettes à rembourser et le faible taux d'utilisation de certains équipements. Qu'importe, les dirigeants qui régleront l'addition ne sont pas ceux qui ont engagé les dépenses et qui ont flatté le peuple par des distractions. Dans l'empire romain au moins, c'étaient les riches qui payaient et pas les membres d'une collectivité publique.

Mais les Jeux Olympiques, les Coupes du Monde, les grands anniversaires ne suffisent pas à faire lever la pâte sociale. Alors, on invente l'animation à tous les étages.

On transporte à Paris des tonnes de sable pour créer un Paris-plage. Bientôt, on symbolisera l'amitié franco-chinoise en installant à Pékin une exposition française avec en son milieu une tour Eiffel démontable grandeur nature (n'a-t-on pas commencé avec l'apparition place de la Concorde d'une porte de Meknès !).

Il faut animer les jardins, y disperser des objets incongrus, de grandes toiles qui oscillent au vent. Le Sénat est passé maître dans cet art de taggers. L'animation d'un musée devient plus importante que la qualité des œuvres qu'il présente. Les Églises elles-mêmes sont entraînées dans le mouvement, les curés dynamiques drapent leurs frontons de banderoles exhortant à venir à Jésus-Christ (et pourtant la France est très en retard sur les immenses prestations des pasteurs américains).

Pourquoi n'ai-je pas mentionné la fête de la musique qui embrase la plupart des quartiers de Paris ? Parce que, dans ce cas, Jack Lang n'a fait que mettre en mouvement des aspirations sociales préexistantes. Le public s'est vite approprié l'initiative.

Immense différence : d'un côté la joie que reprennent à leur compte des individus responsables, de l'autre des pantalonnades pour tirer de l'ennui des êtres falots et avachis. D'un côté, un Big Father *qui n'empêche nullement ses enfants de s'amuser, de l'autre une* Big Mother *qui les dorlote comme des bébés immatures.*

Le Panem *soulève les mêmes interrogations. Qui ne souhaite pas que, dans notre société, on porte secours à tous les êtres à la dérive pour les aider à sortir de l'eau et reprendre pied ? Qui n'accepte pas qu'on les protège contre eux-mêmes quand ils mettent en cause leur devenir ? Mais le latin évoque des distributions gratuites de pain à ceux qui en profitent pour frauder ou vivre aux dépens de la collectivité.*

Une certaine dose d'abus est tolérable. Il n'y a que de dangereux utopistes pour vouloir ériger des sociétés parfaites.

Hier et ce matin, j'ai participé à un colloque pour commémorer le centenaire de la naissance de Raymond Aron. Un homme à l'égard duquel j'ai eu des sentiments variés. Je lui ai reproché dans ma jeunesse de ne pas contribuer à l'émergence d'une science politique rigoureuse et formalisée ; avec la maturité, devenu moins dogmatique, j'ai apprécié son ouverture, sa liberté de pensée, sa lucidité. Il fut l'un des rares intellectuels de sa génération à ne pas être corrompu par le marxisme. L'ayant ensuite rencontré, j'ai été conquis par la vivacité de son intelligence, la pertinence de ses réflexions, sa modestie, la simplicité et la bienveillance de son attitude.

L'objet du colloque n'était pas de réfléchir sur son œuvre, mais de traiter de problèmes actuels en s'inspirant de ses approches. Un menu très riche et de haute qualité. En dépit de notes prises avec soin, je n'ai retenu que quelques idées que ma pensée va annexer : un retour du religieux dans les démocraties européennes (indépendamment de la montée de l'Islam et en dépit de l'affaiblissement des institutions religieuses), un retour lié au transfert du politique au religieux de la réflexion sur les fins dernières ; le rappel du rôle de la religion dans les bases de la démocratie américaine ; la dissociation de la puissance militaire et de la puissance politique dans la vie internationale d'aujourd'hui ; le formidable pouvoir d'induction de l'Union Européenne sur son entourage géographique, la nécessité pour l'Europe d'un compromis franco-anglais... Placé sous l'égide de la démocratie et du marché mondial, mon propos centré sur la gouvernance s'inspirait de mon dernier livre. Atmosphère courtoise. Un seul échange court et vif : un professeur américain a dit que Bush connaissait mieux le monde que les Européens. Réponse sèche de Claude Lefort : « Je pense que non et le maintiens ! »

Mars 2005

CSA publie un sondage sur le prochain référendum. Le non l'emporte pour la première fois 51/49 dans les intentions de vote mais plus de la moitié des interrogés déclarent s'abstenir ou ne pas savoir. De fureur, je n'ai pas dormi une partie de la nuit. Quel pays de têtes dures. Je serais heureux de n'être pas né français, mais qu'y puis-je ? Barroso a commis une bévue monumentale en venant défendre le projet de directive Bolkenstein sur la libre circulation des services qui, sous sa forme actuelle, est un chiffon rouge.

En m'installant dans la dernière pièce de la rue de Vaugirard, j'ai troqué ma table moderne de laque blanche dont j'aimais palper la surface pour le grand bureau empire de mon beau-père plus adapté au nouvel espace et revenu de la campagne. Il n'est pas mien. Je ne me considère pas comme son propriétaire légitime. Désormais, la pensée de la mort plane sur mes relations avec les objets.

Week-end frais et humide du début de printemps au Bizot. Je lis une excellente biographie de Joseph II qu'a signé François Fejtö. J'imagine une pièce de théâtre à deux personnages, Marie-Thérèse et son fils, avec dans l'ombre Kaunitz. Une réforme de l'Autriche eut-elle été possible en ce siècle. Il eût fallu un souverain plus impressionnant et plus habile que Joseph II. Eut-ce été possible si Frédéric II avait été le fils de Marie-Thérèse ? Il aurait au moins sauvé la Silésie et évité la croissance de la Prusse qui, faute de mieux, serait restée l'alliée de la France. Marie-Thérèse, Joseph II, Frédéric II, Catherine II, quels personnages que ces souverains d'Europe centrale !

Ma quotidienneté est assombrie par deux voiles noirs : la peur d'un vote négatif au référendum sur la Constitution, la crainte d'un fiasco sur la LOPRI, la loi d'orientation et de programmation sur la recherche et l'innovation. Que dirai-je au ministre de la recherche lorsque nous déjeunerons ensemble le 6 avril ? Je voudrais monter cette semaine une séance confidentielle avec quelques unes des personnalités concernées, pour mieux cerner les points d'accord et les divergences et, en conséquence, les dispositions à garder, modifier, supprimer ou laisser en suspens pour un arbitrage, mais un arbitrage de qui ? Ministres et administrations se renvoient la balle. Où est le furet ? A l'Élysée, à Matignon, rue de Grenelle, rue Descartes, bientôt à Bercy ! Les rumeurs circulent, contradictoires. Une comparaison soudaine : le fonctionnement de l'exécutif français ressemble au jeu de *quidditch* imaginé par la créatrice d'Harry Potter. Lamentable pays. Pour être heureux, je devrais être indifférent à ce qui lui arrive, c'est-à-dire me transformer en mort-vivant.

Un sentiment curieux d'impatience, d'impuissance, de culpabilité m'étreint ce week-end car je ne pourrai passer que demain les coups de téléphone urgents et intimidants qu'exige Futuris. Un retard que je pourrais vivre dans la tranquillité mais qui se révèle insupportable.

Une publicité de la SNCF tente de changer l'image de la société : elle s'adonne à la culture des idées neuves, mini-baobabs roses caoutchoutés s'agitant comme des bébés qu'un agent de la SNCF nourrit et protège. Mes idées à moi se désagrègent, retombent en poussière avant d'avoir été stabilisées.

Une définition des syndicats français d'aujourd'hui : organisation de fonctionnaires pour lutter contre le gouvernement qu'ils servent.

L'homme et son blaireau : peu après son mariage, sa femme lui a offert un magnifique blaireau avec des poils authentiques. Pendant des décennies, l'homme et le blaireau se sont retrouvés tous les matins, semblables à eux-mêmes. Puis, lentement le blaireau a perdu ses poils tandis que s'éclaircissaient les cheveux de l'homme.

Cacophonie au sujet de la Constitution Européenne. Les hommes politiques se déchirent, expliquent qu'il faut voter oui ou non tout en passant leur temps à se moquer les uns des autres. Un caquètement de poules. Un homme d'État tiendrait un autre langage : « Dans ce débat, seule compte la France et son avenir. La Constitution survivra à ceux qui provisoirement incarnent notre vie politique et nos débats quotidiens. Elle est un progrès... » Où sont Churchill, Clémenceau ou de Gaulle... L'affaire est mal engagée. Il eut été plus simple de tout faire voter par le Parlement ! J'imagine une caricature d'un autre temps : « La nuit où le diable a visité Chirac... »

Mon autobus a été dévié : une manifestation rue Soufflot barrait le passage. Qui protestait ? Sans doute les grands hommes du Panthéon qui ne reconnaissaient pas la patrie !

Avril 2005

Jean-Paul II s'est lentement éteint. Les télévisions portent un énorme bandeau rouge avec, en blanc, l'inscription : « Le Pape est mort ». Depuis plusieurs jours, on ne quittait pas les foules en prière, de Manille à New-York, de Rome à Paris. Entre ces visions, des débats chantent la gloire de ce Pontife d'exception.

A la réflexion, le bilan est simple : après la génération des pères pervers, Hitler, Staline, Mao Ze Dong et bien d'autres, il incarna la figure du Père au moment où elle semblait s'estomper et lui donna une dimension mondiale. Un Père physiquement fort, courageux, entreprenant, infatigable, mais autoritaire, maintenant la Loi, inébranlable, montrant la voie. Sans doute est-ce comme cela que le voyaient les générations de jeunes européens dans une période d'affaiblissement de la paternité. Ce Père ne pouvait faire autrement que d'assumer la mondialisation, que de briser les parois de l'italianité du catholicisme, que de faire disparaître la majorité européenne au Sacré Collège. Mais le plus étonnant est qu'il portait l'étendard d'un dogme épuisé et invraisemblable.

Le XXe siècle est secoué par les tempêtes et les bourrasques religieuses. Les progrès de la connaissance détruisent intellectuellement les mythes, les institutions sacerdotales s'affaiblissent, mais les inquiétudes de cette humanité coincée sur sa petite planète poussent les individus à se replier dans des niches de Foi où ils espèrent trouver protection et sérénité. Avons-nous si peur de la mort pour admettre qu'après la vie, il n'y a individuellement, que le Néant ?

Odile et moi voyons s'étancher notre soif de policiers. Hier soir, nous avons regardé *La jeune fille à la perle*, ce film admirable de subtilité et de retenue sur Vermeer et Delft.

Avril 2005

Notre vie est une succession d'éternités scandée par des ruptures. Chaque éternité définit nos lieux, nos rangements, nos emplois du temps, nos horaires, nos paysages, nos adresses, nos répertoires téléphoniques, nos gestes quotidiens. C'est sur cette basse continue que frémit la mousse des activités professionnelles, des variations affectives, des aléas des événements politiques. Et lorsque meurt cette éternité qui ne devrait pas finir, une autre reprend sa place en quelques jours et l'on ne garde de l'ancienne que des atmosphères, des éclairages, des visions, des bruits, mêlant des impressions d'ensemble et de minuscules détails. Désemparé, on constate que l'on a oublié le tableau qui figurait au-dessus de la cheminée, la dernière toile qui couvrait les murs de la chambre, le numéro de téléphone…

Fascinante chute des hommes de pouvoir. Ministres, chefs d'entreprise, généraux, directeurs de journaux, syndicalistes, une défaite électorale, une limite d'âge, une décision de conseil d'administration, les fait en quelques heures passer de la lumière à l'ombre. Pourtant, ce brutal changement d'éclairage n'est que banalité. Plus curieuse est la disparition soudaine de leur compétence. On ne confierait plus un régiment à qui a commandé dignement une armée. Son âge gêne les plus jeunes. Ses connaissances techniques ne sont-elles pas périmées ? A-t-il encore la volonté de réussir ? Ses routines ne semblent plus à la mode et la société qui dépenserait des millions d'euros pour sauver un individu sous les gravats d'un tremblement de terre, jette par tombereaux des vivants vieillissants, indifférente à leur mort intellectuelle.

Plus heureux sont les écrivains, les peintres, les compositeurs. Ils peuvent perdre le public de leurs livres, entasser leurs toiles qui ne se vendent pas, noircir des cahiers de notes qui ne seront jamais jouées. Ils possèdent encore l'instrument de leur esprit et si leurs tambours sont muets, ils entendent eux les battements de leur création qui n'est pas le « *second best* » qu'est pour l'homme d'action la rédaction de ses mémoires. De Gaulle a échappé à toute déchéance parce qu'après avoir été un homme d'État, il voulait s'égaler aux plus grands écrivains. Pour survivre, la vanité n'est d'aucun secours, l'orgueil est indispensable. Il donne confiance dans son œuvre parce que c'est la sienne, aussi quelconque soit-elle. Dès lors, la réflexion ne dépend plus des aléas de l'âge, de la fonction, de la notoriété, mais de la force du générateur qui, au fond de soi, fournit les électrons-volts à la machine neuronale.

Ce sujet, par association, m'en évoque un autre : la difficile gestion dans une organisation des carrières d'experts et de managers. La philosophie hiérarchique accorde à ceux qui « commandent » des rémunérations plus élevées. Beaucoup d'experts s'infiltrent dans cette voie et s'y brûlent les doigts. Ils sont alors perdus pour l'expertise. D'où ce constat affligeant : des managers qui se décomposent dès qu'on leur ôte le sceptre du pouvoir, des experts qui se racornissent lorsque faiblit leur volonté d'approfondir. Seuls émergent en fin de compte les vieux lutteurs increvables à la recherche de la puissance et les créateurs fougueux d'une œuvre qui ne se réduit parfois qu'à un dialogue avec eux-mêmes.

Avril 2005

Déjeuner avec le ministre de la recherche, François d'Aubert, un homme souriant et courtois qui commence à maîtriser ses dossiers. Pourquoi n'ai-je pas le courage de raconter les péripéties de l'élaboration cahoteuse de la LOPRI, cette loi d'orientation et de programmation sur la recherche et l'innovation avec ses différents acteurs : les chercheurs fondamentaux qui ne veulent se mêler avec personne et dont certains écrivent froidement dans *Le Monde* que l'avenir de nos petits-enfants ne dépend que de la recherche fondamentale et qui frémissent d'horreur à l'idée d'un Haut Conseil de la Recherche et de l'innovation. A l'autre extrême, Jean-Louis Beffa qui souhaite que ses grands projets de R&D industrielle échappent au système de la recherche publique. Quant aux universités, elles espèrent profiter de l'occasion pour régler leur compte aux grandes écoles sans accepter l'inévitable discrimination entre elles qu'impose la concurrence internationale en matière de recherche. Le gouvernement-lui a jeté dans l'arène une Agence Nationale de la Recherche, l'ANR, alors qu'il eut fallu réorganiser les grands organismes en séparant leur fonction stratégique et leur fonction opérationnelle. La guerre de tranchées dure depuis des mois et un projet ne peut maintenant voir le jour qu'après le référendum sur la Constitution européenne. Or, que ce référendum soit gagné ou perdu, il est probable que le gouvernement changera…

Que faire quand on voit du balcon son pays se disloquer ?

Hier, déjeuner annuel de ma promotion à la maison des X. Nous sommes nombreux quoique l'effectif soit déjà réduit de 15 %. Deux pages dans l'annuaire suffisent à notre promotion. J'apprends la disparition de Hoang Chan et d'El Gammal. En revanche, je vois apparaître des camarades que je croyais morts. Ce temps retrouvé me révèle la complexité de la reconnaissance des visages. Il y a des têtes qui ont vieilli proportionnellement si l'on peut dire ; d'autres, profondément transformées, sont immédiatement identifiables parce qu'elles ont conservé un ou deux traits majeurs ; d'autres encore, impossibles à nommer, tant que le camarade ne s'est pas présenté et qu'émerge alors une vague ressemblance et un fragile souvenir.

L'habitude se prend d'un coup de téléphone entre Washington et Paris en fin d'après-midi du samedi. Aujourd'hui, Renaud m'a appelé. Il est content du laboratoire qu'il a choisi : une équipe de cinq ou six, sous la férule du Dr Love, dans un ensemble d'une trentaine de chercheurs. Ses formalités administratives sont presque achevées, la demande de prêt pour l'achat d'une voiture déposée. Lydie qui doit faire sa première présentation dans la semaine est inquiète. Les chats vont bien.

Le référendum sur l'Europe approche. Le non se maintient à 53 % dans les sondages. Beaucoup d'électeurs pensent qu'il y aura une renégociation. Sur quoi ? Qu'est-ce qui unit le non de Fabius, de le Pen et de l'extrême gauche. Plus le temps passe et plus éclate l'énormité de l'erreur de Chirac. Les électeurs confondent ce qui est nouveau et ce qui est déjà voté. Ils veulent une Europe sociale, oubliant qu'une Constitution n'est qu'un cadre. Le Président de la République va s'engager. Sans beaucoup d'effets sans doute. Les parents savent que les enfants trop énervés ne sont calmés que par une paire de gifles ou une douche froide. Chirac n'a pas ces remèdes dans son sac.

Quant à Masaryk, dont je lis les mémoires[103], son texte est terne, mais il prend quelque couleur quand l'auteur raconte son départ pour la Russie à la veille de la révolution de février, la constitution, à partir de prisonniers, d'un corps tchèque de 50 000 hommes reconnu comme appartenant à l'armée française, ses négociations avec les Bolcheviks, le retrait des Tchèques de l'Ukraine lorsque la *rada* de Kiev prononce l'indépendance, son long périple à travers la Sibérie qui le mène à Vladivostok, à Tokyo, à Vancouver, à Chicago, à Washington... Par Londres et Paris, il arrivera à Prague en décembre 1918. Le livre contient pourtant bien des remarques qui aident à comprendre les problèmes de l'époque : l'importance du slavisme que plus personne ne ressent aujourd'hui, l'ambiguïté des sentiments des

---

[103] T. Mazaryk, *La résurrection d'un État. Souvenir et réflexions* (1914-1918). Mazaryk fut le premier président de la république tchécoslovaque en 1918.

Tchèques à l'égard de la Russie, l'hésitation des Slovaques entre l'autonomie au sein de la Hongrie, le rattachement à la Russie et la participation à la Tchécoslovaquie (déjà s'annonce la séparation future que Masaryk ne semble pas craindre car il se sent aussi slovaque…).

J'aime multiplier les regards croisés sur une période. Ils donnent au passé son épaisseur, ses contradictions, son humanité.

Par définition, tous les humains vivant en même temps sont des contemporains témoins des mêmes événements, des mêmes découvertes, des mêmes catastrophes. Certes, nul ne conteste leurs différences de savoir ou de pouvoir, mais on a tendance à admettre que, vivant au même siècle, ils partagent nombre de mentalités et de comportements. Aujourd'hui, la majorité d'entre eux savent lire, reconnaître un avion, ne sont pas surpris par la télévision, ont vu des automobiles. Cette uniformité superficielle gomme le fait qu'en leur for intérieur, nombre de vivants d'aujourd'hui ont une partie d'eux-mêmes réagissant comme dans les siècles passés. Le phénomène peut s'observer au niveau des civilisations, des sociétés ou des individus.

La civilisation musulmane, bloquée dans son développement après la chute des Abbassides a raté le mouvement de la Renaissance et manqué son insertion dans la science et la technique moderne. Elle en est encore dans certains pays à envisager l'application de la Charia définie dans les premiers siècles de la renaissance de l'Islam. Les règles concernant la famille, la situation de la femme, fortement intériorisées, remontent aussi à de très anciennes périodes.

Anatol Lieven s'interrogeant dans *Le nouveau nationalisme américain*[104] sur les bases d'une société qui incarne la modernité, montre que « le rejet de l'État tout comme certaines conceptions religieuses ou ethniques, renvoie à la période précédant les Lumières » ; il décrit « la face sombre, méconnue ou oubliée du système idéologique américain, ancrée dans le calvinisme du XVIIe siècle et dans l'expérience de la colonisation du territoire, système mental prédisposant à une perception inégalitaire, ethnique et pessimiste du monde »[105].

Plus près de nous, en France, rien de plus facile que de citer des individus qui pensent en termes de la Grande Nation des années 1800, des valeurs républicaines de 1880, du Front populaire de 1936, de la vision des trente glorieuses de 1960.

---

[104] A. Lieven, *Le nouveau nationalisme américain,* Lattès, 2005
[105] La citation est tirée de l'avant-propos d'Emmanuel Todd.

Faut-il s'étonner de ces décalages ? A l'échelle du temps de l'humanité, sûrement pas. Si l'on fait débuter arbitrairement l'aventure de notre espèce à l'agriculture, vers 10 000 ans avant Jésus-Christ, soit il y a six cents générations, trois siècles de retard ne font que quinze générations. N'oublions pas ce qu'encourait sous la Restauration celui qui aurait profané une hostie consacrée. Cela ne remonte qu'à sept générations.

Avril 2005

Une émission à la télévision allemande sur Paul VI, l'ancien cardinal Montini successeur de Jean XXIII, m'apprend que, pour préparer la décision de l'Église sur l'emploi de la pilule, le pape avait créé deux commissions : l'une de laïques qui conclut à en autoriser l'emploi, l'autre d'évêques qui commença par conclure dans le même sens par 52 voix contre 50, mais en l'absence de deux prélats hostiles à ce vote, le cardinal Wojtila, le futur Jean-Paul II, et le pape lui-même. Finalement, le pape prit seul la décision du refus. Étonnante décision : l'Église était libre face à cette innovation technique, aucun point du dogme n'était en cause ; un peu de réflexion montrait que la bataille allait être perdue. Un exemple de ces points de branchements importants en rétroprospective et qu'il n'est pas toujours facile d'identifier.

Au groupe Michel Albert, Jean Cheval nous parle du Liban après l'assassinat de l'ancien premier ministre Hahriri : 3 à 3,5 millions de Libanais résidents, une diaspora de volume triple et sur place 250 000 palestiniens et 500 000 travailleurs immigrés. Une société organisée sur la base du communautarisme religieux sans espace laïque, ces communautés ayant souvent des structures féodales. Une société n'ayant comme ressource que son capital humain. Sur les dix-sept communautés reconnues, les communautés chrétiennes représentent 37 à 40 % de la population dont 25 % pour les Maronites, les Chiites comptent pour 30 à 37 %, les Sunnites pour 14 % et les Druzes pour 6 à 7 %. Les Syriens sont entrés à la demande des Maronites à un moment où ils risquaient d'être écrasés par leurs adversaires. La guerre civile fut à la fois intracommunautaire et entre communautés.

Hahriri a réussi la reconstruction en attirant des capitaux, mais avec un développement spectaculaire de la corruption, une corruption dont les Syriens aussi ont profité. Entouré par la vieille garde de son père, le président syrien est un faible et ce sont sans doute les services secrets syriens qui, de leur propre initiative, ont agi. D'où ce rapprochement spectaculaire des manifestants chrétiens, sunnites et druzes. Reste à négocier avec le Hezbollah chiite qui possède la seule milice armée, se bat contre Israël et assure dans sa zone une sorte de sécurité sociale en faveur des pauvres. Des négociations avec le Hezbollah sont probablement en cours. Mais pendant la guerre, Dubaï a pris le relais de Beyrouth comme place financière.

Conditions d'un renouveau : l'intégration politique du Hezbollah, un minimum de « décommunautarisation », l'émergence d'une nouvelle génération…et un environnement international favorable !

Ce que je craignais s'est produit. Jacques Chirac s'est lancé le 14 mars dans un grand show télévisuel où, pendant deux heures il a discouru devant quatre-vingt jeunes et répondu à leurs questions sur la Constitution européenne. Quels sont les conseils en communication qui lui ont suggéré ce dispositif burlesque ? Résultats : le Président a été pâteux, confus, peu convaincant. Le verdict ne s'est pas fait attendre Le non atteint 56 % dans les sondages. Des rumeurs se propagent : « la Constitution interdirait ceci ou cela ». Elle est devenue un monstre indescriptible, affreux, menaçant. Quand je pense qu'il eut suffi au Parlement d'une après-midi pour la voter ! J'oscille entre fureur et tristesse.

Avril 2005

Sentiment d'être un étranger dans mon pays.

Des actions absurdes, mais qui seraient efficaces pour le « Oui » : « Voter non, c'est voter pour Bush ». Une annonce de Jacques Chirac : « Si le oui l'emporte, je démissionne ». Prêter de l'argent à la Chine sous condition qu'elle menace l'Europe…

Comment le Président a-t-il pu accumuler tant d'erreurs ?

Cette nuit, j'imagine en rêve que je suis à La Rochelle, devant le 10 de la rue l'Hôtel de Ville, je m'enhardis enfin à demander à la boutique le nom de l'occupant du deuxième étage. J'appuie sur le bouton de la porte de l'immeuble et débite la phrase que j'ai préparée. « Je suis un vieux monsieur né dans cet appartement, il y a soixante-seize ans. Me permettriez-vous d'y jeter un coup d'œil ». Je suis enfin prêt à affronter cette visite. En rêve, je reconstruis diverses utilisations de l'espace d'autrefois.

Les mémoires de Masaryk font 488 pages. Est-ce le papier jauni de ce livre pourtant joliment relié qui en rend la lecture ennuyeuse ? Le style est terne, plat, le récit incolore. Peu de portraits, beaucoup de noms cités. Ce n'est qu'après le milieu du livre que le ton s'anime. Il faut attendre la page 300 pour que l'auteur raconte sa propre histoire et esquisse sa vision du monde, puis donne son interprétation de la Grande Guerre. Et l'on réalise alors ce qu'apporte la lecture laborieuse du texte.

Rarement fait, un parallélisme se dégage entre l'épopée de Masaryk et celle de de Gaulle. Masaryk quitte l'Autriche-Hongrie à la veille de la guerre et, pendant toute sa durée, de Paris, de Londres, de Russie, d'Amérique, il organise la résistance tchécoslovaque, fait reconnaître par les Alliés son Conseil National, organise des légions qui s'illustreront en Russie en 1918 et enfin, à travers la Sibérie, de Vladivostok à Tokyo, Vancouver, Washington et l'Europe, il arrivera à Prague en fin novembre 18, élu en son absence Président de la toute jeune république tchécoslovaque et reconnu chef incontesté du pays. Son régime de Vichy était le gouvernement de l'Autriche-Hongrie qui aurait eu dans le monde de nombreux sympathisants pour peu qu'il eût réussi à se réformer. Mais cette similitude de destin ne doit pas cacher ce que les deux hommes avaient de différent. Écrivant des notes, des articles, des mémoires, prononçant des conférences, multipliant les contacts, démultipliant les responsabilités, Masaryk apparaît aussi tenace que Charles de Gaulle mais moins hautain, moins entier, moins intransigeant que lui.

Du livre, transparaît une dimension idéologique bien effacée aujourd'hui : la transformation des familles linguistiques en affinités entre les peuples, les Germains, les Slaves, les Latins... Les Tchèques se sentent proches des Russes bien que catholiques, n'utilisant pas le cyrillique et intégrés depuis toujours à l'Europe Centrale. On ne discute guère de l'unité des Yougoslaves, cette unité largement factice qui a engendré bien des drames au XXe siècle. Au nom de ces rapprochements, Masaryk ne pressent pas les difficultés entre les Tchèques et les Slovaques et ne voit guère de problèmes dans l'incorporation des Ruthènes. Mais, il s'inquiète de l'attitude des Allemands en Bohême tout en minimisant le sujet. Il ne savait pas que la différence entre les frontières linguistique et stratégique de la Bohême amènerait la ruine vingt ans plus tard du premier État tchécoslovaque.

Chaque samedi, j'ai Renaud au téléphone. Il souffre du dépaysement, du changement de langue, de l'entrée dans un nouveau champ de recherche. Timide, connaissant mal l'anglais, Lydie vit dans l'angoisse. Curieusement, la distance crée une nouvelle familiarité entre nous. Notre besoin de parler est réciproque. L'impossibilité d'être ensemble nous rapproche.

Pour la première fois depuis des années, je viens de taper quelques notes sur le piano. La vue se trouble, confond si et sol, distingue mal les bécarres des dièses. Parfois les doigts retrouvent leur place et le rythme, parfois ils se désynchronisent du regard et se perdent sur le clavier. Et pourtant, cette musique balbutiante qui reprend des pièces simples des *classiques favoris* me pénètre de joie. De son bureau, Odile écoutait, transportée de plaisir en dépit de la médiocrité de la production.

Avant-hier, aux actualités du soir, François Hollande a, en quelques minutes, présenté un magnifique plaidoyer en faveur de la Constitution Européenne. Il disposait pourtant de peu de temps. Ah ! Si Chirac en avait fait autant au lieu de se fourvoyer dans des échanges bavards avec des jeunes pendant deux heures durant. Il reste peu de temps pour redresser la barre.

Avril 2005

Selon Lieven, Drieu La Rochelle aurait déclaré dans les années 1930 : « Il n'y a plus aujourd'hui qu'une façon d'aimer la France, c'est de la détester telle qu'elle est ». Un instant, j'ai cru que je pouvais me rallier à cette formule. Puis, je me suis rétracté. Je ne veux pas être le complice de ce fasciste. Détester ? Non. Mépriser peut-être. Mépriser cette collection d'individus qui surestiment leur intelligence. Ils ont d'ailleurs des circonstances atténuantes : pas assez instruits pour savoir et avec pour professeurs une classe politique incapable de communiquer en termes simples.

Renaud, en partant, a laissé sa collection de disques classiques. Aujourd'hui, après le déjeuner, je me suis allongé pour ma sieste habituelle et, un bandeau sur les yeux, j'ai écouté, en pensant à lui, les troisième et quatrième concertos pour piano de Beethoven par Selkin et Ozawa. Cette musique, certes grandiloquente et parfois facile, envahit, bouleverse, émeut, enflamme, emporte. Impossible, pour moi du moins, de lui résister. Et je m'extasiais devant la puissance des grands créateurs qui, leur vie durant, déversent des océans d'œuvres personnelles et inondent l'humanité, bien différents de ces auteurs, de ces compositeurs et de ces peintres qu'un volume, une partition ou une toile proches de la perfection ont rendu célèbres. A des années-lumière des micro-créateurs dont je suis, semblables à ces sentiers étroits que l'on traverse sur les routes sans en avoir conscience.

Alors que le nom de Liszt m'évoque du rose et du rouge, sa musique me paraît le plus souvent en noir et blanc, sans la moindre couleur, contrairement aux compositions des autres grands romantiques. Elle est écrasée par l'abondance des graves et la puissance du rythme.

Dans la douceur d'un soir de fin avril, j'attends Odile qui revient de son stage de peinture à la Ferté-Milon. Toute la semaine, j'ai pensé à elle avec tendresse.

Mai 2005

L'horizon s'éclaircit un peu : pour la première fois depuis longtemps, le oui dépasse légèrement le non et ce, avant la déclaration jugée bonne de Lionel Jospin.

Hier, j'imaginais un livre sur la technologie et l'art, ces deux domaines que beaucoup jugent étrangers alors qu'ils s'interpénètrent. L'artiste doit faire avec l'outil et les matériaux que la technique lui offre. L'architecte d'aujourd'hui manie l'acier et le béton alors que ses devanciers n'avaient que la pierre, le bois, la brique, la tuile, l'ardoise. Il conçoit ses compositions sur ordinateur, pour faire monter ses flèches plus haut que celles des cathédrales, lancer ses ponts sur des détroits de plusieurs kilomètres. Le sculpteur se confronte à une multitude de matériaux alors que Phidias n'avait guère que le marbre et le bronze. Au lieu d'avoir à préparer leurs couleurs à partir de produits de la nature, les peintres trouvent dans le commerce toutes les nuances de familles de peintures. Mais tout cela ne constituerait que la première partie du livre. La seconde raconterait les arts nouveaux rendus possibles par la technologie : la photographie, le cinéma, le dessin animé, la bande dessinée, les effets spéciaux... Je pense à *Yellow Submarine*. Une troisième partie traiterait des effets de l'art sur la conception des objets technologiques, le design des automobiles, des avions, des téléviseurs, des ordinateurs...J'énumère des évidences. Et pourtant ces évidences me fascinent, tant le quotidien oppose l'image de l'artiste et celle de l'ingénieur, le premier transporté par les fantasmes de son imagination, rebelle à toute contrainte, le second soumis à l'expérience, dominé par ses calculs et substituant la froideur du raisonnement à la chaleur de l'affectivité humaine. Pauvre typologie qui était déjà fausse du temps d'Archimède. Mais les clichés sommaires aident à se repérer dans la jungle des sociétés humaines.

Je suis au Bizot coupé des événements comme si je n'avais aucune attache. J'apprends à lire à Clémentine ; « Bl*a*ndine a mis ses *g*ants blan*c*s », supervise Mirabelle pendant ses exercices de piano, participe aux courses alimentaires, regarde un moment une série policière à la télévision. Soleil et température douce font de la propriété une île de verdure au milieu du silence. Seul lien avec le monde, un monde lointain et dérangeant, la lecture du *nouveau nationalisme américain*. Un chapitre terrifiant sur le *fondamentalisme et la peur*, un chapitre peuplé de ces pasteurs évangéliques exhortant les foules dans les meetings ou fulminant à la télévision à partir d'une interprétation littérale de la Bible. La lecture de Liéven achève de me convaincre que mon intuition est juste. L'Europe ne comprend plus ni la naïveté du credo américain, ni la peur de Satan de la droite chrétienne. Quant aux États-Unis, ils prennent pour simple lâcheté la tolérance religieuse et la relativité culturelle de la vieille Europe.

Souvent la nuit, après un cauchemar gris, une angoisse me serre la poitrine et le creux de l'estomac et me plonge dans un affreux sentiment de solitude. Alors, pour rompre la détresse, je touche de la main l'épaule d'Odile, chaude et douce. Le cauchemar se situait cette fois encore à La Rochelle où je voulais emprunter la rue du Minage pour aller du Marché à la place d'Armes. Horreur ! On avait à l'intérieur des arcades construit un couloir d'acajou verni percé de devantures éclatantes de luxe. Furieux, j'interpellai les passants et dénonçai le crime contre l'esthétique dont s'était rendu coupable l'architecte. En haut de la rue, je tournai à droite et découvrai une vieille église et des bâtiments anciens que je n'avais jusque-là observés qu'en rêve et dont je devais constater la réalité puisque je marchais dans la ville, éveillé. Plusieurs fois déjà, dans les fantasmes du sommeil, j'ai rajouté à des villes, à Paris, à La Rochelle, à Tolède, des monuments historiques produits par mon imagination. À Paris, ce sont de hautes bâtisses du XIXe situées entre la gare du Nord et la porte de la Chapelle...

Retour à Lieven : dans son avant-dernier chapitre, il décrit les liens entre les États-Unis et Israël et montre qu'outre le lobby juif américain, il existe une affinité profonde entre les fondamentalistes chrétiens et les Israéliens, imprégnés de Bible les uns et les autres.

La bataille pour le référendum reste indécise. En revanche, une bonne nouvelle attendue : Tony Blair est élu Premier ministre pour la troisième fois.

Mai 2005

Pourquoi n'ai-je pratiquement jamais parlé de Catherine dans ce *journal* ? Parce que la blessure était trop douloureuse. La souffrance de Catherine, son hostilité à notre égard, engendraient des réactions violentes et des propositions radicales d'Odile (auxquelles je répugnais). Meurtri, je voyais se décomposer la famille, se tendre les relations au sein de notre couple. Il semblait que le calvaire ne pouvait avoir de fin. Or, depuis quelques semaines, Catherine, épanouie, semble avoir retrouvé une sorte de joie de vivre et accepté un modus vivendi. Elle est venue passer au Bizot une semaine avec nous, Mirabelle et Clémentine. Présente, courtoise, lissant son agressivité, respectant les horaires. L'impensable a eu lieu. Renaud, à qui j'en ai parlé au téléphone, m'a dit qu'il avait toujours pensé que ce rapprochement se produirait. Un pari que je n'aurais pas pris. Les causes ? Sans doute des médicaments mais aussi l'appropriation par Catherine de son appartement et mes efforts pour développer avec elle une relation de père à fille...

Mai 2005

Hier soir, je pensai avec une infinie tristesse à ceux (ou celles) qui se sont sentis mourir à l'heure sombre où leur patrie semblait anéantie : un Français de l'automne 40, un Lorrain de 1872, un Polonais de 1942. Eussent-ils préféré disparaître à l'aube du renouveau, rassurés sur l'avenir qui attendait leurs descendants ? Peut-être mon interrogation ne concerne-t-elle que des vivants et s'évanouit-elle avec le désinvestissement de la vie ?

Futuris — et moi par conséquent — avons perdu une première bataille à propos de la loi sur le recherche. Comme pour le non au référendum, la conjonction de l'extrême-droite et de l'extrême-gauche a fait éclater ce que nous voulions construire. A l'extrême-gauche, Trautman souhaite que la recherche fondamentale s'isole dans sa tour d'ivoire et le ministre de l'Éducation nationale veut renforcer les universités — sans les réformer naturellement — face aux organismes. A l'extrême-droite, Beffa conçoit son Agence d'Innovation Industrielle comme totalement séparée de la Recherche. A la rigueur, le Conseil de l'agence et le Conseil de la recherche pourront se rencontrer une fois par an pour examiner l'ensemble du champ. Qu'attendre de rencontres entre de Villiers et Besancenot ? Le ventre mou, ce sont les ministres ; ils n'ont ni vision, ni projets. Et quant au Président de la République, il a vu dans les propositions de Beffa l'occasion d'une attitude gaullienne. Notre thèse était bonne, mais le calibre de nos canons était insuffisant.

Cette semaine, l'académie des technologies s'est déplacée à Besançon. Le thème : les microtechniques. Visite du musée du temps installé dans le palais du XVIe d'un conseiller de Charles-Quint et d'Arc-et-Senans, cette œuvre architecturale de Nicolas Ledoux dont une photo pourrait symboliser, sur la couverture d'un livre, la difficulté de la France à entrer dans l'ère industrielle : des bâtiments trop ambitieux pour une opération économique, une utopie sociale qui s'impose au processus industriel, une conception statique d'une entreprise qui doit pouvoir évoluer. Déjà, lors de mon premier voyage aux États-Unis, j'avais comparé la modestie des sièges miniers américains et le luxe des bâtiments de Faulquemont aux Houillères de Lorraine.

J'observe toujours avec soin les hôtels de régions, ces immeubles par lesquels les autorités régionales veulent affirmer leur puissance naissante. A Besançon, ce qui marque est moins le bâtiment que la salle des séances : une estrade surélevée avec plusieurs rangs de fauteuils fixes regardant le reste de la pièce (la place du Politburo ?), un grand U le long duquel s'alignent les fauteuils du second ordre (au sens de 1789) et derrière, les rangs plus compacts des chaises des assistants ordinaires (sans doute le Tiers-État).

Plus sérieuses furent les réflexions que m'inspirèrent les exposés : la Franche-Comté comprend un tissu de PME dans le domaine des microtechniques. La crise de l'horlogerie marquée par le drame de Lipp a été, semble-t-il, assez facilement surmontée comme a été réussie la reconversion du Choletais. D'où cette question : les réseaux décentralisés s'adaptent-ils plus facilement que les grandes entreprises ? On sait que dans les anciens pays communistes, les combinats ont été les plus difficiles à réformer. Un sujet qui mérite d'être approfondi.

Mai 2005

Huit jours du référendum. Le non toujours en tête. Je paraphrase et complète une déclaration d'Alexandre Adler. La France est un pays décadent, orgueilleux, frileux et paresseux...

Deux rêves curieux cette semaine. Dans le premier, je pars en Normandie avec deux amis. Arrêt dans une brocante d'un village. Une rue étroite et sombre. Sur des châlits en bois blanc à deux étages s'étalent des objets divers et poussiéreux. Un marchand de livres anciens nous entraîne dans une remise dont le mur du fond est recouvert d'une bibliothèque à laquelle on accède par un escalier étroit et dangereux, plaqué contre les rayons. Tout en haut, un vieux livre jaune clair au milieu de fils d'araignées. Sur la tranche, je lis Lesourne Petitmengin (le nom d'un camarade de la promotion précédente que j'ai peu connu). Je m'interroge, je n'ai aucun souvenir de cet ouvrage. Il s'agit de récits en prose, sans illustrations. Une allusion me fait simplement penser que le Lesourne en question était libraire.

Le lendemain, je suis à la SEMA et passe en revue les idées de développement des départements successifs et soudain, j'ai une illumination : le concept de départ est périmé. Il faut transformer cette société d'études et de conseil en un BHV où on trouvera tout pour l'entreprise, des manuels, des logiciels, des informations sur les marchés et les technologies, des conseillers juridiques, des conseils en stratégie. On pourrait aussi naturellement y demander des propositions d'intervention dans tous les domaines où la société opère déjà. Ma conviction est faite. C'est la bonne voie. Fin du rêve. Au réveil, l'idée me paraît moins judicieuse que l'ouverture d'un site sur Internet.

Dimanche soir 29 mai, après un long voyage de retour du Bizot, et un éphémère espoir dû au fort taux de participation, le coup de massue : un non de 54,5 % au référendum. Quel gâchis pour l'Europe et pour la France ! Certains parlent d'insurrection, car il est vrai qu'au cartel des non s'est rajoutée la nausée à l'égard du pouvoir de la France d'en bas. Désaveu pour le Président, pour la classe politique de gouvernement et plus généralement pour les élites économiques et sociales qui étaient majoritairement en faveur du oui.

Je suis trop vieux pour émigrer. Et où ? La solution : vivre comme un résident étranger en France sans participer désormais au moindre vote. Tiendrai-je cette résolution ? L'avenir le dira.

Dans ma rage, j'écris les deux pages suivantes.

Chirac, qu'as-tu fait de mes légions ?

« Je suis un Français ordinaire, qui a voté pour toi au deuxième tour des élections présidentielles de 2002. Je t'ai béni avec près de 80 % de nos compatriotes et tu t'es vu confier la plus belle armée parlementaire qu'un Président ait connue depuis longtemps, une armée maître du terrain à l'Assemblée comme au Sénat ».

« C'était le moment de prendre des risques, de réformer, de gagner des batailles. Mais tu as eu peur. Dès que quelques partisans sont apparus dans la rue, tu as retenu ta cavalerie, te contentant de prendre quelques villages. Résultat : tu as subi une première défaite aux régionales de 2004. Mais, tu as fait mieux : en 2005, alors qu'il te suffisait de choisir la voie parlementaire pour que tes brillantes cohortes gagnent la bataille de la Constitution européenne (tout pouvait être consommé en une après-midi) tu as préféré la bataille en rase campagne d'un référendum et tu t'y es fait écraser sans pouvoir te servir de tes bataillons de députés. Tristes jours. »

Certes, je ne suis pas Octave, mais j'ai cru ressentir sa tristesse quand il a appris le désastre de Varus dans la forêt de Teutoburg.

Ma comparaison manque pourtant de sens. La perte des légions en Germanie n'a guère influencé le devenir de l'empire romain. Plus lourd de conséquences est le non au référendum sur la Constitution européenne.

Chirac n'est pas Varus, mais Louis XVI. Ce dernier aussi suscita l'allégresse lors de son arrivée au trône. Il prit des ministres réformateurs, mais commit la bévue de rappeler le Parlement. Incapable de réformer les finances de l'État, il s'enfonça dans le piège de la convocation des États Généraux et son mélange de mollesse et de bouffées de fermeté le conduisit à l'échafaud. Heureusement, Jacques Chirac ne risque rien de tel et je lui souhaite une vie paisible lorsqu'il aura quitté son poste. Quel dommage qu'il ait tous les talents sauf les quelques-uns qui sont indispensables pour être Chef de l'État.

L'Europe en fait les frais. Elle n'y peut rien la pauvre puisque c'est par duplicité que beaucoup de coups ont été portés en son nom à notre Président. Le ras-le-bol qui a massivement explosé lors de ce scrutin, où aucune affiliation partisane n'encadrait les électeurs, venait d'un pays sans leadership en proie à la stagnation et au chômage. Et ceux qui ont voté oui, ne l'ont fait que pour l'avenir de la construction européenne. Ils sont las de l'attentisme, des fausses réformes. Ils voient avec inquiétude les problèmes s'accumuler sur cette France repue et mécontente, sclérosée et paresseuse, prétentieuse et fermée sur elle-même.

La construction européenne tiendra, dans de mauvaises conditions certes et avec des dégâts géopolitiques peut-être irréversibles. Mais la France va souffrir. Quelles bêtises feront nos gouvernements avant que le pays, ce pays dont l'on chante l'imbécile sagesse ouvre à nouveau les yeux sur la réalité du monde ?

Juin 2005

A l'occasion de la lecture d'un roman policier quelconque qui se passe en 1809, je relis le récit de cette campagne dans un vieux livre d'histoire militaire et découvre que les batailles de Wagram et de Waterloo sont presque identiques, à cela près que dans le premier cas l'archiduc Jean arrive trop tard sur le champ de bataille tandis qu'en 1815, Blucher surgit au moment où Napoléon qui est sur le point de battre Wellington n'a plus de réserve à lui opposer. Le prince Eugène qui, venu d'Italie, a rejoint à temps l'Empereur, a fait mieux que le pâle Grouchy.

Le commentateur militaire mentionne que toutes les batailles de Napoléon ont la même structure : obliger l'ennemi à engager progressivement toutes ses réserves puis lui porter un coup qu'il ne peut plus parer. A Wagram, il faudra du temps pour réussir. Devant le risque d'effondrement de l'aile gauche le long du Danube, il faudra détourner Massena du centre vers le Sud, remplacer ce dernier par une batterie de 1200 canons, puis lancer sur le centre autrichien le bélier de la compacte colonne Macdonald et alors seulement, Davout à l'aile droite pourra tourner la gauche autrichienne et décider l'archiduc Charles à se replier. Coûteuse et amère victoire.

Jacques Chirac vient de désigner Dominique de Villepin comme Premier ministre. Les prétentions de Nicolas Sarkozy auraient été inacceptables. Ce personnage, qui n'est pas sans valeur, arrive au pouvoir à un moment qui ne lui convient pas. Cet ENA au carré n'aura guère d'emprise sur la France déboussolée d'aujourd'hui. Mais Jacques Chirac ne cherche pas un premier ministre. On dit qu'il a besoin d'un serviteur fidèle. En fait, il a nommé un garde du corps… Dernière nouvelle, il reçoit Sarkozy en coadjuteur, mais ne vous y trompez pas : c'est pour mieux contrôler le spadassin. Voire ! Ce dernier garde la présidence de l'UMP, un cumul jugé impensable par le caïd il y a un an. Bouffon !

Juin 2005

Envoyés par Renaud, Catherine, Danielle et moi, les bouquets de fleurs pour l'anniversaire d'Odile embellissent l'appartement. Très doux ont été pour elle les appels téléphoniques des petits enfants.

Un jardin du Luxembourg somptueux et indifférent accompagne une France insouciante et tranquille, qui remâche avec délectation la victoire du non ou, chez les partisans du oui, sent monter les premiers frémissements d'un orage, tandis que sur une scène minuscule s'agitent, comme des pantins, ministres, premier ministre ou Président. Quand l'un d'eux parle, il semble aphone, je ne comprends pas ses mots.

VGE a fait à la télévision la même analyse du référendum que moi : 40 % opposés de toute façon à l'Europe depuis longtemps, la moitié à l'extrême-droite, la moitié à l'extrême-gauche. Sur les 60 % qui ne sont pas europhobes, un quart ont voté contre Chirac pour des raisons de politique intérieure.

Fabius, tout sourire dehors, a expliqué que le PS au lieu de s'ouvrir s'était enfermé dans un bunker et que, quant à lui, il préparait l'union de la gauche et l'alternance de 2007. Encaissera-t-il les trente deniers pour lesquels il a trahi ?

En parcourant les quotidiens jour après jour, j'ai découvert une évidence : l'information écrite est progressivement polluée par la télévision : recherche de titres accrocheurs, résumés courts, colonnes de notules véhiculant des informations floues, incertaines, imprécises, plus émotionnelles que factuelles... Résultat, nous sommes à la fois noyés d'informations et sous-informés. Je pense avec tristesse à l'éditorial d'Hubert Beuve-Méry qui annonçait un journal rapportant des faits vrais (il me serait facile de retrouver la citation exacte) !

Juillet 2005

Les médias français continuent à désinformer l'opinion en présentant des visions simplistes des problèmes, qu'il s'agisse de l'Europe, de l'attitude de Blair, de la pauvreté dans le monde. Ils réunissent une majorité de journalistes bavards qui n'ont qu'une vision superficielle et noient leurs collègues qui restent des professionnels et constituent le dernier môle de résistance dans l'audio-visuel et dans la presse écrite.

Jacques Chirac s'apprête à partir pour Singapour sans doute pour s'attribuer le mérite du choix de Paris pour les JO de 2012. Je me sens humilié. Encore deux ans à supporter la chiraquie sans certitude d'amélioration de la situation au-delà...

Depuis le référendum, les événements me semblent tamisés par un voile de gaze. Ils sont pourtant nombreux : la perte des JO en dépit d'un Delanoë remarquable (les erreurs me dit-on : une Italie négligée, une première page de *L'Équipe* sur les altesses du Comité, une remarque d'Albert de Monaco sur le terrorisme à Madrid, des remarques de notre Président sur la cuisine finlandaise (?)) ; le référendum luxembourgeois qui monte à 13 le nombre des pays ayant approuvé la Constitution ; les attentats de Londres qui seront sans doute suivis d'opérations analogues en Italie ou à Paris ; l'annonce des pôles de compétitivité retenus, 15 d'ampleur internationale et 52 d'ampleur nationale. Une des rares bonnes décisions du gouvernement Raffarin, tout à fait dans la ligne de ce que souhaitait Futuris. Quant au déficit, il file à 3,5 % en 2005 et 2006 et la dette grimpe à la verticale... De leur côté, les jeux politiques se déroulent sans lien avec les problèmes réels : Sarkozy vire au populisme, Fabius prépare le moment où il trucidera Hollande, Chirac est à l'affût de la moindre mesure caressant l'opinion. En passant place de la Concorde et en voyant s'ériger la tribune du 14 juillet, je me disais que ce serait l'une des plus lugubre fêtes nationales d'après-guerre.

Il paraît que les fauves mangent les dompteurs quand ils sentent que ces derniers ont peur. L'opinion publique fait de même avec les hommes politiques qui la craignent.

14 juillet. Pour moi, le plus triste depuis 1945. Je regarde une partie du défilé. Je vois passer l'ombre des armées du passé et ressens malgré moi une émotion que je contrôle difficilement. La modernité s'infiltre, moins par les quelques engins blindés que par les progrès de la féminisation, le mélange des militaires et des forces de sécurité, le rappel dans les commentaires des présences à l'étranger ou sur les lieux de feux, de marées noires et de catastrophes naturelles. Chirac, impassible et triste, observe tout cela le visage fermé tandis que derrière lui Borloo s'agite, incapable de rester en place une seconde. Au premier rang, le président brésilien Lula irradie bonté et dignité.

J'ai découvert, étonné, que la majorité de mes amis étaient juifs. Étonné parce que jamais les attaches religieuses n'ont compté pour moi. Des communautés juives émane un pourcentage anormalement élevé d'individus extraordinaires. Pourquoi ? Pourquoi ai-je avec eux une connivence intellectuelle si naturelle ? Le seul sujet à éviter ? Israël. C'est chez eux la tache aveugle. La France serait un pays quelconque si par malheur elle était privée de sa communauté juive. Elle perdrait beaucoup aussi si disparaissait sa petite minorité protestante.

Juillet 2005

« L'histoire de ta vie » m'a dit ce matin Odile, à quoi j'ai répondu « revue et corrigée ». Parce que je lui avais raconté mon rêve de la nuit : promenade à la campagne avec Odile et un groupe d'amis. Paysages de verdure. Nous débouchons sur un grand lac engendré par la crue d'une rivière locale. Retour difficile, car me voilà pieds nus. Un voisin me porte sur ses épaules, puis j'ai à monter une étroite échelle verticale d'où je débouche à La Rochelle rue Saint-Sauveur, une rue inondée à la surface de laquelle, de par ma volonté, je me tiens en lévitation. Arrivé place de la Caille, je découvre un immense trou sous ma maison, un trou que limite une solide voûte. Des gens s'agitent. Le chef des opérations m'annonce : « Le danger est conjuré ; aucun problème dans les étages ». Je monte à côté de lui. Bientôt l'escalier de pierre est encombré de gravats, de gros blocs parmi lesquels un chapiteau corinthien. Accès au deuxième par une charpente en bois. A l'intérieur, l'appartement est dévasté. Ma mère et ma grand-mère errent, perplexes, au milieu des décombres. Que faire ? Pourra-t-on rester ?

Faudra-t-il louer ailleurs à La Rochelle ? Installer ma grand-mère à Paris ? Au Bizot ? Fin du scénario.

Presque chaque nuit un rêve. Le dernier : dîner chez moi avec Catherine et une doctoresse allemande, femme entre deux âges, mince et de noir vêtue. Je l'interroge sur la santé de Catherine. Conversation un peu guindée. Elle habite une ville que je connais. Le vin rouge servi n'est pas excellent. J'y substitue à la satisfaction de notre invitée un fond de Bethman…

Juillet 2005

Au Club Méditerranée de Tignes. De la chambre, une large vue de prairies vertes, de montagnes grises et d'arêtes neigeuses. Lever à 6.45 car les enfants partent au ski à 7.30. Le club ? Un hôtel de six étages, sorte de caravansérail pour enfants chaperonnés par leurs parents et entourés de GO aimables et jeunes. Ambiance décontractée. Des êtres plutôt beaux à part des ventres masculins disgracieux. Basile en mâle décidé et réfléchi, et Mirabelle en gamine sensible et écervelée, sont fondus dans leur groupe de copains (Basile a gagné la médaille d'or au tournoi de ping-pong, un tournoi qu'il méprise un peu, mais qu'il eût été triste de perdre). Clémentine, plus timide, n'est pas encore totalement intégrée, mais dit aimer le mini-club.

Les lectures ? Avec Odile, Truman Capote *De sang froid*[106]. Seul, une biographie de Davout, le meilleur des généraux de l'Empire. Un texte bien documenté, tant sur le plan militaire que sur le plan politique. Enfin, un roman policier qui se passe à Rome du temps de Cicéron (l'auteur, américain, a une vraie culture de la latinité).

Le livre de Truman Capote, cartonné en noir, est resté pendant des années sur une étagère de la bibliothèque. Il me faisait peur. J'appréhendais comme un film d'horreur ce récit de l'assassinat sordide d'une famille de quatre personnes dans une ferme du Kansas. Rien de tel. Un style sobre, précis, sans lyrisme, donnant vie aux personnages — et notamment aux deux meurtriers — par la simple description des faits, restitue l'atmosphère de cette Amérique des années 50 que nous avons connue et rend l'histoire naturelle et plausible. La marque d'un grand auteur.

Dimanche, une longue conversation téléphonique avec Renaud et Lydie. Ma plus grande joie de la semaine.

J'ai arrêté le plan de la deuxième partie du livre avec Robert Dautray. Je préfèrerais comme titre : « Regards croisés sur le monde présent ».

---

[106] T. Capote, *De sang froid*, Gallimard, 1966

Étonnante et déroutante machine que la mémoire. Tantôt elle vous refuse un nom comme un cheval qui se cabre devant l'obstacle puis vous le révèle ingénument quelques minutes plus tard. Tantôt elle laisse filtrer, intacte et fraîche une anecdote oubliée, agréable ou déplaisante. Tantôt, elle ne nous livre qu'un souvenir vague, enrobé d'une brume derrière laquelle s'agitent des formes indistinctes. Quels types de stockages et quelle pluralité d'agencements permettent une telle diversité de manifestations ? Les neurologues, je le sais, commencent à avoir quelques lueurs, mais cela ne suffit pas à ma curiosité.

Beau soleil. Ciel bleu. Quelques nuages blancs. Ruche à l'intérieur du club. Station assoupie aux alentours. Ma vie est rythmée par celle des enfants. Basile qui a eu son étoile d'or vit immergé dans sa communauté de jeunes. Mirabelle, telle un feu follet apparaît et disparaît dix fois dans la journée. Clémentine aime jouer avec nous au jeu des sept familles ou résoudre des problèmes de son âge dans les livres d'enfant que nous avons apportés.

Juillet 2005

Retour à Tignes. Une semaine pleinement réussie. Basile prend son indépendance. Il a goûté à tout avec son groupe : ski, ping-pong, plongeons dans le lac, billard, bowling, mais il a toujours scrupuleusement respecté les consignes. Mirabelle est aussi insaisissable qu'un électron. Une énergie inépuisable. Elle est devenue amie d'une autre fillette. La séparation a été, pour elles deux, un drame. Deux heures de larmes et de promesses de se revoir. Clémentine a eu plus de peine à s'intégrer. Elle a pris ses repas avec nous, mais a fait un peu de ski et participé aux jeux du mini-club.

A l'arrivée à Paris, deux messages sur le répondeur m'annoncent la mort de René Loué. A la dépression dans laquelle il est tombé quelques semaines après la mort de sa femme s'est ajoutée une cardiomyopathie. Tout en sachant que sa vie n'avait plus de sens pour lui, je suis triste de la disparition de cet ami dont le lit était à côté du mien à l'École Polytechnique et qui a été pendant près de quinze ans l'un de mes plus proches collaborateurs à la SEMA. Un ami indéfectible. Avec lui, j'ai vécu la saga des études urbaines et régionales, l'une des plus passionnantes aventures de la SEMA. Je regrette que sa santé ne nous ait pas permis d'écrire le troisième volume du livre que nous devions rédiger ensemble. Il aurait couronné et rééquilibré le tout. Je n'arrive pas à joindre l'un de ses enfants au téléphone. Mon intention est de leur écrire une lettre collective.

Odile part demain au Coisel seule. Nous nous retrouverons au Bizot en fin de semaine. Après la ruche de Tignes, j'ai besoin de tranquillité et de silence pour écrire. Mon intention est d'avancer sensiblement le livre commun avec Robert.

Août 2005

Travail, lectures, jeux, courses, polars à la télévision rythment un séjour paisible à la campagne. Le silence alentour amortit les bruits du monde.

J'ai presque achevé une version de notre livre commun à Robert et à moi et ai mis au point une version publiable du journal 2000-2005 en y incorporant des articles écrits ou publiés pendant cette période. Ce travail a stoppé le journal comme une voiture à un passage à niveau. Maintenant que le train est passé, l'automobile peut reprendre sa route.

Des lectures hétéroclites cet été ; elles ne se succèdent pas mais s'entrelacent. Dans la biographie de Davout, l'intermède 1809-1812 le voit, pour employer un langage actuel, chef des troupes d'occupation en Allemagne, conscient de la montée d'un nationalisme allemand hostile à la France. Avant la campagne de Wagram, il avait présidé à la résurrection de la Pologne.

Les mémoires du marquis de la Maisonfort, ce royaliste forcené, sans cervelle, spirituel et léger, servent, en contrepoint, à partager la vie des nobles, émigrés ou agents de l'intérieur pendant la Révolution et l'Empire. Protégé par le duc de Brunswick, celui qui sera tué à Auerstaedt, notre homme ira d'Allemagne à Londres, en France, en Italie et dans l'empire ottoman avant d'entrer au service de la Russie et terminer sa vie comme ambassadeur de France à Florence. Le plus étonnant ? Le tissu de relations entre les noblesses européennes et l'accueil qu'on lui réserve, du moins tant que la diplomatie de la France révolutionnaire ne demande pas son départ.

D'un autre sujet et d'un autre style est le Damasio : *Spinoza avait raison*[107]. L'occasion pour l'auteur de rappeler — ce que Robert me répète fortement — que pour le décollage scientifique, le grand siècle a été le XVIIe. Avec Galilée, Bacon, Harvey, Huygens, Pascal, Newton et quelques autres. Le siècle où l'histoire de l'humanité a basculé. Spinoza, philosophe et fabricant de lentilles a entrevu la solution quant aux relations de l'esprit et du corps, l'esprit faisant partie du corps, une thèse inacceptable pour les religions de l'époque. Damasio n'en est pas moins un curieux auteur, mélangeant récits de fascinantes expériences et propositions ambiguës à cause d'un vocabulaire imprécis. Son livre est d'ailleurs double : une moitié de vulgarisation d'un sujet de neurologie et une moitié de biographie de Spinoza... Je pense à Vernière mon professeur de français de première qui faisait une thèse sur Spinoza et avec qui, lorsqu'il était professeur à l'université d'Alger pendant la guerre, j'ai passé deux heures d'échanges très amicaux au cours d'une promenade le long du port.

---

[107] A.R. Damasio, *Spinoza avait raison*, Odile Jacob, 2003

Enfin, nous avions emporté un livre de nouvelles de Ludmila Oulitskaïa, *Pauvres parents*[108] qui a le poids d'humanité des écrits russes.

Août 2005

Odile et moi nous occupons des petites filles. Une bonne part de notre temps leur est consacré. D'où cette question : quel pourcentage de ses heures est passé par un homme ou une femme d'aujourd'hui, de sa naissance à sa mort, à l'assistance à ses descendants ? A ce pourcentage direct, il faut naturellement ajouter le pourcentage indirect représenté par le temps des enseignants, des surveillants, du personnel qui construit ou entretient les bâtiments scolaires, des membres des maisons d'édition de livres scolaires. Je me demande si, une fois défalqués les temps de sommeil et de maladie, on n'aboutit pas dans nos pays à une valeur de l'ordre d'un quart, mais cette estimation ne repose sur rien.

L'envol vers Washington approche : quatre jours. Je ressens une sorte de gêne à l'idée de me retrouver aux États-Unis. Ce pays qui a été presque le mien me paraît maintenant autre, presque hostile. Une projection banale de mon agressivité. J'appréhende aussi l'instant de vide triste qui va suivre la joie intense des retrouvailles.

Des semaines passées, seuls surnagent les trois événements du Moyen-Orient.

Le retrait israélien de Gaza semble avoir été magnifiquement géré. En imposant cette décision à son camp, Sharon a fait preuve de courage et de continuité. Une preuve de plus que les durs sont mieux placés que les modérés pour faire des concessions. Les modérés sont toujours accusés d'aller trop loin dans le sens de l'adversaire. La mort d'Arafat a évidemment facilité l'évolution des deux camps. Cisjordanie et Jérusalem soulèveront des difficultés encore plus considérables.

En Irak, la lutte continue sur deux fronts : dans les rues où se répètent jour après jour des attentats meurtriers, au sein du pouvoir où l'accord n'arrive pas à se faire sur la constitution entre sunnites, chiites et kurdes. Deux points durs : le rôle de la Charia et la nature du fédéralisme.

Le troisième front couvait depuis des années : l'Iran. Après l'élection — que je n'ai pas encore comprise — d'un président conservateur, l'Iran a décidé de reprendre son programme d'enrichissement, de rejeter l'accord avec la troïka européenne. L'Agence de Vienne s'inquiète ; que doivent faire les Occidentaux ? Laisser faire ou détruire par un raid aérien les installations près d'Ispahan ? En pleine campagne électorale, Schröder s'oppose à Bush.

---

[108] L. Oulitskaïa, *Pauvres parents*, Gallimard, 1993

Paris semble se taire. De toute façon, notre médecin généraliste n'est guère crédible en ministre des Affaires Étrangères.

Tony Blair révise sa politique d'accueil des extrémistes musulmans sur le sol britannique. Il n'a pas tort, mais il a fallu du temps au gouvernement de Londres pour reconnaître que tôt ou tard, il paierait son laxisme.

Excellent article dans *Le Monde* de Maurice Levy, le Président de Publicis. J'adhère à toute son analyse et à sa dernière phrase : « Si nous continuons, nous allons dans le mur ». Mais la nature du mur n'est pas évidente. Du béton ? Plutôt une descente pierreuse avec soubresauts. La richesse du pays, l'absence de menace extérieure, l'évolution démographique suggèrent que la constitution de môles de résistance, l'agglomération de groupes humains refusant ce déclin, l'apparition d'hommes politiques prêts à sortir du théâtre convenu, prendront du temps. Rien n'assure que les élections de 2007 stopperont la dégringolade.

La redécouverte des États-Unis

Août 2005

Quinze jours aux USA sans contact officiel ou professionnel. L'impression que mon dernier voyage remonte à près de cinquante ans, en 1956. Illusion puisqu'au cours de ce demi siècle, je suis allé — et parfois plusieurs fois — à Boston, New-York, Philadelphie, Washington, Miami, Austin, Chicago, Los Angeles... Mais notre Amérique n'aura aucun lien avec l'Amérique officielle, celle de Bush et des Marines qui s'étale sur les écrans de la télévision française.

A Dulles Airport, une fois prises les empreintes de mes index et une photographie de mon visage, le policier agrafe le visa et le douanier se contente de ramasser nos fiches. Renaud nous accueille, semblable à lui-même après quelques mois de séparation. Fier de son confortable 4x4, sa première voiture, il nous conduit à Gaythersburg, à travers un paysage de pelouses vertes et de maisons clairsemées au sein duquel les autoroutes se succèdent, fusionnant, se séparant, se superposant jusqu'à ce que l'une d'entre elles longe Brighton Village, un ensemble de maisons à deux étages, jaunes, pimpantes et modestes au sein duquel se situe son appartement. De la baie vitrée, je peux contempler une rangée d'arbres en pleine croissance, tronc droit et au feuillage vert laissant transparaître le ciel, à leur pied, des voitures sagement garées en épis. Impression d'être nulle part.

Une heure et demi pour atteindre le centre de Washington ; en appelant un taxi qui met quinze à trente minutes pour arriver et nous conduit à Shady Grove, le terminal d'une ligne de métro ou en prenant un autobus qui passe toutes les demi-heures et nous dépose à Rockville, l'avant-dernière station de la même ligne. Des voyageurs propres, sobrement habillés, souvent obèses (notamment les femmes noires autour de la cinquantaine), n'hésitant pas à exhiber leurs volumes difformes. Des voitures de métro spacieuses, sans trop de monde en dehors des heures de pointe au cours desquelles femmes et enfants s'entassent dans le couloir central en poursuivant leur caquetage nasal et criard.

Comme j'écris une fois de retour en France, inutile de suivre l'ordre chronologique. L'ouragan Katrina domine la partie — publique — de mes souvenirs, avec deux observations étonnantes : 1) la première, le traitement impressionniste des faits par la télévision américaine ; aucun bulletin d'information cohérent et synthétique ; un présentateur se contentant de donner successivement la parole à des correspondants isolés au milieu des décombres et ne rapportant que des micro nouvelles ou à des élus se lamentant sur l'ampleur du désastre ... En toile de fonds, quelques morceaux de films non datés et reproduits indéfiniment. Un soir, j'ai accès en français au 20 heures de l'A2. Enfin un essai de synthèse, peut-être un peu tendancieux, mais permettant de cadrer les événements. (Incidemment, les 700 morts irakiens par panique, bousculade et piétinements seront à peine mentionnés au cours de ces journées). Quand on tient compte de la faible part des nouvelles internationales dans la presse locale, on est abasourdi de constater le très faible niveau d'information de la population américaine ; 2) la seconde, le comportement des responsables publics. L'événement est prévu, la trajectoire probable estimée avec un intervalle de confiance, le maire de la Nouvelle Orléans donne l'ordre d'évacuer la ville, mais aucun renfort de police, aucune information sur les camps d'hébergement, aucunes dispositions pour les habitants sans voitures ... Le gouvernement débite des généralités, le président se contente d'un petit tour en avion... Alors, avec quelques jours de retard, la révolte éclate. Le drame des populations pauvres, principalement noires, apparaît dans toute son étendue. Bush doit descendre sur terre. Durement reçu, il met en branle l'appareil fédéral, c'est-à-dire, pour l'essentiel, l'armée qui tente de colmater les brèches des digues, apporte des vivres et de l'eau, fait la chasse aux gangs et aux pillards. Pour apaiser les critiques, Bush crée une commission d'enquêtes. Y aurait-il quelque chose de pourri au Royaume de Danemark ? Comme presque toutes les sociétés, le modèle américain a ses jardins et sa tourbe. La grande faille des néo-conservateurs est de récuser la complexité tant à l'intérieur qu'à l'extérieur.

En dépit du visage donné par la Nouvelle-Orléans, j'ai mesuré la montée d'une classe moyenne noire, active, responsable, confiante en elle-même. La barrière qui empêche la mixité matrimoniale se fissure et s'effondrera comme toutes les digues lorsqu'elles commencent à céder.

A cinquante ans de distance, le cosmopolitisme new-yorkais est la première réalité qui se dégage des déambulations le long des avenues : asiatiques, noirs, blancs, hispaniques se mélangent. Simplement, comme dans une colonne de distillation fractionnée, les pourcentages des différentes espèces ethniques varient selon le numéro de la rue dans Manhattan.

A Washington, nous avons visité *la National Gallery of Arts* et dans le bâtiment annexe construit par Peï une exposition sur de « petits tableaux français », du milieu du XIXe au milieu du XXe. Sublime. Deux ou trois Corot, un Vuillard à se damner pour l'éternité. Une visite au cimetière d'Arlington qui m'a émue, une montée du Mall, une promenade à Georgetown, une escapade à Annapolis, un dîner éthiopien, deux heures à la NIH un samedi pour découvrir le bureau et la paillasse de Renaud, quelques emplettes dans les petits centres commerciaux autour de Gaytherburg.

A New-York, le MOMA, le Metropolitan et le Guggenheim étaient au programme — y compris leurs cafeterias pour échapper à la recherche de restaurants à l'heure du déjeuner. Au MOMA, nous nous sommes bornés aux deux étages de peinture. Éblouissants. Au Metropolitan, nous n'avons regardé que l'art asiatique et la peinture européenne. Le Guggenheim, envahi par une exposition de photos, fut une déception malgré une belle salle de Kandinsky. Pour la première fois, nous avons erré dans les rues de Greenwich Village et fait en bateau le tour de Manhattan. L'Empire State Building continue à faire autour de lui le vide des grands immeubles, mais vers la pointe de l'île s'est épaissi le buisson des constructions modernes couleur d'azur ou même de lait. Une pensée au World Trade Center que nous n'avions vu ni l'un ni l'autre.

A Boston, après quatre heures d'un Amtrak confortable, mais plus lent que nos TGV, une promenade dans Harvard et une marche le long de Memorial Drive en passant devant le Sloan Building du MIT ont ravivé nos souvenirs disjoints (car nous ne nous connaissions pas à l'époque). J'ai cherché la rue où j'habitais il y a cinquante ans, Malborough Street probablement, mais la mémoire qui avait conservé les formes des bow-windows avait transformé en jaune la couleur rouge foncée des briques.

Un Américain a demandé à Lydie quel était le saint patron de la France. Discussion : Saint Louis ou Jeanne d'Arc ? Et pour les États-Unis ? J'enchaîne : « Dieu s'en charge lui-même ».

Je suis revenu en gardant en moi l'image d'un Renaud infiniment proche et désormais pendant nos conversations téléphoniques, je l'imaginerai dans son cadre, son bureau ou son nouvel appartement.

Retour dans la vieille Europe

Septembre 2005

Nous venons d'achever la lecture de *L'herbe*, un roman inégal de Claude Simon[109] où déjà s'affirme le style si particulier et si prenant de l'auteur mais où les redites, le manque d'épaisseur des personnages, la pâleur du contexte historique affadissent l'émotion.

Un des kamikazes des attentats de Londres du début juillet a laissé une cassette où, avec l'accent du Yorkshire, il se décrit comme un soldat en lutte pour l'Islam et contre l'impérialisme anglo-saxon. Nos frères britanniques ont été secoués, mais le fait confirme que l'islamisme atteint une poignée de jeunes immigrés, à demi assimilés et plus instruits que la moyenne.

Les médias, comme il se doit, exacerbent la rivalité Villepin-Sarkozy, le premier lançant sur tous les fronts des projets un peu hétérogènes, d'ampleur limitée, mais souvent réalistes et bien venus. Il est servi par son physique de jeune baroudeur au visage mûri. A côté de lui, Sarkozy, empêtré dans les drames de sa vie conjugale, semble fatigué et perdu.

Hier dimanche, j'ai commencé à parcourir les manuels de 6ème de Basile. Pour l'histoire, peu de nouveau par rapport à mon temps : Sumer, l'Égypte, la Grèce, Rome. Un chapitre sur les premiers siècles de développement du christianisme. Rien, me semble-t-il, sur l'environnement de l'époque : le monde celte, la Perse achéménide, les conséquences des conquêtes d'Alexandre. Une vision trop étroite. La géographie au contraire est bouleversée par la prise en compte d'emblée de la mondialisation. Une nouveauté, si l'on peut dire, le manuel d'éducation civique. La démocratie décrite à partir de la vie au collège. Droits et devoirs de l'homme, du citoyen. Protection de l'environnement. Respect du patrimoine. Un grand absent par rapport au passé : le travail comme contribution au revenu de la famille et comme participation à la production de biens et de services pour la collectivité, l'obéissance librement consentie comme élément de l'efficacité... D'emblée, les phénomènes économiques sont exclus du civique. Malsain.

Septembre 2005

Chaque être humain a deux enveloppes, celle de son corps dont font partie ses gestes, ses postures, ses regards et celle, invisible et plus grande, de ses habitudes, de son rapport au temps, à l'espace, à l'esthétique, à l'habillement, aux faiblesses humaines... Avec l'âge, cette deuxième enveloppe s'épaissit, se durcit, se heurte plus volontiers aux enveloppes

---

[109] C. Simon, *L'herbe*, Les Éditions de Minuit, 1958

extérieures des autres. Elle perd l'adaptabilité de la jeunesse et de la maturité et reconquiert parfois des territoires abandonnés depuis l'enfance. D'où ces querelles mesquines, quoique souvent sans gravité, qui affectent la météorologie des vieillards.

Septembre 2005

Élections allemandes : la remontée de Schröder a été extraordinaire. Angéla Merkel n'a pas convaincu. Les chrétiens-démocrates n'ont que trois sièges de plus que le SPD. Trois autres partis sont aussi présents au Bundestag : le FDP, les Verts et l'extrême-gauche. Il reste toutefois 3 sièges à pourvoir à Dresde où le scrutin a été décalé par suite de la mort d'un candidat. Aucune des cohabitations classiques, FDP et Chrétiens-démocrates ou Verts et SPD n'a la majorité. Faudra-t-il une grande coalition ?

La presse française titre : « L'Allemagne ingouvernable » en transposant Outre-Rhin les pratiques de nos partis gaulois. Elle oublie que les Allemands sont des gens sérieux qui trouveront une solution.

Schröder, lui, a fait des réformes. Le parti de Chirac pourrait bien être écrasé en 2007 sans avoir fait de vraies réformes.

Les Européens cachent tous un fond de haine les uns à l'égard des autres. Quelques exemples : les néerlandais nous en veulent de l'invasion de Louis XIV, les Flamands se souviennent de la bataille des Éperons d'or et nous reprochent de parler la même langue que les Wallons, les Italiens d'être traités de sœur latine, les Britanniques d'avoir cherché à dominer le continent, les Allemands d'avoir joué des divisions allemandes jusqu'en 1860. Quant à nous, l'histoire rappelle que les Anglais ont été nos ennemis jusqu'à Fachoda et quelques fois depuis, que les Italiens nous ont déclaré la guerre en juin 1940, que les Espagnols nous ont battu sous le Premier Empire. Quant aux Allemands d'hier, n'en parlons pas.

Heureusement, ces noyaux de haine ancienne sont maintenant enkystés dans la graisse molle du passé culturel et des échanges du dernier demi-siècle. Les quotidiens ne les mentionnent plus guère, à l'exception des tabloïdes anglais qui ne nous pardonneront jamais d'exister. Nos amis turcs ne se rendent pas compte des images d'eux qui traînent encore dans nos mémoires.

Le vieillissement se traduit moins par une sclérose intellectuelle que par le rétrécissement des durées pendant lesquelles l'esprit fonctionne à plein régime. Comme une chambre dont les rideaux ne seraient ouverts que quelques heures par jour.

Profaner les cadavres est répréhensible à cause du « respect dû aux morts ». Une expression fausse. On devrait dire « à cause du respect dû à la souffrance qu'en ressentiraient les proches ». Le corps d'un mort n'est rien. Il n'est que le réceptacle de nos souvenirs. Le Moi qui émane de l'existence de nos circuits cesse d'exister lorsque s'éteint la vie. Il ne faut pas s'étonner si des générations d'humains ont eu besoin de postuler une vie après la mort tant est surprenante l'auto-organisation qui conduit à la conscience et la destruction, parfois en quelques secondes, d'une construction aussi extraordinaire. La vérité commence pourtant à se faire jour, mais il faut souvent plusieurs centaines d'années pour que les hommes se rallient aux théories les plus fondées de la science. Beaucoup de protestants américains, nourris de Bible, refusent encore la théorie de l'évolution. Le pays qui envoie des hommes sur la Lune et conçoit les ordinateurs les plus sophistiqués en est encore, sur ce sujet, à l'âge de la pierre.

Lecture avec Odile d'*Ombres sur l'Hudson*[110], ce livre d'Isaac Bashevis Singer qui décrit dans le New-York de 1947 les relations au sein d'un groupe de Juifs de Varsovie rescapés de la Shoah. Fascinante intrication de leurs interrogations et de leurs passions avec leur formation religieuse. Le livre a été écrit en yiddish. Je me suis renseigné sur cette langue que parlait ou comprenait avant la guerre la moitié d'une population juive évaluée dans le monde à 16 millions. Étonnement : le yiddish s'est formé en Allemagne occidentale vers le Xème siècle au sein de communautés juives venues de France et d'Italie du Nord. Il s'est ensuite répandu vers l'Est dans les zones slaves, ajoutant des mots polonais et russes au mélange initial d'allemand, d'hébreu et d'araméen. A partir du XVe siècle, a émergé une littérature en yiddish qui a pris de l'extension au XIXe siècle et au début du XXe. Quelle ignorance a été la nôtre, à nous Français, des réalités de l'Europe orientale et centrale il y a cent ans. Une meilleure connaissance des faits eût évité bien des erreurs. Mitterrand qui n'était pourtant pas le plus inculte ignorait la réalité des Balkans au moment de l'explosion de la Yougoslavie.

Octobre 2005

La dépouille du général Denikine est transférée de Paris à Moscou pour y être enterrée au milieu des pontes de l'église orthodoxe. Il faut rappeler qui était Denikine. Ce général, numéro deux de l'armée tsariste, qui avait accepté la révolution de février avait, après le coup d'État d'octobre, commandé l'armée blanche du Sud de la Russie et menacé la survie des Bolcheviks. Battu, il s'était réfugié en France où il fut assassiné vers 1938 par un agent soviétique... Le retour de ses cendres a une grande portée symbolique.

Discussion avec Odile sur la force en elle de son Surmoi. Je lui dis en riant : « Il faudrait t'en soutirer une partie » et dans la foulée, j'imagine un

---

[110] I. Bashevis Singer, *Ombres sur l'Hudson,* Mercure de France, 2001

individu jonglant avec trois balles, son Surmoi, son Moi et son Ça. Que se passe-t-il lorsqu'il laisse tomber l'une des trois ? Odile rétorque : « Il y a des individus auxquels manque l'une des instances ». Le Surmoi ? Sans doute. Le Moi ? Clivé ou fractionné, certes. Le Ça ? Plus difficile à concevoir. J'imagine trois marionnettes qui dansent sous une capsule crânienne. Un sujet de nouvelle pour Kafka ou Borges.

Le projet de loi sur la recherche et l'innovation devrait être transmis cette semaine au Conseil Économique et Social. A moitié rassuré seulement sur le contenu du texte sur le Haut Conseil, j'ai rédigé un article que *Le Monde* vient de publier.

CRÉER UN HAUT CONSEIL VIABLE DE LA SCIENCE ET DE LA TECHNOLOGIE

Il y a quatre ans est apparue au conseil d'administration de l'Association nationale de la recherche technique (ANRT) qui réunit les responsables des grands organismes publics et des groupes privés à fort engagement dans la recherche et le développement (R&D), la nécessité d'une réforme du système français de recherche et d'innovation. L'ANRT a, en conséquence, lancé, en 2002, l'opération FutuRIS, exercice de réflexion prospective sur la recherche dans ses relations avec l'innovation et la société.

En 2003-2004, les restrictions de crédits et le ralentissement des recrutements ont entraîné un mouvement de protestation des personnels de la recherche publique, qui a abouti aux demandes des États généraux de la recherche, réunis à Grenoble en décembre 2004. Ce double mouvement a entraîné, tout au long des années 2004 et 2005, de multiples prises de position -de l'Académie des sciences et de l'Académie des technologies, de hautes personnalités scientifiques, de directeurs d'instituts, de responsables de recherche dans des entreprises privées.

De leur côté, les pouvoirs publics ont annoncé qu'ils mettaient en chantier une loi d'orientation et de programmation de la recherche et de l'innovation. Ce projet devrait être transmis, début octobre, au Conseil économique et social, le vote au Parlement pouvant intervenir début 2006.

Rappelons les grands thèmes du débat public et les mesures déjà prises. Mettons à part les questions de recrutement dans le secteur public, qui préoccupent à juste titre les chercheurs en sachant qu'il ne faut pas les réduire à des problèmes de volume : à quoi bon disposer de chercheurs si on ne peut leur offrir de bonnes conditions de travail, des salaires convenables et, pour les meilleurs, des rémunérations de niveau international ?

Les autres thèmes, soulevés notamment par FutuRIS, peuvent se regrouper en cinq catégories : le pilotage stratégique, la gestion de la recherche publique (avec notamment le développement du financement par projet et de comptabilités en coûts complets) la collaboration entre public et privé, l'organisation de pôles régionaux au rayonnement international, enfin l'articulation au sein de l'Europe.

D'ores et déjà, trois décisions prometteuses ont été prises par le gouvernement : le lancement de l'Agence nationale de la recherche pour le financement de projets, la création de l'Agence de l'innovation industrielle pour la mise sur pied de programmes innovants et le choix l'une liste limitée de pôles de compétitivité. D'autres dispositions sont en préparation.

Mais il faut insister sur l'importance cruciale du pilotage stratégique. Pourquoi ? La France est un pays de taille moyenne qui poursuit, en matière de R&D, des objectifs extrêmement larges : de la défense, du spatial, du nucléaire, des technologies de l'information et de la communication, des transports et de la santé jusqu'aux diverses disciplines de la recherche fondamentale. N'ayant que des moyens limités (encore qu'il lui faille accroître le pourcentage des dépenses publiques de R&D, qui devrait atteindre 1,2 %), il lui faut faire des choix sur la base de réflexions prospectives et d'études d'évaluation de ses efforts.

Or, l'expérience montre que le gouvernement est incapable d'assumer cette tâche, si des propositions ne lui sont pas faites par un organisme indépendant placé auprès du président de la République ou du Premier ministre.

Cet organisme serait un Haut Conseil de la science et de la technologie. L'idée en a été largement approuvée dans les milieux concernés et reprise, récemment, par le président de la République. Il faut éviter toutefois que cet organisme n'appartienne à la catégorie de ces entités honorifiques et inefficaces dont les démocraties modernes sont friandes pour cacher les insuffisances de leur exécutif, tout en donnant à l'opinion l'illusion d'un progrès.

Pour que ce Haut Conseil ait un sens, quelques conditions indispensables doivent être réunies.

1. Son domaine de réflexion doit être celui de la totalité de la dépense intérieure de R&D (la DIRD est d'ailleurs une grandeur statistiquement définie et internationalement calculée).

2. Son activité doit se concentrer sur les arbitrages proposés entre « grands domaines » (de l'ordre de 20 à 25)

3. Il doit être composé d'une vingtaine de personnalités indiscutables du secteur public et du secteur privé, acceptant d'y consacrer une partie significative de leur temps. Il ne peut être question d'un « mini-parlement » multipliant les représentants des groupes de pression, incapable d'élaborer des propositions cohérentes.

4. Il doit avoir la possibilité de commander les études de prospective et d'évaluation nécessaires à son travail auprès des ministères, des grands organismes ou de centres de réflexion français ou étrangers.

Quiconque connaît le fonctionnement de l'État et la réalité du système complexe qui relie, avec de nombreuses boucles de rétroaction, l'innovation industrielle et la recherche fondamentale comprendra qu'un Haut Conseil, dont le statut violerait l'une des quatre conditions précédentes, ne serait pas en mesure de préparer des choix qui doivent en fin de compte, comme dans toute démocratie, être faits par le gouvernement et le Parlement.

Dans la foulée, je propose un article autre au *Figaro* sur l'ensemble du projet. « Une prudente espérance ». Compte tenu du rôle de Futuris, je ne peux en effet ni me livrer à une critique violente, ni me limiter à une approbation qui paraîtrait suspecte. Aucune de ces attitudes ne serait d'ailleurs conforme à ce que je pense.

LA LOI SUR LA RECHERCHE ET L'INNOVATION, UNE PRUDENTE ESPÉRANCE

Le gouvernement vient de transmettre au Conseil économique et social le projet de loi sur la recherche et l'innovation attendu depuis plus d'un an. Considéré dans l'ensemble qu'il forme avec des textes déjà adoptés, ce projet peut faire l'objet d'une triple lecture.

Comment ne pas être frappé à un premier niveau par la superposition aux organismes existants d'une palette d'institutions supplémentaires : le Haut Conseil de la science et de la technologie (HCST) (sans suppression du CSRT), l'Agence nationale pour la recherche (ANR), l'Agence de l'innovation industrielle (AII), l'Agence d'évaluation de la recherche (AER), les Instituts Carnot et leur Fédération, les Pôles de recherche et d'enseignement supérieur (PRES), les campus enfin (qui seraient non pas ce qu'on appelle ainsi d'habitude, mais un équivalent des Advanced Research Centers américains). On peut trouver bureaucratiques ces initiatives. Elles résultent du choix, largement compréhensible, de ne pas charcuter l'ensemble complexe de la recherche en France, mais elles soulèvent une incertitude : la portée de la loi dépendra beaucoup de la mise en place et du fonctionnement de ces nouvelles institutions.

Au deuxième niveau de lecture, celui des motifs, le projet devrait susciter une assez large adhésion, car il aborde les vraies questions qui se posent en France dans ce domaine. Il a eu en effet le mérite de traiter, parfois incomplètement, des thèmes majeurs parmi lesquels il faut citer :

— *la prise en compte du système français de recherche et d'innovation dans son ensemble, ce qui est essentiel compte tenu des multiples liens qui existent dans toutes les directions au sein de ce système ;*

— *la nécessité d'un pilotage stratégique de l'effort de la France, pays de taille moyenne aux objectifs multiples ;*

— *l'obligation de développer le financement par projets par rapport à l'octroi de dotations budgétaires ;*

— *le besoin d'accroître la coopération entre les centres de recherche publics et les entreprises, grandes et petites ;*

— *la volonté, soit régionalement, soit par discipline, de concentrer les moyens sur des centres d'excellence, mais pas au point d'assécher un tissu d'ensemble nécessairement très diversifié ;*

— *l'assouplissement des pratiques quant aux relations entre enseignement et recherche pour les enseignants chercheurs et la reconnaissance des problèmes de carrière des jeunes, et en particulier des docteurs tant dans le domaine public qu'au sein des entreprises.*

Toutefois, à un troisième niveau, celui de la lecture anticipée de l'ensemble des textes, lorsque seront parus tous les décrets d'application, l'évaluation doit être tempérée d'une certaine prudence. Quelques-unes des raisons de cette réserve :

— *l'exposé des motifs se réfère à une DIRD (dépense intérieure de R&D) publique de 1 % alors que les travaux de Futuris montrent que, compte tenu de l'ampleur des objectifs français et de la structure de notre économie, il faudrait viser 1,2 à 1,3 % du PIB ;*

— *qui ne sait que les fonctionnaires français ont tendance dans les décrets, en s'appuyant sur les pratiques habituelles de l'État, à transformer les meilleures intentions du législateur en règles qui les stérilisent ? Le projet, par exemple, de faire de l'ANR un établissement public administratif étroitement contrôlé par l'État n'est pas un bon signe. La lourdeur des procédures de contrôle, les freins à l'autonomie des responsables de l'action, la contagion des défauts de réactivité d'une certaine administration ne sont-ils pas un handicap pour la France dans un contexte de compétition internationale ? D'où la nécessité d'une grande vigilance quant aux textes annexes ;*

— *la tradition française et celle du milieu se conjuguent pour freiner la concentration des moyens et l'ouverture des divers microcosmes. Il faudra veiller aux deux écueils que seraient le laxisme (« tout le monde il est beau, tout le monde il est gentil ») ou l'isolement d'une recherche fondamentale qui doit sortir renforcée de la réforme ;*

— *enfin, l'évolution de la carrière des chercheurs publics et des enseignants chercheurs suppose que l'on n'oublie pas la nécessité d'améliorer les conditions de travail et de rémunération des meilleurs et que, dans l'enseignement supérieur, les recrutements ne soient pas décidés par la rue de Grenelle sur la seule base de l'effectif des étudiants.*

Aussi, même si le projet de loi ne sort pas défiguré du processus législatif et réglementaire, cette étape ne sera que la première qu'il faut saluer dans l'aggiornamento du système français de recherche et d'innovation.

Téléphoner aux États-Unis : quelques secondes de pianotage, la distance est supprimée si Renaud répond. *Nobody is available to receive your call* : des milliers de kilomètres s'intercalent entre lui et moi. Un sentiment que j'ai connu lorsque je rentrais de Londres le vendredi soir selon qu'il y avait ou non du brouillard sur la Manche.

Petit déjeuner du Forum du futur avec l'ambassadeur de Grande-Bretagne. Je pose la dernière question : « Tous les gouvernements adoptent des attitudes contradictoires. J'ai relevé deux contradictions dans vos propos : vous souhaitez modifier le contenu des dépenses européennes, mais vous refusez une légère croissance du pourcentage. Est-ce compatible ? Vous dites soutenir une Europe politique, notamment en matière de défense et de sécurité, mais vous refusez de donner des frontières à l'Europe et vous soutenez la candidature turque. Or, chaque élargissement ajoute de nouveaux pays candidats. Les Polonais verraient bien l'Ukraine dans l'Union, les Scandinaves ont attiré les États baltes, la Turquie étendra l'Europe à l'Asie centrale. Cette dilution de l'Europe n'entraine-t-elle pas l'impossibilité d'une PESC ? »

Pendant la nuit, j'ai imaginé un article sur l'analyse fausse que l'on fait du soi-disant manque de démocratie en Europe. Il expliquerait pourquoi on ne peut pas transposer au niveau de l'Union les procédures jugées démocratiques au niveau national. Il faut remédier au déficit démocratique en expliquant pourquoi dans une quasi-fédération la démocratie doit prendre d'autres formes.

Octobre 2005

Une semaine de petites et grandes affaires : une minuscule, une moyenne, une importante.

La minuscule ? Jacques Chirac s'en est pris à la Commission Européenne à propos des réductions d'effectifs chez Hewlett-Packard. Mauvais procès. Notre Président ignore-t-il le contenu des Traités ? Il s'est attiré une verte réplique de Barroso et s'est ridiculisé un peu plus sur la scène internationale.

La moyenne ? La triste affaire de la SNCM : un petit groupe de marins contrôle une entreprise qui n'est plus en monopole et refuse la privatisation qui entraînera une gestion rigoureuse... Au nom de quoi ? Du service public, de la continuité du territoire ! Les nationalistes corses en appellent à l'État français pour qu'il reste majoritaire. Comme l'écrit Eric Cohen, tout cela était prévisible. Le gouvernement a déjà lâché qu'il gardera 25 % et offrira 8 % au personnel. Et il y a encore un repreneur ! Il faut que Villepin tienne bon.

La grande ? L'UE a ouvert des négociations avec la Turquie et la Croatie pour un nouvel élargissement. L'Autriche s'est battue jusqu'au bout contre cette décision. Elle a obtenu l'inclusion de Zagreb dans le paquet. Pris dans ses contradictions, Jacques Chirac a laissé faire. Une affaire mal menée depuis vingt ans. On ne peut plus qu'attendre. Désormais, il vaut mieux une Turquie rénovée en Europe qu'en dehors.

Odile et moi sommes pris de plus en plus par *Ombres sur l'Hudson*. Dans ce petit monde de Juifs d'Europe centrale réfugiés aux États-Unis, plus ou moins pratiquants, mais nourris de judaïsme et brisés par la Shoah, la liaison d'Anna, la fille de Boris Makaver mariée à Stanislas Luria, avec Grein, père de famille marié à Leah et amant d'Esther, va, comme une pierre dans l'eau, déséquilibrer tous les personnages, en détruire certains, en emprisonner d'autres dans leur univers ou les mettre au contraire sur de nouvelles trajectoires. Mais pour tous, les déchirements se situent dans la problématique de leur rapport à Dieu, à la Loi, à la communauté, aux ancêtres. A comparer à l'anxiété des chrétiens telle que la décrit Mauriac.

Aux États-Unis, le catholicisme est une secte parmi d'autres. Aussi, plus que par une inspiration, se définit-il par des interdits spécifiques : le secret absolu de la confession, le refus du divorce, l'interdiction de l'avortement. Il faut en effet marquer les frontières avec d'autres sectes et non, comme en Europe, avec l'agnosticisme.

Un succulent article d'Eric le Boucher dans *Le Monde*. Il propose que Tony Blair prête son second à l'Allemagne, la France et l'Italie mal gouvernées pour en faire un premier ministre commun à ces trois pays. Le conte est cruel mais pertinent.

La future campagne présidentielle commence à séparer les candidats probables. A droite, Villepin chante la gloire du modèle social français et tente d'appâter les syndicats tandis que Sarkozy prône une stratégie de rupture. A gauche, DSK cherche à ouvrir son créneau aux dépens de François Hollande. Des comportements qu'impose le contexte.

Melilla, la vieille enclave espagnole en terre marocaine, a été assaillie par les Africains de l'ancienne AOF voulant entrer en Europe. Repoussés par l'armée marocaine, ils errent dans le désert. Cela me rappelle un conte télévisé qui racontait d'avance une telle histoire. « Pouvons-nous prendre sur nous toute la misère du monde ? » disait Michel Rocard.

*LE DÉFICIT DÉMOCRATIQUE AU SEIN DE L'UNION EUROPÉENNE :
UNE FAUSSE ANALYSE*

Combien de fois a-t-on pu lire que les difficultés organiques de l'Union Européenne provenaient d'un déficit démocratique qui engendrait la désaffection des citoyens. Bien que communément admise, la proposition est paradoxale puisque toutes les instances de l'Union sont désignées démocratiquement : le Parlement est élu au suffrage universel avec un nombre de députés par État-membre dépendant du volume de sa population ; le Conseil des ministres réunit des représentants de gouvernement élus par des assemblées, elles-mêmes élues ; quant à la Commission, chacun de ses membres doit recevoir l'aval du Parlement et du Conseil des ministres.

Que manque-t-il alors ? Le jeu de massacre qui, inconsciemment, est pour beaucoup l'un des rouages essentiels de la démocratie. Quand l'électeur vote au suffrage direct, c'est pour tuer celui qui avait le pouvoir ou celui qui voulait le lui prendre. L'élection d'un candidat est une victoire militaire pour ceux qui l'ont soutenu, une défaite pour l'autre camp. Rien de tel dans le système européen : les votes changent un peu l'équilibre, modifient légèrement les compromis tant est grande la complexité du jeu entre les gouvernements, les administrations, les régions, les groupes sociaux, les partis nationaux et européens. En d'autres termes, la construction européenne ne souffre pas d'un manque de démocratie mais d'un excès qui prive les citoyens d'un exutoire à leur colère.

Alors que faire ?

1. Cesser d'abord de ressasser aux Européens que s'ils se détournent de l'Europe, la cause n'en est pas un déficit démocratique mais l'inverse. La complexité provient de ce que les Européens veulent construire une union de peuples et d'États. Expliquer, en les simplifiant, les grandes lignes de l'architecture du système. Elles tiennent en deux pages.

2. Reprendre en temps opportun les premières pages (sans les annexes) du projet constitutionnel en lui donnant un titre modeste : « Traité additionnel aux traités européens » par exemple. On ne dira jamais combien ont été criminels ceux qui ont voulu ajouter au texte constitutionnel des annexes qui ne contenaient aucune disposition nouvelle, mais rendaient dangereux tout référendum. Est-ce par ruse ou par bêtise qu'ils ont agi ainsi ?

3. Faire qu'un homme élu personnifie l'Europe et concentre sur lui les espoirs et les rancunes des Européens. En tant que président de la Commission, Jacques Delors a presque joué ce rôle, mais la création du Conseil Européen ne permet plus au président de la Commission de remplir cette fonction. Désormais, le président de l'Union ne peut être qu'à la tête du Conseil lui-même.

A propos de l'Europe, on mesure à quel point les postulats dominants d'une époque commandent les interprétations des situations concrètes. Rappelons-nous : « L'Allemagne a besoin de son espace vital », « Le capitalisme est à l'origine des guerres », « Pas de morale possible sans la foi en Dieu »...

Octobre 2005

Jeudi, j'ai entendu Dominique de Villepin au déjeuner annuel de Rexecode. Il a développé son thème d'une croissance sociale recueillant le consensus des citoyens et des acteurs. Verbomoteur, prolixe, prêcheur plus que raisonneur, il a débité un discours à la Sciences Po au squelette artificiel. Quelques questions auxquelles il a répondu trop longuement et sans clarté. Cherchait-il, je me suis-je demandé, à attirer vers lui les électeurs de DSK en espérant que le discours de Sarkozy sur la rupture l'enfermerait dans les franges du Front National ? Ce que la séance m'a révélé c'est la ressemblance entre Dominique de Villepin et Jacques Chirac. Les physiques diffèrent, mais le tonus, l'expression orale, la manière d'appréhender les problèmes appartiennent à la même famille. L'assistance ne m'a pas semblé convaincue.

A cette occasion, le premier ministre a annoncé la fin du conflit de la SNCM. Un conflit pitoyable où les propos des grévistes sur la continuité du territoire et le service public paraissaient d'autant plus vides que la SNCM avait perdu les deux tiers de son trafic aux dépens de Corsica Ferries... C'est la tête de la CGT qui a cassé la grève quand elle a perçu que les nationalistes corses allaient détourner le conflit à leur profit. Le côté Clochemerle était la demande des travailleurs corses pour des subventions d'un État français qu'ils récusent !

Très tranquillement, sans éclats de voix traversant les murs, le SPD et la CDU se sont mis d'accord sur une grande coalition : autant de ministres de part et d'autre, Angela Merkel chancelière, le président du SPD vice-chancelier, comme je l'avais prévu, les commentateurs français en seront pour leurs frais. Que vont-ils écrire ?

Tous les samedis à six heures, midi à Washington, j'appelle Renaud. Aujourd'hui, grande nouvelle : les expériences de Lydie ont réussi. Elle est désormais reconnue et légitime. Sur son projet, ce sont les autres qui apportent leurs résultats. Elle n'a plus la tête basse. Je m'en réjouis.

Octobre 2005

Dans les cercles où j'évolue, le diagnostic sur la situation de la France est quasi unanime. Dès lors, je pose toujours aux conférenciers la question : « A quelle méthode recourir pour mener à bien les indispensables réformes ? ». Je recueille des réponses hésitantes et peu élaborées. Elles incluent néanmoins un thème commun : impliquer tous les acteurs et négocier avec eux des compromis acceptables. Mais les idéologies jouent un grand rôle en France. Droite et gauche, patrons et syndicats ne veulent pas frayer ensemble sur les questions essentielles. Et j'en suis à me demander si la loi électorale qui garantit une majorité au Parlement ne crée pas, dans le contexte actuel, une césure dangereuse. N'aurions-nous pas besoin pendant quelques années de revenir à la proportionnelle pour contraindre notre société à des compromis ?

Pluie de nouvelles.

En Pologne, élection d'un Président conservateur, xénophobe et eurosceptique. Premier voyage : Washington.

Un rapport à l'ONU dénonce l'implication des milieux dirigeants syriens dans l'assassinat d'Hariri.

L'aide internationale n'a pas fonctionné pour les victimes du tremblement de terre du Pakistan. Kofi Annan lance un appel. Pourquoi une telle différence avec le tsunami ? (réponse évidente : les morts sont d'un seul pays et il n'y a pas de touristes parmi eux).

Dominique de Villepin défend le patriotisme économique. L'Union Européenne est en crise grave, les pays se replient sur eux-mêmes. Le « non » français est dévastateur.

La France conteste le comportement de la Commission sur les négociations agricoles à l'OMC (sur tous les dossiers nous sommes du côté du passé !)

Eric le Boucher cite une intéressante analyse d'André Sapir sur les systèmes de protection sociale. En abscisse, l'axe inégalité-égalité, en ordonnée l'axe inefficacité-efficacité : en bas à gauche, les sud-méditerranéens, à droite les continentaux, en haut à gauche les anglo-saxons, à droite les nordiques. Peut-être sommaire, mais pertinent.

La sécurité alimentaire continue à être un bon argument de protectionnisme. Pour enrayer le déclin des ventes de volailles à la suite de la grippe aviaire, un nouveau logo figurera sur les poulets français avec la mention « né et élevé en France ». Va-t-on bientôt mettre un tampon sur le bras des prostituées avec une mention analogue ?

Si les vivants entendaient les oraisons funèbres qui leur sont consacrées, ils rougiraient de plaisir et de confusion. C'est le seul moment de leur existence où toutes les vertus leur sont attribuées. Scientifiques, ils ont été à l'origine des disciplines les plus diverses. Peintres, ils auront révolutionné cet art, écrivains ils auront été l'égal des plus grands. Hommes publics ou généraux, seule l'adversité aura ruiné leurs plans les mieux conçus... Pourtant, dans leur cercueil, les morts ne seront pas longtemps satisfaits, car la postérité leur déniera souvent certains des mérites justement mentionnés, pensent-ils, dans les panégyriques tandis qu'ils constateront a contrario que, transportés par l'émotion, les orateurs leur auront attribué des palmes qu'ils récusent.

Depuis longtemps, je voulais entendre la Tétralogie, cette œuvre qu'ont si longtemps récusé les Français car elle leur paraissait consubstantielle aux rêves pangermanistes. Grâce au Châtelet, ce désir est en train de se réaliser. Odile et moi avons déjà assisté aux représentations de l'or du Rhin et de la Walkyrie. Siegfried et le crépuscule des Dieux suivront en février 2006.

Inutile de commenter la mise en scène très dépouillée de Wilson et la direction très lente d'Eschenbach. Ce qui est fascinant, c'est le projet porté pendant près de trente ans par le compositeur. Un projet grandiose, trouble et pitoyable.

Un projet grandiose, pur produit colossal du second dix-neuvième siècle, sûr de lui et triomphant. Des heures de représentation, des dizaines de grands rôles, une musique grandiloquente, mais souvent sublime, un ensemble compatible avec des mises en scène et des interprétations multiples.

Un projet trouble, car se mêlent soif du pouvoir, peur, envie, cupidité, inceste, ruse, maladresse, jalousie chez ces dieux qui n'en sont pas et qui révèlent ce que l'analyse psychanalytique découvrira sur Richard Wagner et son environnement historique.

Un projet pitoyable finalement, car l'intrigue n'a pas la grandeur des grands poèmes épiques. Elle paraît compliquée et sans souffle comparée à l'Iliade, l'Odyssée et même l'Énéide. Certes, elle abonde en passages vocaux et orchestraux qui suscitent l'extase, mais elle reste une grande œuvre ratée, à la mesure de ce Wotan minable qui ne se déplace jamais sans sa lance et qui n'est pourtant qu'une forme archaïque de matamore.

Il n'empêche. C'est avec une extrême attention que je verrai les deux derniers opéras.

Pour qu'une idée importante soit reconnue, il faut que chaque microcosme individuel la redécouvre comme telle. *Le Monde des livres* consacre sa dernière page à « une conversation avec un monstre sacré de la sociologie méconnu en France » Zygmunt Bauman et choisit d'encadrer la citation suivante : « Quels outils inventer à l'heure où les problèmes deviennent de plus en plus globaux tandis que la politique reste confinée dans le local ? ». Un parfait truisme, mais l'auteur de l'article ne pouvait le découvrir que dans les paroles de son gourou.

Octobre 2005

Une idée folle m'est venue hier et je me demande si elle repose sur une erreur de raisonnement ou si son application se heurterait seulement à l'ampleur de la réforme.

Il s'agirait de proclamer que l'assurance maladie est uniformément due à tous les humains régulièrement présents sur le territoire, les dépenses étant couvertes par une augmentation de la TVA et les cotisations sociales correspondantes supprimées. Il en résulterait une baisse du coût du travail et du coût hors taxes des produits français, tandis que les importations subiraient le supplément de TVA. En d'autres termes, la santé serait traitée comme un bien collectif à l'instar de la sécurité et de la défense nationale.

Novembre 2005

Les dichotomies sont brutales, mais utiles. De même que Régis Debray avait distingué jadis, pour leur attitude à l'égard du parti socialiste, les hauts-intellectuels et les bas-intellectuels, je trouve commode pour préciser mon attitude à l'égard des journalistes de séparer la profession en deux groupes — évidemment caricaturaux : les hauts-journalistes et les bas-journalistes. Les premiers ont le sens de l'analyse, savent mener des enquêtes sérieuses et attirent l'attention sur des évolutions profondes ou des rôles d'acteurs qui ne sont pas encore perçus. Les seconds, dont l'expression orale ou écrite est banale, sont des éponges à idées reçues, incapables de réfléchir sur la portée des événements qu'ils commentent. Ce sont eux qui suscitent si souvent en moi des montées d'adrénaline.

Dans l'introduction de Lucien Chabason au rapport final du Plan Bleu sur l'avenir de la Méditerranée, je découvre en matière de développement durable la distinction entre durabilité forte et durabilité faible, la seconde tenant compte des substitutions, la première les refusant. Ainsi, elle annonce l'épuisement des ressources en eau sans tenir compte du recours possible au dessalement de l'eau de mer. Pour moi, la durabilité forte est une ânerie, car la variation constante des raretés relatives et des prix comme conséquence du progrès technique et des changements de demande est intrinsèque à l'évolution humaine : Lucien Chabason écrit : « nos descendants doivent avoir la possibilité de voir des dunes ». Nous aussi aurions eu par conséquent le droit d'avoir à nos côtés des dinosaures… Nos descendants pourrons construire des dunes s'ils le souhaitent puisqu'on leur lèguera — qu'ils le veuillent ou non — notre stock de connaissances. Tous les pronostics faux du premier rapport au Club de Rome venaient de ce que l'équipe avait escamoté les substitutions.

Souvent, le soir en m'endormant, je voudrais que mon cerveau puisse s'éteindre comme un transistor afin que j'échappe aux multiples événements qui s'y bousculent dans la nuit.

LETTRE OUVERTE AUX HAUTS FONCTIONNAIRES

J'ai été éduqué pour être des vôtres et toute ma vie je me suis senti proche de vous, même si très tôt j'ai bifurqué vers d'autres voies. Si j'écris cette lettre aujourd'hui, c'est parce que je pense que ma position marginale me permet plus facilement d'exprimer un message capable de vous réunir au-delà d'une vie professionnelle intense.

Ce message se résume en quatre propositions.

1. Ne vous laissez pas tenter par les carrières politiques avec ce qu'elles impliquent de primauté du court terme, de sensibilité aux médias, de soumission aux vagues superficielles de l'opinion, au narcissisme. Laissez cela à la minorité d'entre vous qui, dès l'adolescence, ont été saisis par cette passion.

Acceptez que votre domaine soit celui du long terme, de la sauvegarde des intérêts fondamentaux de notre société, des objectifs qu'il est possible de partager, au-delà d'un large éventail de conceptions politiques, dès l'instant que l'on s'inspire des faits et des défis de l'avenir. Vous êtes l'armature de la pérennité, le bouclier contre les dérives démagogiques, le garant de la cohérence technique des lois et règlements.

Contrairement à ce que certains peuvent vous dire, cette attitude n'est en rien incompatible avec le respect profond de la démocratie, cette technologie politique qui est un acquis fragile et précieux de notre société.

2. Ayant connaissance des multiples aspects de la mondialisation, vous devez protéger des vicissitudes du moment l'œuvre commencée il y a plus de cinquante ans de la construction d'une Union Européenne et la défendre dans toutes les fonctions que vous occupez au nom de notre pays. Vous savez que c'est possible dès lors qu'on s'attache à l'essentiel.

3. La société française et l'État tout particulièrement ont besoin de réformes. Sans réforme, la liste et l'ampleur des problèmes actuels ne cesseront de s'allonger. Vous devez devenir les porteurs de ces réformes, en convaincre vos collaborateurs, en penser l'architecture (à partir de travaux et d'études sur tous les secteurs de la société), à canaliser les réflexions de la classe politique, à faciliter ainsi le travail gouvernemental et parlementaire. Un exemple : il dépend assez largement de vous que la LOLF soit le départ d'une réforme importante ou une tentative avortée.

4. Mais dans la conduite des réformes et de leurs trois composantes (la gestion sociale et l'approbation formelle qui est du ressort du politique, l'architecture dont vous êtes un élément essentiel, la mise en œuvre), soyez conscients que vous êtes les seuls à pouvoir assurer l'application. Vous pouvez les saboter par les décrets et circulaires ou par le recours aux principes et aux usages de la fonction publique. Ces questions sont imperméables aux ministres. Des exemples ? En voici quelques-uns : la réforme de la comptabilité publique, la réduction du nombre de corps de fonctionnaires, les innombrables textes qui limitent les dispositions d'une loi au point de les rendre inapplicables ou inappliquées.

Je sais naturellement qu'il vous faut couper les ailes aux initiatives des politiques – tout en leur laissant le bénéfice de l'avantage médiatique - pour éviter que les déficits publics n'atteignent des profondeurs abyssales, mais cette défensive en retraite ne suffit plus aujourd'hui. Et pour gagner ce dernier combat, il vous faut obtenir le concours de vos collaborateurs.

François Bloch-Lainé qui fut l'un des grands fonctionnaires de sa génération avait dans un livre, Profession : fonctionnaire, *montré la noblesse et l'utilité du service de l'État.*

A vous chers amis, de retrouver aujourd'hui, dans un contexte plus difficile que celui de l'après-guerre, les raisons d'agir qui feront de vous l'un des pivots de l'aggiornamento français.

Novembre 2005

A partir de Clichy sous Bois et de la mort de deux jeunes gens qui, pris de peur, ont été s'électrocuter dans un poste EDF, les jeunes des banlieues ne cessent depuis quelques jours de se heurter à la police et de brûler des voitures. Le mouvement s'étend de jour en jour. On parle de bandes organisées, comme si avec Internet et le téléphone portable, l'auto-organisation demandait des jours. Dépassé par les événements, désireux de se donner une image de fermeté, Nicolas Sarkozy a perdu pied. A la télévision, il est apparu comme un petit bonhomme alternant explications tranquilles et propos durs, aussi peu convaincant dans un cas que dans l'autre. Pourquoi s'étonner que la conjugaison du taux de chômage et de la devise « Tout le monde il est beau, tout le monde il est gentil » conduise à ces phénomènes. Résultat : le duo Chirac-Villepin en profite pour s'en prendre à Sarkozy, l'UMP regimbe et la gauche en profite pour jeter de l'huile sur le feu.

1295 voitures brûlées la nuit dernière sur l'ensemble du territoire.

Aux États-Unis, Bush affronte de sérieuses difficultés internes. Les Américains s'inquiètent de la dérive de la guerre en Irak, des mensonges auxquels a eu recours l'Administration pour se justifier, de l'hostilité qui se répand dans le monde à leur égard.

L'Iran se radicalise, mais le système iranien est trop opaque pour que j'en comprenne l'évolution.

Novembre 2005

La France est profondément remuée par les violences des jeunes des banlieues. Un sondage de La Croix montre que les deux causes principales sont pour les adultes, les adultes résidant en banlieue et les jeunes de 18 à 24 ans, la démission des parents et le chômage. Seule discordance : les jeunes attribuent beaucoup plus que les adultes un rôle de détonateur aux propos de Sarkozy. Le gouvernement a décrété l'état d'urgence qui autorise les préfets à établir le couvre-feu. La mesure semble approuvée par les trois-quarts de la population. Autre décision : abaisser à quatorze ans l'âge d'entrée possible en apprentissage. Une bonne idée à mon avis.

Le nombre des voitures brûlées est devenu un indicateur : d'une pointe à 1 300, il semble retombé à 400 !

Vote des militants socialistes : motion Hollande 55 %, motion Nouveau Parti socialiste 25, motion Fabius 20. Le vote clarifie l'atmosphère en affaiblissant Fabius. Il montre pourtant un clivage profond entre les deux autres courants, clivage qui s'étend à la gauche tout entière puisque les partisans du NPS sont proches d'une extrême-gauche.

Odile et moi avons terminé *Les particules élémentaires*[111]. En dépit de l'overdose de sexualité dans le milieu du livre, des insuffisances de construction, des thèses mal intégrées, difficile de rester indifférent. C'est le livre d'une génération, déstabilisée par la disparition de la foi, l'affaiblissement des contraintes de revenu, le désarroi des relations amoureuses. Un style plat, monotone et gris s'accordant aux couleurs de l'existence. Sur les quatre personnages, trois se suicident et le quatrième finit dans une clinique psychiatrique. Le seul espoir : le remplacement de l'humanité par une autre espèce créée par l'homme lui-même. Une étendue gelée comme les steppes de Sibérie.

La nouvelle formule du *Monde* a vu le jour. Un coup à l'estomac. Dans la première page une énorme photo relègue au second plan la caricature de Plantu. Dans les pages internes, d'énormes titres, des caractères plus gros, des articles plus longs. Peut-être une tentative désespérée pour inventer un quotidien à l'âge de l'image et de la télévision. Peut-être une

---

[111] M. Houellebecq, *Les Particules élémentaires*, Flammarion, 1998

erreur : l'échec de la formule précédente résulte beaucoup plus à mon avis de la mauvaise qualité de l'information que de l'insuffisance des photographies ! ...

Odile se plaint que je ne parle pas assez d'elle dans ce journal. Elle a raison, car je vis un miracle au quotidien. Du matin au soir, nous nous croisons dans l'appartement, nous lisons ensemble, nous regardons côte à côte la télévision, nous vaquons à nos activités respectives et sommes toujours heureux de nous voir. Nous échangeons constamment impressions et idées. Aucun de nous n'est le double de l'autre. Nos personnalités restent différentes mais nos relations sont intenses.

Novembre 2005

Utilisant une loi de 1955, le gouvernement a proclamé l'état d'urgence et l'Assemblée l'a prolongé trois mois. Il permet aux préfets d'instaurer un couvre-feu. Lentement le calme est revenu, en Île-de-France d'abord, puis en province et enfin à Lyon et Toulouse. Le nombre de voitures brûlées chaque nuit a décru par paliers, et est revenu à son étiage bas. Selon la direction générale de la police, les trois quarts des interpellés étaient connus des services de police.

Après des interventions insignifiantes, le Président a annoncé la création d'un service civil volontaire. L'idée est intéressante, elle aurait dû être mise en œuvre dès la suppression du service militaire, ce lien entre tous les jeunes de la société. L'absence d'obligation risque d'affaiblir sa fonction de brassage social.

Eric Le Boucher s'est donné la peine de lire les trois motions du PS pour le congrès du Mans. Celle du NPS est déplorable, elle condense tous les archaïsmes. Comme on pouvait s'y attendre, celle de Fabius est grandiloquente et floue puisqu'elle n'a pour but que de permettre à son auteur de se présenter comme rassembleur de la gauche aux prochaines élections. Celle de Hollande-Strauss-Kahn est plus intéressante et ressemble à un programme de gouvernement. Une enquête publiée par *Le Monde* montre que l'image de ce parti déchiré est devenue détestable. D'habitude, un parti sort renforcé d'une cure d'opposition. C'est le cas contraire pour le PS.

Cela ne va guère mieux pour la majorité actuelle. La structure politique de la France est en miettes.

Longue journée jeudi dernier. Gaby, le dernier fils de la famille Lachaize venait de mourir à plus de quatre-vingt dix ans. Dynamique, optimiste, bienveillant, il avait été professeur d'éducation physique à Agen et avait souhaité être enterré en sous-vêtements, la tenue dans laquelle je l'ai toujours connu. Pendant l'été 1943, il m'emmenait avec André Lachaize à la pêche ou à la baignade sur les bords du Drot. Beaucoup de souvenirs de la guerre sont pour moi remontés à la surface. A Duras, je suis allé acheter le journal dans le bureau de tabac qui occupe notre maison et revu la pièce où je travaillais.

Lever tôt. Avion en retard à Agen. Christiane m'attend et me conduit à la chapelle moderne du lotissement dans laquelle est dite la bénédiction demandée par Gaby. Un drapeau tricolore porté par une femme rappelle qu'il avait reçu l'ordre du mérite. Deux heures dans le pavillon qu'il occupait. On me montre le carillon qui lui a été offert par mes parents lors de son mariage. Voyage jusqu'à Duras en passant par Marmande. Le village est semblable à lui-même si l'on excepte la présence des voitures et celle de quelques magasins modernisés. Du domicile de Christiane, nous allons à pied au cimetière. En passant, je retrouve la maison de mon professeur de piano. Une centaine de personnes se retrouvent autour du cercueil. A la demande de Christiane, je prononce quelques mots, puis le professeur Delmont et le représentant du maire me succédaient. Beaucoup de pleurs. On se disperse. Après une heure chez Christiane, départ pour Marmande, le TER jusqu'à Bordeaux, le TGV de Bordeaux à Paris. A 23h15, je retrouve Odile endormie.

Le samedi, visite du musée de minéralogie de l'École des Mines avec Basile.

Décembre 2005

Quand terminer un journal ?

Quand l'auteur meurt par accident, sans raison au milieu d'une séquence de vie inachevée.

Quand les pages déjà écrites forment le volume le plus épais que l'éditeur, dans sa bienveillance, est susceptible d'accepter.

Quand arrive la fin d'une année calendaire, cette césure artificielle dont le seul mérite est d'être universellement reconnue.

Quand se produit une rupture qui peut apparaître comme la fin d'une époque ou la naissance d'une autre.

Décembre est compatible avec la deuxième et la troisième raison. Comment le mois se situe vis-à-vis de la quatrième ? Peut-être comme cet instant dans une pièce de musique où l'auditeur a conscience que tout a été dit, mais qu'il reste encore une chaîne de mesures avant l'accord final.

En France, la présidence de Jacques Chirac a été un échec, mais rien ne laisse espérer un avenir plus brillant lorsque seront en place des successeurs à l'Élysée et au Palais Bourbon. Multiples et profondes, les résistances à la réforme s'appuient à la fois sur des groupes organisés et sur les rouages intimes qui font fonctionner l'État français.

En Europe, il faudra des années pour rattraper l'échec du projet constitutionnel et pour donner aux Européens le goût d'un projet qui ne se limite pas à colmater les blessures laissées par l'opulence.

Aux États-Unis, Bush a encore trois ans pour terminer une présidence peu convaincante mais la société américaine ne prend pas le chemin d'une stratégie acceptable pour la majorité des humains.

Le pessimisme serait stupide. Aucune distillation ne permet de le séparer de l'optimisme. Ce qu'il faut que j'accepte est que mon échelle de temps est trop courte pour penser le monde.

J'attends le début du mois de janvier. Quelle grande victoire pour la France si l'Europe accepte le rabais de TVA pour les restaurateurs. De Gaulle dans sa tombe en éprouvera sûrement de la fierté !

L'HARMATTAN, ITALIA
Via Degli Artisti 15 ; 10124 Torino

L'HARMATTAN HONGRIE
Könyvesbolt ; Kossuth L. u. 14-16
1053 Budapest

L'HARMATTAN BURKINA FASO
Rue 15.167 Route du Pô Patte d'oie
12 BP 226
Ouagadougou 12
(00226) 76 59 79 86

ESPACE L'HARMATTAN KINSHASA
Faculté des Sciences Sociales,
Politiques et Administratives
BP243, KIN XI ; Université de Kinshasa

L'HARMATTAN GUINÉE
Almamya Rue KA 028
En face du restaurant le cèdre
OKB agency BP 3470 Conakry
(00224) 60 20 85 08
harmattanguinee@yahoo.fr

L'HARMATTAN CÔTE D'IVOIRE
M. Etien N'dah Ahmon
Résidence Karl / cité des arts
Abidjan-Cocody 03 BP 1588 Abidjan 03
(00225) 05 77 87 31

L'HARMATTAN MAURITANIE
Espace El Kettab du livre francophone
N° 472 avenue Palais des Congrès
BP 316 Nouakchott
(00222) 63 25 980

L'HARMATTAN CAMEROUN
Immeuble Olympia face à la Camair
BP 11486 Yaoundé
(237) 458.67.00/976.61.66
harmattancam@yahoo.fr

Achevé d'imprimer par Corlet Numérique - 14110 Condé-sur-Noireau
N° d'Imprimeur : 828549 - Septembre 2018 - Imprimé en France